本项目受中国王力集团资助

2014年
中国质量观测发展报告
质量：新常态下的新动力

程 虹 李艳红 著

中国社会科学出版社

图书在版编目(CIP)数据

2014 年中国质量观测发展报告:质量:新常态下的新动力/程虹,李艳红著. —北京:中国社会科学出版社,2015.7
ISBN 978-7-5161-6613-0

Ⅰ.①2… Ⅱ.①程…②李… Ⅲ.①质量管理—调查报告—中国—2014 Ⅳ.①F279.23

中国版本图书馆 CIP 数据核字(2015)第 153473 号

出 版 人	赵剑英
责任编辑	田 文
特约编辑	陈 琳
责任校对	张爱华
责任印制	王 超

出　　版	中国社会科学出版社
社　　址	北京鼓楼西大街甲 158 号
邮　　编	100720
网　　址	http://www.csspw.cn
发 行 部	010-84083685
门 市 部	010-84029450
经　　销	新华书店及其他书店

印刷装订	北京君升印刷有限公司
版　　次	2015 年 7 月第 1 版
印　　次	2015 年 7 月第 1 次印刷

开　　本	710×1000　1/16
印　　张	22.25
插　　页	2
字　　数	376 千字
定　　价	79.00 元

凡购买中国社会科学出版社图书,如有质量问题请与本社联系调换
电话:010-84083683
版权所有　侵权必究

开启新常态下的新征程

（代序）

2014年对中国来说，是非同寻常的一年，中国告别过去30多年平均10%左右的高速增长，GDP增速从2012年的7.8%下降到2014年的7.4%，经济增长阶段发生根本性转换。经济新常态下，我国经济发展方式正从规模速度型粗放增长向质量效率型集约增长转变，而经济发展动力正从传统增长点向新的增长点转变。进入经济新常态以后，寻找经济增长的新动力已成为我国未来经济增长的主要任务。

2013年，我们以寻找经济增长的新动力为质量观测的基本目标，2013年的质量观测数据显示：微观产品质量将决定我国宏观经济增长质量。在2014年9月召开的首届中国质量大会上，李克强总理也提出要实现"宏观经济总体与微观产品服务质量的双提高"，质量观测调查的结论在政府决策中得到了体现和应用。

在经济新常态下，我国的经济增长需要从"速度时代"向"质量时代"转变，围绕这一主题，武汉大学质量发展战略研究院连续三年组织武汉大学的大学生深入全国各地进行质量观测调查。顶着高温、冒着酷暑，肩负着建设中国质量的使命，武汉大学质量院的师生与近300名大学生调研员一起，深入质量的第一线，向质量最直接的感受者——消费者进行调查，调研员的足迹遍布全国31个省份，100多个地区。同时，武汉大学质量院依据质量竞争力模型对包括中国、美国、德国、瑞士、瑞典、日本、新加坡等在内的15个国家以及我国31个省（自治区、直辖市）的制造业质量竞争力水平，进行了实际测评。大量实证数据显示，质量已经成为我国经济新常态下的新动力。

一直以来，武汉大学质量院秉承着使命的力量，通过对质量的学术研究和问题分析，为中国质量的建设和发展提供智力支撑。面对着新常态下中国经济发展的严峻形势，我们感受到身为学者所肩负的重大责任。质量作为我国经济发展中更为强劲的新动力，将开启我国新常态下经济发展的新征程，而我们学术研究的征程还在继续。

武汉大学质量院院长、宏观质量管理湖北省协同创新中心主任　程　虹
2015 年 4 月于樱顶

目 录

第一篇 总论

第一章 质量：经济新常态下的新动力 …………………………… (3)
 一 高质量消费成为我国消费需求增长的主体 ……………… (3)
 二 质量安全性的波动阻碍了我国的需求释放 ……………… (5)
 三 质量信号传递渠道不畅抑制了我国市场需求的增长 …… (6)
 四 提升质量水平是提升我国货币流动性的重要路径 ……… (8)
 五 质量提升是降低通货紧缩风险的根本出路 ……………… (11)
 六 质量能够提升劳动者报酬并促进分配的公平性 ………… (13)
 七 消费者质量满意的提升对于 GDP 增长的作用显著 ……… (14)

第二篇 2014 年质量观测统计方法与调查的改进

第二章 统计方法 ……………………………………………………… (19)
 一 观测维度的权重设定 ………………………………………… (19)
 二 区域总体质量指数计算方法 ………………………………… (19)
 三 计分方法 ……………………………………………………… (20)

第三章 区域和样本抽样的方法 ……………………………………… (21)
 一 调查地区的抽样 ……………………………………………… (21)
 二 调查样本的选取 ……………………………………………… (24)

第四章 样本总量及构成 ……………………………………………… (27)
 一 总量与分布 …………………………………………………… (27)

二　调查样本的区域分布 ………………………………………… (27)
三　调查样本的结构 ……………………………………………… (29)

第三篇　年度质量总体指数与关键指标统计结果

第五章　全国总体质量指数的统计结果 ………………………… (37)
第六章　总体质量指数区域排名 ………………………………… (39)
　　一　省级排名 …………………………………………………… (39)
　　二　主要城市排名 ……………………………………………… (41)
第七章　四大维度的统计结果 …………………………………… (43)
　　一　质量安全 …………………………………………………… (43)
　　二　质量满意 …………………………………………………… (59)
　　三　质量公共服务 ……………………………………………… (78)
　　四　公民质量素质 ……………………………………………… (99)
第八章　关键指标的统计结果 …………………………………… (117)
　　一　质量安全稳中有降 ………………………………………… (117)
　　二　产品质量安全性评价下降，化妆品和食品降至及格线
　　　　以下 …………………………………………………………… (118)
　　三　产品质量安全评价的城乡二元性缩小 …………………… (118)
　　四　农村服务质量满意度全面显著提升 ……………………… (119)
　　五　环境质量趋于稳定 ………………………………………… (120)
　　六　公民事前了解质量信息的主动性很强，但事后投诉
　　　　维权的主动性不强 …………………………………………… (121)
　　七　东部地区的公民质量素质整体上高于中部、西部地区 … (121)
　　八　东部质量公共服务领先，中部质量公共服务下降明显 …… (123)

第四篇　统计结果的结构分析与年度对比

第九章　维度一：质量安全的统计分析 ………………………… (127)
　　一　不同人群的结构分析 ……………………………………… (127)
　　二　区域结构分析 ……………………………………………… (134)
　　三　回归分析 …………………………………………………… (137)

第十章 维度二：质量满意度的统计分析 (145)
一 不同人群的结构分析 (145)
二 区域结构分析 (150)
三 回归分析 (158)

第十一章 维度三：质量公共服务的统计分析 (165)
一 不同人群的结构分析 (165)
二 区域结构分析 (173)
三 回归分析 (180)

第十二章 维度四：公民质量素质的统计分析 (185)
一 不同人群的结构分析 (185)
二 区域结构分析 (194)
三 回归分析 (200)

第五篇 我国质量发展的趋势分析及政策建议

第十三章 我国总体质量与经济增长的波动高度一致 (209)
一 特征事实 (209)
二 理论分析 (212)
三 政策建议 (213)

第十四章 消费者的质量要求呈现不断上升趋势 (216)
一 特征事实 (216)
二 理论分析 (219)
三 政策建议 (222)

第十五章 消费者的质量评价对经济增长具有预警作用 (225)
一 特征事实 (225)
二 理论分析 (231)
三 政策建议 (233)

第十六章 质量安全形势整体趋于稳定 (236)
一 特征事实 (236)
二 理论分析 (241)
三 政策建议 (243)

第十七章　我国环境质量呈现向好的趋势 (246)
  一　特征事实 (246)
  二　理论分析 (252)
  三　政策建议 (259)

第十八章　产品质量不高依然对我国经济增长造成结构性拖累 (261)
  一　特征事实 (262)
  二　理论分析 (267)
  三　政策建议 (268)

第十九章　消费者质量知识能力拉低消费者质量素质整体水平 (271)
  一　特征事实 (272)
  二　理论分析 (278)
  三　政策建议 (280)

第二十章　环境质量状况影响区域质量评价 (285)
  一　特征事实 (285)
  二　理论分析 (291)
  三　政策建议 (293)

附　录

附录A　关键指标的区域排名 (299)
  A1　全国各省关键指标排名（省、自治区、直辖市） (299)
  A2　全国主要城市关键指标排名（直辖市、副省级城市、省会城市） (316)

附录B　2014年质量观测调研实况 (334)
  一　准备阶段 (335)
  二　实施阶段 (336)
  三　总结阶段 (338)

附录C　2014年宏观质量观测调查问卷 (340)

参考文献 (346)

第一篇

总　　论

第一章 质量：经济新常态下的新动力

我国经济进入新常态以后，传统的经济增长要素动力在不断消减，劳动力的低成本优势随着"人口红利"的消失而逐渐丧失，资本的边际产出不断下降，而科技创新的成本不断上升，且由于其周期性和不确定性，难以面对我国已经到来的经济增长方式转型。如何在新常态下找到经济增长的新动力是我国经济面临的一个重大而紧迫的问题。《2013年中国质量发展观测报告》已经作出了"微观产品质量将决定我国宏观经济增长质量"的总体判断，通过对2014年的数据尤其是连续三年的质量观测数据的分析，我们可以从数据上更加明确地验证这一理论假设。未来我国经济增长的主攻方向是从"速度时代"转向"质量时代"，更加注重提升经济的增长质量，质量能够成为经济增长的新动力，就是表现在其提升宏观经济增长质量上的关键性作用。宏观经济增长质量主要是指，经济总量即GDP的稳定可持续性增长、经济结构的不断优化、资源要素的投入产出效率不断提升以及社会福利水平的不断改善等方面，微观的产品（含服务）质量对经济增长质量的促进作用主要体现在其对经济增长质量四个方面的促进作用。

一 高质量消费成为我国消费需求增长的主体

我国整体需求环境的变化决定了质量提升将成为未来经济增长的根本动力之一。2015年中央经济工作会议已经指出，我国经济增长呈现出新的阶段性特征：从消费需求来看，过去我国消费具有明显的模仿型、排浪式特征，原有的模仿型、排浪式消费阶段基本结束，个性化、多样化消费渐成主流。随着居民生活水平的提高，原有的填补空白式的消费热点需求已难以再出现，以最近一波的消费热点需求住房和汽车为例，其市场需求已经整体趋于下降。从住房市场来看，20世纪末到21世纪初的5年间，由于居民的居住需求的释放,我国的房地产市场呈现出一个爆发式增长的过程,增长幅度达到50%以上,其拉动了投资需求以及其上下游产业的发展,成为我国经济增长的重要动力,但从2010年以来,我国的商品房市场需求开始下降,销售面积与销售额均增长低迷,到2014年甚至出现了负增长(图1-1),这表明住房的市场需求热点已经成为过去时。从汽车市场需求来看,也同样呈现出较为明显的下降趋势。从2010年开始,**汽车的销售量增长主要是在10%以内,2013年为6.9%,而数年前这一增长率为30%—40%**,居民对于汽车的需求也从填补空白式的数量型满足需求开始转变为更高质量和功能的质量型需求。

另外,我国的质量型需求迅速增长,在成熟的产业领域里更高的品质、更多的产品性能不断地激发出新的市场需求。**2014年我国居民境外消费超过了1万亿美元[①],约占当年国内社会消费品零售总额的23.7%。2014年,我国消费品进口9362.7亿元,增长14.9%,明显快于同期我国进口的总体增速,占同期我国进口总额的7.8%**。[②]国内消费者越来越多地选择境外产品或到境外消费,有价差的原因,但更为主要的是商品的品质原因,大部分产品类型并不是国内不能生产而是其质量与国外相比还有较大差距,即使是价格的差异从根本上说也是消费者从性价比的角度衡量产品的质量水平不高的具体体现。

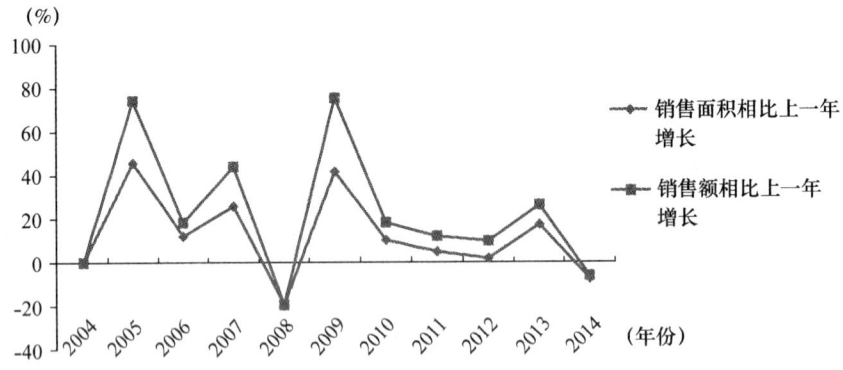

图1-1 我国商品房销售面积与销售额增长率[③]

---

① 资料来源:商务部部长高虎城2015年"两会"答记者问。
② 资料来源:国务院官方网站(http://www.gov.cn/content_2803601.htm)。
③ 资料来源:国家统计局《中国统计年鉴(2014)》。

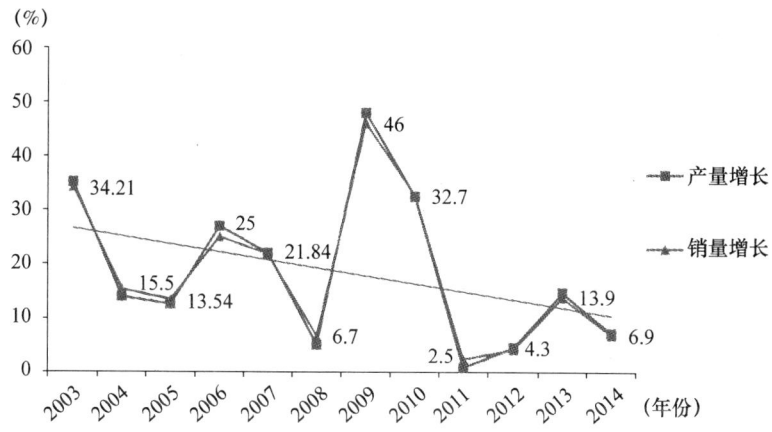

图 1-2　2003—2014 年我国汽车产量与销量增长状况①

因而，一方面，我国市场需求中的"排浪式、模仿型"以及填补空白型的消费需求热点已难以再出现；另一方面，居民对于高质量的需求正在不断释放，未来驱动我国整个市场消费需求增长的动力将主要转移到产品和服务质量的提升上来。

二　质量安全性的波动阻碍了我国的需求释放

2014 年的质量观测数据显示，消费者对我国质量安全的评分为 62.75 分，与 2013 年的质量安全得分 65.89 分相比，下降了 3.14 分，其中，产品质量安全的得分连续两年排名最后，并且由 2013 年的 62.83 分下降到 2014 年的 59.17 分，已经低于及格线。安全性是消费者对产品质量的底线要求，其波动性会对人们的购买倾向造成较大的影响，并且已成为影响我国未来经济进一步增长的重要因素。

在互联网时代，随着信息传播的范围和速度的加快，质量安全所带来的影响往往会更加深远，甚至已经远远超过对人们生理所带来的伤害。当消费者对某一产品或某一行业产生不信任感时，消费者的需求就会受到极大的遏制，而随着跨境电子商务的发展，消费者将更多的消费需求转向海外。根据艾瑞咨询的调查，驱动消费者进行跨境网购的最主要因素就是品质保证，消

---

① 资料来源：中国汽车工业协会统计信息网。

费者认为境外产品质量高于国内产品质量是驱使他们进行跨境网购的最主要原因,正是由于对国内产品质量的不信任,越来越多的国内消费者通过购买境外产品来满足自身的消费需求。2014年质量观测数据显示,食品、化妆用品和儿童用品是质量安全得分最低的三类产品,其中食品质量安全和化妆用品得分分别为57.97分和59.66分,均在及格线以下,而儿童用品的得分仅为60.88分,刚刚超过及格线。据海关总署的统计,护肤美妆、婴幼儿食品、服饰、保健品、电子产品五类消费品是海淘族最热衷购买的商品,而奶粉、辅食等婴幼儿食品类的交易占总体交易的近25%,成为海淘市场中最火爆的消费品。由此可见,消费者购买境外产品,并不是由于国内市场缺少相应的产品类型,而是消费者对国内产品质量失去了信心。质量安全事件一旦出现,受到影响的不仅是涉事企业,而且极有可能波及相关的行业或产业。以乳制品为例,从2009—2013年,我国乳制品进口一直保持20%以上的增幅,2013年更是高达37%。2014年,在我国全年货物进口总额下降0.6%的情况下,我国进口乳制品同比再次增长了17.9%。然而,就在2014年我国国内出现了鲜奶价格急剧下降,收购量大跌,从而大量奶农倒奶的现象,商务部的分析认为,倒奶现象的产生可能主要跟我国国内乳制品产业整体水平较低及消费者对国产乳制品信心不足有很大关系。

定量分析表明,产品质量安全性与GDP产出的弹性为0.13,因而据此估算,由于我国产品质量安全性下降而带来的消费需求下降进而导致的GDP下降约为0.48%,即3052亿元的GDP损失。

三 质量信号传递渠道不畅抑制了我国市场需求的增长

信息不对称是质量的根本特征,买卖双方质量信息的不对称会导致市场的消失,进而影响宏观经济增长。导致信息不对称的原因有产品质量本身的属性原因,但更为重要的是产品质量信息的传递渠道不通畅。我国具有质量需求的巨大潜力,但没有转变为促进经济增长的现实动力,主要原因就在于没有建立起符合消费者需求的质量信息传递机制和载体。在我国,面向消费者的质量信息主要是来自于政府机构的发布,来自于民间的社会第三方的质量信息提供机构还非常微弱,而政府提供的质量信息既无法在量上满足巨大的社会需求,也无法在质上得到消费者的信任(表1-1)。

表 1-1　　　　　　　消费者对于政府质量信息提供的评价

一级指标	2014 年分值	2013 年分值	二级指标	2014 年分值
质量安全预警与预防	57.74	57.95	政府对重大质量安全事件处理的及时性	59.09
			政府部门对质量违法者处罚的合理性	57.69
			政府对质量安全的预警效果	56.45
质量信息提供	57.28	59.20	对政府所发布质量信息的信任程度	58.74
			政府所发布质量信息对消费的指导作用	57.50
			获得政府发布的质量参考信息的方便性	56.75
			政府对质量信息的公开性	56.71
			政府发布质量信息的及时性	56.67

在 2014 年的质量观测调查中，主要有两个方面体现消费者对政府质量信息提供的评价，一是质量安全事件的预警与防范，即政府部门对于重要的质量安全事件的提前预警以降低质量安全事件的损失；二是质量信息的提供，如对假冒产品的通报、召回等方面，从而使得消费者的消费决策更加合理。数据表明我国的质量安全事件预警以及质量信息提供两项指标的评价均在下降，分别从 2013 年的 57.95 分、59.20 分下降至 2014 年的 57.74 分、57.28 分，而这一下降已是在及格线之下发生的，这说明消费者对于政府提供质量信息的有效性评价确实在不断地恶化，政府单一的质量信息提供渠道与消费者不断增长的质量信息需求之间产生了巨大的差距，使得消费者的购买行为受到影响。具体而言，消费者对于政府质量信息的公开性与及时性尤其不满，真实的质量信号传递不到位，最终导致了消费者对于国内产品质量的不信任度增强。

使得质量信号传递不畅的制度原因又在于我国的标准管理体制落后于市场经济发展的需求。标准作为最重要的质量信号工具是市场交易得以顺利进行的重要前提，但标准要能够发挥这一作用就必须被消费者识别并运用于消费决策，目前我国的标准主要是以政府制定的标准为主，这一类标准仅能代表行业大多数企业都能达到的一般质量水平，企业仅能在其产品上标注政府制定的标准，能够按更高标准所生产的产品并不能在其产品上标注，这使得企业没有内在激励去生产更高质量的产品，消费者也无法识别某一类产品是否真正采用了更高的标准。我国的消费者越来越不信任国内产品,转而通过境外购买的方式来实现更高的质量需求,其本质原因就是对我国产品的标准的不信任。尽快改变我国的标准管理体制,让市场中出现大量反映产品更高质量水平的"团体标准",将能有效地改善我国质量信息传递不畅的局面,进而让我国已经不断释放的质量需求得到更大的满足,在其他要素投入不变的情况下能极大地促进我国消费需求的增长。

四 提升质量水平是提升我国货币流动性的重要路径

货币流动性是影响宏观经济健康稳定增长的重要前提,过高的流动性会导致通货膨胀,而流动性不足则会导致通货紧缩风险。目前我国一方面出现了货币流动性过剩,而另一方面又同时存在着流动性不足的问题,具体表现为:从货币供应量来看,我国的广义货币的总规模超过了120万亿人民币,约为美国的1.5倍,M2与GDP之比不断增长,到2014年已经超过了200%,远超过美国的100%和日本的70%。[1] 而实体经济却不断地出现资金流动性吃紧,甚至屡次出现"钱荒",企业融资成本不断攀升。导致这一货币流动性"悖论"的原因有货币市场本身的原因,主要包括信贷占融资比重过高、企业直接融资渠道不畅、金融与实体经济的背离等。[2] 但就我国当前的经济发展现实来看,导致货币流动性悖论更为重要的原因还在于实体经济本身的产品服务质量水平不高。货币的流动性取决于实体经济中的商品的流动性,商品积压会导致大量的无效占款,流动性退出市场,最终使得货币的流动性下降。

以我国的汽车、家用电器、食品三个行业为例,其2012—2014年的质量满意评价总体呈下降趋势,尤其是2014年出现较大幅度下降(见图1-3)。

质量的下降,尤其是消费者质量满意性评价的整体下滑,在市场上的结果就是销售下降,进而使商品流通时间变长,货币的流动性也就不断地下降,这一推论可以进一步地得到数据的验证。以下为三个行业的存货变动情况。

---

[1] 资料来源:证券时报网(http://epaper.stcn.com/paper/zqsb/html/2013-11/29/content_523109.htm)。

[2] 张茉楠:《中国货币流动性的"悖论"》,证券时报网,2013年11月29日。

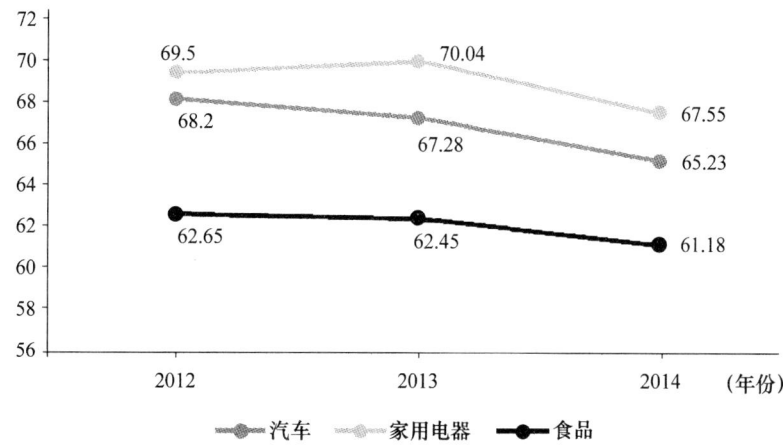

图1-3 2012—2014年汽车、家用电器、食品质量满意度评价

表1-2　　　　　　　　　2013—2014年汽车库存系数

月份	2013年	2014年	增长率（%）
1	1.10	0.97	-11.82
2	2.01	2.33	15.92
3	1.63	1.38	-15.34
4	1.68	1.52	-9.52
5	1.58	1.53	-3.16
6	1.53	1.69	10.46
7	1.46	1.62	10.96
8	1.35	1.56	15.56
9	1.19	1.42	19.33
10	1.29	1.48	14.73
11	1.38	1.83	32.61
12	1.00	1.53	53.00

数据来源：根据中国汽车流通协会①公布的数据整理。

---

① 中国汽车流通协会定期开展汽车、经销商的库存调查。通过汽车经销商的购销存调查，计算各品牌汽车库存状况和行业综合库存系数（库存系数=期末库存量/当期销售量），调查对象主要为各年度中国汽车流通行业百强经销商集团。覆盖全国大部分省份千余家"4S"店，并具有广泛的品牌覆盖面，在原有国内市场上主要量产销售的汽车品牌基础上，已增至55个汽车品牌。

表1-2的数据表明,2014年我国汽车行业有8个月库存系数高于2013年,同比增长率高于10%,有8个月库存系数超过警戒水平(1.5%),这与我国汽车的总体质量满意性评价下降的变动趋势一致。

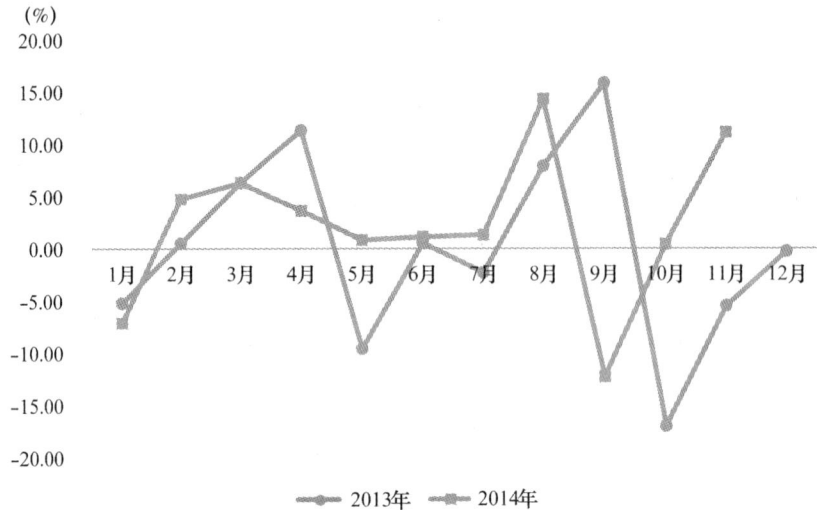

图1-4　2013—2014年耐用消费品库存指数环比变动率

在耐用消费品领域(主要包括空调、洗衣机、电视机、冰箱等产品),用库存指数来近似替代商品的流动性,从2013年与2014年的比较来看,产品质量的评价从70.04分下降到67.55分,下降了3.5个百分点,而产品的库存指数,2014年大多数月份高于2013年。

表1-3　　　　　2013—2014年食品工业存货周转次数标准值　　　(单位:次)

范围	年份	优秀值	良好值	平均值
全行业	2012	19.6	12.2	7.7
	2013	18.6	11.2	6.7
	2014	17.6	10.2	5.7
大型企业	2012	21.2	13.6	8.2
	2013	20.2	12.6	7.2
	2014	19.2	11.6	6.2
中型企业	2012	20.7	12.7	6.6
	2013	19.7	11.7	5.6
	2014	18.7	10.7	4.6

续表

范围	年份	优秀值	良好值	平均值
小型企业	2012	18.0	12.0	5.7
	2013	17.0	11.0	4.7
	2014	16.0	10.0	3.7

数据来源：根据国务院国资委财务监督与考核评价局《企业绩效评价标准值》2012—2014年数据整理。

表1-3是食品行业领域的存货周转次数，这一数据表明了2012—2014年间我国食品行业的平均周转次数也是趋于下降，从2012年的7.7次下降为2013年的6.7次，2014年进一步下降为5.7次。

因而，我国的产品质量不高导致了商品的流动性下降，大量的低质产品占用了金融资源，使得我国的货币流动性在货币供应不断增加的情况下仍然出现了流动性不足的问题。

五 质量提升是降低通货紧缩风险的根本出路

近年来我国的总体物价水平趋于下降（图1-5），2014年居民消费价格指数（CPI）为102，较上一年下降了0.6个百分点；2014年商品零售价格指数为101.1，较上一年下降了0.2个百分点；而工业生产者出厂价格指数则从2012年开始连续三年下跌，2014年为98.1。市场总体的物价水平主要取决于市场的供求关系，当前市场的总体状况是买方市场，因而决定价格的主体主要是需求方。进一步地，当前我国进入到一个数量型需求向质量型需求转变的时期，影响市场需求的主要因素就是质量，消费价格指数的不断下降很大程度上受到我国近年来产品服务质量水平下降的影响（图1-6）。产品质量总体满意度从2012年的64.72下降到2014年的60.38，服务质量满意评价也从2013年的64.66下降到2014年的62.58。

近年来通货紧缩风险较高，对于我国未来经济稳定增长造成了极大的不确定性，虽然我国不断地采取降息、降准等货币政策调控措施，[①] 但仍然没有从根本上改变我国货币流动性不足的问题，使得通货紧缩风险较

---

① 从2011年6月开始，我国的法定存款准备金率经历了连续4次下调，从21.5%降至19.5%。

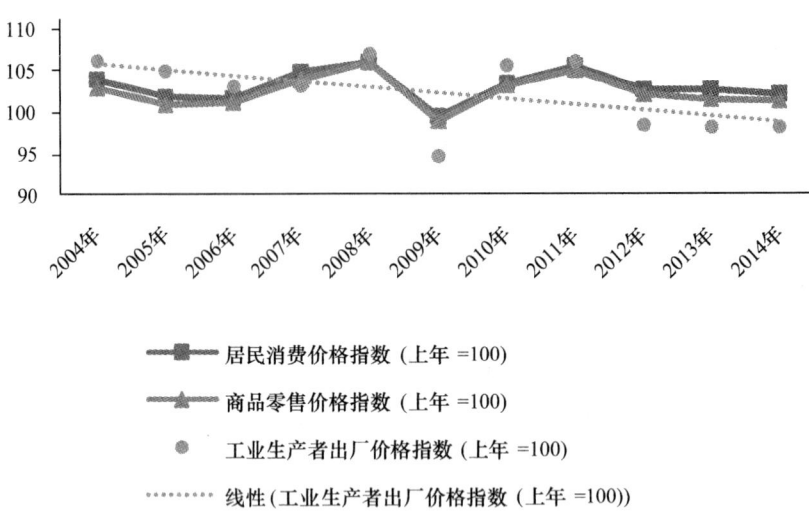

图 1-5　我国各类物价指数的变动情况

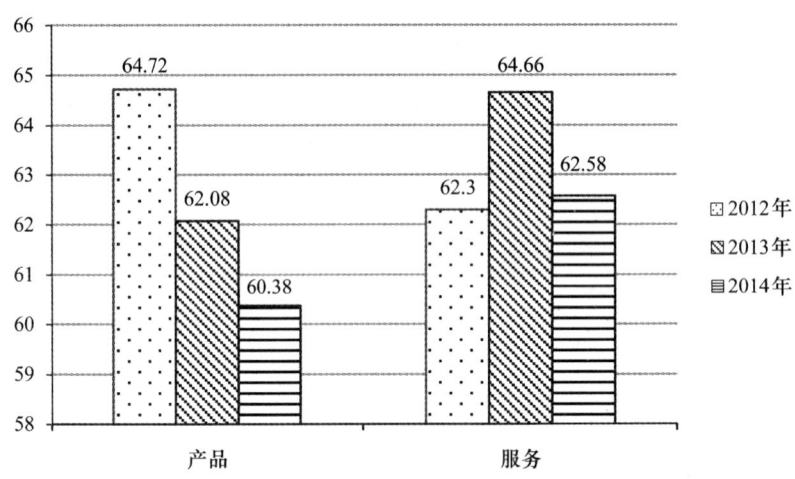

图 1-6　产品服务质量满意度的年度变动（2012—2014 年）

高，其根本原因还在于实体经济中由于产品质量不高而导致的产品积压、流动性下降。粗略估计，在其他条件不变时，产品质量满意度提升 1 分，将使得社会消费总额增长 0.13 个百分点，也就是可以使得产品周转率提高 0.13%，进而使得总体物价水平增长 0.13%；若产品质量满意度提升 5 分，则可使得物价总水平提高 0.65%，而产品和服务的质量效应可以叠加，将进一步提高货币的流动性。

六 质量能够提升劳动者报酬并促进分配的公平性

收入分配的不平等性是我国当前消费需求不足的另一重要原因,我国当前整体基尼系数为0.47,家庭净财产的基尼系数则超过了0.7。[①] 导致我国收入分配不公平性问题的原因有收入分配政策的方面,但决定收入分配公平性最为主要的原因还在于市场的初次分配情况,而初次分配不公平的内在原因就是我国经济增长的模式是"低质低价"的发展方式,进而导致对低素质劳动力的依赖性增强,由于产品本身获取利益的能力不高,工人对收入分配的分享性也就不可能高。美国、德国、瑞士、日本等国家的高收入水平以及较为公平的收入分配体系,主要的原因也在于重视实体经济的质量水平,进而能够拉动对高素质劳动力的需求,使得劳动者报酬能够在国民收入分配体系中稳定地保持较高的比重。据《经济学人》杂志的数据,美国的基尼系数为0.42;德国为0.36;日本为0.33;瑞士为0.33;均远低于我国官方公布的基尼系数。较高的产品质量是这些国家实现较高收入分配状况的重要前提,因为质量的提升不仅需要科技创新,其更重要的投入要素就是熟练的技能型工人。一个注重质量的经济,将会对技能型劳动力产生巨大的需求,更多的技能型劳动力参与生产制造的过程,就能分享质量带来的产品溢价。

表1-4　　　　主要发达国家劳动者报酬占国民收入的比重　　　　(单位:%)

	2012 年	2013 年
美国	53.2	52.1
德国	51.4	51.8
瑞士	58.5	59.1
日本	50.5	50.8

资料来源:各国国家统计局网站。

世界主要发达国家较低的基尼系数背后是较高的劳动者报酬,尤其是

[①] 资料来源:《基尼系数的警示》,《光明日报》2014 年 7 月 31 日。

像瑞士这样以产品品质著称的经济体，其劳动者报酬占国民总收入的比重更是接近了60%的水平，且保持稳定性增长。据相关学者估算，我国劳动者报酬占GDP的比重从改革开放至今下降了近20个百分点，当前约为40%左右，与发达国家的差距在10个百分点以上。[①] 改变我国当前收入分配不平等状况的治本之策，是要使劳动者的报酬能够不断提升，引导企业不断注重改进其产品的质量，拉动社会对于技能型劳动力的需求，建立起与高质量发展相匹配的劳动力结构。

七 消费者质量满意的提升对于GDP增长的作用显著

GDP是衡量经济增长不可或缺的重要指标，因而经济增长最终还是要体现在GDP的稳定可持续增长基础之上。要得出质量是新常态下经济增长的新动力，就必须从实证数据上得到质量的提升对以GDP为主的经济增长指标的贡献率。质量能够不断地创新出消费热点，进而促进整个社会需求能力的提升。这不仅是根据我国经济发展的内外环境变化所得出的理论逻辑推断，同时也是基于实证调查数据得到的一个重要成果。

以2014年消费者产品质量评价作为被解释变量，区域GDP总量以及增长率作为被解释变量，同时控制投资、劳动等要素，可以构建出回归分析模型，得到产品质量对于GDP增长的定量影响（详见本书第14章）。据定量回归分析，产品质量满意度每提高1分，对于区域GDP增长率的弹性为0.21；产品质量安全评价每提高1分，对于区域GDP增长率的弹性为0.13。若能将我国总体产品质量满意度从目前的60.38分提高至65.38分，则可拉动我国的GDP增长1.05个百分点，即6678亿元。产品质量安全性评价从当前的59.17分提升5分即达到64.17分，则可拉动GDP增长0.65个百分点，即4134亿元。[②]

2014年质量观测调查数据最为重要的发现，就是证明了微观的产品服务质量提升将是我国经济进入新常态下最为重要的新动力之一。质量是

---

① 资料来源：中华改革论坛网（http://www.chinareform.org.cn/society/obtain/Report/201103/t20110301_61580_1.htm）。

② 本结果的系数估计值来源于计量经济学的回归分析，具体建模与数据参见本书第14章，效应估计的基数为2014年公布的GDP总量数据。

相对于传统的劳动力、资本以及技术创新等要素而言,更为普遍也更具有时效性的一类新动力。质量提升可以创造新的消费需求热点,进而促进经济总量的稳定可持续性增长,同时可加速产品流动,解决货币流动性不足的问题,并进而降低通货紧缩性风险,还能提升劳动者报酬进而实现更公平的发展,为消费增长创造更大的空间。寻找经济增长的新动力,就是要从根本上解决限制我国质量安全与质量满意提升的制度要素,通过标准体制的创新、质量技术服务机构的改革以及政府更为有效的面向消费者的质量公共服务供给,来降低质量信息的不对称性,引导质量信息的有效传递,使得微观产品服务质量真正成为能够促进我国宏观经济增长质量进步的根本动力。

第二篇

2014 年质量观测统计方法与调查的改进

第二章 统计方法

一 观测维度的权重设定

为得出区域的总体质量指数,需要通过对质量安全、质量满意度、质量公共服务和公民质量素质四大观测维度进行加权计算。因而就需要得出该四大维度的计算权重,本项目采用较为通用的德尔菲法(专家打分法)来确定具体的权重。打分的专家由来自宏观质量研究的高校人员、质量综合管理部门的综合管理者、企业高层等共50位质量专家组成。通过各位专家的打分,经过具体的统计计算,质量安全、质量满意度、质量公共服务和公民质量素质四大观测维度的计算权重,基本上为30%、30%、20%和20%,如表2-1所示。

表2-1　　　　　　　　质量观测维度的权重分配

	观测维度	权重(%)
区域总体质量指数(TQI)	质量安全(QSF)	30
	质量满意度(QCSI)	30
	质量公共服务(QGS)	20
	公民质量素质(CQA)	20

二 区域总体质量指数计算方法

第一步:计算区域的单项得分:

区域质量安全指数 $\text{QSF} = \frac{1}{N} \sum_{j=1}^{N} \text{QSF}_j$,区域质量满意指数 QCSI =

$\frac{1}{N} \sum_{j=1}^{N} \text{QCSI}_j$，区域政府质量公共服务 $\text{QGS} = \frac{1}{N} \sum_{j=1}^{N} \text{QGS}_j$，区域公民质量素质指数 $\text{CQA} = \frac{1}{N} \sum_{j=1}^{N} \text{CQA}_j$。其中 N 为区域内调查样本的数量。

第二步：计算地区总体质量指数：

区域总体质量指数 TQI = 质量安全指数（QSF）×30% + 质量满意度（QCSI）×30% + 质量公共服务指数（QGS）×20% + 公民质量素质指数（CQA）×20%

其中，TQI、QCSI、QSF、QGS、CQA 均为百分制，满分为 100 分。

三 计分方法

除个体特征（如性别、年龄等）外，本次调查的单个问题全部采用十分制计分方法，对一个问题的评价 1 到 10 的程度依次增加，6 分为及格线。在区域以及板块加总得分的分析层面，本报告所采用的定性分析的数量范围如表 2-2 所示。

表 2-2　　　　　　　　区域宏观质量观测指数层级划分

分值区间	等级层次
0—29 分	差
30—59 分	较差
60—69 分	及格
70—84 分	较好
85—100 分	好

第三章 区域和样本抽样的方法

一 调查地区的抽样

本年度的调查抽样总体上按两个原则来实施：一是要形成全国的加总分析，因而样本要有代表性，能反映全国的总体状况；二是要能够满足全国各省（自治区、直辖市）以及重要城市的排名需求，因而省份和城市内部的抽样要具有代表性。按照以上原则，本年度的城市样本按以下步骤来确定：

第一步为必选城市，选取的地区对全国具有代表性，能够反映全国的总体状况。这些城市包含所有直辖市、省会城市和副省级城市：北京、上海、天津、重庆、沈阳、大连、青岛、哈尔滨、长春、呼和浩特、石家庄、济南、西安、太原、郑州、武汉、南京、杭州、福州、合肥、南昌、厦门、宁波、深圳、广州、南宁、海口、贵阳、成都、昆明、兰州、银川、西宁、乌鲁木齐、拉萨、长沙，共计36个。

第二步为其他城市，这一部分地区样本是为了能够使得样本对省级层面具有代表性。主要按照人均GDP排名分层抽样的方法来抽取，具体的抽取方法为：各省份的城市（含省会）按人均GDP排序，除省会城市以外，选择城市的标准：

（1）若该省人口低于5000万，则选取排名中位值城市，如有10个城市，则选取第5名或第6名的城市；

（2）若该省人口高于5000万，则除省会城市以外，选取2个城市，按名次取第70%分位和40%分位的城市，如有21个城市则取第14名和第7名城市。

根据以上两个原则，最终确定了除必选城市以外的33个城市，共计69个城市，与去年相比共有50个城市重合。

表3-1　　除省会、副省级城市以外的其他城市的抽取

省份	城市	人均GDP（万元）
安徽省（16）	合肥市	7.29
	安庆市	2.89
	淮北市	3.49
北京市	北京市	9.91
福建省（9）	福州市	7.26
	厦门市	8.92
	三明市	6.46
甘肃省（12）	兰州市	4.91
广东省（21）	广州市	12.92
	深圳市	15.06
	东莞市	7.15
	佛山市	10.57
广西壮族自治区（14）	南宁市	4.73
	桂林市	3.42
贵州省（6）	贵阳市	5.78
	遵义市	3.05
海南省（3）	海口市	4.57
河北省（11）	石家庄市	4.15
	承德市	3.53
	衡水市	2.54
河南省（17）	郑州市	7.86
	新乡市	3.25
	许昌市	4.76
黑龙江省（12）	哈尔滨市	5.02
	大庆市	14.16
湖北省（12）	武汉市	9.84
	随州市	3.32
	襄阳市	5.69
湖南省（13）	长沙市	10.84
	怀化市	2.45
	岳阳市	4.85

续表

省份	城市	人均GDP（万元）
吉林省（8）	长春市	7.01
	吉林市	6.07
江苏省（13）	南京市	10.77
	连云港市	4.48
	苏州市	13.15
	徐州市	5.79
江西省（11）	南昌市	7.27
	宜春市	0.28
辽宁省（14）	大连市	11.13
	沈阳市	8.67
	盘锦市	9.92
内蒙古自治区（9）	呼和浩特市	9.95
	包头市	13.72
宁夏回族自治区（5）	银川市	6.70
	固原市	1.83
青海省（2）	西宁市	4.70
山东省（17）	济南市	8.35
	青岛市	9.70
	潍坊市	5.34
山西省（11）	太原市	6.03
	长治市	3.93
陕西省（10）	西安市	6.40
	咸阳市	4.02
上海市	上海市	9.76
四川省（18）	成都市	7.09
	巴中市	1.38
	绵阳市	3.37
天津市	天津市	10.37
西藏自治区（1）	拉萨市	5.58
新疆维吾尔自治区（14）	乌鲁木齐市	7.61
	伊犁市	3.38

续表

省份	城市	人均GDP（万元）
云南省（8）	昆明市	5.77
	宣威市	1.80*
浙江省（11）	杭州市	10.40
	宁波市	9.95
	衢州市	4.45
	温州市	4.72
重庆市	重庆市	4.08

注：括号内为该省有统计资料中的地级市数量，GDP数据来源于各城市统计局所发布的《国民经济和社会发展统计公报》；宣威市未找到2014年数据，以2013年数据代替。

二 调查样本的选取

在所调查的城市里，本年度调查样本的个体抽样方案与2013年一致，即分为城市和农村两个层次的抽样。城市抽样按职业大类抽样，农村抽样按不同收入层级抽样。

样本容量（同时含农村和城市样本）为60和50的城乡样本分配分别如表3-2和表3-3所示。

其中当城市人口数大于农村人口数时，样本容量为60和50的城市抽样及名额分配分别如表3-4和表3-5所示。在抽取农村样本时，在所在的城市随机选取一个具有代表性的乡镇（经济发展和人口规模方面具有代表性），然后再选取2—3个村，每个村各选取6—8名被访对象，按收入分成低、中、高三组，每组各选取2—3名调查对象。

表3-2　　　　　　　　样本容量为60的城乡样本分配表

城市人口比重	城市样本	农村样本
≤50%	36	24
>50%	42	18

表 3-3　　　　　　　样本容量为 50 的城乡样本分配表

城市人口比重	城市样本	农村样本
≤50%	30	20
>50%	35	15

表 3-4　　　　　样本容量为 60 的城市抽样及名额分配表①

职业类型	单位数	总数	占比（%）	男	女	相关说明
企业职员	4	12	28.57	7	5	一线工人、一般管理者
学校教职工	2	6	14.29	3	3	教师或学校行政人员
政府部门、社会团体工作人员	2	6	14.29	4	2	在编普通职员及中层管理者
医务工作者	1	3	7.14	1	2	医生、护士
商业服务业人员	1	2	4.76	1	1	商场、超市、个体工商户等
金融单位（银行、证券等）	1	2	4.76	1	1	普通职员和中层管理者
宾馆、酒店、餐馆工作人员	1	3	7.14	1	2	普通职员和中层管理者
其他服务业人员	1	2	4.76	1	1	供电、供水、电信、交通等
学生、家庭妇女、退休人员	2	6	14.29	4	2	年龄18—60岁
总计		42		23	19	

表 3-5　　　　　样本容量为 50 的城市抽样及名额分配表②

职业类型	单位数	总数	占比（%）	男	女	相关说明
企业职员	4	10	28.57	6	4	一线工人、一般管理者
学校教职工	2	5	14.29	3	2	教师或学校行政人员
政府部门、社会团体工作人员	2	5	14.29	3	2	在编普通职员及中层管理者

① 注：该抽样方案是样本容量为60，且城市人口大于农村人口的抽样方案，其中城市抽取42个样本，农村抽取18个样本。

② 注：该抽样方案是样本容量为50，且城市人口大于农村人口的抽样方案，其中城市抽取35个样本，农村抽取15个样本。

续表

职业类型	单位数	总数	占比（%）	男	女	相关说明
医务工作者	1	2	7.14	1	1	医生、护士
商业服务业人员	1	2	4.76	1	1	商场、超市、个体工商户等
金融单位（银行、证券等）	1	2	4.76	1	1	普通职员和中层管理者
宾馆、酒店、餐馆工作人员	1	2	7.14	1	1	普通职员和中层管理者
其他服务业人员	1	2	4.76	1	1	供电、供水、电信、交通等
学生、家庭妇女、退休人员	2	5	14.29	3	2	年龄18—60岁
总计		35		20	15	

第四章 样本总量及构成

一 总量与分布

本次质量观测共发放7500份问卷，剔除无效问卷后共有7031份有效问卷，有效问卷回收率为93.75%，具体数据如表4-1所示。

表4-1　　　　　　　　　　问卷回收统计

发放问卷量	回收问卷数	有效问卷量	有效问卷回收率（%）
7500	7276	7031	93.75

二 调查样本的区域分布

此次调研共覆盖了31个省（自治区、直辖市），91个城市，103个区县（含县级市），为使得各省区的样本保持一致，在计算全国数据时从中抽取了69个城市，共计80个区县（含县级市）。调查的抽样分布东部地区和中部地区的样本比例略低于人口比例，西部地区的样本分布高于人口分布约5个百分点，但总体来说，样本区域分布与人口区域分布是大致相同的。

表 4-2　　　　　　　　　　　调查的样本分布状况

区域	省市	区县数	样本量	百分比(%)	样本区域占比(%)	人口区域分布(%)
东部	海南省	1	60	2.64	39.41	41.48
	浙江省	4	276	12.15		
	辽宁省	3	240	10.56		
	福建省	3	230	10.12		
	江苏省	5	297	13.07		
	天津市	2	99	4.36		
	北京市	1	119	5.24		
	山东省	3	255	11.22		
	上海市	2	118	5.19		
	广东省	4	341	15.01		
	河北省	3	237	10.43		
中部	黑龙江省	3	220	13.29	28.73	31.49
	安徽省	3	240	14.49		
	河南省	4	240	14.49		
	湖南省	4	220	13.29		
	山西省	2	150	9.06		
	吉林省	3	139	8.39		
	江西省	3	179	10.81		
	湖北省	5	268	16.18		
西部	贵州省	2	158	8.60	31.86	27.04
	广西壮族自治区	2	160	8.71		
	内蒙古自治区	2	160	8.71		
	西藏自治区	1	102	5.55		
	四川省	4	240	13.06		
	青海省	1	100	5.44		
	宁夏回族自治区	2	158	8.60		
	云南省	2	179	9.74		
	陕西省	2	178	9.69		
	新疆维吾尔自治区	2	182	9.91		
	甘肃省	1	100	5.44		
	重庆市	1	120	6.53		

注：东、中、西部划分有多种方法，本报告主要按经济发展程度来划分，首先将享受国家西部大开发政策的省区确定为西部省份，其次将沿海省市确定为东部地区，其他为中部地区。

三 调查样本的结构

(一) 调查样本的性别结构

表4-3　　　　　　　　　被调查者性别分布

性别	频数	百分比 (%)
男	2849	49.55
女	2901	50.45
合计	5750	100

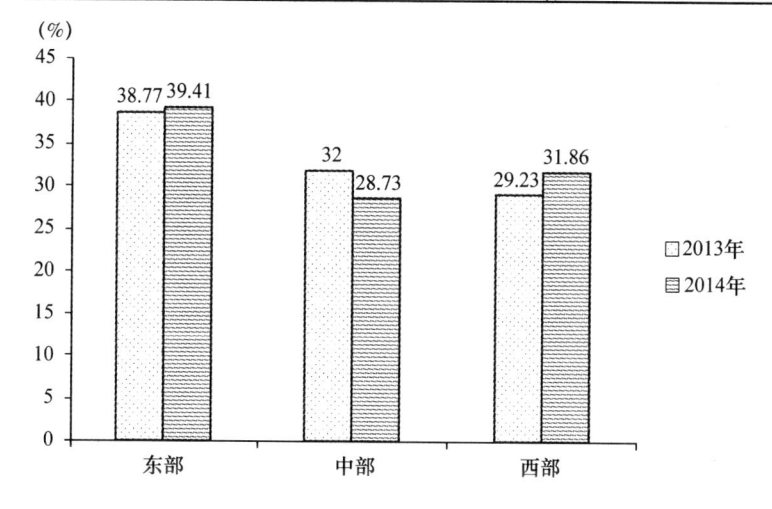

图4-1　样本区域占比年度对比

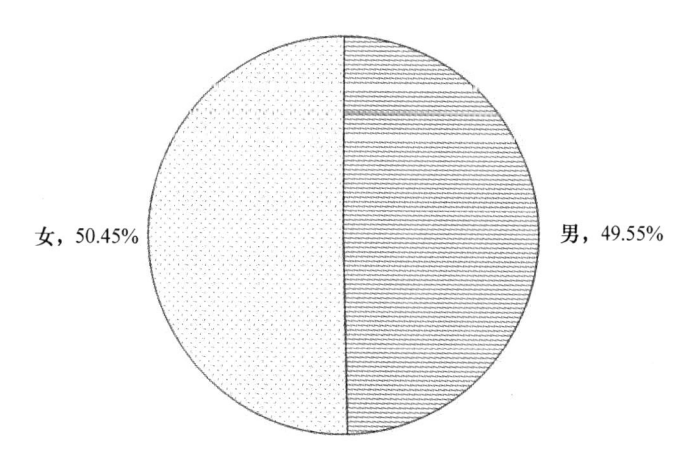

图4-2　被调查者性别分布

（二）调查样本的婚姻状况结构

表 4-4　　　　　　　　　　被调查者婚姻状况分布

婚姻状况	频数	百分比（%）
已婚	3831	66.85
未婚	1900	33.15
合计	5731	100

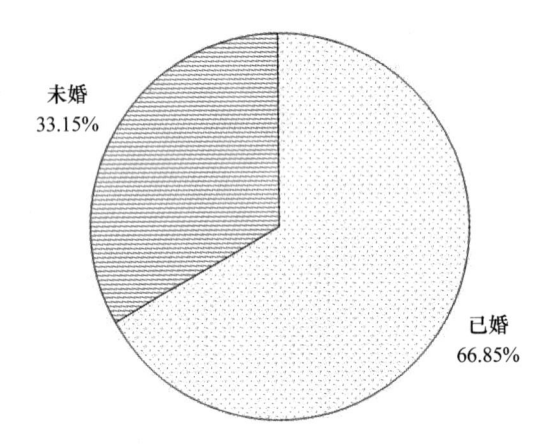

图 4-3　被调查者婚姻状况分布

（三）调查样本的家庭人口结构

表 4-5　　　　　　　　　　被调查者家庭人口分布

家庭总人口	频数	百分比（%）
1	55	0.96
2	356	6.21
3	2767	48.30
4	1333	23.27
5	769	13.42
6	280	4.89
≥7	169	2.95
合计	5729	100

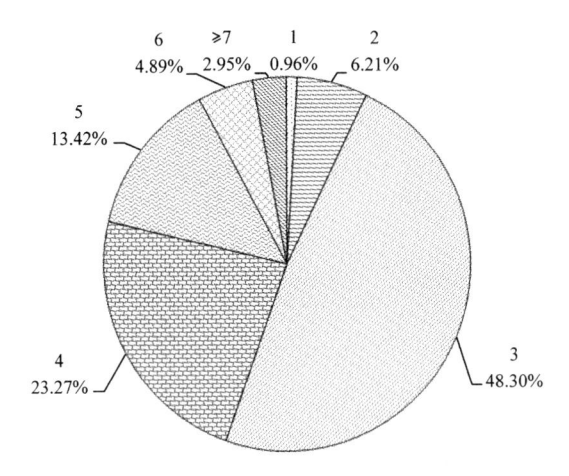

图 4-4 被调查者家庭人口分布

（四）调查样本的家庭收入结构

表 4-6　　　　　　　　　被调查者家庭收入分布

家庭月平均收入（元）	频数	百分比（%）
0—2000	468	8.18
2000—4000	1378	24.09
4000—6000	1423	24.87
6000—8000	879	15.36
8000元—1万	541	9.46
1万—1.2万	404	7.06
1.2万—1.5万	237	4.14
1.5万—1.8万	116	2.03
1.8万—2.0万	75	1.31
2万元以上	200	3.50
合计	5721	100

32 / 2014年中国质量观测发展报告

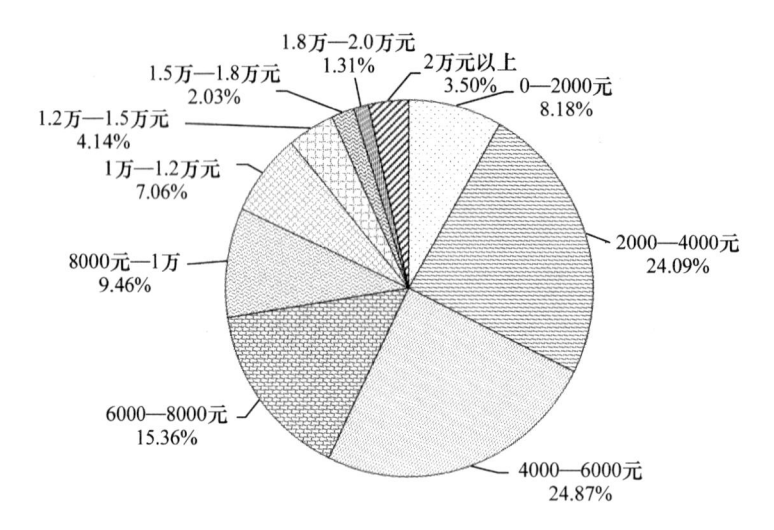

图4-5 被调查者家庭收入分布

（五）调查样本的家庭支出结构

表4-7　　　　　　　　被调查者家庭支出分布

家庭月平均支出（元）	频数	百分比（%）
0—2000	1074	18.79
2000—4000	2378	41.60
4000—6000	1268	22.18
6000—8000	529	9.25
8000元—1万	222	3.88
1万—1.2万	107	1.87
1.2万—1.5万	54	0.94
1.5万—1.8万	24	0.42
1.8万—2.0万	18	0.31
2万元以上	43	0.75
合计	5717	100

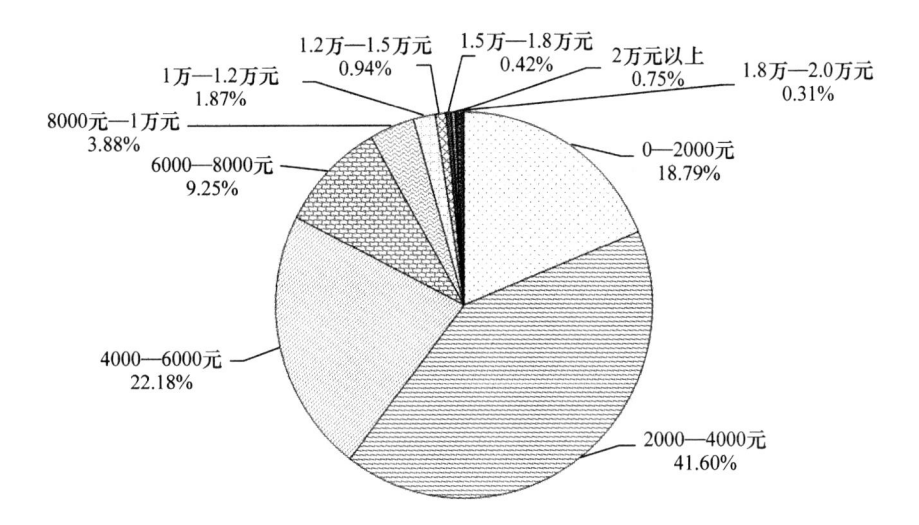

图 4-6　被调查者家庭支出分布

第三篇

年度质量总体指数与关键
指标统计结果

第五章 全国总体质量指数的统计结果

表5-1 总体质量指数及四大维度统计结果

全国总体质量指数 (TQI) 60.85 分	观测维度	统计结果（分）
	质量安全	62.75
	质量满意度	62.32
	公民质量素质	59.85
	质量公共服务	56.93

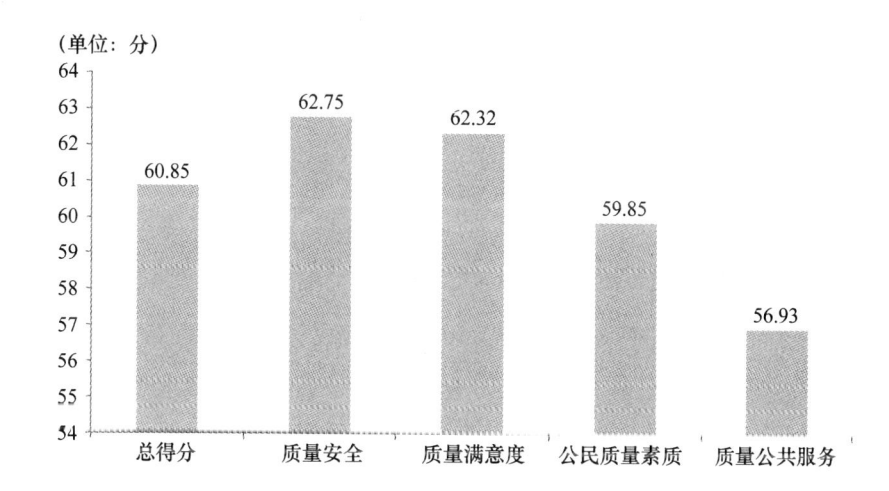

图5-1 总体质量指数及四大维度分值对比

如表5-1所示，2014年我国的总体质量指数（TQI）的分值为60.85分，四大维度的统计结果分别为：质量安全62.75分，质量满意度62.32分，公民质量素质59.85分，质量公共服务56.93分。四大维度的排名依次为质量安全、质量满意度、公民质量素质和质量公共服务。质量公共服务在四个维度中指数最低，并且与其他三个维度的得分存在较为明显的差距。消费者普遍对质量安全、质量满意评价较高，两者分值也较为接近；而质量素质的分值虽然低于前两者，但差距并不是很大，并且质量安全、质量满意度分值均高于全国总体质量指数的分值。这表明目前我国质量总体状况的短板主要来自于质量公共服务，政府相关部门提供质量公共服务的能力明显不足。

表 5-2　　总体质量指数及四大维度统计结果的年度对比

	2013年（分）	2014年（分）	2014年与2013年差值（分）	变动百分比（%）
质量安全	65.89	62.75	-3.14	-4.8
质量满意	64.51	62.32	-2.19	-3.4
质量公共服务	57.82	56.93	-0.89	-1.5
质量素质	65.76	59.85	-5.91	-9.0
总得分	63.74	60.85	-2.89	-4.5

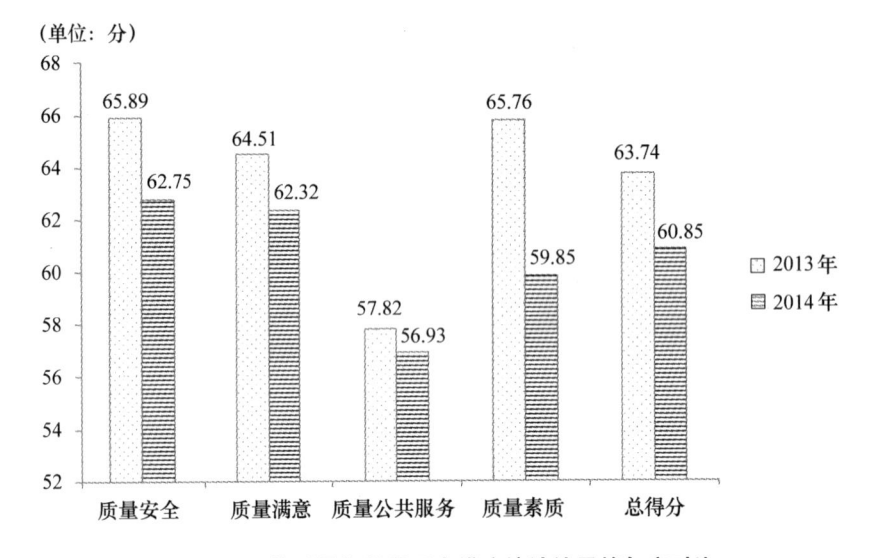

图 5-2　总体质量指数及四大维度统计结果的年度对比

如上图表所示，根据2014年宏观质量观测，不论是总体得分还是安全、满意、公共服务、质量素质四大维度得分较之2013年都出现了结构性下滑，特别是质量公共服务领域，得分在及格线以下且继续小幅下降。在公民质量素质方面，年度间波动幅度最大，由2013年的65.76分降至2014年的59.85分。相比之下，安全、满意领域的得分状况较为稳定。

第六章 总体质量指数区域排名

一 省级排名

通过对不同省份（含直辖市）的总体质量指数进行比较，得到总体质量指数排名前十的省份，如表6-1所示。

表6-1　　　　全国各省总体质量指数排名（前十位）

排名	地区	总体质量指数（分）
1	天津市	69.22
2	福建省	65.92
3	山东省	64.23
4	江苏省	63.72
5	广西壮族自治区	63.43
6	青海省	63.07
7	河南省	62.94
8	浙江省	62.86
9	辽宁省	62.58
10	宁夏回族自治区	61.82

注：排名范围为各省、自治区和直辖市。

由表6-1可知，总体质量指数排名前十的省、自治区和直辖市分别是天津市、福建省、山东省、江苏省、广西壮族自治区、青海省、河南省、浙江省、辽宁省、宁夏回族自治区。在前十名的省份中，东部地区共有6个省份上榜，分别是第一名的天津市、第二名的福建省、第三名的山东省、第四名的江苏省、第八名的浙江省、第九名的辽宁省，东部省份在排行榜中占据着绝对的优势。西部地区共有3个省份上榜，分别是第五名的广西壮族自治区、第六名的青海省、第十名的宁夏回族自治区，西部地区的省份占据了前十名中的30%，但是西部地区的这三个省份排名均比较靠后。前十名中，中部地区只有河南省上榜，位居第七名。

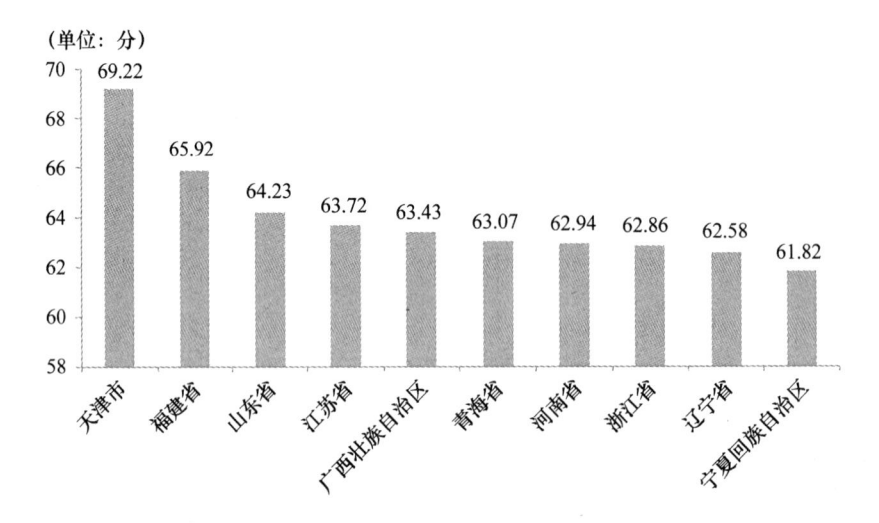

(单位：分)

省份	指数
天津市	69.22
福建省	65.92
山东省	64.23
江苏省	63.72
广西壮族自治区	63.43
青海省	63.07
河南省	62.94
浙江省	62.86
辽宁省	62.58
宁夏回族自治区	61.82

注：排名范围为各省、自治区和直辖。

图6-1 我国各省总体质量指数排名

全国的总体质量指数为60.85分，刚刚超过60分的及格线。从图6-1中可以看出，通过排在前十位的各省总体质量指数的比较，天津市是31个省、自治区、直辖市中质量状况最好的省份，但总体而言，天津市的总体质量指数也只有69.22分，还不到70分，仍然有很大的发展空间。前十名省份的最终指数相差略大，排在第一名的天津市和排在第十名的宁夏回族自治区之间相差7分多，而与第二名的福建省保持着3分多的距离。山东省、江苏省和广西壮族自治区分别位于第三名、第四名和第五名，这三个省的整体质量状况比较接近，总体质量指数均在64分左右。天津、福建、山东、河南、辽宁等省份（直辖市）排名靠前得益于它们近年来较快的经济发展速度，市政工程投入和公共服务质量的提升使得民众的总体质量指数较高。江苏、浙江等省地处"长三角"，经济发达程度居于全国前列，因此总体质量指数较高。江苏、浙江等省地处"长三角"，经济发达程度居于全国前列，因此总体质量指数较高。广西、青海、宁夏虽然地处西部地区，经济发展水平比不上东部、中部地区，但是良好的生态环境适合居住，房价和生活的成本与压力会比其他省区要小，所以总体质量指数也能位居前十。

二 主要城市排名

表 6-2　　　　　　全国主要城市总体质量指数排名

排名	城市	总体质量指数（分）
1	天津市	69.22
2	厦门市	69.05
3	苏州市	65.62
4	宁波市	65.51
5	福州市	65.37
6	大连市	63.43
7	哈尔滨市	63.34
8	西宁市	63.07
9	杭州市	62.80
10	青岛市	62.74

注：排名范围为直辖市、副省级省市和省会城市。

在对全国主要城市（包括直辖市、副省级城市和省会城市）的总体质量指数进行计算后，我们得出主要城市的总体质量指数排名，得出10个质量状况最好的城市，具体排名见表6-2。通过该表，可以看出，排在前十位的分别是天津、厦门、苏州、宁波、福州、大连、哈尔滨、西宁、杭州、青岛。其中，东部地区的城市共有8个，包括前六位的天津、厦门、苏州、宁波、福州、大连，第九名的杭州和第十名的青岛，在排行榜上，东部地区不仅在数量上占据着绝对优势，在排名上也比较靠前。而西部地区和中部地区的城市各有1个，分别是位列第四名的南宁市和第七名的哈尔滨市。

如图6-2所示，通过对各个城市的总体质量指数进行比较，可以看出，排名第一、第二的分别是天津市、厦门市，两者分数比较接近，与排名第十的青岛市相差超过了6分，差距较大。在前10个城市中，苏州与宁波得分相近，大连与哈尔滨得分相近，杭州与青岛得分也比较相近。天津、厦门、苏州、宁波、福州、大连、青岛等城市都不是传统的经济最发

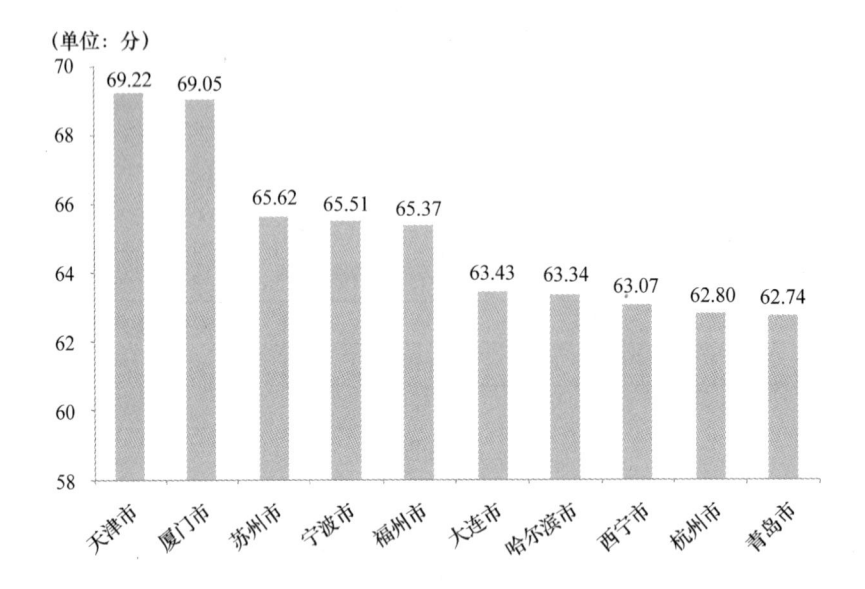

(单位：分)

城市	分数
天津市	69.22
厦门市	69.05
苏州市	65.62
宁波市	65.51
福州市	65.37
大连市	63.43
哈尔滨市	63.34
西宁市	63.07
杭州市	62.80
青岛市	62.74

注：排名范围为直辖市、副省级省市和省会城市。

图 6-2　全国主要城市总体质量指数排名

达的城市，它们的共同特点是生态环境好，适合居住，民众对环境满意度较高。相较于过去大量人才涌入北京、上海、广州、深圳等一线城市不同，现在民众对上述这些城市的综合评价更高。

第七章　四大维度的统计结果

一　质量安全

（一）调查结果

表 7-1　　2014 年质量安全的统计结果（按分值排序）

	序号	产品类别	分值
质量安全 (62.75分)	1	本地区家用电器的总体安全性	67.33
	2	本地区电脑的总体安全性	65.64
	3	自住住宅的总体安全性	65.61
	4	本地区公共建筑（如办公楼、学校、医院等）的总体安全性	65.52
	5	本地区服装的总体安全性	65.25
	6	本地区汽车的总体安全性	65.04
	7	本地区日用消费品的总体安全性	64.86
	8	本地区公共交通的总体安全性	64.55
	9	本地区药品的总体安全性	64.07
	10	本地区农业生产资料的总体安全性	63.42
	11	本地区粮食（米面等）的安全性	63.35
	12	本地区服务质量的安全性	63.09
	13	本地区道路的总体安全性	62.91
	14	本地区电梯的总体安全性	62.88
	15	本地区医疗服务的总体安全性	62.54
	16	本地区环境的总体安全性	62.02
	17	本地区儿童用品的总体安全性	60.88
	18	本地区工程的总体安全性	60.73
	19	本地区乳制品的安全性	60.65
	20	本地区食用油的总体安全性	60.22

续表

	序号	产品类别	分值
质量安全 (62.75分)	21	本地区化妆用品的总体安全性	59.66
	22	所消费产品的总体安全性	59.17
	23	本地区肉类的总体安全性	59.13
	24	本地区食品的总体安全性	57.97

表7-2　　2014年质量安全的统计结果排名（按结构变量排序）

结构变量	结构变量排名	观测指标	分值	指标排名
服务安全性评价 (63.09分)	1	本地区公共交通的总体安全性	64.55	1
		本地区医疗服务的总体安全性	62.54	2
环境安全性评价 (62.02分)	2	本地区环境的总体安全性	62.02	1
工程安全性评价 (60.73分)	3	自住住宅的总体安全性	65.61	1
		本地区公共建筑（如办公楼、学校、医院等）的总体安全性	65.52	2
		本地区道路的总体安全性	62.91	3
产品安全性评价 (59.17分)	4	本地区家用电器的总体安全性	67.33	1
		本地区电脑的总体安全性	65.64	2
		本地区服装的总体安全性	65.25	3
		本地区汽车的总体安全性	65.04	4
		本地区日用消费品的总体安全性	64.86	5
		本地区药品的总体安全性	64.07	6
		本地区农业生产资料的总体安全性	63.42	7
		本地区粮食（米面等）的安全性	63.35	8
		本地区电梯的总体安全性	62.88	9
		本地区儿童用品的总体安全性	60.88	10
		本地区乳制品的安全性	60.65	11
		本地区食用油的总体安全性	60.22	12
		本地区化妆用品的总体安全性	59.66	13
		本地区肉类的总体安全性	59.13	15
		本地区食品的总体安全性	57.97	16

（二）指标排名

1. 产品质量安全性

表 7-3　　　　　　　　　2014 年产品质量安全评价　　　　　　　（单位：分）

产 品 类 别	分值
本地区家用电器的总体安全性	67.33
本地区电脑的总体安全性	65.64
本地区服装的总体安全性	65.25
本地区汽车的总体安全性	65.04
本地区日用消费品的总体安全性	64.86
本地区药品的总体安全性	64.07
本地区农业生产资料的总体安全性	63.42
本地区粮食（米面等）的安全性	63.35
本地区电梯的总体安全性	62.88
本地区儿童用品的总体安全性	60.88
本地区乳制品的安全性	60.65
本地区食用油的总体安全性	60.22
本地区化妆用品的总体安全性	59.66
所消费产品的总体安全性	59.17
本地区肉类的总体安全性	59.13
本地区食品的总体安全性	57.97

从表 7-3 中可以看出，耐用型产品行业质量安全评价较高。另外，通过对比 2013 年和 2014 年产品质量安全性分值，可以发现所调查产品类别的排名存在相同的规律，家用电器均排在第一位，食品都排在末位，说明目前消费者对食品的质量安全性更为敏感，更为关注食品质量安全。从 2014 年调查的对象及结果排序来看，耐用型产品行业其质量安全性分值较高，例如排在前几位的家用电器、电脑、汽车等。

(单位：分)

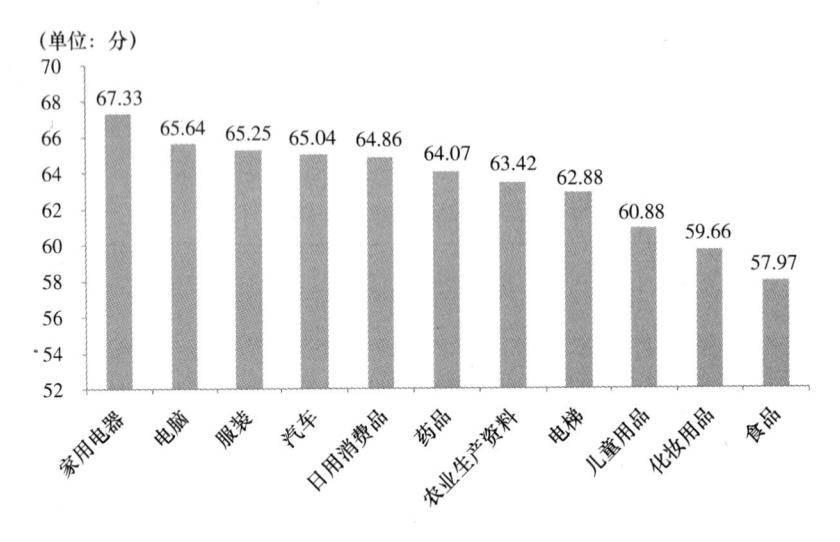

图中数据（从高到低）：
家用电器 67.33；电脑 65.64；服装 65.25；汽车 65.04；日用消费品 64.86；药品 64.07；农业生产资料 63.42；电梯 62.88；儿童用品 60.88；化妆用品 59.66；食品 57.97

图 7-1　2014 年不同类别产品质量安全性分值及排名

2. 服务质量安全性

表 7-4　　　　　2014 年不同类别服务质量安全评价　　　（单位：分）

服务类别	分值
本地区公共交通的总体安全性	64.55
本地区医疗服务的总体安全性	62.54

对于服务质量安全性的感受，其中公共交通服务安全性得分最高，为 64.55 分，这与相关部门在改善城市交通出行状况方面作出了很大努力有关，根据人口密度配备了不同种类的交通工具，以满足不同人群对交通出行的不同需求。而本地医疗服务质量总体安全性较低，为 62.54 分，主要是与近年来紧张的医患关系有关。本地区服务质量的安全性得分为 63.09（见表 7-2）。

3. 工程质量安全性

表 7-5　　　　　2014 年不同类别工程质量安全性评价　　　（单位：分）

工 程 类 别	分值
自住住宅的总体安全性	65.61
本地区公共建筑（如办公楼、学校、医院等）的总体安全性	65.52
本地区道路的总体安全性	62.91

本地区工程总体安全性得分 60.73 分（见表 7-2），低于自住住宅、公共建筑、道路等各项具体工程的评分。其中自住住宅的总体安全性最高，高于公共建筑的安全感受，为 65.61 分，住房货币化分配的时代已经来临，住宅已作为商品开始进入消费市场，人们关注的不仅仅是其价格，还会关注与其价格相匹配的性能。住宅的安全性是商品住宅最为重要的性能以及保障其他性能的前提。本地公共建筑的总体安全性感受与自住住宅基本持平，为 65.52 分，这和公共建筑本身的监管规范有关。本地区道路总体安全性为 62.91 分，道路安全既和道路自身的质量安全有关，也和行驶在道路上的车辆安全有关。好的道路设计和相关标识系统能够减少道路质量安全风险感受。

4. 环境质量安全性

表 7-6　　　　　　　2014 年环境质量安全评价　　　　　　（单位：分）

环境类别	分值
本地区环境的总体安全性	62.02

本地区环境质量总体安全性为 62.02 分，在产品、服务、工程和环境中，排名第二。

（三）年度变动

1. 总体变动

表 7-7　　　　　　2014 年与 2013 年质量安全总指数对比　　　　　（单位：分）

2014 年质量安全平均分数	2013 年质量安全平均分数
62.75	65.89

表 7-8　　　　　2014 年宏观质量观测四个领域质量安全指数变化

结构维度	2014 年（分）	位次	2013 年（分）	位次
产品质量安全	59.17	4	62.83	4
服务质量安全	63.09	1	64.40	2
工程质量安全	60.73	3	64.68	1
环境质量安全	62.02	2	63.37	3

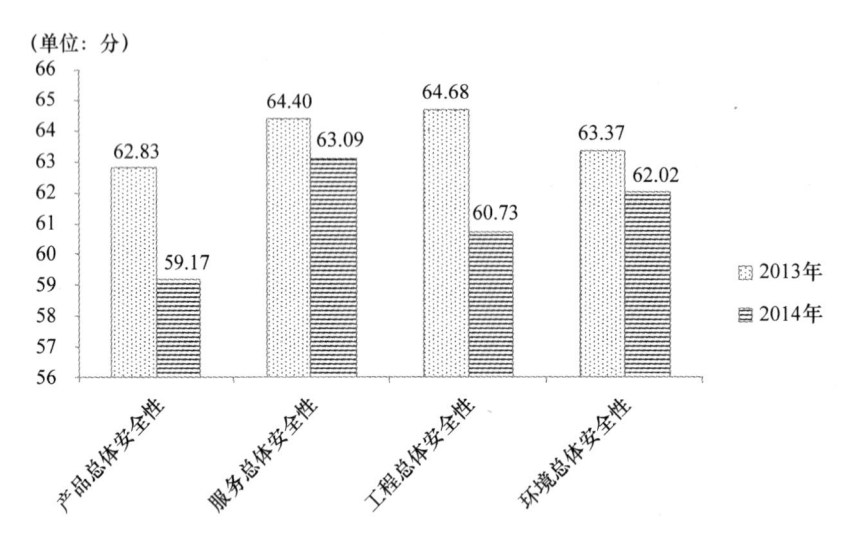

图 7-2　2013 年与 2014 年宏观质量观测四个领域质量安全性对比

通过对比 2013 年和 2014 年消费者对产品、服务、工程、环境四大维度的质量总体安全性评价，发现产品安全性有明显下降，且连续两年位居末位，2013 年得分为 62.83 分，而 2014 年降到及格线以下，为 59.17 分。服务质量安全性排名有明显上升，位居首位。工程总体安全性是下降最剧烈的一项指标，由 2013 年的 64.68 分下降到 2014 年的 60.73 分。

2. 产品质量安全性变动

通过对比 2014 年和 2013 年的产品质量安全性评价，发现所有类别得分全面显著下降。2013 年所有得分均在及格线以上，而 2014 年化妆品和食品等都下降到了及格线以下。

此外，我们还对食品中日常消费者普遍接触的粮食（米面）、食用油、肉类，以及关注度较高的乳制品分别进行了调查。可以看到 2014 年粮食（米面等）消费者日常使用的主食质量安全性分值最高，为 63.35 分，其他依次是乳制品、食用油和肉类，分别为 60.65 分、60.22 分、59.13 分。相比 2013 年，食品所有类别评价分数全面显著下降，然而乳制品由 2013 年的末位上升到 2014 年第二位，2014 年末位的肉类降至及格线以下，通过分析可能由于 2013 年至 2014 年爆发的"H7N9"型禽流感造成了国民对肉类产品的恐慌。

3. 服务质量安全性变动（见图 7-4）

通过对比 2013 年和 2014 年的服务质量、公共交通、医疗服务安全性评

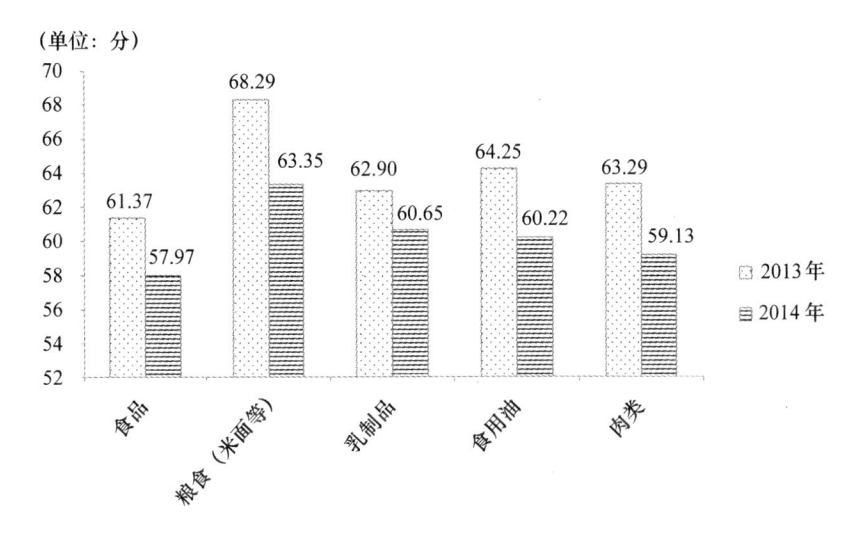

图 7-3　2014 年与 2013 年食品不同类别质量安全性评价对比

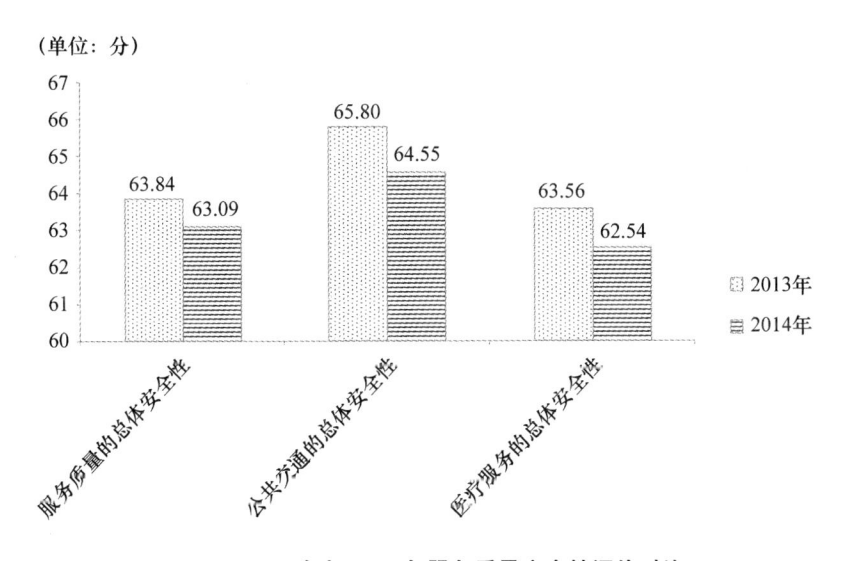

图 7-4　2014 年与 2013 年服务质量安全性评价对比

价，发现所有得分全面显著下降。2013 年和 2014 年这三项指标的排序趋于稳定，都是公共交通排名第一，服务质量排名第二，医疗服务排名末位。

4. 工程质量安全性比较（见图 7-5）

通过对比 2013 年和 2014 年的自住住宅、公共建筑、道路安全性评价，发现所有得分全面显著下降。2013 年和 2014 年这三项指标的排序趋于稳定，都是自住住宅排名第一，公共建筑排名第二，道路排名末位。

(单位：分)

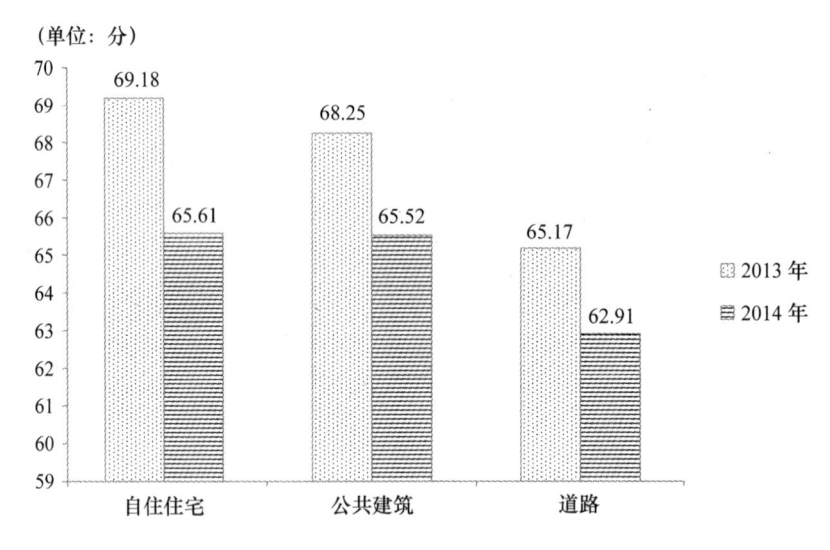

图 7-5　2014 年与 2013 年工程质量安全性评价对比

5. 环境质量安全性比较

表 7-9　　　　　2014 年环境质量安全性评价变化　　　　（单位：分）

	2014 年	2013 年
环境总体安全性	62.02	63.37

对比 2013 年和 2014 年本地区环境质量总体安全性评价，2014 年相比 2013 年有所下降，从 63.37 分下降到 62.02 分。

（四）区域排名

1. 按省区排名的质量安全分析

表 7-10　　　　省区质量安全总体性评价分值（前十位）

省、市、区	总体评价（分）
天津市	70.07
福建省	67.91
山东省	66.16
广西壮族自治区	65.59
江苏省	65.39

续表

省、市、区	总体评价（分）
青海省	65.18
河南省	65.09
浙江省	65.00
辽宁省	64.46
黑龙江省	64.31

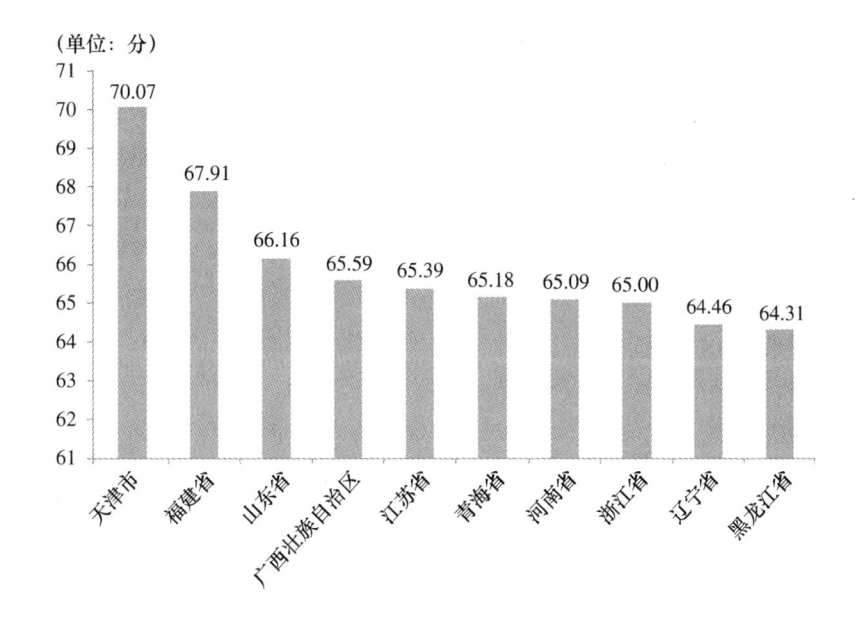

图 7-6 省区质量安全总体性评价分值（前十位）

通过表 7-10 可以看到，天津市、福建省、山东省、广西壮族自治区、江苏省、青海省、河南省、浙江省、辽宁省、黑龙江省的质量安全总体感受排名前十。在质量安全总体得分上，天津市 70.07 分达到优秀线，福建省 67.91 分，山东省 66.16 分，广西壮族自治区 65.59 分，江苏省 65.39 分。2013 年全国的 GDP 实际增幅为 7.4%，2013 年天津 GDP 同比增长 10%。此外，天津在产品质量安全总体评价和工程质量安全总体评价上位居第二，在服务质量安全总体评价上位居第一，在环境质量安全评价上位居第一，在工程质量安全评价上位居第一。这些提升了质量安全总体评价水平。

通过图 7-7 可以看到，天津市、福建省、江苏省、广西壮族自治区、

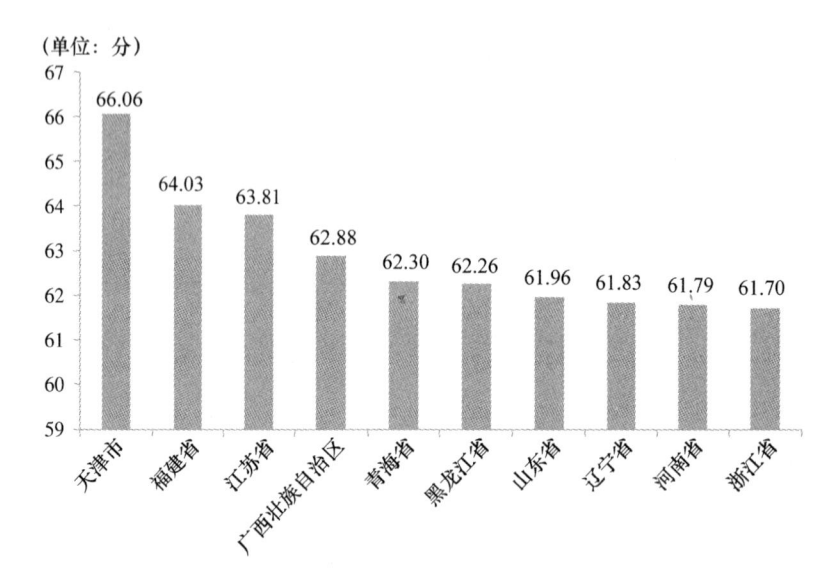

图 7-7 省区产品质量安全总体性评价分值（前十位）

青海省、黑龙江省、山东省、辽宁省、河南省、浙江省的产品质量安全总体感受排名前十。在质量安全总体得分上，天津市 66.06 分，福建省 64.03 分，江苏省 63.81 分，广西壮族自治区 62.88 分，青海省 62.30 分，黑龙江省 62.26 分。

通过图 7-8 可以看到，天津市、福建省、广西壮族自治区、江苏省、山东省、上海市、黑龙江省、浙江省、河南省、辽宁省的服务质量安全总体感受排名前十。在服务质量安全总体得分上，天津市 71.82 分，福建省 68.77 分，广西壮族自治区 67.90 分，江苏省 66.57 分，山东省 66.01 分。

通过图 7-9 可以看到，广西壮族自治区、福建省、天津市、山东省、江苏省、河南省、浙江省、重庆市、青海省、安徽省的工程质量安全总体感受排名前十。在工程质量安全得分上，广西壮族自治区 66.48 分，福建省 66.19 分，天津市 66.06 分，山东省 65.15 分，江苏省 63.90 分。

通过图 7-10 可以看到，福建省、天津市、广西壮族自治区、西藏自治区、海南省、湖南省、青海省、江苏省、四川省、山东省的环境质量安全感受排名前十。在环境质量安全得分上，福建省 71.65 分，天津市

67.58 分，广西壮族自治区 66.40 分，西藏自治区 65.98 分，海南省 65.83 分。

2. 城市排名

(单位：分)

省区	分值
天津市	71.82
福建省	68.77
广西壮族自治区	67.90
江苏省	66.57
山东省	66.01
上海市	65.93
黑龙江省	65.71
浙江省	64.90
河南省	64.90
辽宁省	64.56

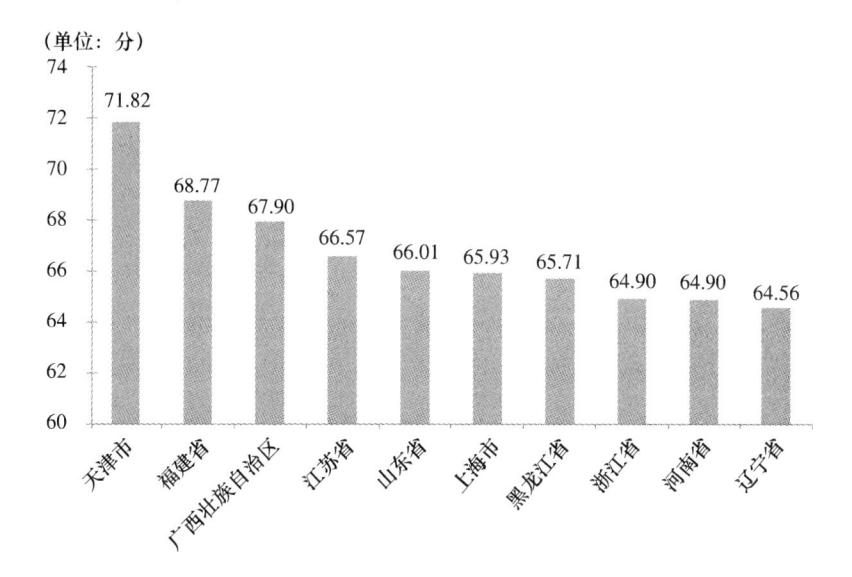

图 7-8 省区服务质量总体安全性评价分值（前十位）

(单位：分)

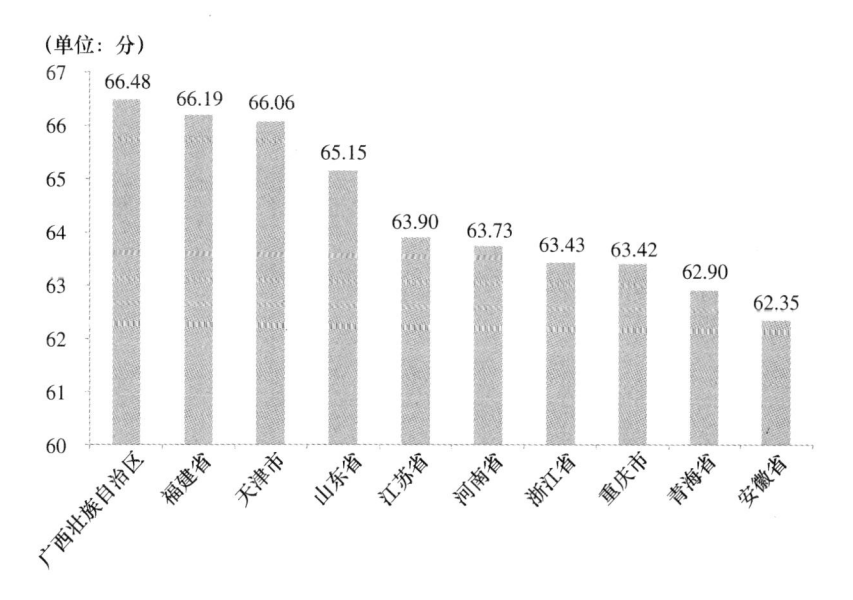

省区	分值
广西壮族自治区	66.48
福建省	66.19
天津市	66.06
山东省	65.15
江苏省	63.90
河南省	63.73
浙江省	63.43
重庆市	63.42
青海省	62.90
安徽省	62.35

图 7-9 各省工程质量安全评价排名（前十位）

(单位：分)

图中数据：
- 福建省 71.65
- 天津市 67.58
- 广西壮族自治区 66.40
- 西藏自治区 65.98
- 海南省 65.83
- 湖南省 65.69
- 青海省 64.90
- 江苏省 64.66
- 四川省 64.58
- 山东省 64.56

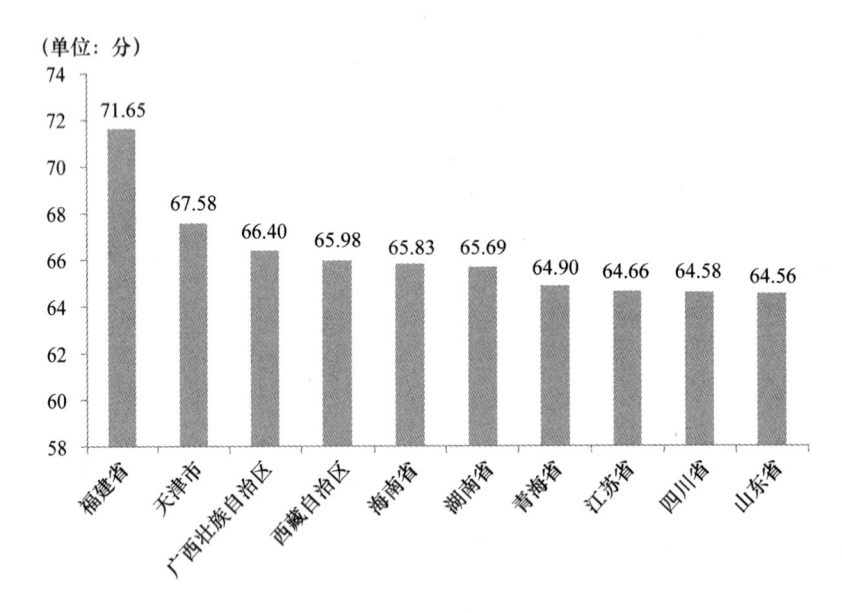

图7-10 各省工程质量安全评价排名（前十位）

表7-11　　　　　　　　　城市排名

序号	城市	质量安全（分）
1	天津市	70.07
2	厦门市	69.90
3	宁波市	67.36
4	福州市	66.80
5	哈尔滨市	66.34
6	大连市	66.01
7	西宁市	65.18
8	长沙市	64.99
9	呼和浩特市	64.78
10	青岛市	64.32

通过表7-11可以看到，天津市、厦门市、宁波市、福州市、哈尔滨市、大连市、西宁市、长沙市、呼和浩特市、青岛市10个城市的质量安全总体感受排名位列前十。在质量安全总体得分上，天津市70.07分，厦门市69.90分，宁波市67.36分，福州市66.80分，哈尔滨市66.34分。天津是我国直辖市、国家中心城市、北方经济中心、环渤海

地区经济中心、北方国际航运中心及物流中心、国际港口城市和生态城市。中国（天津）自由贸易试验区为中国北方唯一的自贸区。天津于2013年获得"2013中国最具幸福感城市""2013中国形象最佳城市"称号。

表 7-12　　主要城市产品质量安全排名（前十位）

序号	城市	产品质量安全（分）
1	厦门市	67.29
2	长沙市	66.08
3	天津市	66.06
4	大连市	65.50
5	福州市	65.30
6	哈尔滨市	64.19
7	宁波市	62.59
8	西宁市	62.30
9	深圳市	61.20
10	杭州市	61.00

通过表 7-12 可以看到，厦门市、长沙市、天津市、大连市、福州市、哈尔滨市、宁波市、西宁市、深圳市、杭州市 10 个城市的产品质量安全总体感受排名前列。在产品质量安全总体得分上，厦门市 67.29 分，长沙市 66.08 分，天津市 66.06 分，大连市 65.50 分，福州市 65.30 分。

表 7-13　　主要城市服务质量安全排名（前十位）

序号	城市	服务质量安全（分）
1	厦门市	72.00
2	天津市	71.82
3	宁波市	68.79
4	杭州市	67.70
5	大连市	67.33

续表

序号	城市	服务质量安全（分）
6	南宁市	66.80
7	深圳市	66.50
8	上海市	65.93
9	哈尔滨市	65.75
10	青岛市	65.70

（单位：分）

厦门市 67.29、长沙市 66.08、天津市 66.06、大连市 65.50、福州市 65.30、哈尔滨市 64.19、宁波市 62.59、西宁市 62.30、深圳市 61.20、杭州市 61.00

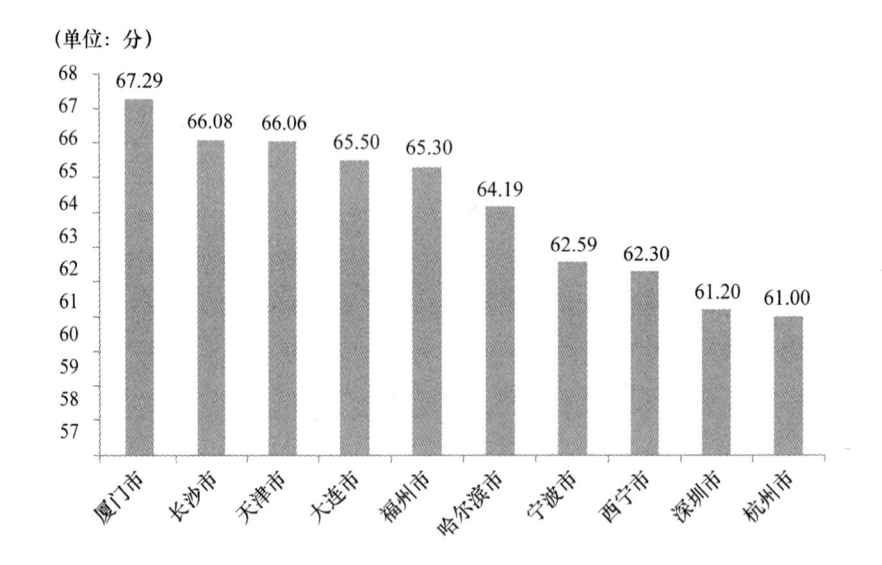

图 7-11 主要城市产品质量安全总体性评价分值

通过表 7-13 可以看到，厦门市、天津市、宁波市、杭州市、大连市、南宁市、深圳市、上海市、哈尔滨市、青岛市 10 个城市的服务质量安全总体感受排名前列。在服务质量安全总体得分上，厦门市 72.00 分，天津市 71.82 分，宁波市 68.79 分，杭州市 67.70 分，大连市 67.33 分。

表 7-14　　　　主要城市工程质量安全排名（前十位）

序号	城市	工程质量安全（分）
1	厦门市	68.57
2	宁波市	67.07

续表

序号	城市	工程质量安全（分）
3	长沙市	66.25
4	天津市	66.06
5	福州市	65.50
6	青岛市	64.30
7	成都市	63.92
8	重庆市	63.42
9	南宁市	63.30
10	西宁市	62.90

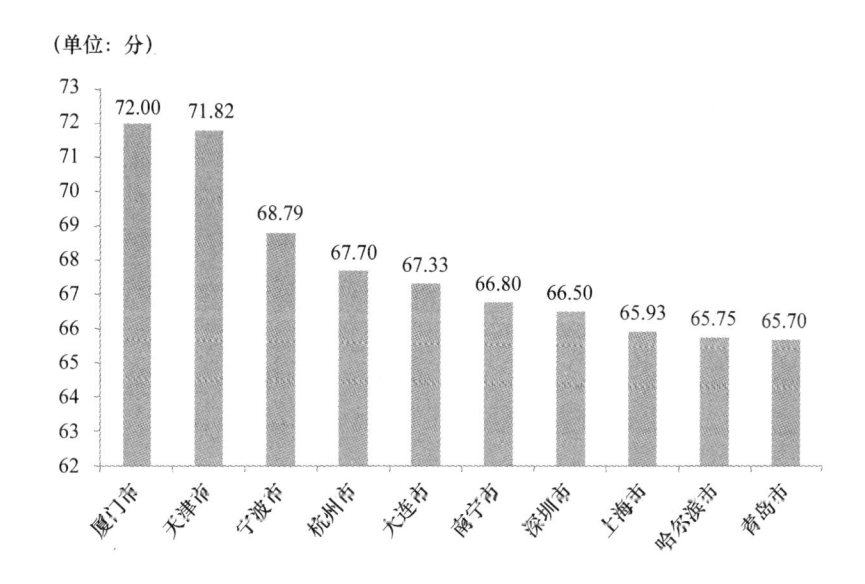

图7-12 主要城市服务质量安全总体性评价分值

通过表7-14可以看到，厦门市、宁波市、长沙市、天津市、福州市、青岛市、成都市、重庆市、南宁市、西宁市10个城市的工程质量安全总体感受排名前列。在工程质量安全总体得分上，厦门市68.57分，宁波市67.07分，长沙市66.25分，天津市66.06分，福州市65.50分。

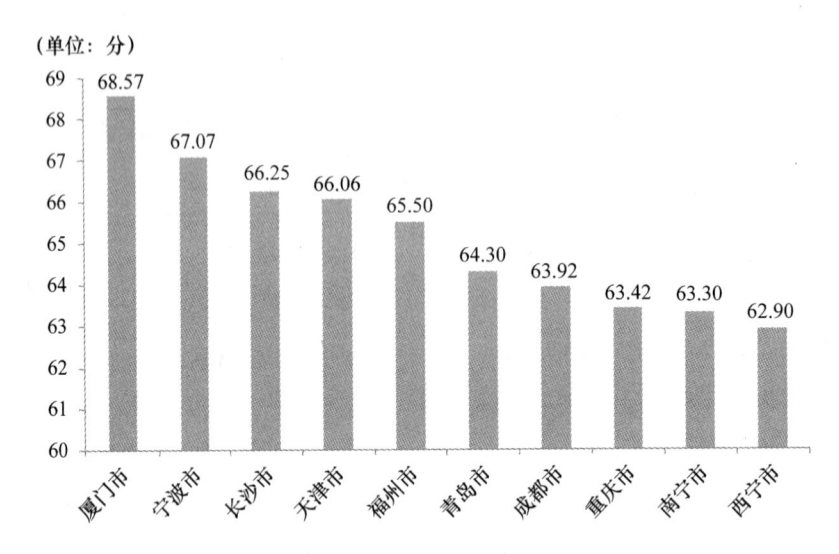

图 7-13　主要城市工程质量安全总体性评价分值

（单位：分）

城市	分值
厦门市	68.57
宁波市	67.07
长沙市	66.25
天津市	66.06
福州市	65.50
青岛市	64.30
成都市	63.92
重庆市	63.42
南宁市	63.30
西宁市	62.90

表 7-15　主要城市环境质量安全排名（前十位）

序号	城市	环境质量安全（分）
1	厦门市	73.14
2	福州市	72.80
3	大连市	68.00
4	宁波市	67.59
5	天津市	67.58
6	青岛市	66.00
7	拉萨市	65.98
8	深圳市	65.90
9	海口市	65.83
10	长沙市	65.50

通过表 7-15 可以看到，厦门市、福州市、大连市、宁波市、天津市、青岛市、拉萨市、深圳市、海口市、长沙市 10 个城市的环境质量安全总体感受排名前列。在环境质量安全总体得分上，厦门市 73.14 分，福州市 72.80 分，大连市 68.00 分，宁波市 67.59 分，天津市 67.58 分。

(单位：分)

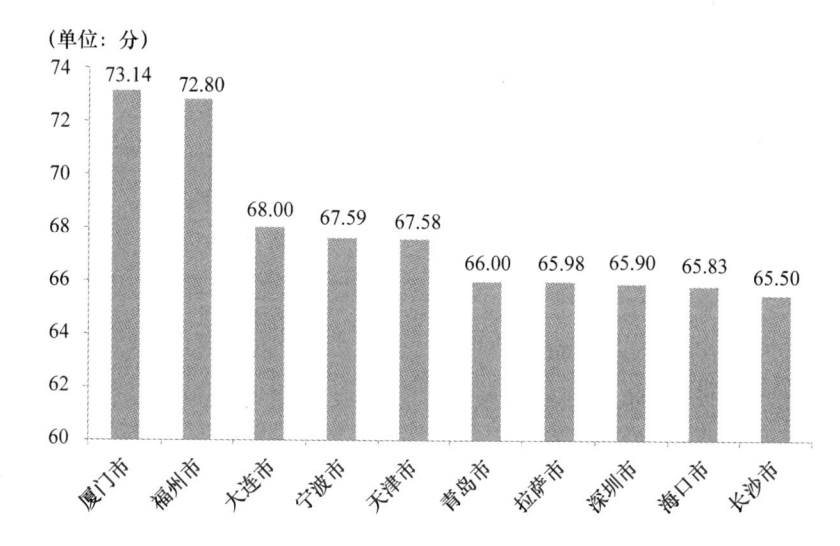

图 7-14 主要城市环境质量安全总体性评价分值

城市分值（从左到右）：厦门市 73.14、福州市 72.80、大连市 68.00、宁波市 67.59、天津市 67.58、青岛市 66.00、拉萨市 65.98、深圳市 65.90、海口市 65.83、长沙市 65.50

二 质量满意

（一）调查结果

表 7-16　　　　　质量满意统计结果（按分值排序）　　　　（单位：分）

	序号	观测指标	分值
质量满意度 （62.32 分）	1	本地区家用电器质量的总体满意度	67.55
	2	本地区电脑质量的总体满意度	65.93
	3	本地区公共建筑的质量总体满意度	65.43
	4	本地区服装质量的总体满意度	65.36
	5	自住住宅的质量总体满意度	65.31
	6	本地区汽车质量的总体满意度	65.23
	7	本地区日用消费品质量的总体满意度	65.00
	8	本地区移动电话质量的总体满意度	64.21
	9	本地区互联网服务质量的总体满意度	64.21
	10	本地区通讯服务质量的总体满意度	63.87
	11	本地区教育服务质量的总体满意度	63.74
	12	本地区农业生产资料质量的总体满意度	63.70

续表

	序号	观测指标	分值
质量满意度 （62.32 分）	13	本地区金融服务服务质量的总体满意度	63.70
	14	本地区公共交通服务质量的总体满意度	63.63
	15	本地区粮食（米面等）质量的总体满意度	63.47
	16	本地区电梯质量的总体满意度	63.07
	17	本地区医疗服务质量的总体满意度	62.39
	18	本地区药品质量的总体满意度	62.14
	19	本地区道路的质量总体满意度	62.13
	20	本地区环境质量的总体满意度	61.31
	21	本地区儿童用品质量的总体满意度	61.25
	22	本地区乳制品质量的满意度	61.18
	23	本地区植被环境质量的总体满意度	61.11
	24	本地区物业服务质量的总体满意度	60.56
	25	本地区土壤质量的总体满意度	60.44
	26	本地区水资源环境质量的总体满意度	60.08
	27	本地区食用油质量的总体满意度	59.90
	28	本地区化妆用品质量的总体满意度	59.81
	29	本地区肉类质量的总体满意度	59.46
	30	本地区食品质量的总体满意度	59.23
	31	本地区声环境质量的总体满意度	58.83
	32	本地区空气环境质量的总体满意度	58.53

2014 年宏观质量观测结果显示，我国居民消费者对质量满意度的总体评价为 62.32 分，其中产品、服务、工程与环境质量满意度评价分别为 60.38 分、62.58 分、61.08 分与 61.31 分。各具体观测指标评价分数与排名如表 7-17 所示。

表7-17　　　质量满意度整体评价结果（按结构变量排序）

结构变量	结构变量排名	观测指标	分值	指标排名
产品质量 （60.38分）	4	本地区家用电器质量的总体满意度	67.55	1
		本地区电脑质量的总体满意度	65.93	2
		本地区服装质量的总体满意度	65.36	3
		本地区汽车质量的总体满意度	65.23	4
		本地区日用消费品质量的总体满意度	65.00	5
		本地区移动电话质量的总体满意度	64.21	6
		本地区农业生产资料质量的总体满意度	63.70	7
		本地区粮食（米面等）质量的总体满意度	63.47	8
		本地区电梯质量的总体满意度	63.07	9
		本地区药品质量的总体满意度	62.14	10
		本地区儿童用品质量的总体满意度	61.25	11
		本地区乳制品质量的满意度	61.18	12
		本地区食用油质量的总体满意度	59.90	13
		本地区化妆用品质量的总体满意度	59.81	14
		本地区肉类质量的总体满意度	59.46	15
		本地区食品质量的总体满意度	59.23	16
服务质量 （62.58分）	1	本地区互联网服务质量的总体满意度	64.21	1
		本地区通讯服务质量的总体满意度	63.87	2
		本地区教育服务质量的总体满意度	63.74	3
		本地区金融服务服务质量的总体满意度	63.70	4
		本地区公共交通服务质量的总体满意度	63.63	5
		本地区医疗服务质量的总体满意度	62.39	6
		本地区物业服务质量的总体满意度	60.56	7
工程质量 （61.08分）	3	本地区公共建筑（如办公楼、学校、医院等）的质量总体满意度	65.43	1
		自住住宅的质量总体满意度	65.31	2
		本地区道路的质量总体满意度	62.12	3
环境质量 （61.31分）	2	本地区植被环境质量的总体满意度	61.11	1
		本地区土壤质量的总体满意度	60.44	2
		本地区水资源环境质量的总体满意度	60.08	3
		本地区声环境质量的总体满意度	58.83	4
		本地区空气环境质量的总体满意度	58.83	5

（二）指标排名

1. 产品质量满意

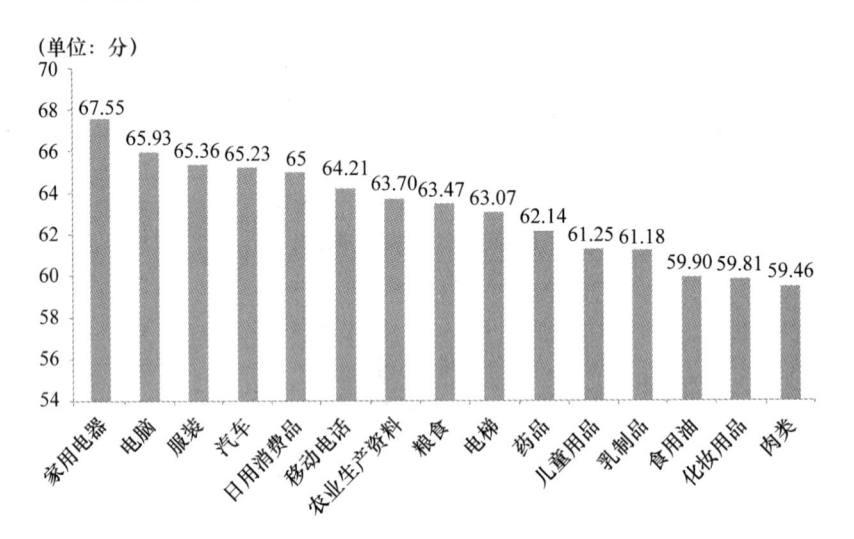

图7-15 2014年产品质量满意度指数与排名

对家用电器、电脑、服装、汽车、日用消费品、移动电话、农业生产资料、粮食、电梯、药品、儿童用品、乳制品、食用油、化妆用品、肉类15类产品的质量满意度进行了评价和统计。从图7-15可以看出，家用电器质量满意度最高，指数为67.55。对电脑、服装、汽车和日用消费品的质量满意度得分均在65分以上，达到及格水平。这几个产品所在的行业都是竞争充分的行业，竞争越充分，相应的产品就更以消费者需求为导向，更符合消费者的个性化需求，从而满意度越高。而食用油、化妆用品、肉类的质量满意度排在最后三位，分别为59.90分、59.81分和59.46分，并略低于及格水平。可以看出，"问题肉"、化妆用品真假难辨等问题，依然困扰着消费者，从而拉低了消费者对产品质量满意度的整体水平。

2. 服务质量满意

根据2014年质量观测数据可以得出，七大服务项目的满意度指数均在60分以上。互联网服务、通信服务、教育服务、金融服务、公共交通服务、医疗服务、物业服务，按照满意度得分从高到低依次排列。互联网服务更超过2013年得分最高的金融服务，以64.21分居于榜首，显示出

(单位：分)

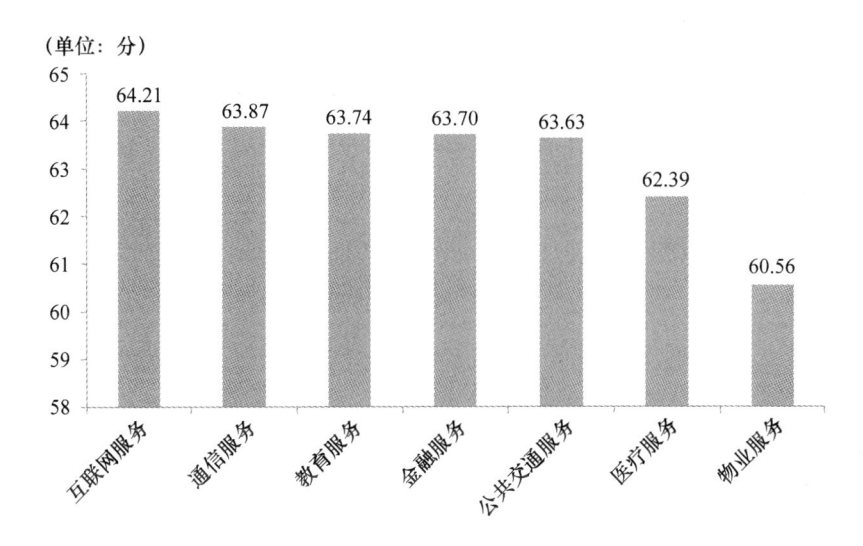

图 7-16　2014 年服务质量满意度指数与排名

我国互联网服务质量 2014 年在充分的竞争中取得了可喜的进步，而医疗服务、物业服务质量依然是服务质量中的短板。

3. 工程质量满意

(单位：分)

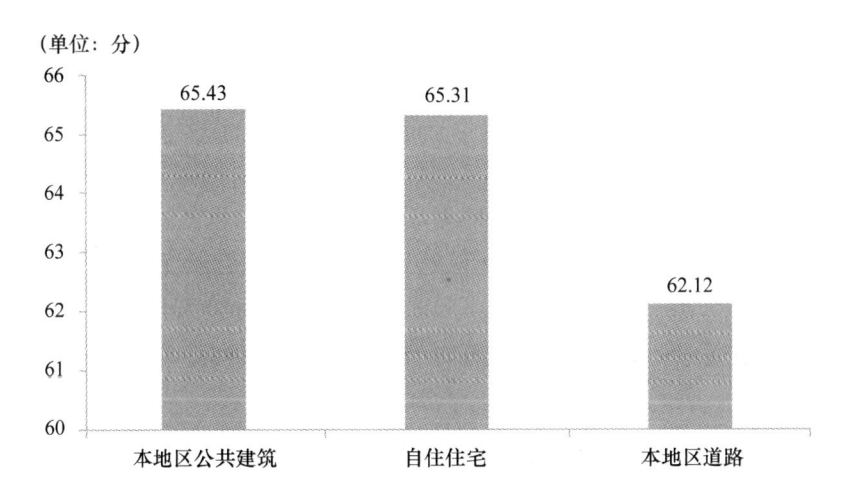

图 7-17　2014 年度工程质量满意度评价

由图 7-17 可知，2014 年度工程质量满意度评分总体在 60 分至 70 分之间，处在及格的水平。本地区公共建筑（办公楼、学校、医院等）质量满意度以 65.43 分排在首位，表明当前消费者对本地区公共建筑还是较为满意的。自住住宅以 65.31 分紧随其后排在第二位，表明消费者对当前住宅工程建设的质量满意具有基本的认可度。本地区道路质量满意度以 62.12 分排在末尾，突显了当前道路质量仍需进一步改善。

4. 环境质量满意

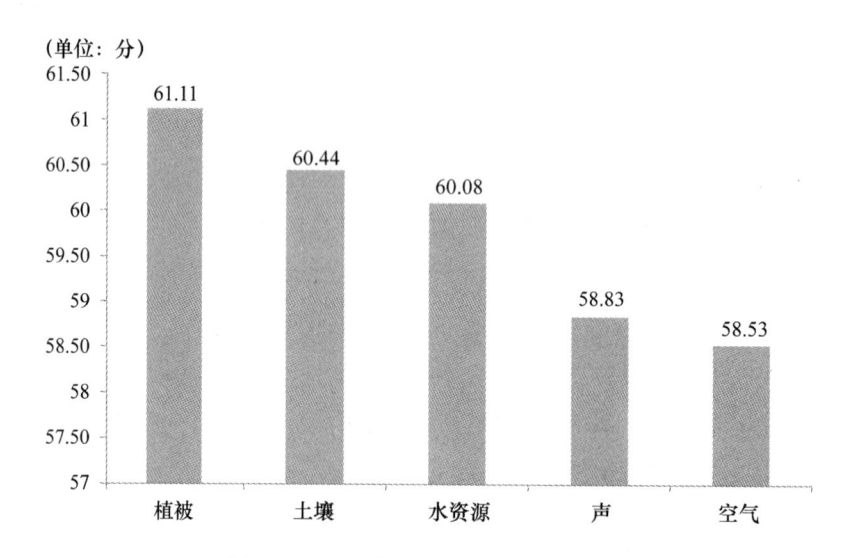

图 7-18　2014 年度环境质量满意度评价

2014 年度环境质量满意度排名情况按照从高到低的顺序依次为植被、土壤、水资源、声、空气。全国范围内的植树造林和绿化工程使得植被得分居前，以 61.11 分位居榜首。随着工业和城镇化的不断发展，水资源、噪音污染和空气污染的严重情况日益引起关注，因此满意度较低。水资源满意分数为 60.08 分，水资源污染和水资源紧缺是许多城市无法回避的问题。声和空气环境质量满意分数分别为 58.83 分和 58.53 分，处于及格线水平以下，表明当前的声环境和空气环境已经遭到比较严重的破坏，声污染主要来源包括交通（主要是机动车辆）、工业、建筑，以及社会生活噪声等，而空气环境污染则表现为雾霾天气和 PM2.5 超标。

（三）年度变动

1. 总体比较：产品、服务、工程与环境质量满意均下降

与 2013 年宏观质量观测结果相比，2014 年产品、服务、工程与环境质量满意度指数均有所下降，变化率分别为 -1.7%、-2.08%、

−2.66%和−0.82%。但四个维度满意度分支的排名并未发生较大变化，2014年四个维度分值由高到低的排序为服务62.58分、环境61.31分、工程61.08分、产品60.38分。与2013年一样，服务和产品分列第一和第四，而仅仅是工程与环境质量满意度排名发生互换。从2012年、2013年和2014年数据对比中可以看出，除产品质量满意评分之外，服务、工程与环境质量满意评分较2012年还是有所上升，如表7-18所示。

表7-18　　　　2014年质量观测四大领域质量满意年度变化

	2014年分值	2014年位次	2013年分值	2013年位次	2014年与2013年差值	2012年分值	2012年位次	2014年与2013年差值
产品	60.38	4	62.08	4	−1.70	64.72	1	−4.34
服务	62.58	1	64.66	1	−2.08	62.30	3	0.28
工程	61.08	3	63.74	2	−2.66	60.76	2	1.01
环境	61.31	2	62.13	3	−0.82	60.30	4	0.32

如图7-19所示，服务、工程、环境质量满意度都曾在2013年上升，但2014年均有所下降。产品质量满意度逐年下降且变化幅度最大，与2012年相比，降幅达到临近及格线水平。2014年与2013年相比，工程质量满意度下降幅度最大，而环境质量满意度下降了，幅度最小。

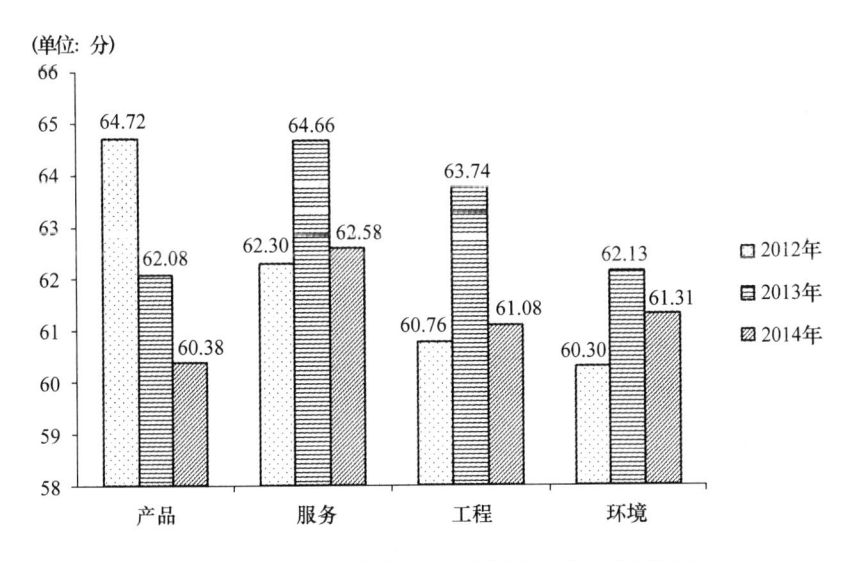

图7-19　2012—2014年质量观测四大领域质量满意对比

2. 产品质量满意比较

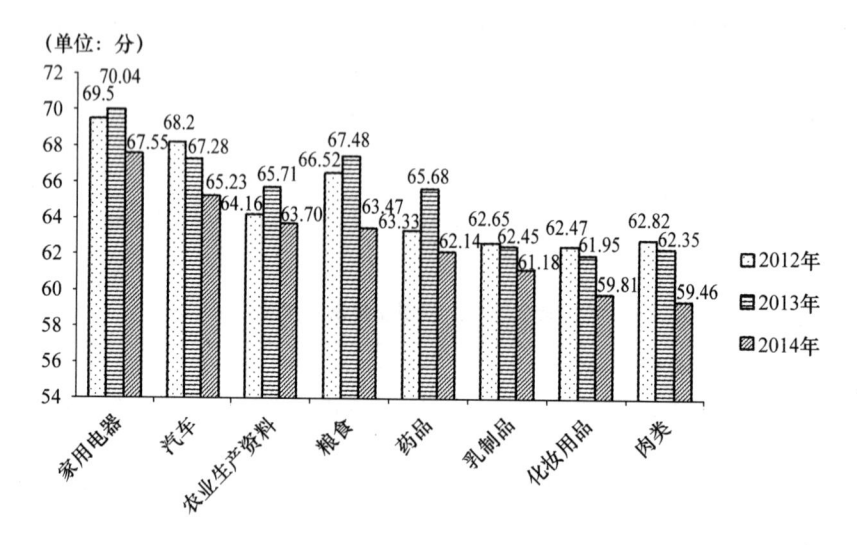

图 7-20　2012—2014 年产品质量满意度对比

对比2012—2014年度产品质量满意度指数情况得出了以下的结论。虽然2014年家用电器质量满意度指数低于2013年2.49分，但从2012年到2014年质量满意度评价高居榜首的一直是家电产品，说明我国市场上的家电产品质量越来越能获得消费者的一致认可。居于产品质量满意度末两位的是化妆用品和肉类，具体而言，肉品及其制品2013年满意指数为62.35分，2014年满意度指数为59.46分；化妆用品2013年满意指数为61.95分，2014年满意度指数为59.81分，略有微弱下降。图7-20中可以看出，粮食和药品质量满意度降幅最大。

3. 服务质量满意比较：医疗服务质量满意指数有所提升

通过图7-21可以看出，在整体服务质量满意度下降的情况下，通过对具体指标进行年度对比后发现，唯有医疗服务质量满意度有所增高。这充分反映了我国2014年在医疗上取得了进步，得到了消费者的认可。具体而言，医疗服务2013年满意度指数为61.85分，2014年满意度指数为62.39分。而金融服务、互联网服务和通讯服务质量满意度下降最为明显。

4. 工程质量满意比较：公共建筑、自住住宅、道路质量满意度均有下降

通过对比2013年和2014年质量观测数据，环境质量满意度如图7-22

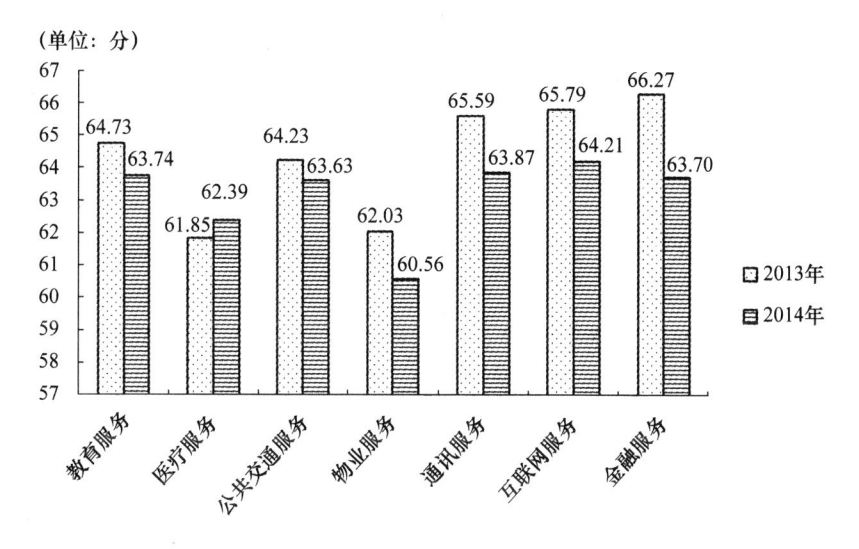

图 7-21　2013—2014 年服务质量满意度对比

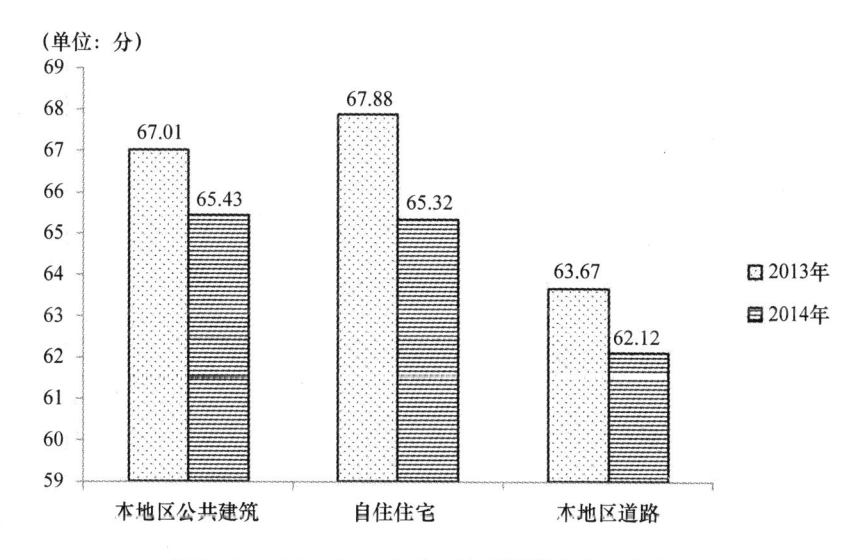

图 7-22　2013—2014 年度环境质量满意度评价对比

所示。2013 年到 2014 年，自住住宅质量满意度从 67.88 分降到 65.32 分，降幅达 2.56 分。本地区公共建筑质量满意度 2013 年为 67.01 分，2014 年为 65.43 分，降了 1.58 分。本地区道路质量满意度从 63.67 分降至 62.12 分。尽管工程质量的三个维度得分均呈下降趋势，但并不能得出其实际质量下降的结论，而只是工程质量建设不及整个城市经济建设的进度，消费者对质量的追求也日益增强，导致整体质量满意度的下降。

表 7-19　　　　2013—2014 年度环境质量满意度评价对比　　　（单位：分）

工程质量指标	2014 年	2013 年	2014 年与 2013 年差值
本地区公共建筑	65.43	67.01	-1.58
自住住宅	65.32	67.88	-2.56
本地区道路	62.12	63.67	-1.55

5. 环境质量满意度比较：土壤质量满意度降幅最大，水资源质量满意度降幅最小

(单位：分)

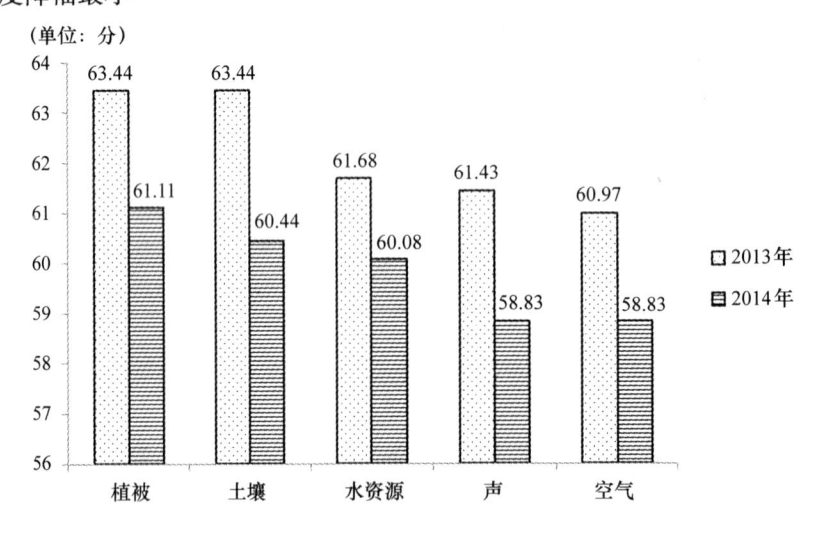

图 7-23　2013—2014 年度环境质量满意度评价对比

由图 7-23 可以发现 2013—2014 年度整体环境满意度有所下降，其中土壤和声环境质量满意度降幅偏大，水资源质量满意度降幅较小。土壤满意度下降幅度最大，从 2013 年的 63.44 分降为 2014 年的 60.44 分。水资源满意度略有下降，从 61.68 分降为 60.08 分。

表 7-20　　　　2013—2014 年度环境质量满意度评价对比　　　（单位：分）

环境质量指标	2014 年	2013 年	2014 年与 2013 年差值
植被	61.11	63.44	-2.33
土壤	60.44	63.44	-3.00
水资源	60.08	61.68	-1.60
声	58.83	61.43	-2.60
空气	58.83	60.97	-2.14

6. 分值分布比较：评价结果整体走低

表7-21　2012—2014年总体质量满意度评价分布结构对比

区间	2012年 频率	比重（%）	2013年 频率	比重（%）	2014年 频率	比重（%）
(70, 100]	7	6.14	1	2.94	0	0
(65, 70]	28	24.56	13	38.24	6	17.14
(60, 65]	51	44.74	20	58.82	22	62.86
(0, 60]	28	24.56	0	0	7	20

通过对本次调查问卷答案的结构分析（见表7-21），可以看到2014年的调查结果相较于2013的变化主要体现在，高分下降，选项分值在70以上的比例由2013年的2.94%下降到2014年的0，下降幅度为2.94%；选项分值在65分到70分（含70分）之间的由2013年的38.24%，下降到17.14%，

表7-22　2012—2014年产品质量满意评价分布结构对比

比较项目	区间	2012年比重（%）	2013年比重（%）	2014年比重（%）
产品质量满意度评分	(70, 100]	21.21	6.25	0
	(65, 70]	33.33	50.00	25
	(60, 65]	42.42	43.75	50
	(0, 60]	3.03	0	25
服务质量满意度评分	(70, 100]	0	0	0
	(65, 70]	22.22	37.50	0
	(60, 65]	42.59	62.50	100
	(0, 60]	35.19	0	0
工程质量满意度评分	(70, 100]	0	0	0
	(65, 70]	36.36	50	50
	(60, 65]	45.46	50	50
	(0, 60]	18.18	0	0
环境质量满意度评分	(70, 100]	0	0	0
	(65, 70]	6.25	0	0
	(60, 65]	56.25	100	66.67
	(0, 60]	37.50	0	33.33

下降幅度为 21.10%。60 分（含 60 分）以下的选项增加到 20%。2014 年的调查结果较 2013 年，集中在 65 分以下的分值区间，整体偏低。

表 7-22 显示，总体质量满意度评价分布结构发生变化的同时，除了工程质量满意度之外，产品、服务、环境三个维度的评价结果的分布也呈现出类似的变化，评价结果都较为集中在 65 分以下的分值区间，产品质量满意度达到 75%，服务和环境质量满意度达到 100%。与 2013 年相比，整体评分下滑。只有工程质量满意度基本与 2013 年评分保持一致。说明现有的质量无法满足更高层次的消费者需求，消费者对质量的要求也越来越高。

（四）区域排名

1. 省区排名：天津、福建、山东排前三

满意是一种心理状态。它是消费者的需求被满足后的愉悦感，是消费者对产品、服务、工程、环境的事前期望与实际感受的相对关系。这种心理状态通过具体的数字表现，称为满意度。通过一个地区消费者对产品、服务、工程、环境质量满意度的评价，我们可以获得当地的质量状况。一个地区的质量满意度越高，其质量越能满足消费者的需求，发展程度也越好。

（单位：分）

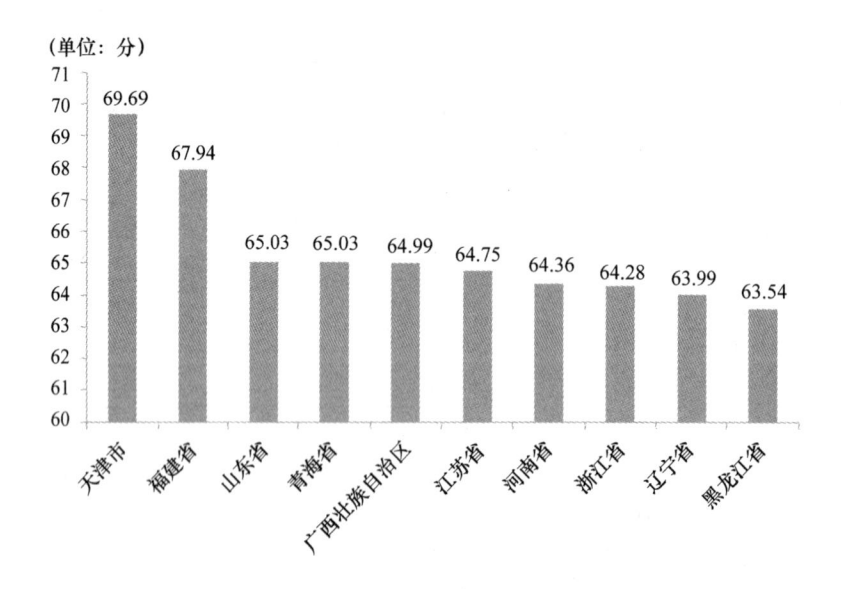

天津市	69.69
福建省	67.94
山东省	65.03
青海省	65.03
广西壮族自治区	64.99
江苏省	64.75
河南省	64.36
浙江省	64.28
辽宁省	63.99
黑龙江省	63.54

图 7-24　全国各省质量满意度指数排名

将 2014 年各省的质量满意度进行排名，我们得到图 7-24 中的数据，排名前十的分别是天津市、福建省、山东省、青海省、广西壮族自治区、江苏省、河南省、浙江省、辽宁省、黑龙江省。通过与 2013 年质量满意指数排名进行比较，我们可以发现六个省份（福建省、山东省、广西壮族自治区、浙江省、辽宁省、黑龙江省）连续两年都排在前十位。而在与总体质量指数排名的比较中，我们可以发现质量满意指数排名靠前的省份在总体质量指数的排名也较为靠前。天津市质量满意度位列第一，较上一年有明显提升，且其总体质量指数也位列第一。

表 7-23　　　　　　全国各省质量满意度指数排名

排名	地区	质量满意指数（分）	GDP 增长率（%）
1	天津市	69.69	10.00
2	福建省	67.94	9.90
3	山东省	65.03	8.70
4	青海省	65.03	9.20
5	广西壮族自治区	64.99	8.50
6	江苏省	64.75	8.70
7	河南省	64.36	8.90
8	浙江省	64.28	7.60
9	辽宁省	63.99	5.80
10	黑龙江省	63.54	5.60
全国平均水平		62.47	7.40

2014 年，全国 GDP 平均增速为 7.4%。在表 7-23 中可以发现，质量满意度排名前十的省份中，除辽宁省和黑龙江省外，GDP 增速全都远远高于全国平均水平，天津市以 10% 的增速领跑全国。由此可见，地区 GDP 增速与质量满意度存在一定的相关性。地区 GDP 是反映地区经济总体状况的重要指标，它表明了一个地区的经济发展势头，GDP 增速越高的省份，其经济发展势头越良好，能够为满足消费者不同的质量需求提供更好的保障，因而质量满意度也较高。

2. 城市排名：厦门、天津、福州排前三

表 7-24　　　　　　全国主要城市质量满意指数排名

排名	地区	质量满意指数（分）
1	厦门市	70.34
2	天津市	69.69
3	福州市	66.51
4	宁波市	66.18
5	哈尔滨市	65.77
6	大连市	65.44
7	长沙市	65.09
8	西宁市	65.03
9	青岛市	64.43
10	呼和浩特市	63.96

通过对直辖市、省会城市、副省会城市之间的比较，得到质量满意指数排名前十的城市分别是厦门市、天津市、福州市、宁波市、哈尔滨市、大连市、长沙市、西宁市、青岛市和呼和浩特市。与质量安全评价指数前十位的城市一致，仅排名略有差异。除了青岛市和呼和浩特市，其他 8 个城市在区域总体质量指数排名中，也处在前十，具有较高的一致性。

3. 产品质量满意度：天津、青海、福建排前三

表 7-25　　　　　　本地区产品质量的总体满意度排名

排名	地区	本地区产品质量的总体满意度（分）
1	天津市	70.40
2	青海省	65.30
3	福建省	64.78
4	江苏省	63.97
5	广西壮族自治区	62.97
6	黑龙江省	62.71
7	河南省	62.58
8	辽宁省	62.56
9	重庆市	62.50
10	山东省	62.30
	全国平均水平	60.51

消费者在日常生活中接触到各种各样的产品，涵盖了衣、食、行等方面，包括食品、药品、汽车等16个分类。通过对各省份产品质量满意度进行排名，可以得到表7-25的数据。产品质量满意度排名前十的省份分别是天津市、青海省、福建省、江苏省、广西壮族自治区、黑龙江省、河南省、辽宁省、重庆市、山东省。天津市维持了去年产品质量满意水平，蝉联产品质量满意度第一，得分为70.4分，远远高于其他省份。

4. 食品质量满意度：青海、天津、黑龙江排前三

2013年和2014年的观测数据中，消费者对于食品质量的满意度在16类产品中分别属倒数第一和倒数第二，消费者对于食品质量的满意度很差。表7-26列出了全国各省份消费者对于本地区食品质量满意度的排名及分数情况。

表7-26　　　　　　　　本地区食品质量的总体满意度排名

排名	地区	本地区食品质量的总体满意度（分）
1	青海省	68.50
2	天津市	67.88
3	黑龙江省	66.55
4	福建省	63.29
5	广西壮族自治区	62.37
6	新疆维吾尔自治区	61.94
7	重庆市	61.92
8	河南省	61.52
9	江苏省	61.45
10	宁夏回族自治区	61.25
	全国平均水平	59.71

食品质量满意度排名前十的省份有青海省、天津市、黑龙江省、福建省、广西壮族自治区、新疆维吾尔自治区、重庆市、河南省、江苏省、宁夏回族自治区，食品质量安全得分排在前七位的省份产品满意度全都排在前十位。一般而言，食品的总体安全性得分要高于食品总体满意度，新疆维吾尔自治区、河南省、宁夏回族自治区却恰恰相反，它们分列第六、第八和第十位。食品质量满意度排名前十的省份中有9个在总体质量满意度中排名前十，重庆市的总体质量满意度不在前十之列，但是食品质量满意度位列第九。

5. 服务质量的总体满意度：天津、福建、江苏排前三

表 7-27　　　　　　本地区服务质量的总体满意度排名

排名	地区	本地区服务质量的总体满意度（分）
1	天津市	71.31
2	福建省	68.48
3	江苏省	66.35
4	山东省	66.02
5	广西壮族自治区	65.47
6	上海市	65.00
7	河南省	64.79
8	辽宁省	64.47
9	浙江省	63.83
10	广东省	63.81
全国平均水平		62.26

2014年，我国的服务业比重继续提升，意味着中国经济由工业主导向服务业主导加快转变，2014年第三产业增加值增长8.1%，快于第二产业的7.3%，也快于第一产业的4.1%，服务业的比重提高到48.2%。服务质量成为促进经济增长的一个关键要素。通过对各省份质量满意度进行排名，可以得到表7-27的数据。排在前十的省份分别是天津市、福建省、江苏省、山东省、广西壮族自治区、上海市、河南省、辽宁省、浙江省、广东省。总体而言，消费者对服务质量的满意度要高于对产品质量的满意度。服务质量满意度排在前十的有7个省份在产品质量满意度中排名前十，说明二者存在较大的相关性，然而有些省份存在产品质量满意度和服务质量满意度差距较大的情况。例如青海省的产品质量满意度排名第二，而服务质量满意度仅仅排在第二十一位。服务质量满意度较高的省份大多是开放程度较强的经济发达的省份。

6. 医疗服务质量满意度：天津、福建、山东排前三

医疗服务一直以来都备受消费者的关注。在《小康》杂志联合清华大学媒介调查实验室进行的"2014中国综合小康指数"调查中，556057人当中有65711人表示最关注医疗卫生，在"中国公共服务小康指数"的调查中医疗卫生连续五年高居"十五项公共服务领域公众关注度"排行榜的首位。表7-28列出了各省份消费者对本地区医疗服务质量满意度的排名情况。

表 7-28　　　　　本地区医疗服务质量的总体满意度排名

排名	地区	本地区医疗服务质量的满意度（分）
1	天津市	79.49
2	福建省	67.05
3	山东省	66.45
4	青海省	65.20
5	浙江省	64.89
6	江苏省	64.81
7	上海市	64.58
8	广西壮族自治区	64.40
9	宁夏回族自治区	64.09
10	河南省	64.06
全国平均水平		62.40

从表7-28中可以看出，医疗服务质量满意度排名前十的省份为天津市、福建省、山东省、青海省、浙江省、江苏省、上海市、广西壮族自治区、宁夏回族自治区、河南省。天津市以79.49的高分位居第一，超过全国平均的62.40分17分之多。医疗质量满意度排名前十的省份中有8个在总体质量满意度中排名前十。上海市和宁夏回族自治区的总体质量满意度不在前十之列，但是医疗服务质量满意度分列第七和第九。排名前三位的天津市、福建省、山东省2013年的医疗服务质量满意度也排在前十。

7. 环境质量的总体满意度：福建、西藏、海南排前三

近年来，生态GDP成为人们关注的重点，所谓"生态GDP"指的是在核算GDP时扣除生态环境损失成本，同时加入生态效益的价值。生态GDP的提出表明了我国对环境质量的重视程度日益加强。表7-29显示了各省份消费者对本地区环境质量满意度的排名。

表 7-29　　　　　本地区环境质量的总体满意度排名

排名	地区	本地区环境质量的总体满意度（分）	GDP增长率（%）
1	福建省	69.47	9.9
2	西藏自治区	68.53	12.0
3	海南省	67.00	8.5
4	天津市	66.16	10.0
5	广西壮族自治区	65.82	8.5

续表

排名	地区	本地区环境质量的总体满意度（分）	GDP 增长率（%）
6	湖南省	65.50	9.5
7	青海省	64.70	9.2
8	宁夏回族自治区	64.66	8.0
9	四川省	64.58	8.5
10	浙江省	63.30	7.6
	全国平均水平	62.08	7.4

从表 7-29 中可以看出，福建省、西藏自治区、海南省、天津市、广西壮族自治区、湖南省、青海省、宁夏回族自治区、四川省、浙江省分列前十。排名前十的省份中，GDP 增长率均超过了全国 GDP 平均增长率，表明了 GDP 的发展与环境质量的优异可以得到共存。西藏自治区是 2014 年新增的观测点，在排名中可以看到，西藏地区消费者对环境质量的总体满意度较高。

8. 空气质量满意度：西藏、海南、青海排前三

表 7-30　　　　本地区空气质量的总体满意度排名

排名	地区	本地区空气质量的总体满意度（分）
1	西藏自治区	75.00
2	海南省	74.83
3	青海省	68.30
4	福建省	67.49
5	宁夏回族自治区	67.34
6	贵州省	67.02
7	湖南省	64.92
8	广西壮族自治区	63.05
9	四川省	62.17
10	重庆市	61.67
	全国平均水平	60.21

近些年来，消费者对空气质量的关注度日益加强，雾霾、PM2.5 等热词频频出现于消费者口中。从表 7-30 中可以看到，在空气质量满意度的排名中，西藏自治区、海南省、青海省、福建省、宁夏回族自治区、贵州省、湖南省、广西壮族自治区、四川省、重庆市排在前十位。贵州省和重庆市

的环境质量满意度不在前十之列,但在空气质量满意度分列第六和第十。在表中可以看出,空气质量满意度较高的省份中,工业欠发达省份占比更大。在前面各个排名中均处于前十的天津市空气质量满意度不在前十之列。

9. 工程质量的总体满意度:天津、福建、山东排前三

表7-31　　　　　本地区工程质量的总体满意度排名

排名	地区	本地区工程质量的总体满意度(分)
1	天津市	69.70
2	福建省	66.45
3	山东省	64.85
4	广西壮族自治区	64.58
5	河南省	64.31
6	青海省	64.10
7	江苏省	64.06
8	浙江省	63.71
9	陕西省	63.46
10	重庆市	63.08
全国平均水平		60.87

消费者在日常生活中的"住行用"不可避免要接触到公共建筑、自住住宅、道路等工程。通过对2014年观测数据进行排名,我们可以得到表7-31,排名前十的省份有天津市、福建省、山东省、广西壮族自治区、河南省、青海省、江苏省、浙江省、陕西省、重庆市。天津市的工程满意度位列第一,比全国平均水平高出将近9分。根据省份分布,可以看出,东部省份的工程满意度要高于中部省份和西部省份。

10. 道路质量满意度:天津、山东、青海排前三

表7-32　　　　　本地区道路质量的总体满意度排名

排名	地区	本地区道路的质量总体满意度(分)
1	天津市	71.21
2	山东省	67.58
3	青海省	67.00
4	福建省	66.37
5	江苏省	65.91

续表

排名	地区	本地区道路的质量总体满意度（分）
6	重庆市	65.42
7	辽宁省	65.31
8	浙江省	64.92
9	湖南省	64.85
10	宁夏回族自治区	64.77
全国平均水平		62.11

根据2013年和2014年的数据我们可以发现，公共建筑满意度、自住住宅满意度、道路满意度三个维度中，消费者对道路质量满意度最差，且与前两者存在较大差距。对各个省份的道路质量满意度进行排名，可以得到表7-32，消费者对天津市、山东省、青海省、福建省、江苏省、重庆市、辽宁省、浙江省、湖南省、宁夏回族自治区的道路质量满意度较高，天津市成为唯一一个得分超过70分的省份。

三 质量公共服务

（一）调查结果

表7-33　　2014年质量公共服务的统计结果（按分值排序）

	观测指标（问项）	分值（降序）	排序
质量公共服务 (56.93)	政府对重大质量安全事件处理的及时性	59.09	1
	对政府所发布质量信息的信任程度	58.74	2
	政府进行质量宣传与教育活动的力度	57.96	3
	本地政府所提供的质量公共服务水平	57.90	4
	政府部门对质量违法者处罚的合理性	57.69	5
	政府所发布质量信息对您消费的指导作用	57.50	6
	日常生活中买到假货/过期产品的可能性	57.34	7
	获得政府发布的质量参考信息的方便性	56.75	8
	政府对质量信息的公开性	56.71	9
	退换货的处理效果	56.70	10
	对本地政府质量诚信建设效果的评价	56.69	11
	消费者组织对消费者权益的保护效果	56.68	12

续表

	观测指标（问项）	分值（降序）	排序
质量公共服务 (56.93)	政府发布质量信息的及时性	56.67	13
	政府部门对质量受害者的保护力度	56.64	14
	对本地政府质量监管部门的信任度	56.45	15
	政府对质量安全的预警效果	56.45	16
	公民质量权益被政府重视的程度	56.26	17
	对本地政府对质量投入的重视程度评价	56.18	18
	本地政府对质量投诉的响应速度	55.34	19
	本地政府打击假冒伪劣/专项整治的效果	55.31	20

表 7-34　　质量公共服务调查结果（按结构变量排序）

结构变量	2014年分值	2013年分值	观测指标（问项）	2014年分值	排序
质量预警与预防	57.74	57.95	政府对重大质量安全事件处理的及时性	59.09	1
			政府部门对质量违法者处罚的合理性	57.69	2
			政府对质量安全的预警效果	56.45	3
质量信息提供	57.28	59.20	对政府所发布质量信息的信任程度	58.74	1
			政府所发布质量信息对您消费的指导作用	57.50	2
			获得政府发布的质量参考信息的方便性	56.75	3
			政府对质量信息的公开性	56.71	4
			政府发布质量信息的及时性	56.67	5
总体形象	57.17	57.77	本地政府所提供的质量公共服务水平	57.90	1
			对本地政府质量监管部门的信任度	56.45	2
质量教育与救济	57.09	58.38	政府进行质量宣传与教育活动的力度	57.96	1
			消费者组织对消费者权益的保护效果	56.68	2
			政府部门对质量受害者的保护力度	56.64	3
消费环境	57.02	55.37	日常生活中买到假货/过期产品的可能性	57.34	1
			退换货的处理效果	56.70	2

续表

结构变量	2014年分值	2013年分值	观测指标（问项）	2014年分值	排序
质量投入	55.90	57	对本地政府质量诚信建设效果的评价	56.69	1
			公民质量权益被政府重视的程度	56.26	2
			对本地政府对质量投入的重视程度评价	56.18	3
			本地政府对质量投诉的响应速度	55.34	4
			本地政府打击假冒伪劣/专项整治的效果	55.31	5

（二）指标排名

从质量安全、质量满意、质量公共服务和质量素质四大维度和总得分这一总体维度来看，质量公共服务的得分最低且依然处在及格分以下，表明政府质量公共服务依然是我国质量发展的短板。

表7-35　　　　　　　　质量公共服务的各维度比较

排序	结构变量	2014年分值	2013年分值	2013年排序	2014年与2013年差值
1	质量预警与预防	57.74	57.95	3	-0.21
2	质量信息提供	57.28	59.20	1	-1.92
3	总体形象	57.17	57.77	4	-0.6
4	质量教育与救济	57.09	58.38	2	-1.29
5	消费环境	57.02	55.37	6	1.65
6	质量投入	55.90	57.00	5	-1.11

从质量公共服务各结构变量的得分来看，所有的结构变量均处在及格线以下，且同2013年相比，除了消费环境有所上升以外，其余结构变量均有不同程度的下滑。

（三）年度变动

1. 质量预警与预防得分最高

2014年宏观质量观测数据显示，在质量公共服务的各项指标中，居民对政府质量预警与预防的满意度最高，得分为57.74分，且相较于2013年还提升了两位，相较于其他有关质量投入、消费环境、质量信息

(单位: 分)

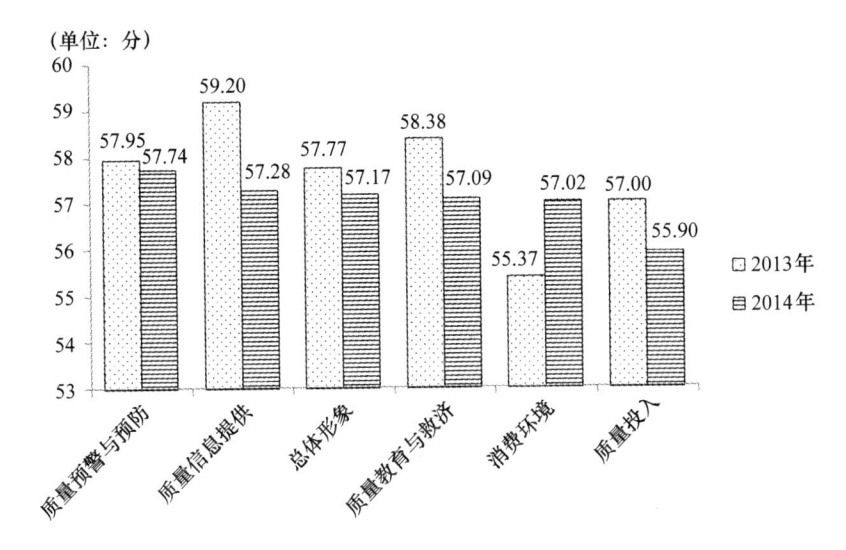

图 7-25　质量公共服务各结构变量的年度比较

提供和质量教育与救济而言，政府提供的质量预警与预防得到了更多居民的认可。

表 7-36　　　　　　质量预警与预防各问项年度比较　　　　（单位：分）

排序	问卷选项	2014 年	2013 年
1	政府对重大质量安全事件处理的及时性	59.09	59.45
2	政府部门对质量违法者处罚的合理性	57.69	58.17
3	政府对质量安全的预警效果	56.45	56.23

从质量预警与预防的三个观测指标的得分来看，"政府对质量安全的预警效果"的评价较往年有所提升，"政府对重大质量安全事件处理的及时性"和"政府部门对质量违法者处罚的合理性"均有不同程度的下滑。

2. 质量信息提供的评价下降幅度最大

在政府质量公共服务的 20 个项目中，质量信息提供的评价下降幅度最大，达到 1.92 分，其中消费者"对政府发布质量信息的及时性评价"下降最显著，达到 3.57 分，同时，其下降幅度在质量公共服务的 20 项中也是最大的。

(单位：分)

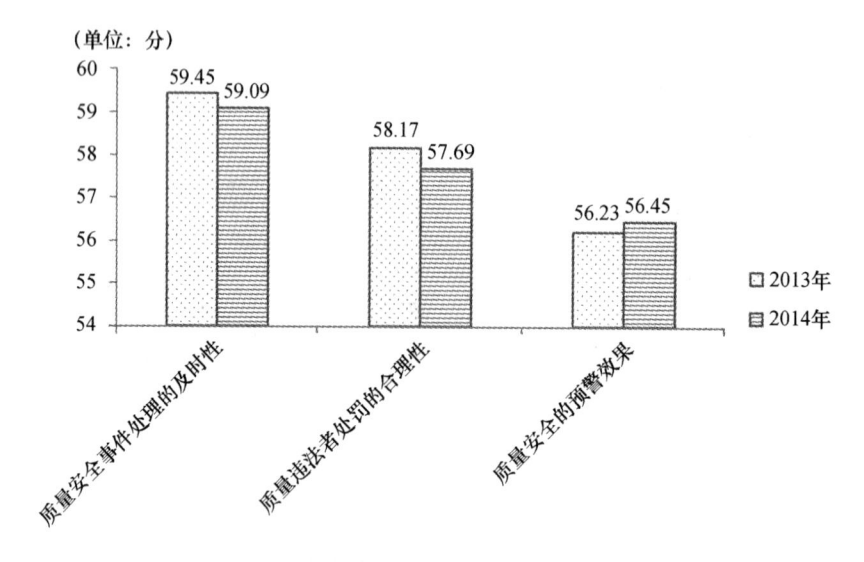

图 7-26　质量预警与预防各观测指标得分比较

表 7-37　　　　　　质量信息提供的各问项年度比较　　　　　（单位：分）

排序	问卷选项	2014 年	2013 年	2014 年与 2013 年差值
1	对政府所发布质量信息的信任程度	58.74	59.74	-1
2	政府所发布质量信息对您消费的指导作用	57.50	60.10	-2.60
3	获得政府发布的质量参考信息的方便性	56.75	58.24	-1.49
4	政府对质量信息的公开性	56.71	57.71	-1
5	政府发布质量信息的及时性	56.67	60.24	-3.57

3. 消费环境较 2013 年相比有所上升

虽然消费环境在 2013 年的质量公共服务六大结构变量排序中排在末位，2014 年也排在倒数第二位，但是在质量公共服务的六大结构变量质量预警与预防、质量信息提供、总体形象、质量教育与救济、消费环境、质量投入中，除了消费环境有所上升外，其余各项全部下降，说明消费者对消费环境的评价虽然仍旧较低，但已经有了明显向好的趋势。

表 7-38　　　　2014 年与 2013 年消费环境各问项年度比较　　　（单位：分）

问题选项	2014 年	2013 年
日常生活中买到假货/过期产品的可能性（可能性越大，得分越低）	57.34	53.53
退换货的处理效果	56.70	57.19

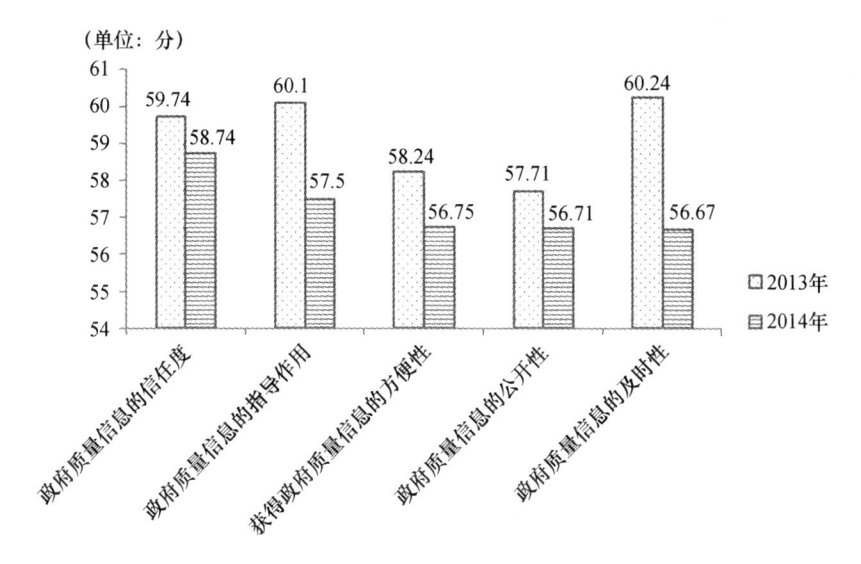

图 7-27　质量信息提供的各问项年度比较

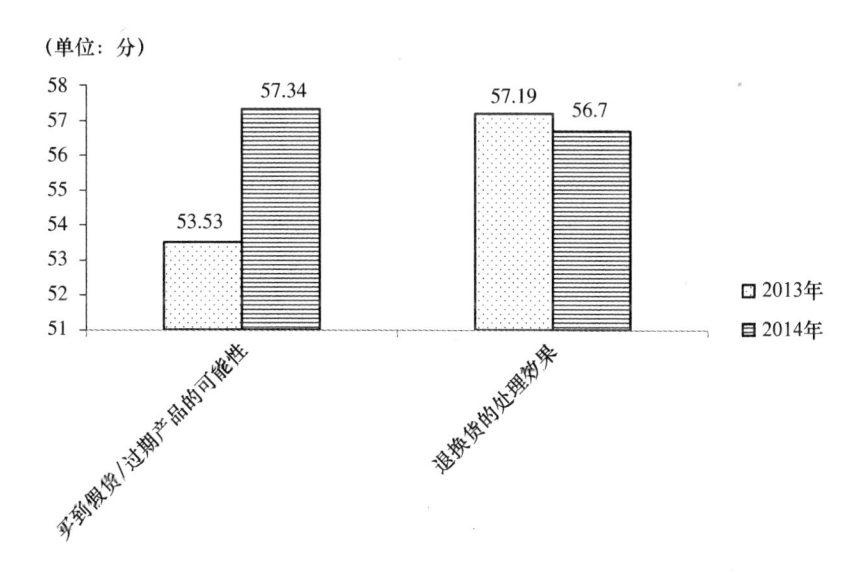

图 7-28　2014 年与 2013 年消费环境各问项年度比较

通过比较 2013 年与 2014 年两年计算消费环境的两项得分可以看出，消费环境的提升主要来自消费者对"日常生活中买到假货/过期产品的可能性"这一项得分的提升，提升了 3.81 分，说明消费者在日常生活中购买假货/过期产品的可能性有大幅度下降，导致消费者对消费环境的评价提升。

另外，在质量公共服务的 20 项中，除了"日常生活中买到假货/过期产品的可能性"（属于消费环境）和"政府对质量安全的预警效果"（属于质量预警与评价）两项的得分有所提升外（分别提升了 3.81 分和 0.22 分），其余各项的得分均普遍下降。

4. 质量投入评价最低

在六个结构变量中，质量投入的得分最低。在质量投入这一结构变量下的五项观测指标中，"本地政府对质量投诉的响应速度"和"本地政府打击假冒伪劣/专项整治的效果"两项问项的得分最低，与 2013 年的结果相同。说明消费者对政府质量投诉的反应和政府打击假冒伪劣的效果满意度最低，且一年来并没有什么变化。

表 7-39　　　　2014 年与 2013 年质量投入分项对比　　　　（单位：分）

问 题 选 项	2014 年	2013 年
对本地政府质量诚信建设效果的评价	56.69	57.62
公民质量权益被政府重视的程度	56.26	56.97
对本地政府对质量投入的重视程度评价	56.18	57.63
本地政府对质量投诉的响应速度	55.34	56.41
本地政府打击假冒伪劣/专项整治的效果	55.31	56.38

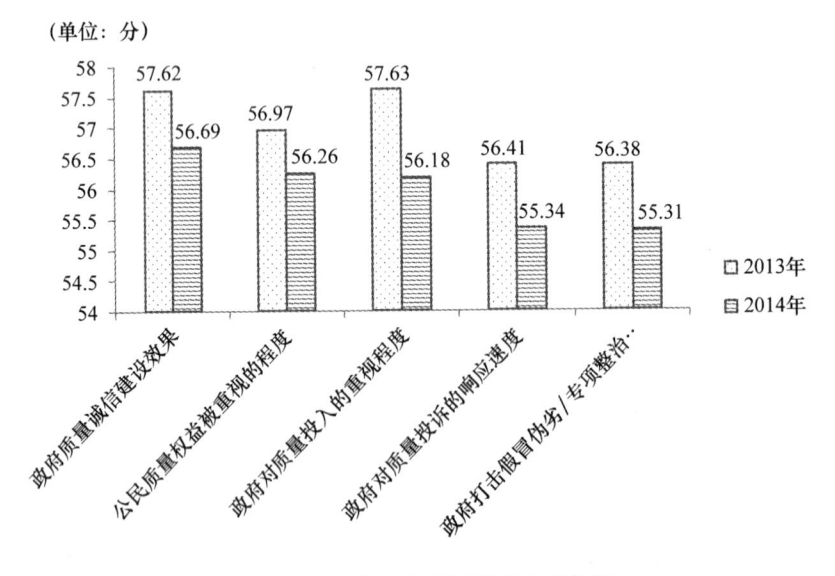

图 7-29　质量投入各观测指标年度比较

5. 消费者对政府打击假冒伪劣/专项整治的效果评价最低

表 7-40　本地政府打击假冒伪劣/专项整治的效果得分的年度比较

问卷选项	2014 年（分）	2013 年（分）	2013 年排序
本地政府打击假冒伪劣/专项整治的效果	55.31	56.34	18

2014 年质量公共服务的 20 个问项中，"本地政府打击假冒伪劣/专项整治的效果"这一问项的得分最低，与去年相比，下降了两位。

6. 政府对重大质量安全事件处理的及时性评价最高

表 7-41　政府对重大质量安全事件处理的及时性得分的年度比较

问卷选项	2014 年（分）	2013 年（分）	2013 年排序
政府对重大质量安全事件处理的及时性	59.09	59.45	4

在政府质量公共服务的 20 个项目中，"政府对重大质量安全事件处理的及时性"这一项的得分最高，与 2013 年相比，提升了三位。

（四）区域排名

1. 按省区排名的质量公共服务分析

表 7-42　全国各省质量公共服务指数排名

排名	地区	质量公共服务指数（分）
1	天津市	67.59
2	福建省	61.18
3	山东省	60.65
4	广西壮族自治区	60.60
5	江苏省	60.29
6	上海市	59.24
7	青海省	59.17
8	宁夏回族自治区	58.95
9	河南省	58.73
10	陕西省	58.64
全国平均水平		56.87

86　/　2014年中国质量观测发展报告

(单位：分)

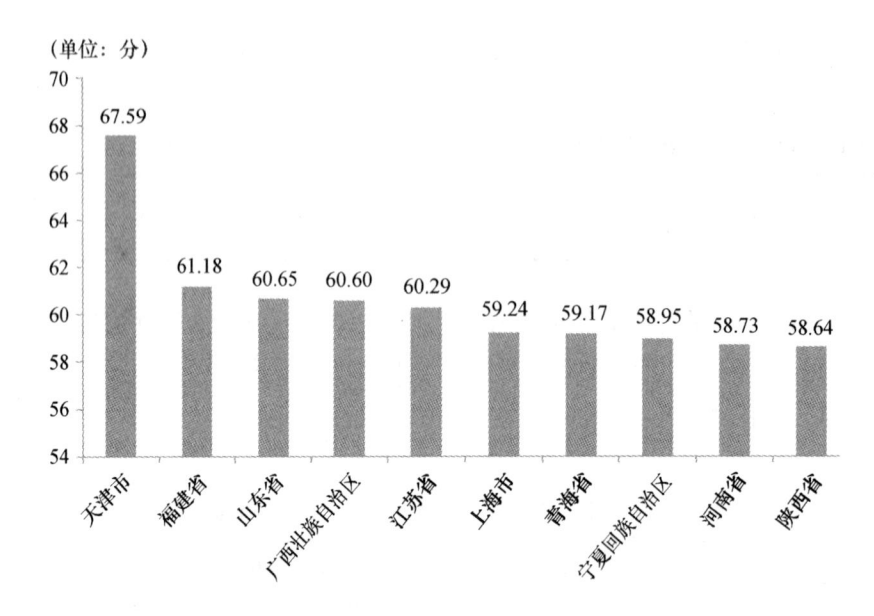

图7-30　全国各省质量公共服务指数排名

通过对全国31个省（直辖市、自治区）的政府质量公共服务的得分进行排名，可以看到排名前十的分别为天津市、福建省、山东省、广西壮族自治区、江苏省、上海市、青海省、宁夏回族自治区、河南省、陕西省，其中天津市、福建省、山东省、广西壮族自治区、江苏省的质量公共服务得分在及格线以上，其余的均在及格线以下。

表7-43　　　　全国各省质量公共服务总体形象排名

排名	地区	质量公共服务总体形象（分）
1	天津市	68.79
2	江苏省	61.46
3	福建省	61.20
4	山东省	60.82
5	广西壮族自治区	60.48
6	河南省	59.84
7	四川省	59.68
8	浙江省	59.61
9	海南省	59.42
10	西藏自治区	59.22
全国平均水平		56.87

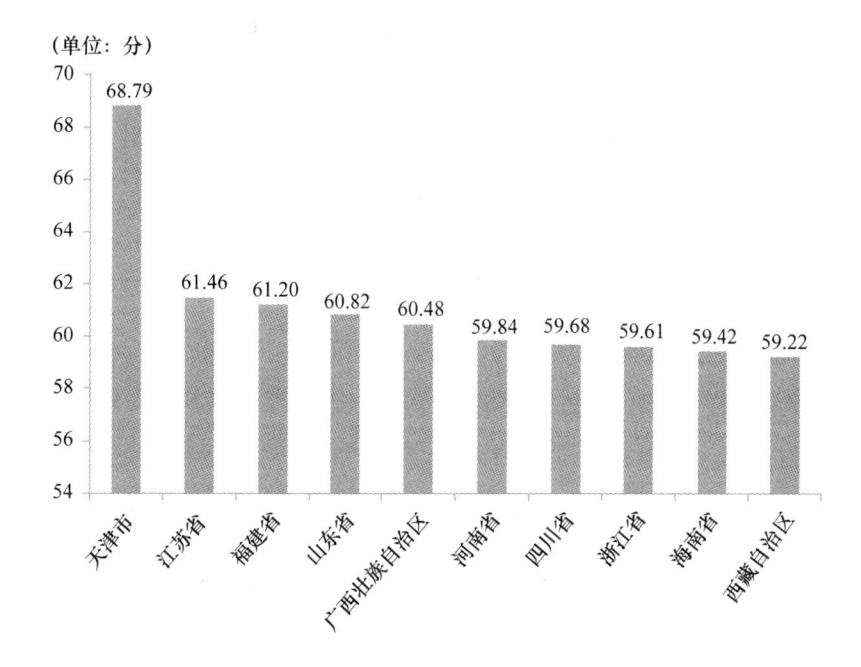

图 7-31　全国各省质量公共服务总体形象排名

在质量公共服务的总体形象方面，得分最高的为天津市，其次为江苏省、福建省、山东省、广西壮族自治区，这几个省份的得分在及格线以上，说明这几个省份的质量公共服务基本达到了当地居民的要求。

表 7-44　　　　　　　　全国各省质量投入排名

排名	地区	质量投入（分）
1	天津市	66.87
2	福建省	61.16
3	广西壮族自治区	60.64
4	江苏省	59.53
5	山东省	59.14
6	青海省	58.98
7	上海市	58.86
8	宁夏回族自治区	58.20
9	湖北省	58.08
10	西藏自治区	57.59
全国平均水平		56.03

如表 7-44 所示，在质量投入方面，得分前十位的依次为天津市、福建省、广西壮族自治区、江苏省、山东省、青海省、上海市、宁夏回族自治区、湖北省、西藏自治区，其中仅有天津市、福建省和广西壮族自治区的得分在及格线以上，全国平均水平为 56.03 分，其余远低于及格线，说明全国各省份的质量投入普遍偏低，应加大对质量的投入力度。

(单位：分)

地区	得分
天津市	66.87
福建省	61.16
广西壮族自治区	60.64
江苏省	59.53
山东省	59.14
青海省	58.98
上海市	58.86
宁夏回族自治区	58.20
湖北省	58.08
西藏自治区	57.59

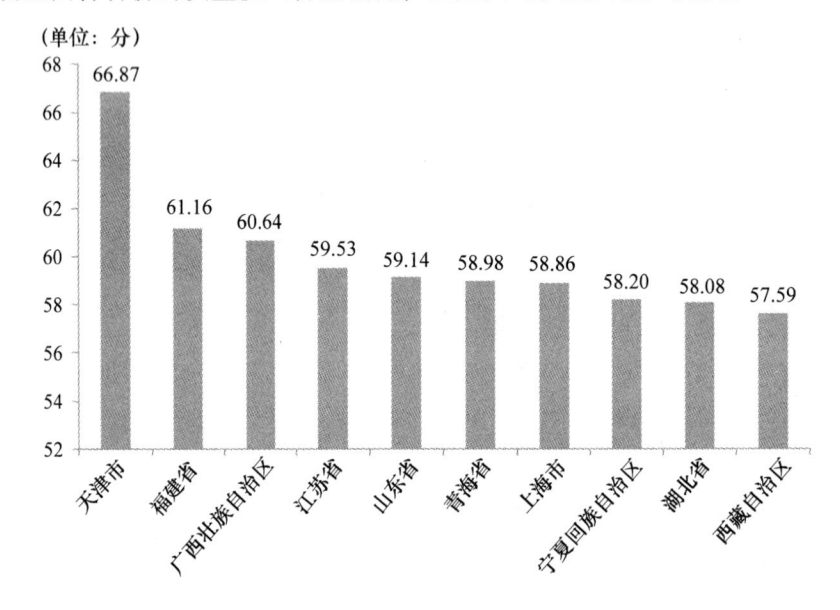

图 7-32　全国各省质量投入排名

表 7-45　　　　　　　　全国各省消费环境排名

排名	地区	消费环境（分）
1	天津市	65.86
2	福建省	64.73
3	黑龙江省	62.17
4	江苏省	59.85
5	山东省	59.58
6	上海市	59.53
7	安徽省	59.40
8	河南省	59.40
9	浙江省	59.31
10	辽宁省	58.57
全国平均水平		56.73

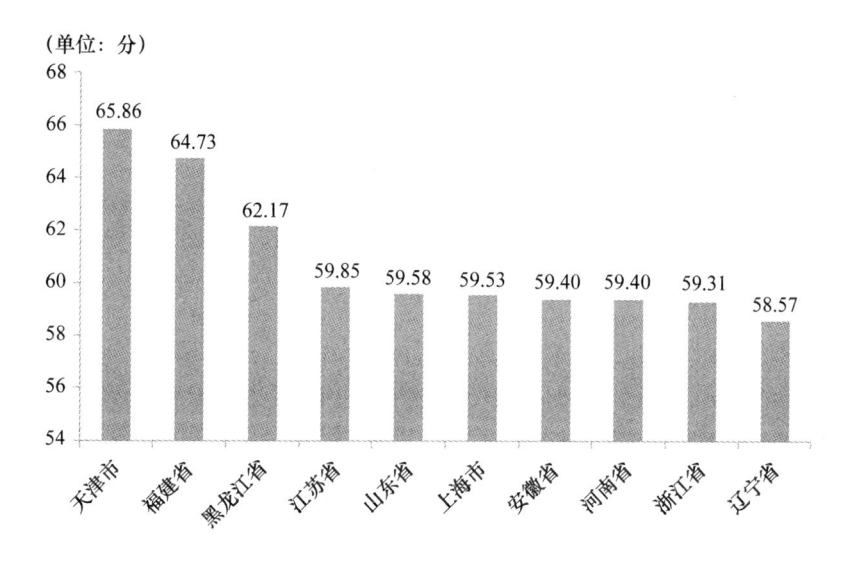

图 7-33　全国各省消费环境排名

在消费环境方面，天津市、福建省、黑龙江省排名前三，得分分别为 65.86 分、64.73 分、62.17 分，远高于全国平均水平（56.73 分），其中天津市得分高出近 10 分，随后的各省依次为江苏省、山东省、上海市、安徽省、河南省、浙江省、辽宁省，但这几个省份的得分十分接近，差距并不十分显著。在区域分布上，入围前十的省份大部分都处于东部地区，说明东部地区的消费环境相较于中部和西部有明显优势。

表 7-46　　　　　　　全国各省质量预警与预防排名

排名	地区	质量预警与预防（分）
1	天津市	68.86
2	福建省	61.07
3	山东省	60.97
4	重庆市	60.58
5	广西壮族自治区	60.23
6	江苏省	60.11
7	上海市	60.08
8	陕西省	60.06
9	河南省	60.01
10	青海省	59.93
全国平均水平		57.84

90 / 2014年中国质量观测发展报告

(单位：分)

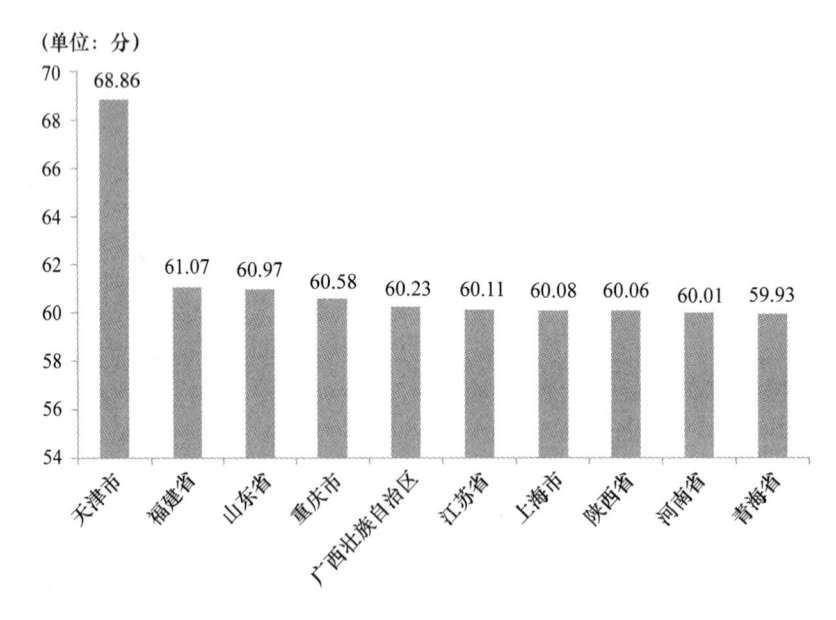

天津市	68.86
福建省	61.07
山东省	60.97
重庆市	60.58
广西壮族自治区	60.23
江苏省	60.11
上海市	60.08
陕西省	60.06
河南省	60.01
青海省	59.93

图7-34 全国各省质量预警与预防排名

在质量预警与预防方面，天津市以68.86分遥遥领先，高出全国平均水平（57.84分）10多分，入围前十的其他省份除了青海省之外，其余均在及格线以上，且相互之间的差距并不大，均在59分至62分之间。

表7-47　　　　　　　　全国各省质量信息提供排名

排名	地区	质量信息提供（分）
1	天津市	67.62
2	广西壮族自治区	61.81
3	山东省	61.64
4	江苏省	60.63
5	福建省	60.14
6	陕西省	59.96
7	宁夏回族自治区	59.77
8	青海省	58.94
9	上海市	58.69
10	河南省	58.59
全国平均水平		56.96

在质量信息提供方面，排名前十的省份依次为天津市、广西壮族自治

(单位：分)

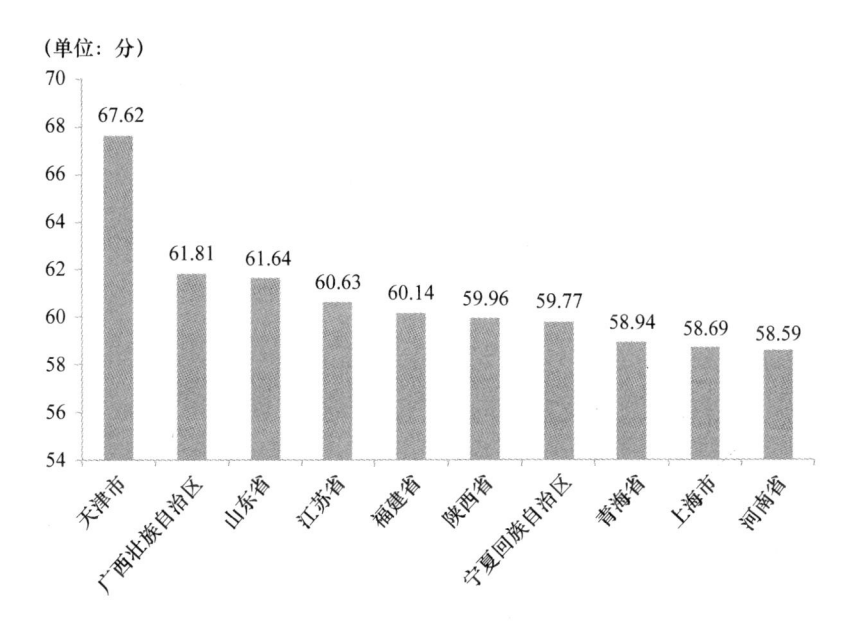

图 7-35　全国各省质量信息提供排名

区、山东省、江苏省、福建省、陕西省、宁夏回族自治区、青海省、上海市、河南省，其中天津市以 67.62 分居于第一位，高于全国平均水平（56.96 分）10 多分，除天津市外，广西壮族自治区、山东省、江苏省、福建省的得分均在 60 分以上，说明沿海地区相较于其他地区更易于获取质量信息。

表 7-48　　　　　　　全国各省质量教育与救济排名

排名	地区	质量教育与救济（分）
1	天津市	67.85
2	山东省	61.81
3	青海省	60.87
4	福建省	60.87
5	江苏省	60.73
6	宁夏回族自治区	60.69
7	广西壮族自治区	60.55
8	上海市	60.20
9	重庆市	60.03
10	河南省	59.01
全国平均水平		57.27

(单位：分)

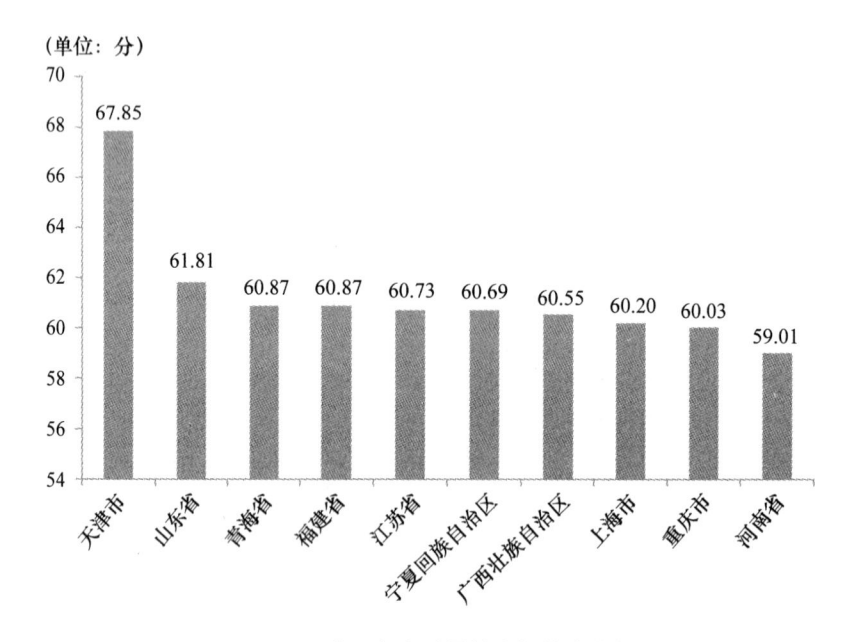

图 7-36　全国各省质量教育与救济排名

在质量教育与救济方面，全国平均水平为 57.27 分，天津市、山东省、青海省、福建省、江苏省、宁夏回族自治区、广西壮族自治区、上海市、重庆市、河南省入围前十名，其中除了河南省得分在及格线以下外，其余几个省份均高于及格线，天津市更是高出及格线近 8 分。

2. 按城市排名的质量公共服务分析

表 7-49　　　　全国主要城市质量公共服务指数排名

排名	地区	质量公共服务指数（分）
1	天津市	67.59
2	厦门市	66.21
3	长沙市	64.18
4	宁波市	62.34
5	福州市	62.09
6	杭州市	59.56
7	上海市	59.24
8	西宁市	59.17
9	哈尔滨市	58.94
10	武汉市	58.77

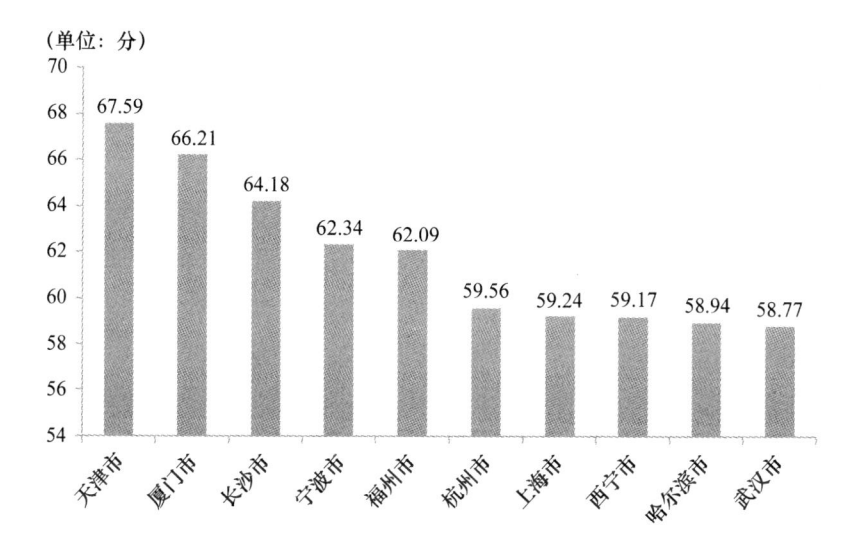

图7-37 全国主要城市质量公共服务指数排名

通过对全国36个主要城市（包括省会城市、副省级城市、直辖市）的比较，可以发现，在质量公共服务总得分上，天津市、厦门市、长沙市、宁波市、福州市、杭州市、上海市、西宁市、哈尔滨市、武汉市的得分居于前十名，天津市以67.59分排名第一。

表7-50　　　　　全国主要城市质量公共服务总体形象排名

排名	地区	质量公共服务总体形象（分）
1	天津市	68.79
2	厦门市	65.65
3	福州市	63.37
4	宁波市	63.37
5	长沙市	61.92
6	大连市	60.25
7	杭州市	60.05
8	青岛市	60
9	哈尔滨市	59.94
10	海口市	59.42

在质量公共服务总体形象方面，排名前十的分别为天津市、厦门市、福州市、宁波市、长沙市、大连市、杭州市、青岛市、哈尔滨市、海口

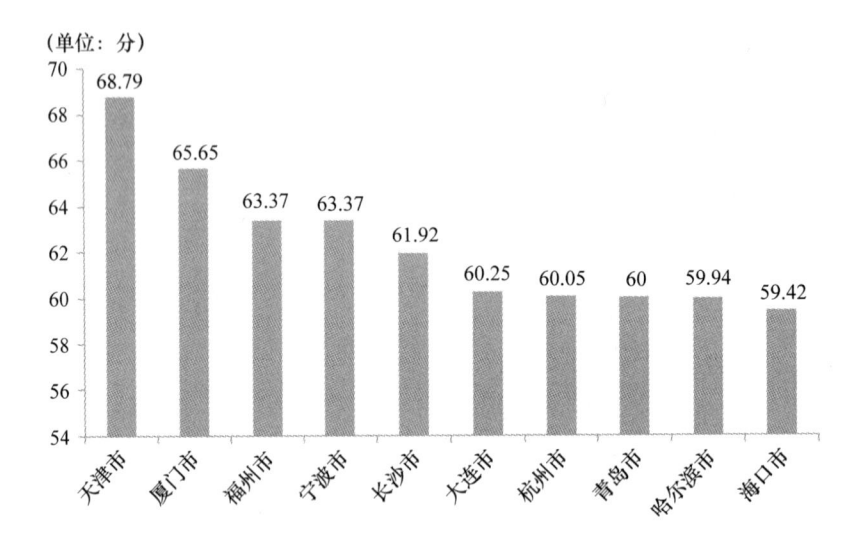

图7-38 全国主要城市质量公共服务总体形象排名（分）

市，其中天津市以68.79分居于第一名，除了哈尔滨市和海口市外，其余8个城市的得分均达到及格水平。

表7-51　　　　　　　　全国主要城市质量投入排名

排名	地区	质量投入（分）
1	天津市	66.87
2	厦门市	64.64
3	长沙市	64.15
4	福州市	63.26
5	宁波市	62.69
6	西宁市	58.98
7	上海市	58.86
8	哈尔滨市	58.16
9	南宁市	57.62
10	拉萨市	57.59

对全国主要城市在质量投入方面进行比较分析后可以发现，天津市以66.87分居于第一位，其后依次为厦门市、长沙市、福州市、宁波市、西宁市、上海市、哈尔滨市、南宁市、拉萨市，其中仅有天津市等五个城市的得分在及格线以上。

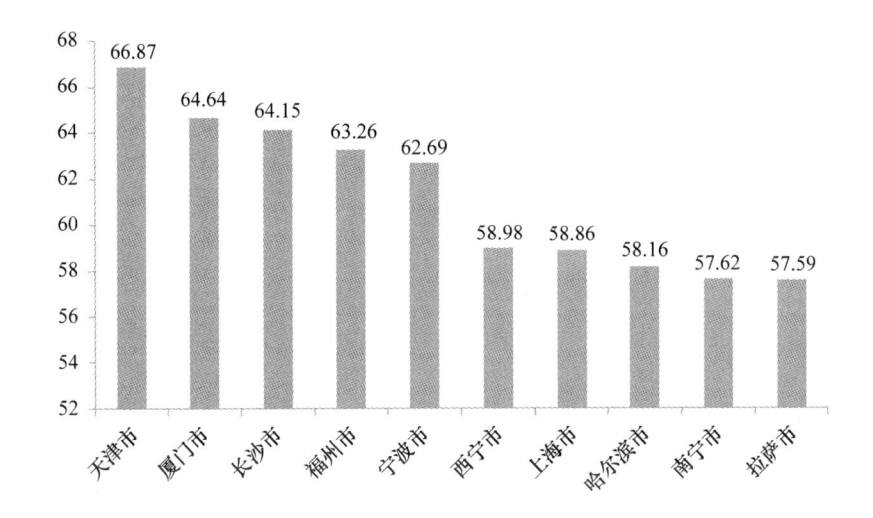

图 7-39　全国主要城市质量投入排名

表 7-52　全国主要城市消费环境排名

排名	地区	消费环境（分）
1	厦门市	68.79
2	天津市	65.86
3	长沙市	64.63
4	福州市	61.75
5	宁波市	61.73
6	杭州市	59.60
7	上海市	59.54
8	哈尔滨市	59.51
9	青岛市	59.35
10	武汉市	58.85

在对消费环境的评价中，厦门市超过天津市以 68.79 分居于第一位，天津市位居其次，排名前十位的还有长沙市、福州市、宁波市、杭州市、上海市、哈尔滨市、青岛市、武汉市。其中，除了长沙市、哈尔滨市、武汉市外，其余城市均处于东部地区，说明中西部地区的消费环境与东部地区还存在非常大的差距。

(单位：分)

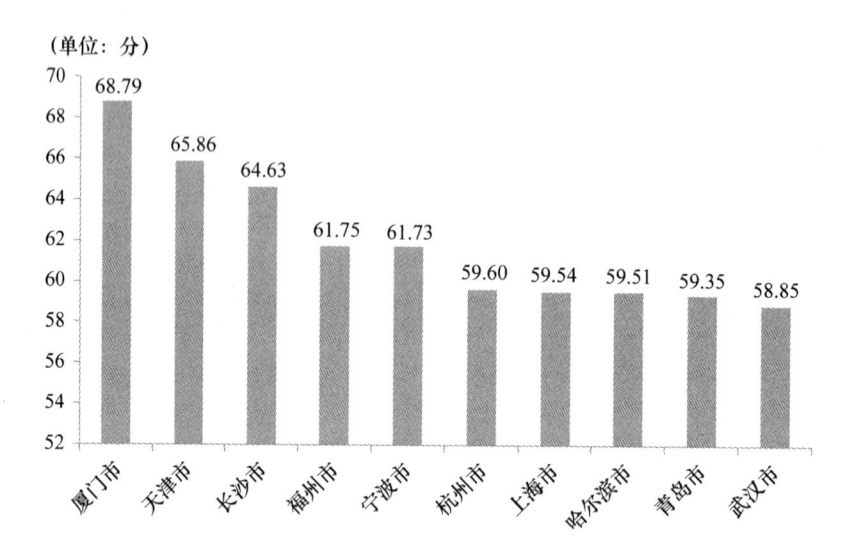

图 7-40　全国主要城市消费环境排名

厦门市 68.79；天津市 65.86；长沙市 64.63；福州市 61.75；宁波市 61.73；杭州市 59.60；上海市 59.54；哈尔滨市 59.51；青岛市 59.35；武汉市 58.85

表 7-53　　全国主要城市质量预警与预防排名

排名	地区	质量预警与预防（分）
1	天津市	68.85
2	厦门市	66.43
3	长沙市	64.50
4	宁波市	62.53
5	福州市	61.93
6	武汉市	60.83
7	杭州市	60.60
8	重庆市	60.58
9	上海市	60.08
10	西宁市	59.93

在质量预警与预防方面，天津市、厦门市、长沙市、宁波市、福州市、武汉市、杭州市、重庆市、上海市、西宁市这10个城市排名前十，其中除了西宁市的得分在及格线以下外，其余均达到及格水平。

(单位：分)

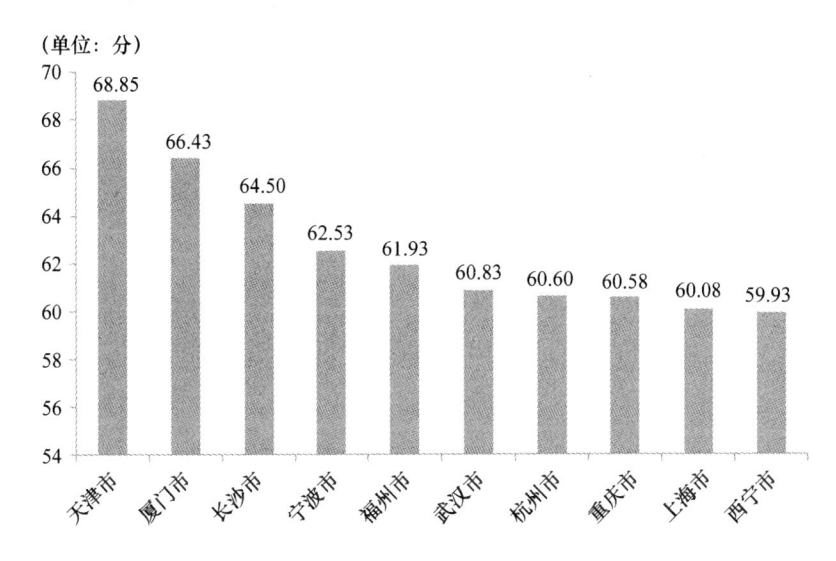

图 7-41　全国主要城市质量预警与预防排名

表 7-54　　　　　　全国主要城市质量信息提供排名

排名	地区	质量信息提供（分）
1	天津市	67.62
2	厦门市	66.91
3	长沙市	64.78
4	宁波市	62.00
5	福州市	61.22
6	哈尔滨市	61.03
7	杭州市	59.98
8	武汉市	59.72
9	南宁市	59.28
10	西宁市	58.94

在质量信息提供方面，排名前十的城市分别为天津市、厦门市、长沙市、宁波市、福州市、哈尔滨市、杭州市、武汉市、南宁市、西宁市，其中杭州市、武汉市、南宁市、西宁市的评分处于"较差"这一层次，其余6个城市的得分均高于及格水平，排名第一的天津市高出及格线近8分。

(单位：分)

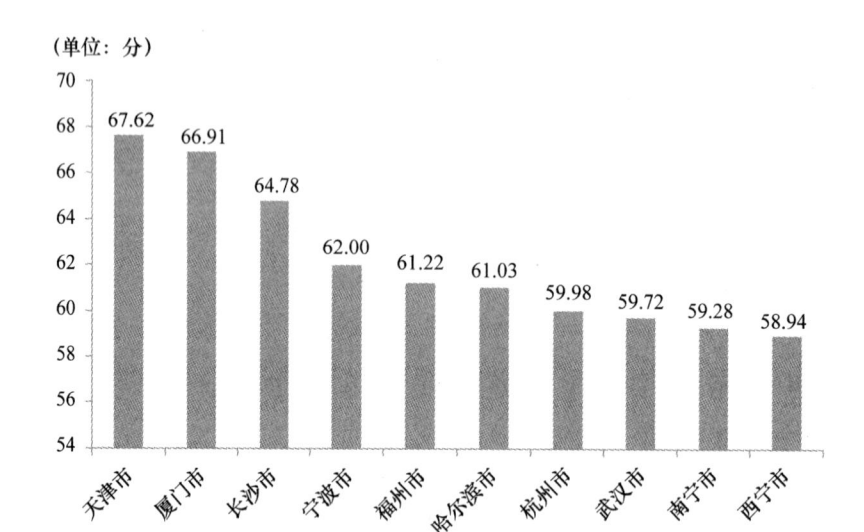

图 7-42　全国主要城市质量信息提供排名

表 7-55　　　　　　　　全国主要城市质量教育与救济排名

排名	地区	质量教育与救济（分）
1	天津市	67.84
2	厦门市	66.43
3	长沙市	64.14
4	宁波市	61.84
5	福州市	61.33
6	杭州市	60.93
7	西宁市	60.87
8	银川市	60.27
9	上海市	60.20
10	重庆市	60.03

在质量教育与救济方面，排名前十的依次为天津市、厦门市、长沙市、宁波市、福州市、杭州市、西宁市、银川市、上海市、重庆市，10个城市均达到了及格水平，在质量公共服务的所有维度中表现最好，其中天津市以67.84分居于第一位。

第三篇　年度质量总体指数与关键指标统计结果　/　99

(单位：分)

城市	分值
天津市	67.84
厦门市	66.43
长沙市	64.14
宁波市	61.84
福州市	61.33
杭州市	60.93
西宁市	60.87
银川市	60.27
上海市	60.20
重庆市	60.03

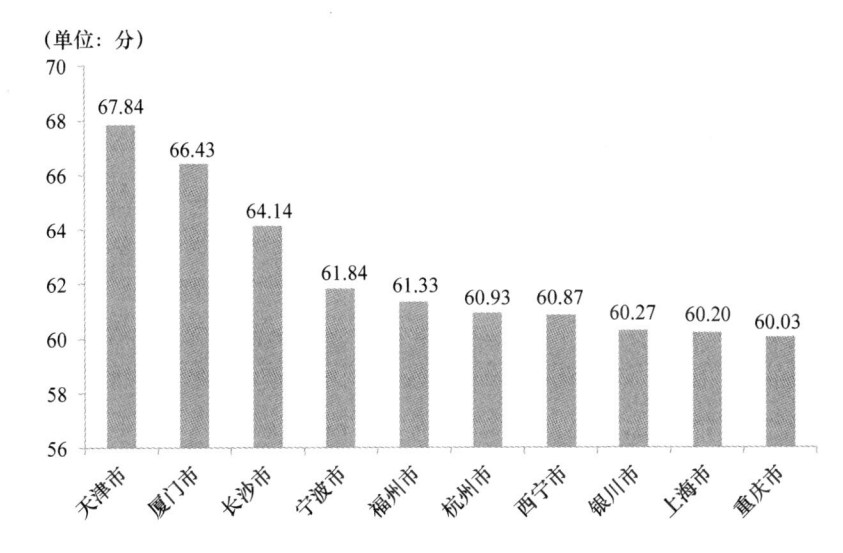

图 7-43　全国主要城市质量教育与救济排名

四　公民质量素质

(一) 调查结果

表 7-56　　　　　　公民质量素质的统计结果（按分值排序）

	排序	观测指标（问项）	分值
公民质量素质 （59.85 分）	1	对"企业在质量安全中承担首要责任"的认同度	65.87
	2	对"高质量的产品，应付出更高的价格"这一说法的认同程度	65.64
	3	购买东西前，了解该产品的有关质量信息的主动性	65.23
	4	消费者个人素质对于质量的重要性	64.93
	5	一般情况下，无意购买到假冒伪劣产品后，您会退货的可能性	63.68
	6	消费以后留存发票（或者消费依据）的主动性	63.25
	7	在工作和生活中大家经常考虑事情后果或影响的可能性	62.17
	8	对所在单位质量保障能力的评价	60.59

续表

结构变量	排序	观测指标（问项）	分值
公民质量素质 （59.85 分）	9	企业对员工质量素质的投入情况（培训、管理等方面）	60.45
	10	宁愿多花费精力，也不投机取巧的可能性	60.34
	11	大家对标准和流程的重视程度	59.63
	12	本地区企业对质量信用的重视程度	59.55
	13	对本区域居民质量素质（质量意识＋质量知识＋质量能力）的总体评价	59.39
	14	工作和生活中大家自觉进行检查的可能性	58.88
	15	对常用质量知识的掌握程度（如辨别真假常识、化学成分的危害性等）	58.55
	16	对质量维权程序的了解程度	55.93
	17	一般情况下，无意购买到假冒伪劣产品后，会举报的可能性	55.09
	18	使用当地质量投诉举报热线的主动性	53.26
	19	对质量标识（如 QS、3C 等）的了解程度	52.63
	20	对质量社会组织的了解程度	52.32

表 7-57　　　　　　　公民质量素质整体评价结果

结构变量	排名	观测指标	分值	指标排名
质量意识 （60.76 分）	1	对"高质量的产品，应付出更高的价格"这一说法的认同程度	65.64	1
		在工作和生活中经常考虑事情后果或影响的可能性	62.17	2
		企业对员工质量素质的投入情况（培训、管理等方面）	60.45	3
		宁愿多花费精力，也不投机取巧的可能性	60.34	4
		对标准和流程的重视程度	59.63	5
		本地区企业对质量信用的重视程度	59.55	6
		工作和生活中自觉进行检查的可能性	58.88	7

续表

结构变量	排名	观测指标	分值	指标排名
质量能力 (60.10 分)	2	购买东西前，了解该产品的有关质量信息的主动性	65.23	1
		无意购买到假冒伪劣产品后，会退货的可能性	63.68	2
		消费以后留存发票（或者消费依据）的主动性	63.25	3
		无意购买到假冒伪劣产品后，会举报的可能性	55.09	4
		使用当地质量投诉举报热线的主动性	53.26	5
质量知识 (58.69 分)	3	对"企业在质量安全中承担首要责任"的认同度	65.87	1
		消费者个人素质对于质量的重要性	64.93	2
		对所在单位质量保障能力的评价	60.59	3
		对常用质量知识的掌握程度	58.55	4
		对质量维权程序的了解程度	55.93	5
		对质量标识（如 QS、3C 等）的了解程度	52.63	6
		对质量社会组织的了解程度	52.32	7

2014 年宏观质量观测结果显示，我国公民质量素质总体指数得分为 59.85 分，其中质量意识、质量能力与质量知识指数得分分别为 60.76 分、60.10 分与 58.69 分。各具体观测指标评价分数与排名如表 7-57 所示。

对公民质量素质的统计结果按分值排序不难发现，"企业在质量安全中承担首要责任"、"高质量的产品，应付出更高的价格"、"购买东西前，了解该产品的有关质量信息的主动性"三项排公民质量素质的前三名，消费者对于企业对质量安全首负责任尤为认同，以 65.87 分位居榜首，而对于质量标识、质量社会组织的了解明显不够，得分仅 52.63 分、52.32 分。

（二）指标排名

1. 公民质量素质三维度排名

表 7-58　　　　　　　公民质量素质的得分和排名

	得分	排序
质量意识	60.76	1
质量能力	60.10	2
质量知识	58.69	3

(单位：分)

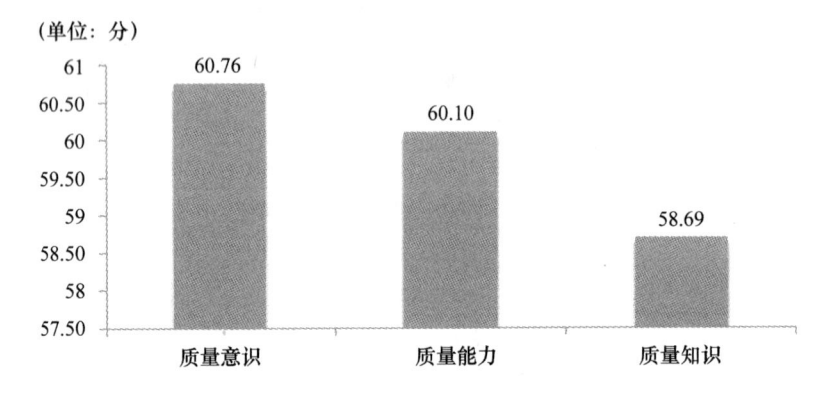

图 7-44　公民质量素质各指标得分

调查数据显示，在公民质量素质的内部结构中，质量意识指数得分最高，为 60.76 分；质量能力得分也在及格线之上，为 60.10 分；质量知识指数得分低于及格线，为 58.69 分。调查我国公民的质量素质发现，公民的质量意识高于质量能力，而质量知识成为我国公民质量素质中最为薄弱的环节。

2. 质量意识

表 7-59　　　　　　　　　公民质量意识的得分和排序

质量意识	得分	排序
对"高质量的产品，应付出更高的价格"这一说法的认同程度	65.64	1
在工作和生活中经常考虑事情后果或影响的可能性	62.17	2
企业对员工质量素质的投入情况（培训、管理等方面）	60.45	3
宁愿多花费精力，也不投机取巧的可能性	60.34	4
对标准和流程的重视程度	59.63	5
本地区企业对质量信用的重视程度	59.55	6
工作和生活中自觉进行检查的可能性	58.88	7

从公民质量意识的 7 个指标得分可以看出，消费者非常注重自身的质量意识，对"高质量的产品，应付出更高的价格"这一说法十分认同，得分排名为公民质量意识之首，为 65.64 分，公民愿以更高的价格购买质量更高的产品。此外，消费者"在工作和生活中经常考虑事情后果或影响的可能性"得分也较高，表明公民非常注重自身的质量意识，宁愿多

(单位：分)

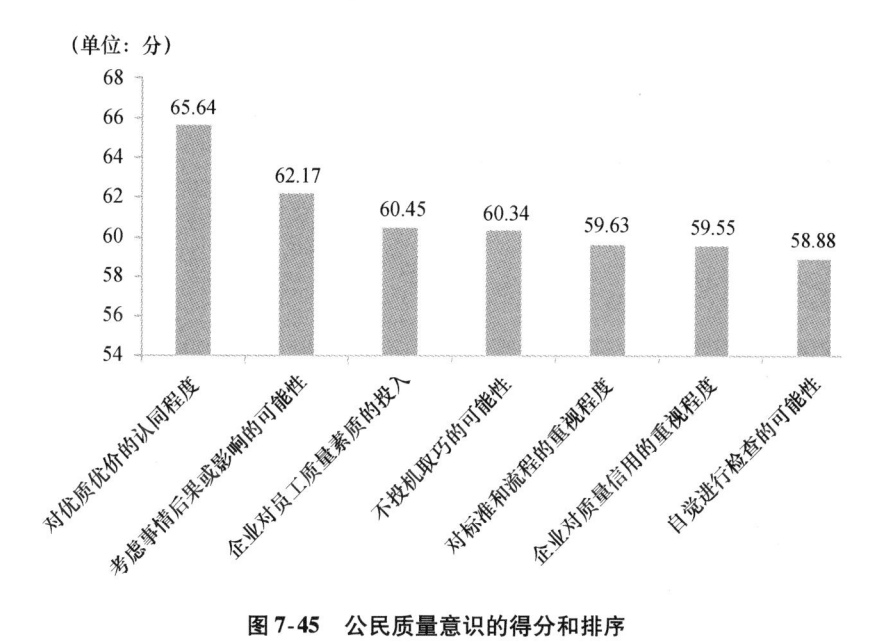

图 7-45　公民质量意识的得分和排序

柱状图数据：
- 对优质优价的认同程度：65.64
- 考虑事情后果或影响的可能性：62.17
- 企业对员工质量素质的投入：60.45
- 不投机取巧的可能性：60.34
- 对标准和流程的重视程度：59.63
- 企业对质量信用的重视程度：59.55
- 自觉进行检查的可能性：58.88

花时间和精力弄清楚产品的质量，也不愿意抱着侥幸的心理购买不知道质量好坏的产品。公民对质量意识的总体评价指数得分高于及格线，从侧面反映出公民的质量意识较强。"企业对员工质量素质的投入情况"指标得分为 60.45 分，位列第三，表明公民对企业提供的员工质量素质培训效果有一定的认同感。"本地区企业对质量信用的重视程度"指标得分为 59.55 分，处于"不及格"水平，说明我国企业在提高产品质量信用方面仍有很大的提升空间。"工作和生活中自觉进行检查的可能性"指标得分排在倒数第一位，反映出公民的质量意识仍需加强。

3. 质量知识

表 7-60　　　　　　　　公民质量知识的得分和排名

质 量 知 识	得分	排序
对"企业在质量安全中承担首要责任"的认同度	65.87	1
消费者个人素质对于质量的重要性	64.93	2
对所在单位质量保障能力的评价	60.59	3
对常用质量知识的掌握程度	58.55	4
对质量维权程序的了解程度	55.93	5

续表

质 量 知 识	得分	排序
对质量标识（如QS、3C等）的了解程度	52.63	6
对质量社会组织的了解程度	52.32	7

（单位：分）

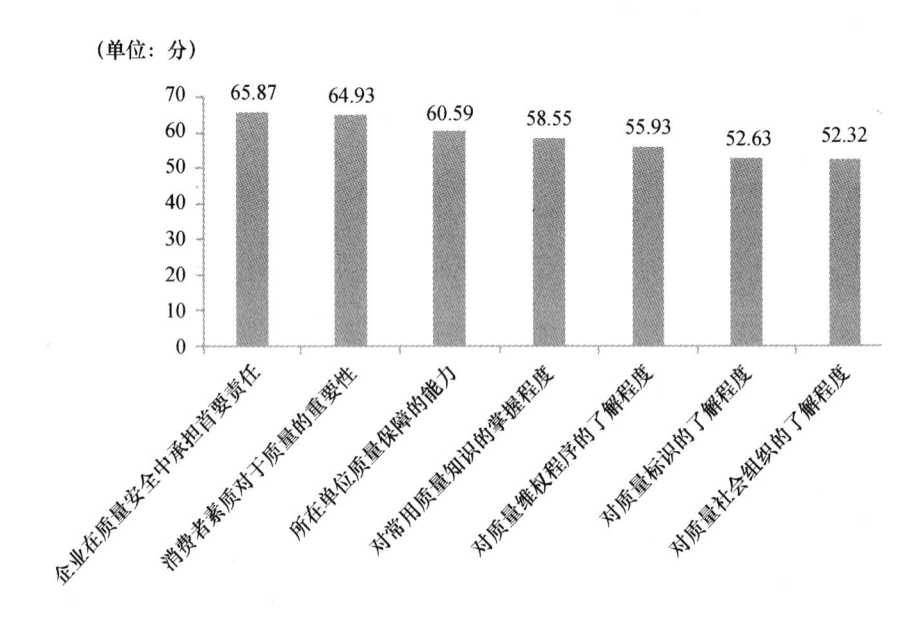

图 7-46　公民质量知识的得分和排名

在质量知识的 7 项指标中，对"企业在质量安全中承担首要责任"的认同度得分最高，以 65.87 分位列第一，表明公民对企业首要责任制认同度较高，认为企业应该承担起保障质量安全的首要责任。

质量知识 7 项指标可以分为两类，一类是较为抽象的质量知识，或者说是表明倾向性的知识，如对个人素质在质量中作用的看法、企业首要质量责任的看法等；另一类是较为具体的知识，如公民对 QS、3C 等质量标识的认知、对质量社会组织的认知等。调查结果表明，消费者对于抽象的质量知识表现出较高的得分，消费者个人素质对于质量的重要性得分为 64.93 分，对企业的主体质量责任也达到了 65.87 分，而对于较为具体的质量知识，包括常用质量知识的掌握、维权途径的了解、常见的质量标识、对质量社会组织的认知等，得分均都在及格线以下。消费者对质量维权程序的了解程度得分仅为 55.93 分，维权程序不为消费者所知、维权途径不通畅是消费者维权参与意识难以提升的较大障碍。

4. 质量能力

表 7-61　　　　　　　　公民质量能力的得分和排名

质　量　能　力	得分	排序
购买东西前，了解该产品的有关质量信息的主动性	65.23	1
无意购买到假冒伪劣产品后，会退货的可能性	63.68	2
消费以后留存发票（或者消费依据）的主动性	63.25	3
无意购买到假冒伪劣产品后，会举报的可能性	55.09	4
使用当地质量投诉举报热线的主动性	53.26	5

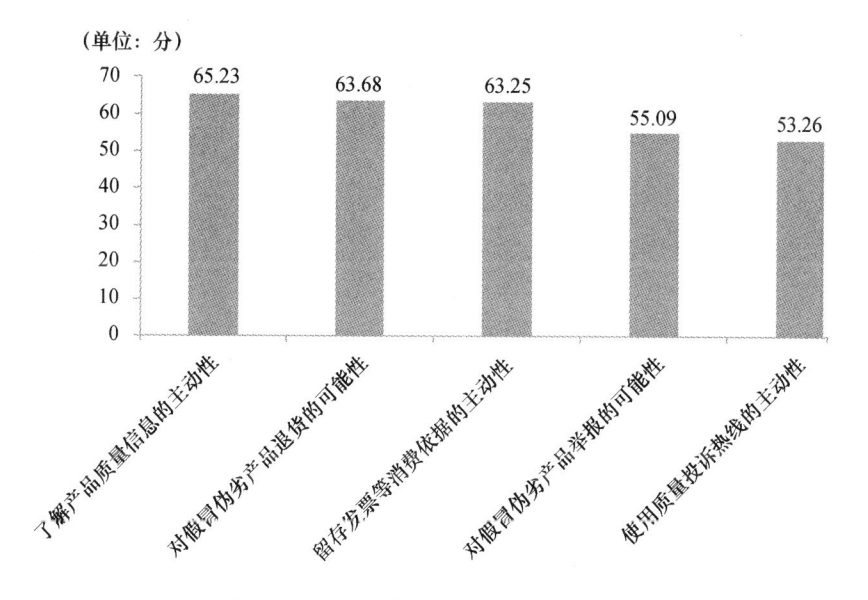

图 7-47　公民质量能力的得分和排名

从公民质量能力的 5 个指标可以看出，"购买东西前，了解该产品的有关质量信息的主动性"得分最高，超过 65 分，说明公民在购买产品之前，会花时间主动了解产品的质量信息，减少与企业之间的信息不对称。相反，消费者"使用当地质量投诉举报热线的主动性"排名倒数第一，得分为 53.26 分。"无意购买到假冒伪劣产品后，会举报的可能性"得分为 55.09 分，处于"不及格"的层次，可见我国消费者针对质量问题的投诉举报意识和行动能力均较为薄弱。

在调研中，许多消费者均表示知道 12315 投诉热线电话，但并不太愿意拨打，主要原因在于投诉之后并不能及时得到积极的回应。从政府角度来看，质量公共服务中"本地政府对质量投诉的响应速度"指标得分为55.34分；从消费者角度来看，"使用当地质量投诉举报热线的主动性"指标得分为53.26分，这表明政府响应质量投诉的积极性、消费者使用质量投诉举报热线的主动性均不高。基于保护消费者权益的角度，要提高消费者进行质量投诉的积极性，可以通过提升政府质量投诉的回复率和处理效果入手。

（三）年度变动

1. 总体比较

表7-62　　　　　　　2014年公民质量素质三个维度得分变化

	2013年（分）	2014年（分）	2014年较2013年变化率（%）
质量意识	69.49	60.76	-12.57
质量知识	62.72	58.69	-6.43
质量能力	64.05	60.10	-6.17

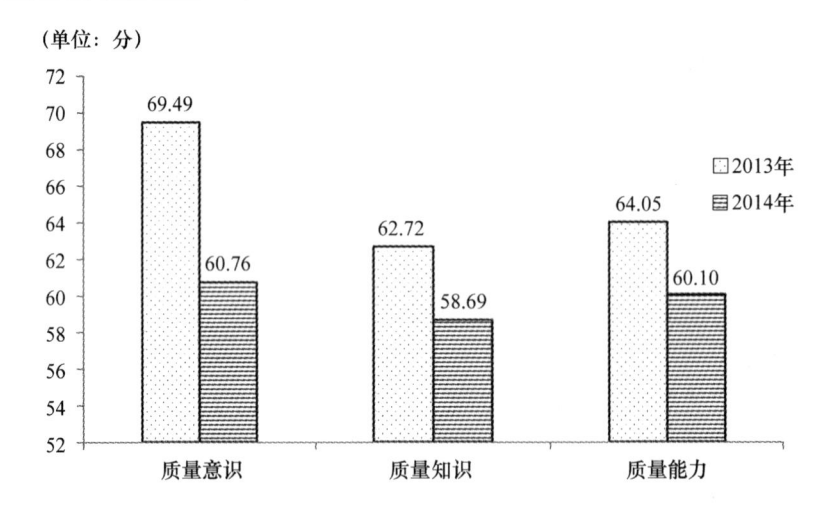

图7-48　公民质量素质各结构变量得分年度对比

与2013年宏观质量观测结果相比，2014年公民质量意识、质量知识、质量能力三维度得分均有所下降，变化率分别为-12.57%、-6.43%和-6.17%。但三维度排名状况依旧保持一致，依旧是质量意识高于质量能力，质量能力高于质量知识，质量知识是消费者质量素质里最明显的短板。

2. 公民质量意识年度比较

(单位：分)

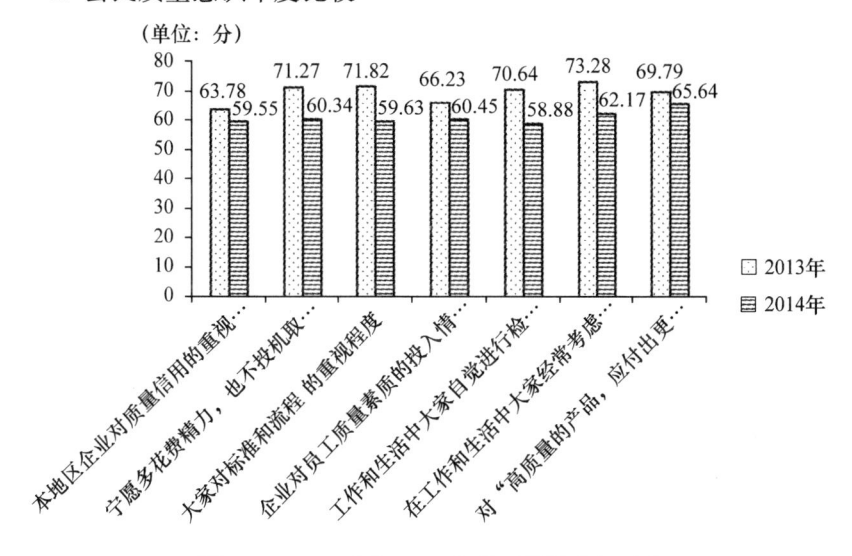

图 7-49 2013 年与 2014 年公民质量意识对比

对比 2013—2014 宏观质量观测的数据不难发现，2014 年公民质量意识分数较 2013 年出现结构性下滑。在公民质量意识中，消费者对于目前企业对质量信用的重视程度一项，评价趋稳，年度波动较小。消费者普遍认同"高质高价"的说法，对"高质量的产品，应付出更高的价格"评价得分两年位居第一，分别为 69.79 分、65.64 分。而对于"工作和生活中大家自觉进行检查的可能性"，该项年度间评价差异最大，由 2013 年的 70.64 分降至 2014 年的 58.88 分。

3. 公民质量知识年度比较

在公民质量素质的三大维度中，公民质量知识得分普遍较低，且整体上看年度变化波动不大，分数值较低，是我国公民质量素质最为明显的短板。其中，"对质量社会组织的了解程度"、"对质量标识（如 QS、3C 等）的了解程度"近两年来都是我国公民质量知识最为薄弱的环节，始终在及格线以下徘徊，得分在 55 分左右。消费者普遍认同企业对质量首负责任，近两年来"企业在质量安全中承担首要责任"一项分数为 69.36 分、65.87 分，得分均在 65 分以上。对于"质量维权程序的了解程度"大部分消费者依旧表示困惑，在 2014 年得分仅为 55.93 分。

4. 公民质量能力年度比较

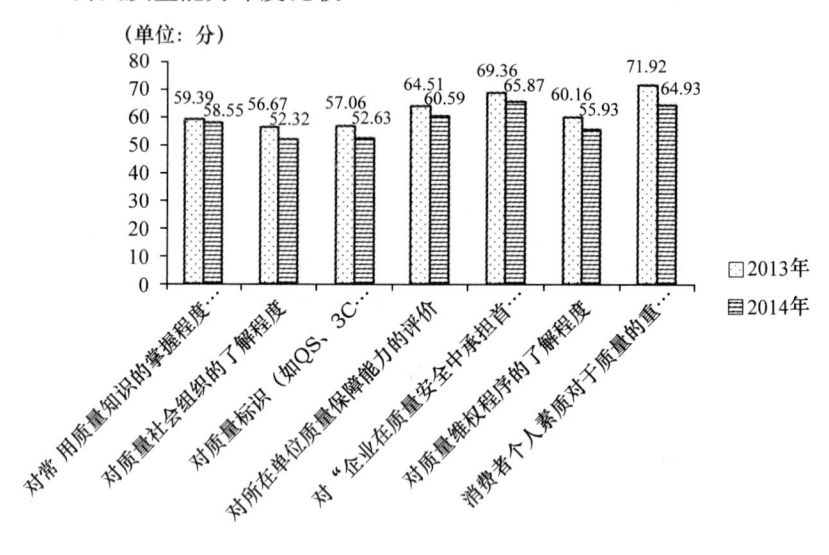

图 7-50　2013 年与 2014 年公民质量知识对比

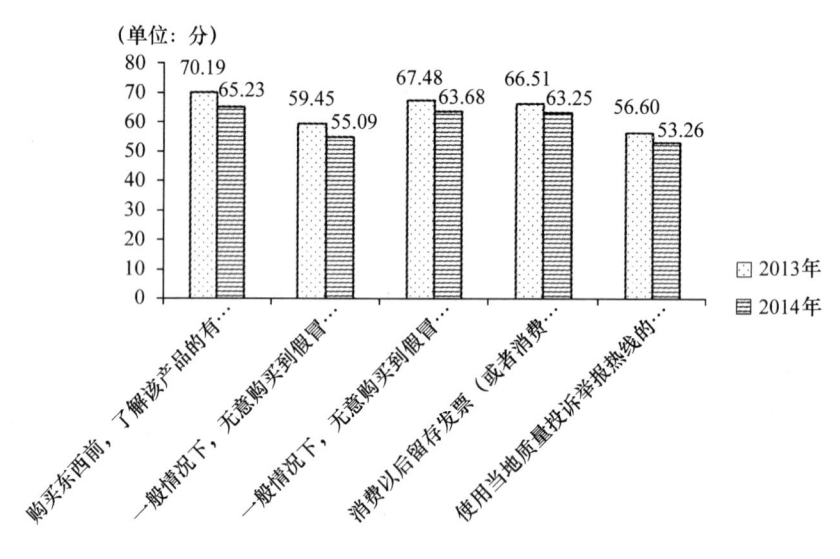

图 7-51　2013 年与 2014 年公民质量能力对比

在公民质量能力的测度中,"一般情况下,无意购买到假冒伪劣后会退货的可能性"一项在两年间得分是 67.48 分、63.68 分,分数较高且变化率不大,说明消费者对于购买到假冒伪劣产品后退货表示赞同并付诸实践,而同样情况下"选择举报的可能性"分数在 60 分以下。消费者对于"购买东西前,了解该产品的有关质量信息的主动性"评分较高,连续两年以 65 分以上的分数位居公民质量能力的榜首,而"消费以后留存发票的主动性"也以 66.51 分、63.25 分居于公民质量能力的前列。

(四)区域排名

1. 按省区排名的公民质量素质分析

表 7-63　　　　　省区公民质量素质分值(前十位)

排　名	省　份	得　分
1	天津市	69.00
2	福建省	64.61
3	山东省	64.04
4	江苏省	63.30
5	辽宁省	62.29
6	浙江省	62.26
7	河南省	62.02
8	陕西省	61.06
9	上海市	60.96
10	青海省	60.90

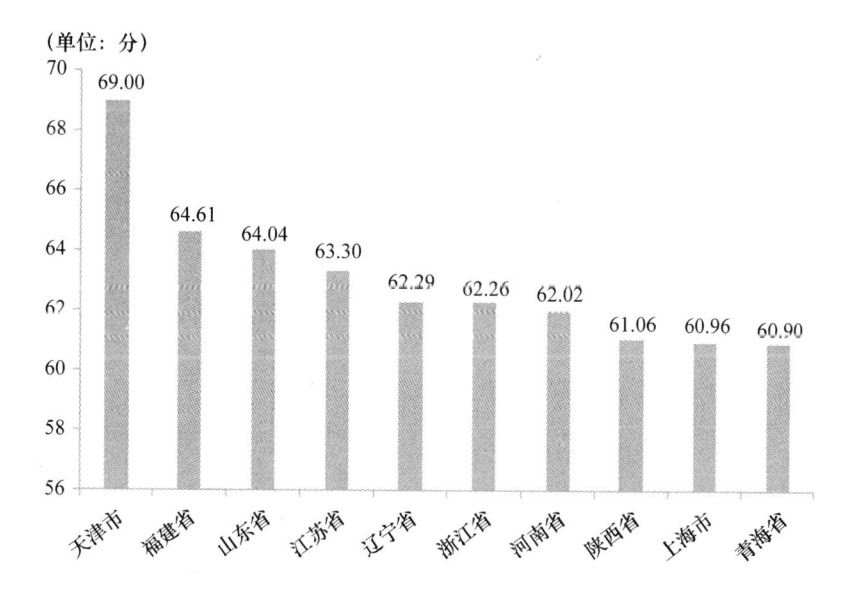

图 7-52　省区公民质量素质分值(前十位)

通过全国各省公民质量素质总体排名可以看到,天津市、福建省、山东省、江苏省、辽宁省、浙江省、河南省、陕西省、上海市、青海省公民质量素质得分排名前十。在质量素质总体得分上，天津市、福建省、山东省排前三，天津市以 69 分位居榜首，福建省、山东省、江苏省、辽宁省紧随其后。

表 7-64　　　　　　　省区公民质量意识得分分值（前十位）

排名	省份	得分
1	山西省	64.73
2	天津市	64.46
3	甘肃省	64.11
4	北京市	63.71
5	安徽省	61.99
6	湖南省	61.93
7	山东省	61.63
8	湖北省	61.56
9	浙江省	61.55
10	河北省	61.49

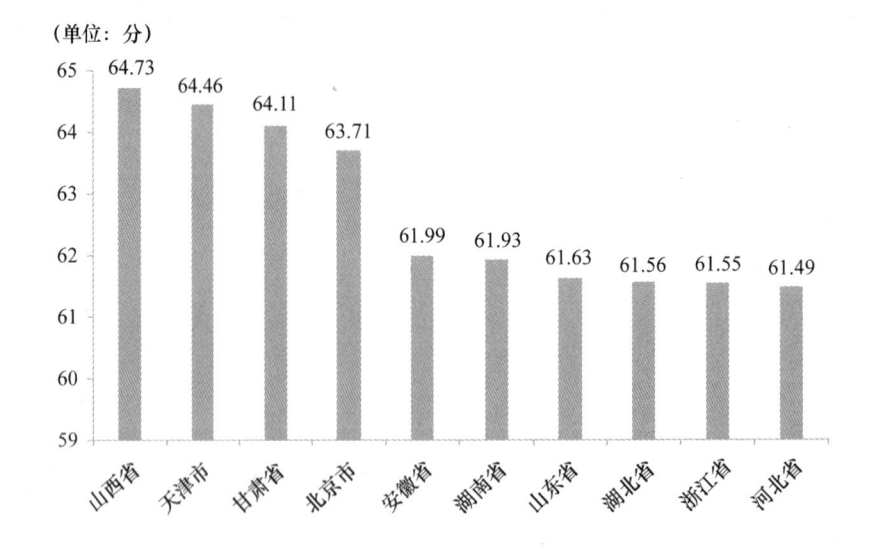

图 7-53　省区公民质量意识分值（前十位）

在公民质量意识方面，排名前三的省市区是山西、天津、甘肃，分数最高的山西省是 64.73 分，天津与甘肃的分数是 64.46 分、64.11 分，相互之间得分差距不大。而安徽、湖南、山东、湖北、浙江、河北等省份公民质量意识得分都在61—62分之间。总体而言，省份之间的公民质量意识得分变化不大，在分数绝对值上有待提升。

表7-65　　　　省区公民质量知识得分分值（前十位）

排名	省份	得分
1	湖南省	66.22
2	天津市	65.25
3	黑龙江省	64.80
4	贵州省	64.72
5	甘肃省	64.62
6	西藏自治区	63.60
7	湖北省	63.56
8	海南省	63.30
9	河南省	62.73
10	吉林省	62.36
全国平均水平		58.69

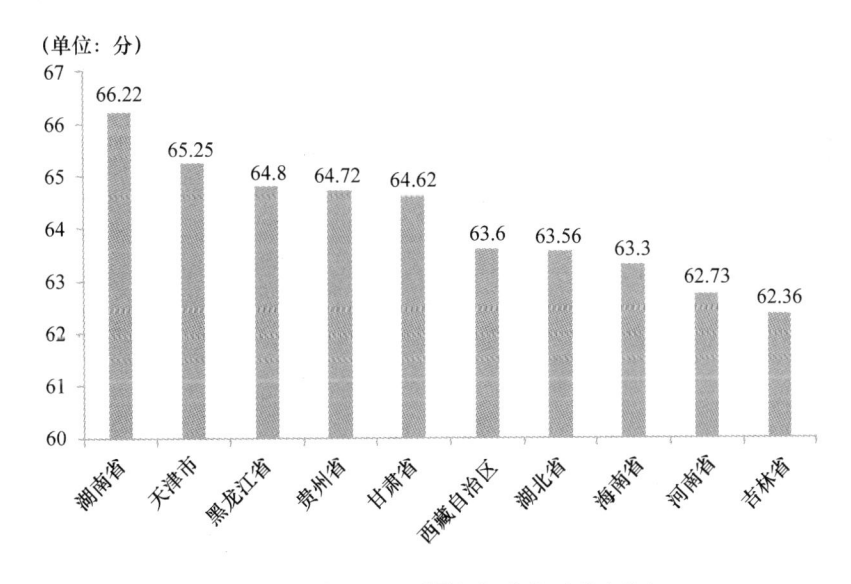

图7-54　省区公民质量知识分值（前十位）

在公民质量知识方面，排名前十的省区是湖南省、天津市、黑龙江省、贵州省、甘肃省、西藏自治区、湖北省、海南省、河南省、吉林省。

湖南省以 66.22 的高分位居第一，超过全国平均水平 58.69 分近 8 分。在整体质量素质中排名第一的天津，其质量知识分数是 65.25 分，显示出天津市公民质量素质和知识的一致性。除天津、黑龙江、海南以外的省份均在中西部地区，说明中西部公民质量知识并不弱于东部地区。

表 7-66　　　　省区公民质量能力得分分值（前十位）

排名	省份	得分
1	天津市	68.25
2	北京市	66.24
3	山西省	65.92
4	海南省	65.36
5	黑龙江省	64.13
6	山东省	63.89
7	甘肃省	63.87
8	河北省	63.27
9	浙江省	63.06
10	贵州省	62.81

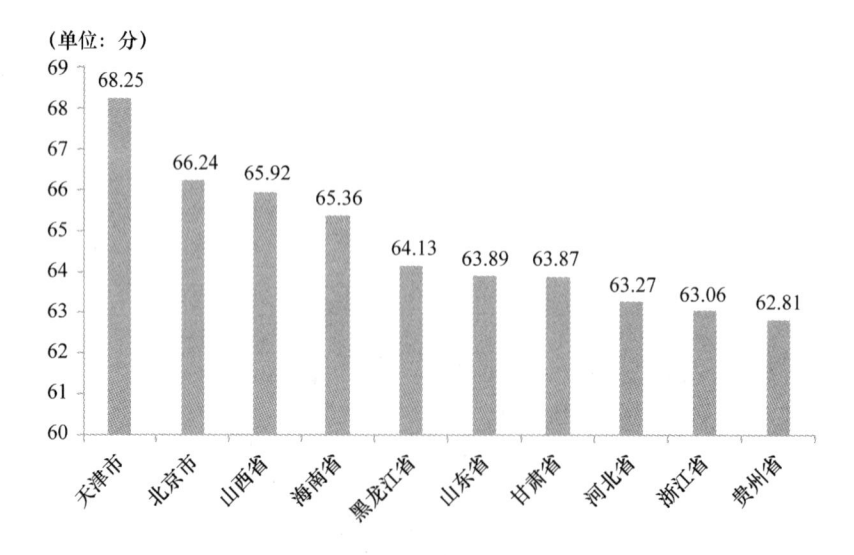

图 7-55　省区公民质量能力分值（前十位）

在公民质量能力方面，排名前十的省市是天津、北京、山西、海南、黑龙江、山东、甘肃、河北、浙江、贵州。京津冀地区公民质量能力得分均入围前十，分别为 66.24 分、68.25 分、63.27 分，显示出京津冀地区消费者维权能力较强。整体上看，除山西、甘肃、贵州以外，入围前十的省份均为东部沿海地区，说明东部地区公民质量能力与中西部地区相比具有明显优势。

2. 按城市排名的公民质量素质分析

表 7-67　　　　主要城市公民质量素质得分分值（前十位）

排名	城市	得分
1	天津市	69.2
2	厦门市	68.5
3	长沙市	66.91
4	宁波市	65.15
5	福州市	65.07
6	大连市	63.68
7	杭州市	63.15
8	青岛市	62.24
9	济南市	61.4
10	南宁市	61.38

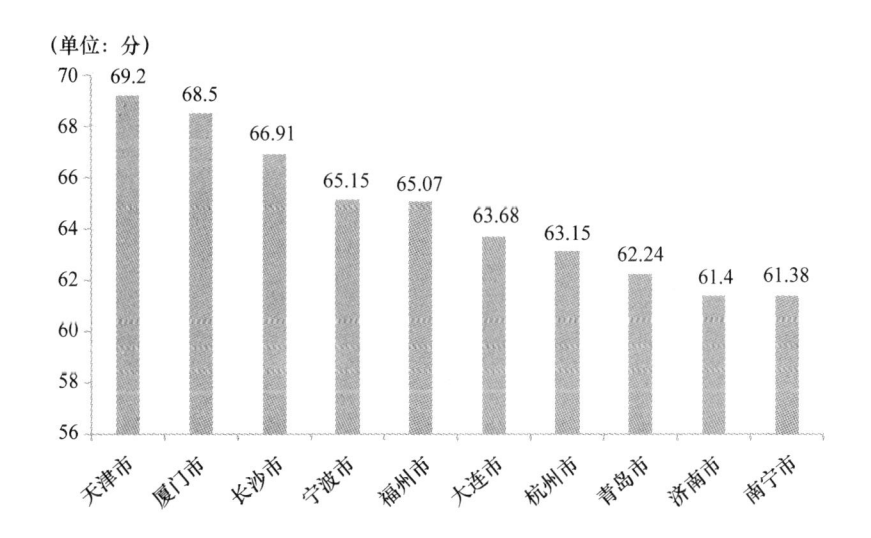

图 7-56　主要城市公民质量素质分值（前十位）

通过对直辖市、省会城市、副省会城市之间的比较，得到公民质量素质得分排名前十的城市分别是天津市、厦门市、长沙市、宁波市、福州市、大连市、杭州市、青岛市、济南市和南宁市，天津市以 69.2 分排名第一。与质量安全、满意评价指数前十位的城市大体一致，仅排名略有差异。除了青岛市和呼和浩特市，其他 8 个城市在区域总体质量指数排名中，也处在前十，具有较高的一致性。

表 7-68　　　　主要城市公民质量意识得分分值（前十位）

排名	城市	得分
1	天津市	70.35
2	厦门市	69.04
3	宁波市	66.72
4	长沙市	66.58
5	福州市	65.55
6	大连市	65.43
7	杭州市	64.03
8	哈尔滨市	63.32
9	南宁市	63.04
10	武汉市	62.18

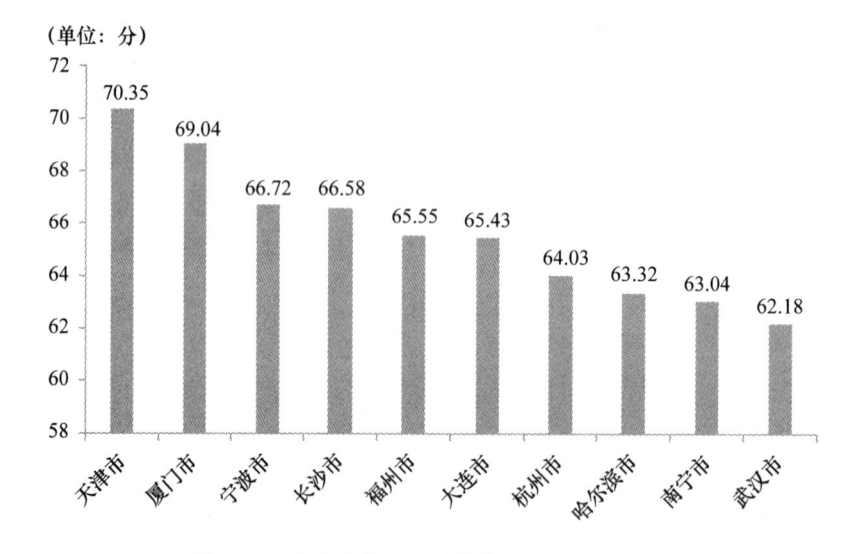

图 7-57　主要城市公民质量意识分值（前十位）

质量意识得分排名前十的城市是天津市、厦门市、宁波市、长沙市、福州市、大连市、杭州市、哈尔滨市、南宁市和武汉市，除了哈尔滨市和武汉市，其他 8 个城市在公民质量素质排名中，也处在前十，具有较高的一致性，仅排名有些差异。天津市公民质量意识得分超过 70 分，达到

"较好"水平，厦门市紧随其后，只相差1分多一点，而宁波、长沙、福州、大连、杭州等城市得分十分接近。

表 7-69　　　　主要城市公民质量知识得分分值（前十位）

排名	城市	得分
1	天津市	68.04
2	长沙市	67.27
3	厦门市	67.00
4	宁波市	65.52
5	福州市	64.24
6	大连市	62.98
7	杭州市	62.2
8	青岛市	61.19
9	西宁市	60.54
10	成都市	59.63

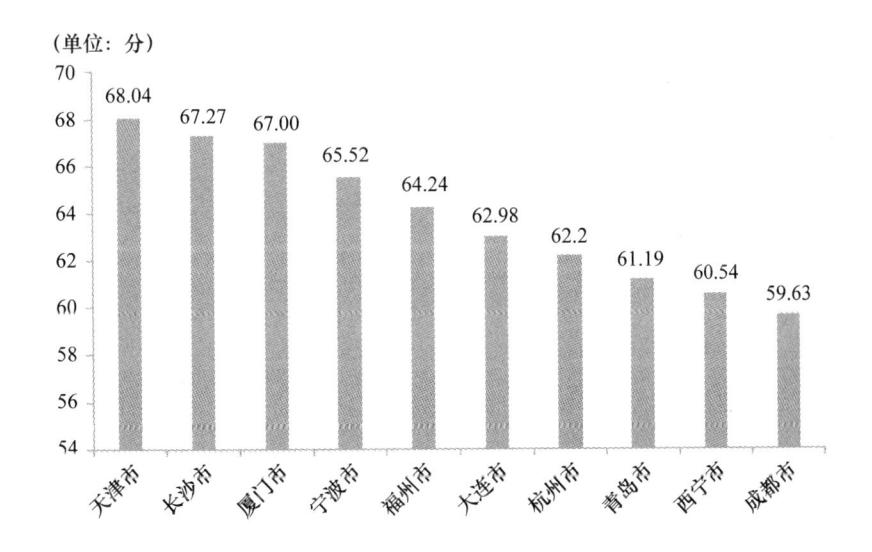

图 7-58　主要城市公民质量知识分值（前十位）

质量知识得分排名前十的城市是天津市、长沙市、厦门市、宁波市、福州市、大连市、杭州市、青岛市、西宁市和成都市。除了西宁市和成都市，其他8个城市在公民质量素质排名中，也处在前十，具有较高的一致性，仅排名有些差异。此外，质量知识的得分相较于公民质量素质的其他两个维度分数较低，位于第十名的成都市得分就已经在及格线水平以下，说明我国主要城市的公民质量知识比较薄弱。

表 7-70　　主要城市公民质量能力得分分值（前十位）

排名	城市	得分
1	厦门市	69.83
2	天津市	69.21
3	长沙市	66.87
4	福州市	65.56
5	济南市	64.91
6	青岛市	63.40
7	南宁市	63.29
8	杭州市	63.24
9	武汉市	62.50
10	宁波市	62.45

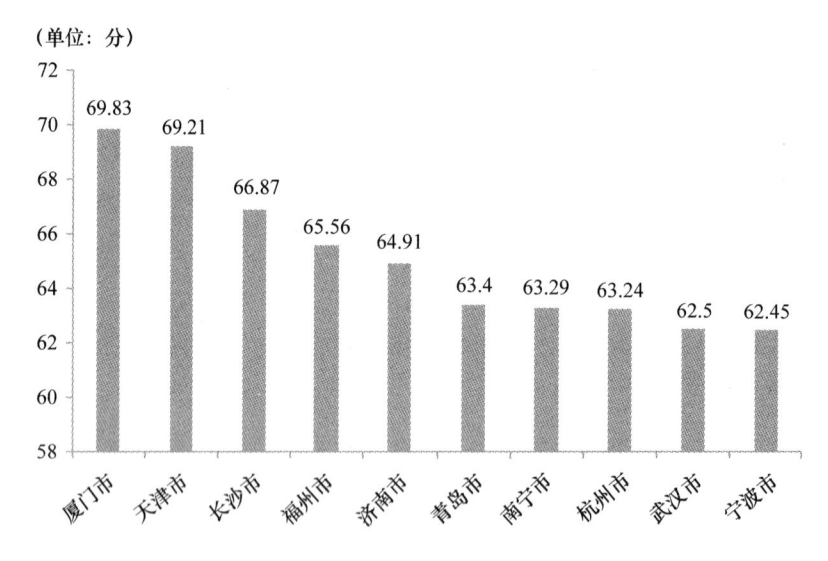

图 7-59　主要城市公民质量能力分值（前十位）

质量能力排名前十的是厦门市、天津市、长沙市、福州市、济南市、青岛市、南宁市、杭州市、武汉市、宁波市。除武汉市外，其他九个城市在公民质量素质排名中，也处在前十，具有较高的一致性，仅排名有些差异。厦门市消费者的质量能力最强，为 69.83 分，天津次之为 69.21 分。在地域分布上，除南宁市，其余几个城市均位于东部沿海地区，说明东部地区消费者的质量能力明显强于中、西部地区。

第八章 关键指标的统计结果

一 质量安全稳中有降

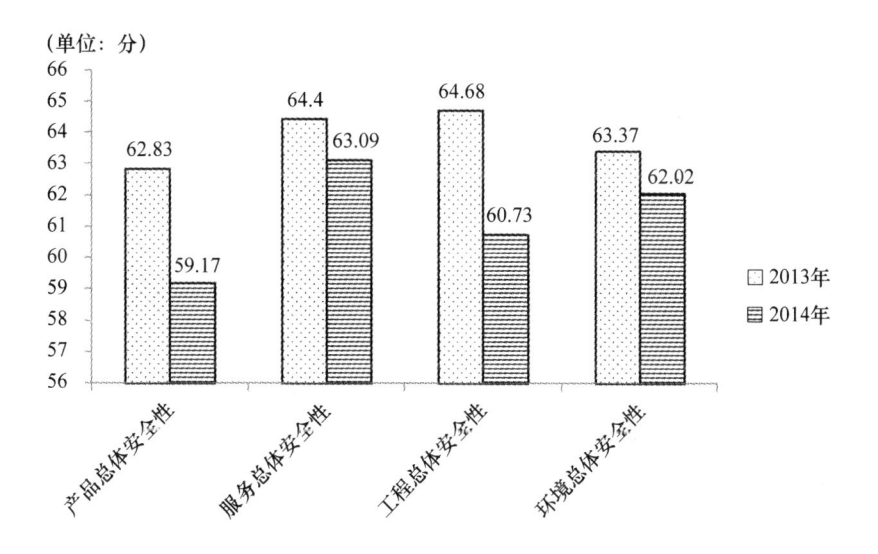

图8-1 2013年与2014年宏观质量观测四个维度质量安全性评价

通过对比2013年和2014年消费者对产品、服务、工程、环境四大维度的质量总体安全性评价，可以发现，对产品的安全性评价明显下降，且连续两年位居末位，2013年得分为62.83分，而2014年降到及格线以下，为59.17分。工程总体安全性是下降幅度最大的一项指标，由2013年的64.68分下降到2014年的60.73分，降幅达到6.1%。服务质量安全性评价虽得分降低，但排名明显上升，位居四大维度首位。

二 产品质量安全性评价下降，化妆品和食品降至及格线以下

(单位：分)

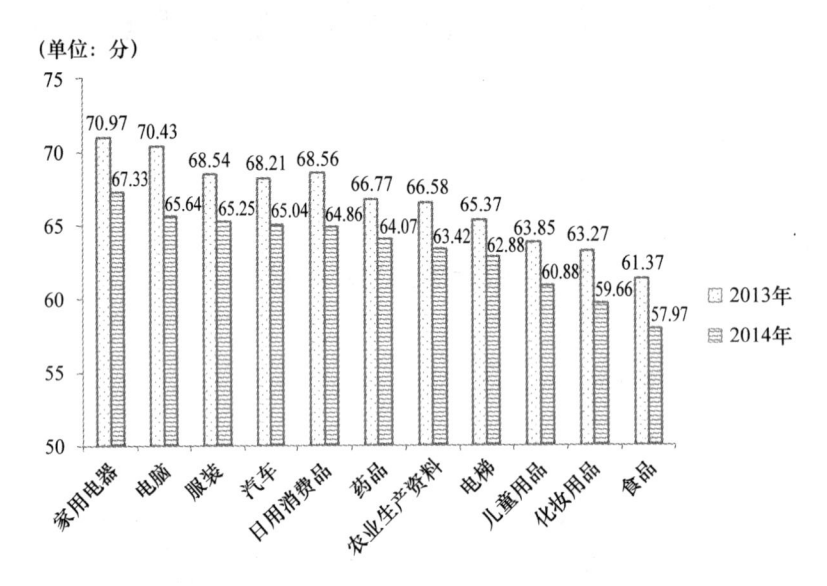

类别	2013年	2014年
家用电器	70.97	67.33
电脑	70.43	65.64
服装	68.54	65.25
汽车	68.21	65.04
日用消费品	68.56	64.86
药品	66.77	64.07
农业生产资料	66.58	63.42
电梯	65.37	62.88
儿童用品	63.85	60.88
化妆用品	63.27	59.66
食品	61.37	57.97

图 8-2　2013 年与 2014 年各类产品质量安全性评价

由图 8-2 可以看出，2014 年产品质量安全性评价所有类别得分相较 2013 年下降趋势明显。2013 年所有得分均在及格线以上，且在家用电器、电脑等领域安全性评价得分达到较高水平，而 2014 年各产品领域安全评价得分都有不同程度的下滑，特别是化妆用品和食品等类别都下降到及格线水平以下。这反映出我国产品质量安全隐患的领域依旧存在。

三 产品质量安全评价的城乡二元性缩小

除食品、农业生产资料、汽车、化妆用品等少数产品以外，在其他大多数产品类别中，城市与农村对产品质量安全的评价分值相差不大，这可能与现阶段我国城镇化进程不断加快、城乡二元化结构正在有效破解有关。

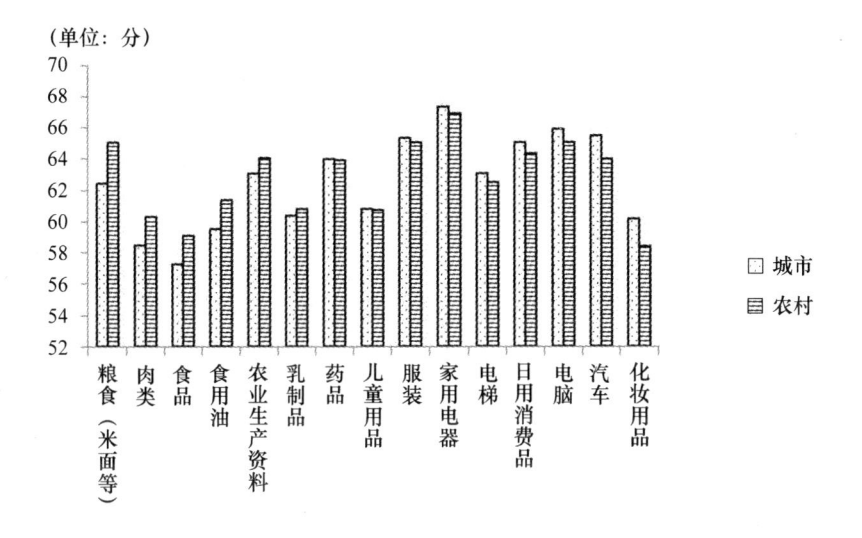

图 8-3 城乡产品质量安全评价对比

四 农村服务质量满意度全面显著提升

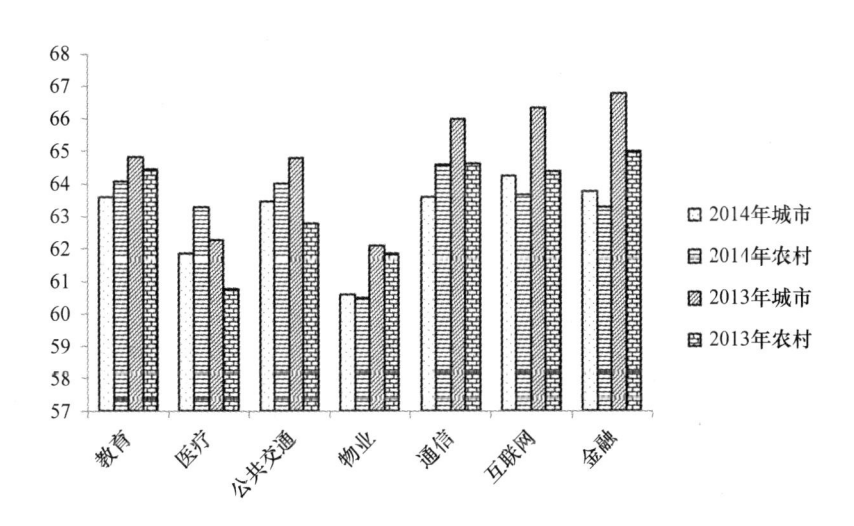

图 8-4 2013 年与 2014 年城乡服务质量对比

2014 年农村消费者服务质量的满意度得到显著的提高，教育服务、医疗服务、公共交通服务、通信服务等的满意度均超过了城市消费者。对比近两年的观测数据可以发现，城乡服务领域满意度的评价在两年间变化最大的是医疗领域，农村医疗服务、条件及设施都得到很大的改善，农村消费者对医疗服务的评价甚至高于城市消费者。新型城镇化及新型农村合作医疗产生了积极的政治、经济与社会效应。与此同时，两年间城乡的公共交通服务和通信服务的差距也较大。由于城市经济发展水平高、基础设施相对完善，城市的物业服务、互联网服务、金融服务普遍优于农村地区，在这些领域消费者的满意度评价也明显高于农村地区。

五　环境质量趋于稳定

表 8-1　　　　2014 年宏观质量观测四个维度质量安全性变化

结构维度	2014 年（分）	位次	2013 年（分）	位次
产品总体安全性	59.17	4	62.83	4
服务总体安全性	63.09	1	64.40	2
工程总体安全性	60.73	3	64.68	1
环境总体安全性	62.02	2	63.37	3

如表 8-1 所示，在四大维度的质量安全性总体评价中，2013 年工程质量以 64.68 分位列第一；服务紧随其后，以 64.40 分位列第二；环境质量安全性得分以 63.37 分排在第三；产品质量安全性得分排在最后一位。而在 2014 年的排名中，环境安全性得分上升一个位次，位列第二。

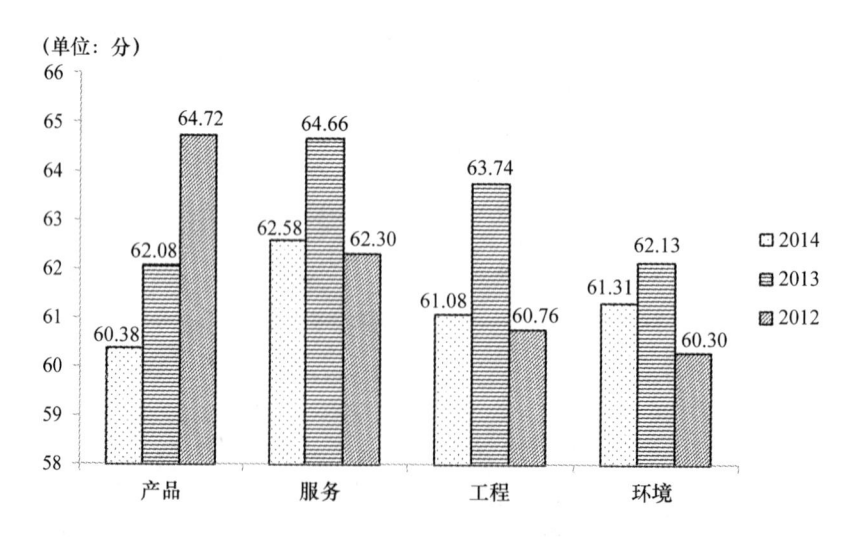

图 8-5　2014 年宏观质量观测四个维度满意度变化

在四大维度的质量满意度总体评价中,环境质量满意度得分由2012年的最后一位逐年上升,到2014年位列第二,仅次于服务的排名。

六 公民事前了解质量信息的主动性很强,但事后投诉维权的主动性不强

公民质量能力的5个指标中,"购买东西前,了解该产品的有关质量信息的主动性"得分最高,超过65分,说明公民在购买产品之前,会花时间主动了解产品的相关质量信息,减少与企业之间的信息不对称。同时,消费者"使用当地质量投诉举报热线的主动性"排名倒数第一,得分为53.26分。"无意购买到假冒伪劣产品后,会举报的可能性"得分为55.09分,处于"不及格"的层次,由此可见,我国消费者针对质量问题的投诉举报意识和行动能力较为薄弱。

表8-2　　　　　　　　　　公民质量能力的得分

问项	得分
购买东西前,了解该产品的有关质量信息的主动性	65.23
一般情况下,无意购买到假冒伪劣产品后,会举报的可能性	55.09
一般情况下,无意购买到假冒伪劣产品后,您会退货的可能性	63.68
消费以后留存发票(或者消费依据)的主动性	63.25
使用当地质量投诉举报热线的主动性	53.26

七 东部地区的公民质量素质整体上高于中部、西部地区

从图8-6中可以看出,东、中、西部地区的公民质量素质总体上与经济发展水平相对应,呈现东、中、西依次递减的特征,东部最高,中部其次,西部最弱,只有东部地区的公民质量素质得分位于及格线以上,为61.51分;中部、西部地区的公民质量素质的分值分别为59.49分、58.47分,处于"不及格"水平。

具体分析东、中、西部地区公民质量素质的内部结构,在质量意识7项指标中,东部地区得分均高于中部、西部地区,且指标得分均在

(单位：分)

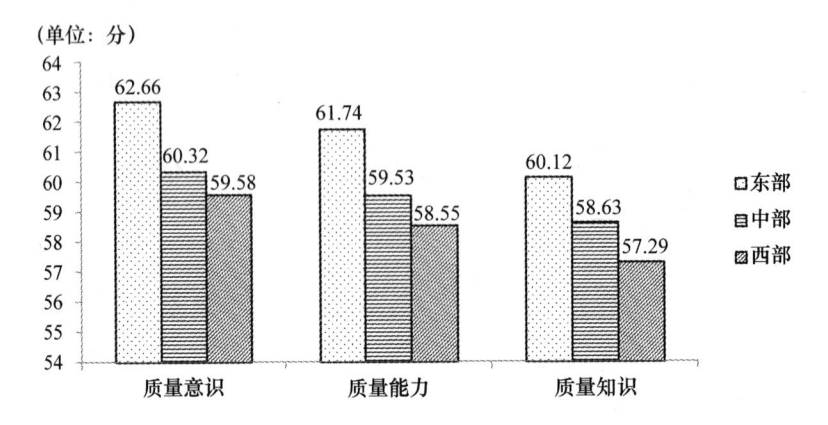

图 8-6　东、中、西部地区的公民质量素质得分对比

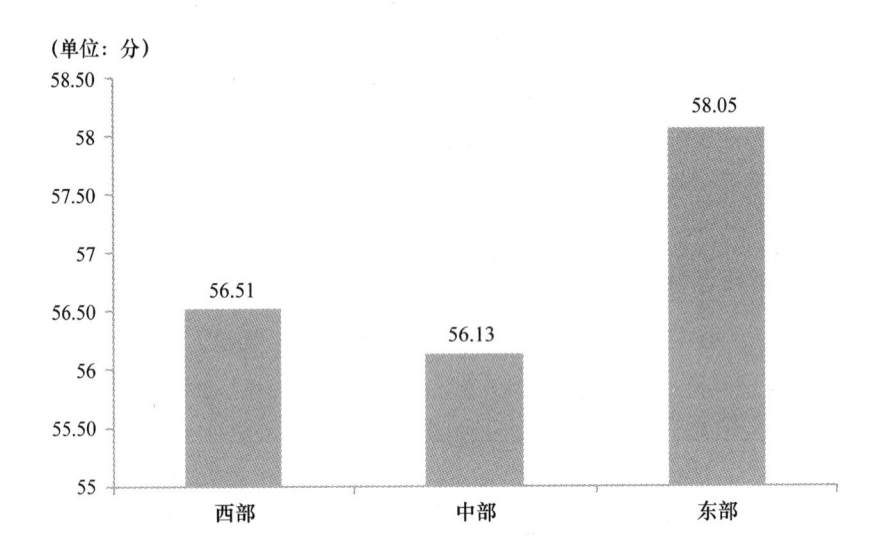

图 8-7　东、中、西部地区质量公共服务得分对比

61—68 分之间，7 项指标的得分全部及格，及格率为 100%；中部、西部地区 7 项指标中分别只有 2 项得分在 60 分以上，及格率为 28.57%。数据表明东部地区的公民质量意识明显强于中部、西部地区，即东部地区的消费者有更为强烈的质量意识来保障自身权益不受侵犯，也更为积极主动地防止自身受质量伤害。而东部、中部、西部地区消费者的质量知识能力短板较为一致，这些质量基础知识需要大量的外部的信息输入才能形成，这也需要政府、社会组织、企业、公民的各方努

力才能加以提升。

八 东部质量公共服务领先，中部质量公共服务下降明显

按照东、中、西部区域划分，可以看出我国东部地区质量公共服务得分明显高于中西部得分，西部地区质量公共服务总体得分高于中部地区得分。数据表明，我国政府质量公共服务水平依然呈现出"大国质量"特征，东、中、西部地区质量公共服务差异明显，东部地区明显高于中、西部地区，但是与2013年观测数据相比较，西部地区质量公共服务水平超过了中部地区的水平。从年度对比来看，2014年唯有西部地区质量公共服务得分呈上升趋势，其得分超过了2013年的得分，说明西部地区质量公共服务在国家高度重视及相关政策倾斜下得到明显改善。

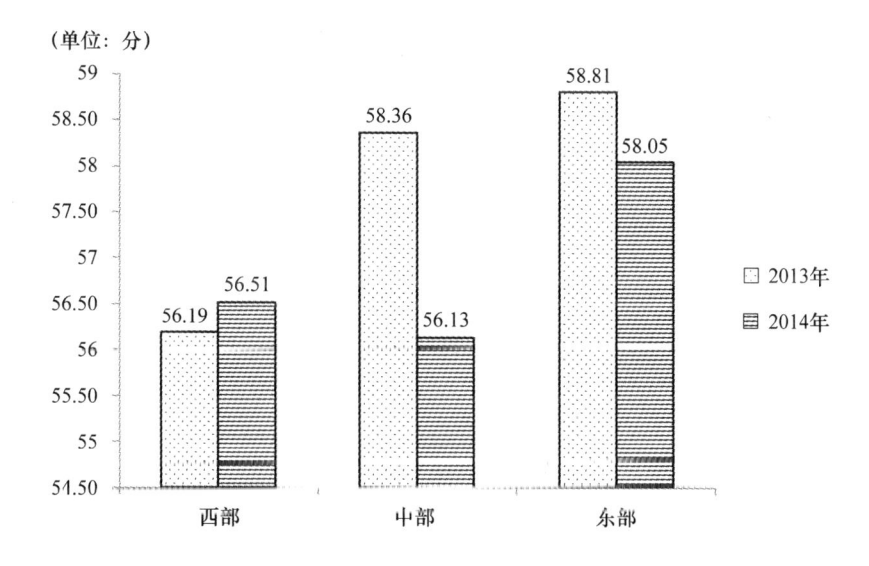

图8-8 东、中、西部地区质量公共服务年度比较

第四篇

统计结果的结构分析与年度对比

第九章 维度一：质量安全的统计分析

一 不同人群的结构分析

（一）男性对产品质量安全性评价普遍比女性更高

表9-1　　　男性、女性消费者的质量安全得分对比　　　（单位：分）

观测指标	男	女	男－女
所消费产品的总体安全性	60.17	58.14	2.03
本地区食品的总体安全性	58.29	57.29	1.00
本地区粮食（米面等）安全性	63.91	62.48	1.43
本地区食用油的总体安全性	60.62	59.47	1.15
本地区肉类的总体安全性	60.15	57.84	2.31
本地区乳制品的安全性	61.08	59.88	1.20
本地区家用电器的总体安全性	67.55	66.81	0.74
本地区药品的总体安全性	64.38	63.48	0.90
本地区电脑的总体安全性	65.89	65.39	0.50
本地区日用消费品的总体安全性	65.28	64.43	0.85
本地区化妆用品的总体安全性	60.04	59.26	0.78
本地区儿童用品的总体安全性	61.35	60.26	1.09
本地区服装的总体安全性	65.69	64.84	0.85
本地区汽车的总体安全性	65.94	64.18	1.76
本地区电梯的总体安全性	63.57	62.21	1.36
本地区农业生产资料的总体安全性	64.02	62.66	1.36
本地区服务质量的安全性	63.32	62.90	0.42
本地区医疗服务的总体安全性	62.63	62.31	0.32
本地区公共交通的总体安全性	64.68	64.43	0.25

续表

观测指标	男	女	男-女
本地区工程的总体安全性	61.20	60.26	0.94
自住住宅的总体安全性	66.00	65.05	0.95
本地区道路的总体安全性	63.19	62.65	0.54
本地区公共建筑（如办公楼、学校、医院等）的总体安全性	65.94	65.10	0.84
本地区环境的总体安全性	62.05	61.72	0.33

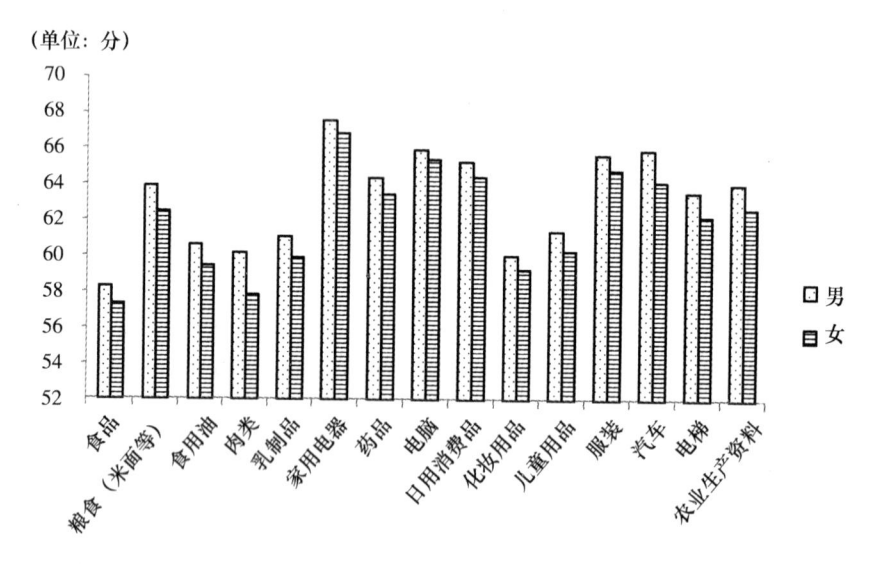

图9-1 男性、女性消费者的产品质量安全性评价对比

如表9-1所示，不同性别的消费者质量安全性感受存在明显区别，男性对于产品质量安全性评分普遍高于女性，说明质量安全性感受与性别之间存在显著的关联性。例如肉类是这些项目中评分差较大的一个，而且其分值也是所有选项中较低的。对于肉类的质量安全性评价男性分值为60.15分，女性分值为57.84分。可以看到男性消费者评价分值比女性消费者评价分值高出2.31分。通过分析，可以认为女性仍然承担着照顾家庭"食"的任务，对食品的了解程度比男性更多，在食品的评价上更为谨慎。另外，我们也可以看到对某一项目的质量安全评价会根据消费者对其的关注度和接触程度不同而呈现出不同的变化趋势。例如对汽车质量安全的评价，男性消费者比女性消费者高出1.76分，而家用电器、公共交通等选项则与性别没有直接的关联，因此可以看到这样一些选项的分值相差不大，整体变化的趋势也比较平缓。

（二）产品质量安全评价的城乡二元性缩小：城市居民对汽车、化妆品等产品质量安全评价更高，农村居民对食品质量安全评价更高

表9-2　城市、农村消费者的产品质量安全性评价对比　（单位：分）

观测变量	城市	农村	城市－农村
所消费产品的总体安全性	58.80	60.02	-1.22
本地区食品的总体安全性	57.28	59.11	-1.83
本地区粮食（米面等）安全性	62.44	65.03	-2.59
本地区食用油的总体安全性	59.53	61.34	-1.81
本地区肉类的总体安全性	58.45	60.29	-1.84
本地区乳制品的总体安全性	60.37	60.76	-0.39
本地区家用电器的总体安全性	67.31	66.88	0.43
本地区药品的总体安全性	63.95	63.88	0.07
本地区电脑的总体安全性	65.89	65.08	0.81
本地区日用消费品的总体安全性	65.08	64.34	0.74
本地区化妆用品的总体安全性	60.18	58.41	1.77
本地区儿童用品的总体安全性	60.82	60.72	0.11
本地区服装的总体安全性	65.35	65.03	0.32
本地区汽车的总体安全性	65.48	63.98	1.50
本地区电梯的总体安全性	63.04	62.49	0.55
本地区农业生产资料的总体安全性	63.07	64.05	-0.98

(单位：分)

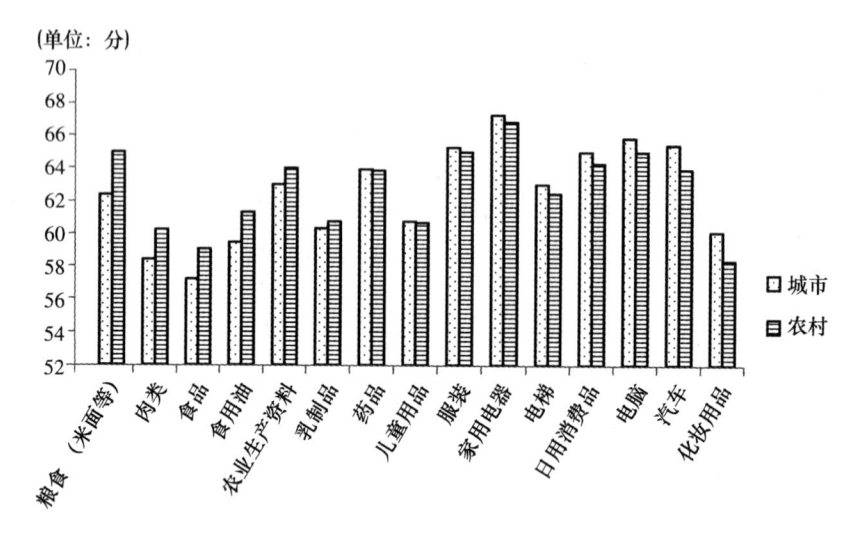

图 9-2 城市、农村消费者的产品质量安全性评价对比

通过对比城市和农村的质量安全性可以发现，农村对于食品和农业生产资料的质量安全性分值普遍显著高于城市，可以认为农村食品多是自产自销，所以对于食品安全性的评价分值更高。除食品、粮食、肉类、食用油外，城市与农村在汽车和化妆用品两大品类的安全性分值相差较大，这与化妆用品以及汽车本身的品质水平相关。在城市由于拥有更高的收入水平，并且有更多的大型商场和超市提供更为高端的化妆品产品，所以安全性会更有保障。同样，汽车的安全性与其价格也存在关联，更高的售价意味着更多的安全配置和更好的材料。而且汽车作为高价商品，城市购买的汽车档次总体上要高于农村。除以上几项外，其他几项城市与农村的评价分值相差不大，可以认为随着我国城镇化率不断提高，我国城乡二元化结构正在缩小。

（三）城市居民对服务、工程和环境质量安全性评价仍高于农村居民

表 9-3　城市、农村消费者对服务、工程和环境质量安全性评价对比（单位：分）

观测指标	城市	农村	城市－农村
本地区服务质量的安全性	63.35	62.50	0.85
本地区医疗服务的总体安全性	62.24	63.10	－0.86
本地区公共交通的总体安全性	64.56	64.50	0.06

续表

观测指标	城市	农村	城市－农村
本地区工程的总体安全性	60.87	60.36	0.51
自住住宅的总体安全性	64.98	66.79	-1.81
本地区道路的总体安全性	63.03	62.59	0.44
本地区公共建筑（如办公楼、学校、医院等）的总体安全性	65.80	64.80	0.99
本地区环境的总体安全性	62.11	61.37	0.74

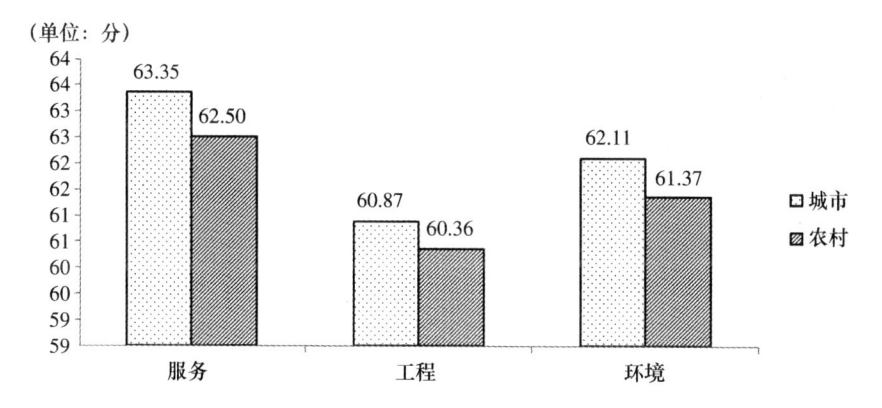

图9-3 城市、农村消费者对服务、工程和环境质量的总体安全性评价对比

通过对比城市和农村对服务、工程和环境三大维度质量安全性的评价可以发现，城市消费者评分显著高于农村消费者评价。结合具体指标分析发现，医疗服务和自住住宅安全性评价农村高于城市，通过分析，可以认为农村住宅多为自建房，安全性较城市的商品房应该要高。另外，由于新型农村合作医疗的推广，各级政府已经在切切实实关注乡镇卫生院装备问题，并且逐年不断地向卫生院进行资金投入，硬件设施在逐渐的先进化、时代化，农村的医疗服务总体安全性评价得分比较高。

(四) 已婚人士对质量安全的容忍度低于未婚人士

表9-4　　不同婚姻状况消费者对质量安全评价对比　　（单位：分）

观测指标	已婚	未婚	已婚－未婚
所消费产品的总体安全性	58.87	59.77	-0.90
本地区食品的总体安全性	57.40	58.69	-1.29
本地区粮食（米面等）安全性	62.89	63.88	-0.99
本地区食用油的总体安全性	59.87	60.46	-0.59
本地区肉类的总体安全性	58.64	59.74	-1.10
本地区乳制品的安全性	60.05	61.37	-1.32
本地区家用电器的总体安全性	66.85	67.84	-0.99
本地区药品的总体安全性	63.08	65.65	-2.57
本地区电脑的总体安全性	65.00	66.94	-1.94
本地区日用消费品的总体安全性	64.13	66.35	-2.22
本地区化妆用品的总体安全性	58.90	61.17	-2.27
本地区儿童用品的总体安全性	60.07	62.24	-2.17
本地区服装的总体安全性	64.59	66.62	-2.03
本地区汽车的总体安全性	64.50	66.11	-1.61
本地区电梯的总体安全性	62.35	63.97	-1.62
本地区农业生产资料的总体安全性	62.84	64.40	-1.56
本地区服务质量的安全性	63.03	63.25	-0.22
本地区医疗服务的总体安全性	61.86	63.81	-1.95
本地区公共交通的总体安全性	64.62	64.44	0.18
本地区工程的总体安全性	60.25	61.67	-1.42
自住住宅的总体安全性	65.34	65.92	-0.58
本地区道路的总体安全性	62.87	62.99	-0.12
本地区公共建筑（如办公楼、学校、医院等）的总体安全性	65.16	66.25	-1.09
本地区环境的总体安全性	61.45	62.78	-1.33
质量安全总体评价	62.25	63.58	-1.33

通过对比已婚人士和未婚人士对质量总体安全性的评价，发现已婚人士对质量总体安全性评价普遍低于未婚人士，即未婚人士对质量安全的容

忍度高于已婚人士。通过分析可以得出，对某一项目的质量安全评价会根据消费者对其的关注度和接触程度不同而呈现出不同的变化趋势，已婚人士对药品、化妆用品、儿童用品、日用消费品等产品质量安全性评价明显低于未婚人士。在公共交通、服务领域的评价差别不大。

（五）教师、医生、律师、金融等专业技术人员对质量安全评价最低

表 9-5　　不同职业类型消费者对四大维度质量安全评价对比　　（单位：分）

职业类型	1 农民	2 公务员、事业单位人员	3 企业职员	4 教师、医生、律师、金融等专业技术人员	5 个体经营者	6 其他（学生、离退休人员、家庭妇女等）
产品的总体安全性	59.58	59.42	59.45	57.25	58.65	60.50
服务质量的安全性	62.31	63.74	63.17	61.50	62.60	64.79
工程的总体安全性	60.41	61.20	61.34	59.19	59.48	61.91
环境的总体安全性	61.43	62.21	62.08	60.21	61.37	63.50

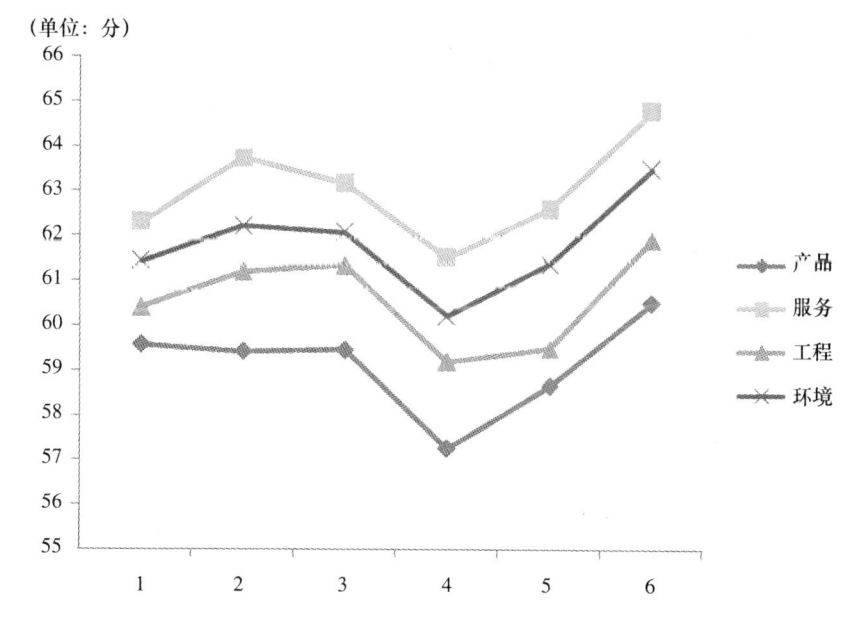

图 9-4　不同职业类型消费者对四大维度质量安全评价对比

通过对比不同职业对质量总体安全性评价，可以发现教师、医生、律师、金融等专业技术人员对质量安全评价排名末位，明显低于其他职业的评价，而学生、离退休人员、家庭妇女等对质量安全评价位居第一，明显高于其他职业的评价。可以认为专业技术人员由于具备较高的质量素质和质量知识，对于质量安全评价非常谨慎，对于质量安全的容忍度较低。而学生、退休人员、家庭妇女由于年龄、阅历等原因，质量素质和质量意识都低于其他职业人群，对质量安全的容忍度较高。

二 区域结构分析

（一）质量安全在区域间呈"U"型分布

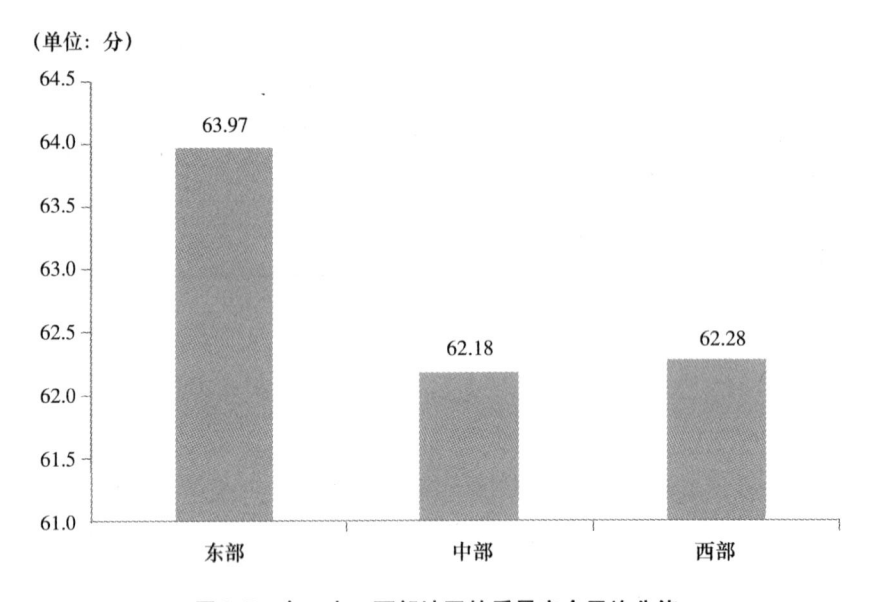

图9-5 东、中、西部地区的质量安全平均分值

对宏观质量观测中所有质量安全评价的分值进行平均，可以看到东部地区质量安全得分（63.97分）明显高于其他两个地区（中部62.18分；西部62.28分）。

在具体产品质量观测中，根据东部、中部、西部的地区差异，发现了产品质量安全评价的差异。消费者对产品的总体安全性评价中部得分最低，为58.56分，略低于西部地区的58.67分，都没有达到及格水平；而经济发展水平较高的东部地区产品质量安全性评价普遍最高，为 60.38 分。我国目前的人均收入总体上是东部地区最高，中部地区其次，西部地区较低。结合质量安全性与收入状况的关系，即收入较低的地区质量安全性分值较低，随着收入的增长，质量安全性分值会显著提升。另外，消费者质量素质也对质量安全性分值有较大影响。东部地区和中部地区消费者质量素质明显高于西部地区，东、中部地区对质量安全的容忍度应该低于西部地区。

表 9-6　　　　　产品质量安全性评价的区域差异　　　　（单位：分）

观测指标	东部	中部	西部
所消费产品的总体安全性	60.38	58.56	58.67
本地区食品的总体安全性	58.43	57.37	58.61
本地区粮食（米面等）安全性	63.60	63.38	64.10
本地区食用油的总体安全性	60.74	59.52	61.02
本地区肉类的总体安全性	59.94	58.47	60.09
本地区乳制品的安全性	60.77	59.56	62.30
本地区家用电器的总体安全性	68.72	66.92	66.36
本地区药品的总体安全性	64.80	63.82	63.53
本地区电脑的总体安全性	67.80	64.53	63.93
本地区日用消费品的总体安全性	66.28	64.17	63.88
本地区化妆用品的总体安全性	60.67	59.60	58.99
本地区儿童用品的总体安全性	62.18	60.72	60.08
本地区服装的总体安全性	66.66	65.04	64.13
本地区汽车的总体安全性	67.01	64.16	63.41
本地区电梯的总体安全性	63.97	62.96	61.79
本地区农业生产资料的总体安全性	64.64	62.75	62.86

在所有的产品中，除食品以外的其他产品（家用电器、日用消费品、服装、汽车等）的质量安全评价呈现西、中、东部地区依次递增的态势，而质量安全的总体性评价中部地区反而比西部地区得分低，主要源于中部地区消费者对食品质量安全的担忧：无论是对食品的总体性安全评价（57.37 分），还是具体的粮食、食用油、肉类、乳制品等食品质量安全评价都低于西部和中部。从这个可以看出，中部地区消费者对食品安全性的需求没有得到充分满足，或者 2014 年来中部地区食品安全问题对消费者预期打击较大。

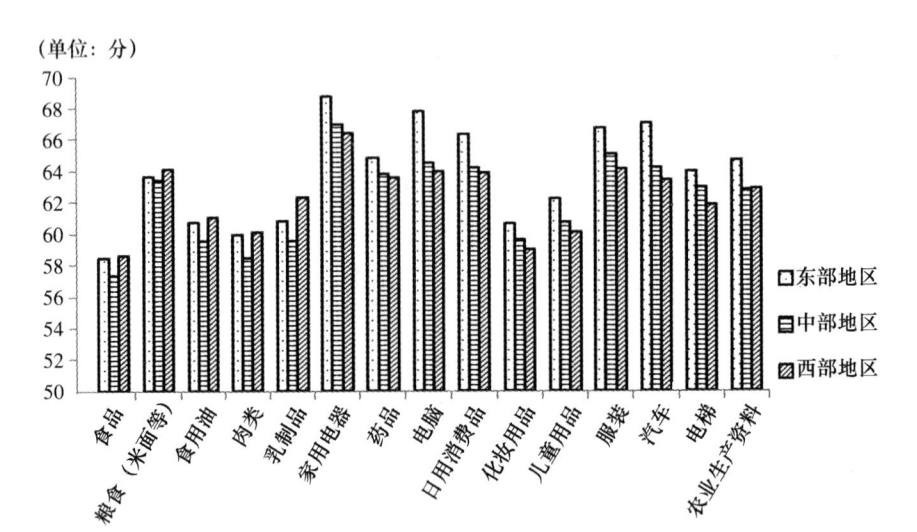

图 9-6 产品质量安全性评价的区域差异

（二）东部地区消费者对工程、环境的质量安全评价普遍高于中、西部

表 9-7　　　　工程、环境质量安全性评价的区域差异　　　　（单位：分）

观测指标	东部	中部	西部
本地区工程的总体安全性	61.88	59.71	60.15
自住住宅的总体安全性	67.40	64.86	64.41
本地区道路的总体安全性	64.33	62.36	62.11
本地区公共建筑（如办公楼、学校、医院等）的总体安全性	67.14	64.35	64.51
本地区环境的总体安全性	63.38	61.63	61.88

在具体工程、环境质量观测中，根据东部、中部、西部的地区差异，发现了工程和环境质量安全评价的差异。自住住宅的安全性评价区域差异明显，东部地区 67.40 分远高于中部和西部地区，这与经济发达程度密切相关。在环境上，东部地区居民对环境的安全性评价仍高于中部和西部地区；中部地区 61.63 分最低，中部崛起战略的实施既承接了产业梯度转移，也加重了环境的压力。

（三）东、中、西部地区消费者对服务质量的安全性评价依次递减

（单位：分）

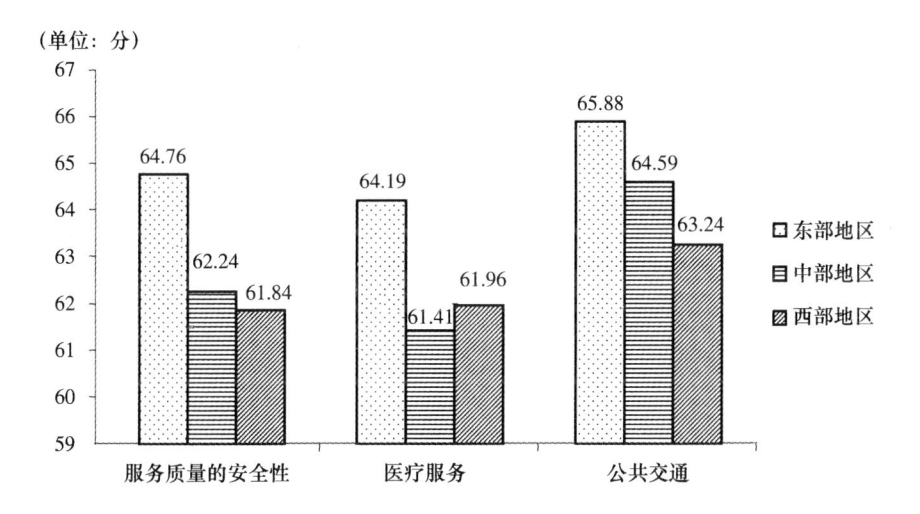

图 9-7　服务质量安全性评价的区域差异

在具体服务质量观测中，根据东部、中部、西部的地区差异，发现了服务质量安全评价的差异。公共交通服务质量安全性评价区域差异性明显，西部地区最低为 63.24 分；中部地区居中分值为 64.59 分；东部地区分值最高为 65.88 分；这反映了东、中、西部地区城市公共设施建设投入的差异。

三　回归分析

（一）产品质量安全性回归分析

表 9-8　　　　　　产品总体质量安全性回归结果（一）

被解释变量：产品的总体安全性				
解释变量	参数估计值	标准误	z 统计量	P 值
性别（男性 =0；女性 =1）	-0.1168	0.0274	-4.2700	0
年龄	0.0274	0.0162	1.6900	0.0920
居住地（城市 =0；农村 =1）	0.1031	0.0339	3.0400	0.0020
文化程度	-0.0032	0.0098	-0.3300	0.7390
家庭收入	0.0235	0.0095	2.4800	0.0130

表 9-9　　　　　　　　产品总体质量安全性回归结果（二）

被解释变量：产品的总体安全性				
解释变量	参数估计值	标准误	z 统计量	P 值
性别（男性 = 0；女性 = 1）	-0.1155	0.0272	-4.2500	0
年龄	0.0016	0.0130	0.1200	0.9040
居住地（城市 = 0；农村 = 1）	0.1115	0.0331	3.3700	0.0010
文化程度	0.0018	0.0096	0.1900	0.8480
家庭收入	0.1176	0.0247	4.7700	0
家庭收入的平方	-0.0094	0.0023	-4.0400	0

从表9-8、表9-9回归结果可以看到，消费者对产品的总体安全性评价受到性别、居住地、家庭收入的显著性影响，其中性别、居住地在1%的显著性水平上显著。与前文的统计性描述分析结果相似，在控制其他变量以后，产品总体安全评价在城乡之间仍然是显著为正的，农村消费者对产品的质量安全评价非常显著地高于城市消费者，这表明产品质量安全的城乡差别在逐渐消失。在加入家庭收入的平方项后，家庭收入对产品质量安全评价的影响显著性提高了，产品质量安全评价与收入之间的倒"U"型曲线关系显著。这表明在达到中产水平（家庭月平均收入约1万元）前，收入水平的提高会显著提升对产品质量安全的评价，这可能主要由于所消费产品品质的绝对提高；在收入水平处于相对中高水平后，收入的增加会导致产品质量安全的预期与实际感知的差距扩大。以下呈现了其他几个产品领域质量安全性的回归结果。

表9-10的回归结果表明，消费者对食品的总体安全评价受到性别、居住地和家庭收入的显著性影响。其中，性别的影响显著为负，即男性对食品质量安全的评价显著高于女性；城乡差别的影响显著为正，即农村居民对食品质量安全的信心比城市居民高；而家庭收入的效应显著为正。在控制其他变量后，年龄和文化程度不再显著。

表 9-10　　　　　　　　　　食品质量安全的回归结果

被解释变量：食品的总体安全性				
解释变量	参数估计值	标准误	z 统计量	P 值
性别（男性 =0；女性 =1）	-0.0562	0.0273	-2.0600	0.0400
年龄	0.0256	0.0162	1.5800	0.1140
居住地（城市 =0；农村 =1）	0.0901	0.0339	2.6600	0.0080
文化程度	0.0189	0.0098	1.9200	0.0550
家庭收入	0.1001	0.0250	4.0000	0

表 9-11　　　　　　　　　　粮食质量安全的回归结果

被解释变量：粮食（米面等）的总体安全性				
解释变量	参数估计值	标准误	z 统计量	P 值
性别（男性 =0；女性 =1）	-0.0843	0.0273	-3.0800	0.0020
年龄	0.0117	0.0162	0.7200	0.4720
居住地（城市 =0；农村 =1）	0.1088	0.0338	3.2100	0.0010
文化程度	0.0236	0.0098	2.4200	0.0160
家庭总人口	0.0257	0.0110	2.3400	0.0190
家庭收入	0.0115	0.0095	1.2200	0.2230

表 9-11 的回归结果表明，对于粮食的质量安全性评价而言，性别、居住地和家庭总人口是显著的。农村居民对粮食的安全性评价显著高于城市居民，显然农村居民对自产的粮食产品的安全还是很有信心的。而家庭总人口对粮食安全性评价的影响显著为正，大家庭的成员对粮食安全的关注更高，这与中国长期的家庭共食习惯有关。在控制其他变量以后，年龄、文化程度和家庭收入对粮食安全性评价不再显著。

表 9-12 的回归结果表明，对于肉类的质量安全性评价而言，仅有性别和居住地是显著的。男性的评价依然比女性低，农村居民的评价依然比城市高。年龄、文化程度、家庭收入在控制其他相关变量后不再显著。

表 9-12　　　　　　　　　肉类质量安全的回归结果

被解释变量：肉类的总体安全性				
解释变量	参数估计值	标准误	z统计量	P值
性别（男性=0；女性=1）	-0.1245	0.0272	-4.5800	0
年龄	0.0039	0.0130	0.3000	0.7610
居住地（城市=0；农村=1）	0.0977	0.0330	2.9600	0.0030
文化程度	0.0099	0.0095	1.0400	0.3000
家庭收入	0.0041	0.0067	0.6100	0.5420

表 9-13　　　　　　　　　药品质量安全的回归结果

被解释变量：药品的总体安全性				
解释变量	参数估计值	标准误	z统计量	P值
性别（男性=0；女性=1）	-0.0516	0.0272	-1.9000	0.0570
年龄	-0.0231	0.0130	-1.7800	0.0750
居住地（城市=0；农村=1）	0.0191	0.0330	0.5800	0.5620
文化程度	0.0014	0.0095	0.1500	0.8830
家庭收入	0.0137	0.0067	2.0600	0.0390

药品安全一直是消费者非常关注的领域，从表 9-13 的回归结果来看，仅有家庭收入是显著的，对药品安全的评价随着收入的增加而提高，我国药品市场真假优劣混乱难辨，低收入者对药品的基本安全需求程度低。

表 9-14　　　　　　　　　化妆用品质量安全的回归结果

被解释变量：化妆用品的总体安全性				
解释变量	参数估计值	标准误	z统计量	P值
性别（男性=0；女性=1）	-0.0425	0.0272	-1.5600	0.1180
年龄	-0.0273	0.0130	-2.1100	0.0350
居住地（城市=0；农村=1）	-0.0739	0.0330	-2.2400	0.0250
文化程度	-0.0070	0.0095	-0.7400	0.4610
家庭收入	0.0130	0.0067	1.9500	0.0510

对于化妆用品质量安全评价的回归结果表明，除年龄和居住地两个变量以外，其他性别、文化程度和家庭收入变量对化妆用品的安全评价都不显著。在控制其他变量之后，城市消费者对化妆用品的安全评价显著高于农村，而收入的影响不显著，这表明化妆用品的供应在城乡之间存在着显著差异，需要对农村地区化妆用品的质量安全尤其是假货的安全问题引起重视。另外，年龄对化妆用品的安全性评价的影响显著为负，这可能是由于随着年龄的增长对化妆用品的安全知识了解更多，引起预期和实际感知之间的差异。

（二）服务质量安全性回归分析

表 9-15　　　　　　　　服务总体质量安全性的回归结果

被解释变量：服务质量的总体安全性				
解释变量	参数估计值	标准误	z 统计量	P 值
性别（男性=0；女性=1）	-0.0225	0.0272	-0.8300	0.4080
年龄	0.0042	0.0130	0.3200	0.7480
居住地（城市=0；农村=1）	-0.0563	0.0330	-1.7000	0.0890
文化程度	0.0234	0.0096	2.4400	0.0150
家庭收入	0.0252	0.0095	2.6700	0.0080

表 9-15 表明，消费者对于服务质量的总体安全性评价受到文化程度和家庭收入的显著影响。随着家庭收入的增加，服务性消费造成安全伤害的可能性越低，对服务质量的安全性评价越高。而在收入导致的这种效应存在的情况下，文化程度对服务质量的总体安全性依然显著为正，低学历的消费者对服务质量的安全性评价比高学历的消费者更高，显然是由于低学历消费者对服务消费过程中造成的质量安全问题不敏感，或容忍度更高。

表 9-16 的回归结果表明，就医疗服务安全性评价而言，仅有家庭收入是显著的，正如前文对药品安全性的分析一样，随着收入水平的增加，能选择更多更全面的医疗服务项目，居民对医疗服务质量的安全性评价提高，无论是城市和农村，低收入者更容易受到医疗服务质量伤害的威胁，因此公共医疗服务的质量需要加强。

表 9-16　　　　　　　　医疗服务质量安全性的回归结果

被解释变量：医疗服务质量的总体安全性				
解释变量	参数估计值	标准误	z统计量	P值
性别（男性=0；女性=1）	-0.0157	0.0272	-0.5800	0.5620
年龄	-0.0072	0.0129	-0.5600	0.5780
居住地（城市=0；农村=1）	0.0521	0.0330	1.5800	0.1140
文化程度	0.0137	0.0095	1.4400	0.1500
家庭收入	0.0189	0.0067	2.8300	0.0050

表 9-17　　　　　　　公共交通服务质量安全性的回归结果

被解释变量：公共交通服务的总体安全性				
解释变量	参数估计值	标准误	z统计量	P值
性别（男性=0；女性=1）	-0.0055	0.0272	-0.2000	0.8380
年龄	0.0403	0.0130	3.1000	0.0020
居住地（城市=0；农村=1）	-0.0051	0.0330	-0.1600	0.8770
文化程度	0.0123	0.0095	1.2900	0.1980
家庭收入	0.0212	0.0067	3.1800	0.0010

表9-17的回归结果表明，就公共交通的安全性评价而言，除了年龄和家庭收入两个变量以外，其他的性别、居住地和文化程度变量的影响都不显著，表明其公共服务的特征。年龄对公共交通服务的安全性评价显著为正，随着年龄的增长，对公共交通的安全性评价越高，相较于年轻人，老年人更少地购买公共交通服务，并对公共交通的安全问题容忍度更高。

（三）工程质量安全性回归分析

表9-18的回归结果表明，居民对于工程质量的总体安全性评价受到性别和家庭收入的显著影响，其中家庭收入在1%的显著性水平上显著，相对于产品安全性评价而言受到其他个体特征变量的影响程度较小。表9-19的回归结果表明，在对自住住宅的安全性评价上，城乡区别非常显著，农村居民对自住住宅的安全性评价显著高于城市居民，农村集体土地

自建房的质量安全受到农村居民的肯定，而城市居民对购买的商品房的安全性持有怀疑。另外，家庭收入的影响也很明显。

表 9-18　　　　　　　　工程总体质量安全性的回归结果

被解释变量：工程的总体安全性				
解释变量	参数估计值	标准误	z 统计量	P 值
性别（男性 = 0；女性 = 1）	-0.0555	0.0272	-2.0400	0.0410
年龄	-0.0035	0.0130	-0.2700	0.7890
居住地（城市 = 0；农村 = 1）	0.0259	0.0330	0.7800	0.4330
文化程度	-0.0059	0.0095	-0.6200	0.5370
家庭收入	0.0321	0.0067	4.8200	0

表 9-19　　　　　　　　自住住宅质量安全性的回归结果

被解释变量：自住住宅的总体安全性				
解释变量	参数估计值	标准误	z 统计量	P 值
性别（男性 = 0；女性 = 1）	-0.0506	0.0272	-1.8600	0.0620
年龄	0.0061	0.0130	0.4700	0.6390
居住地（城市 = 0；农村 = 1）	0.1603	0.0330	4.8500	0
文化程度	0.0087	0.0095	0.9100	0.3620
家庭收入	0.0441	0.0067	6.6100	0

表 9-20　　　　　　　　公共建筑质量安全性的回归结果

被解释变量：公共建筑的总体安全性				
解释变量	参数估计值	标准误	z 统计量	P 值
性别（男性 = 0；女性 = 1）	-0.0471	0.0272	-1.7300	0.0830
年龄	0.0011	0.0130	0.0900	0.9320
居住地（城市 = 0；农村 = 1）	-0.0058	0.0330	-0.1800	0.8600
文化程度	0.0012	0.0095	0.1200	0.9010
家庭收入	0.0380	0.0067	5.6900	0

(四) 环境质量安全性回归分析

表 9-21　　　　　　　　　环境总体质量安全性的回归结果

被解释变量：环境的总体安全性				
解释变量	参数估计值	标准误	z 统计量	P 值
性别（男性=0；女性=1）	-0.0159	0.0271	-0.5900	0.5580
年龄	-0.0031	0.0130	-0.2400	0.8090
居住地（城市=0；农村=1）	-0.0224	0.0329	-0.6800	0.4960
文化程度	0.0066	0.0095	0.7000	0.4860
家庭收入	0.0239	0.0067	3.6000	0

消费者对环境质量的总体安全性评价仅受到家庭收入的显著影响。环境的安全性更多地具有公共性，其他个体特征变量对其影响非常小，城乡区别在环境安全性上同样不显著。收入水平对环境安全性评价具有显著的正向影响，收入水平越高，对环境的安全性评价越高，高收入者面对环境污染有更多的选择（比如度假、买环境更好的房子等），所以相比低收入者表现出更大的容忍。

第十章 维度二：质量满意度的统计分析

一 不同人群的结构分析

（一）总体质量满意度在年龄上成"J"型分布

（单位：分）

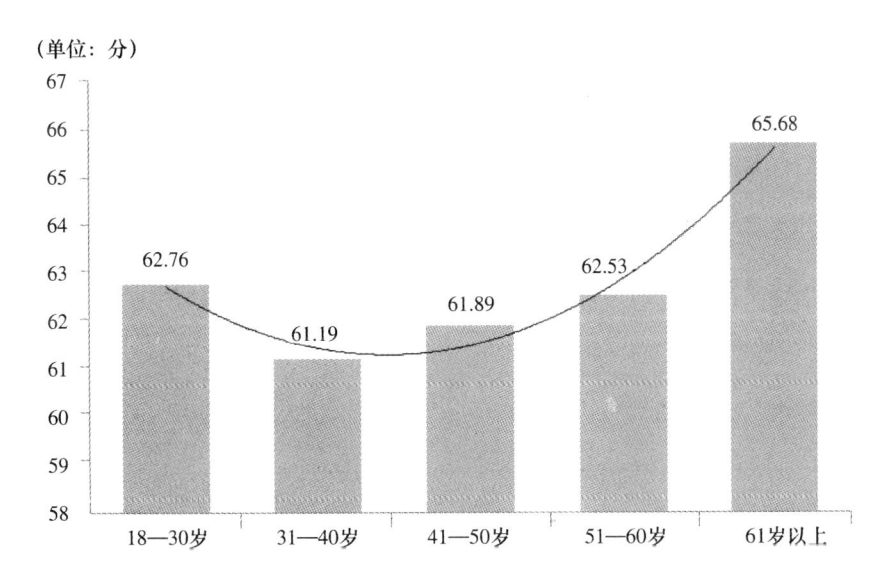

图 10-1 总体质量满意度和年龄分布

消费者对总体质量的满意度随着年龄的增长呈现"J"型分布。满意度同个人的期望水平存在紧密的关系。18—30 岁的人群中有很大一部分属于学生，涉世未深，生活压力相对小，故期望低，对质量的满意度高。31—50 岁的人群在生活和工作上均面临较大的压力，对产品、服务、工程、环境等的接触较多，期望较高，对质量的满意度最低。51—60 岁的人群工作进入成熟期，生活上子女已经自立，压力有所减小，对质量的满意度较31—50岁的人群有所提升。61岁以上的人群由于已经退休，生活的压力很小，且由于阅历丰富，宽容度较高，对质量的期望水平较低，质量满意度最高。

（二）未婚人群比已婚人群对产品质量满意度评价普遍更高

表10-1　　已婚、未婚消费者的产品质量满意度得分对比　　（单位：分）

观测指标	已婚	未婚	已婚－未婚
本地区产品质量的总体满意度	59.97	61.22	－1.25
本地区食品质量的总体满意度	58.56	60.14	－1.58
本地区粮食（米面等）质量的总体满意度	63.12	64.24	－1.12
本地区食用油质量的总体满意度	59.63	60.48	－0.85
本地区肉类质量的总体满意度	58.82	60.18	－1.36
本地区乳制品质量的总体满意度	60.69	62.23	－1.54
本地区家用电器质量的总体满意度	67.20	68.32	－1.12
本地区药品质量的总体满意度	61.43	63.55	－2.12
本地区移动电话质量的总体满意度	63.96	64.73	－0.77
本地区电脑质量的总体满意度	65.22	67.04	－1.82
本地区日用消费品质量的总体满意度	64.19	66.37	－2.18
本地区化妆用品质量的总体满意度	58.96	61.14	－2.18
本地区儿童用品质量的总体满意度	60.44	62.89	－2.45
本地区服装质量的总体满意度	64.52	66.68	－2.16
本地区汽车质量的总体满意度	64.80	66.09	－1.29
本地区电梯质量的总体满意度	62.56	64.12	－1.56
本地区农业生产资料质量的总体满意度	63.10	64.63	－1.53

(单位：分)

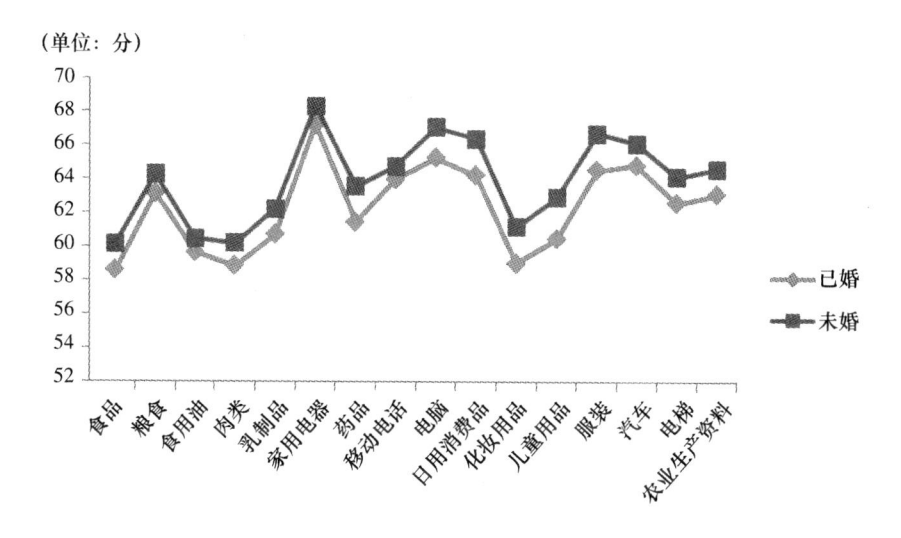

图 10-2 已婚、未婚消费者的产品质量满意度得分对比

已婚消费者和未婚消费者对 16 类产品的评价呈现相同的趋势，但已婚消费者对产品的质量满意度均低于未婚消费者，二者对家用电器的满意度均最高，对食品的满意度均最低，二者对儿童用品的评价差距最大，对移动电话的评价差距最小。已婚消费者同未婚消费者相比，生活重心由"个人"向"家庭"转变，对产品的质量更加敏感，二者的朋友圈也有很大的不同，已婚消费者的已婚朋友多于未婚消费者，因而分享更多的产品信息，对产品质量的期望更高，对产品质量的满意度更低。

（三）环境质量满意度的城乡二元化结构明显

表 10-2 城市、农村消费者的环境质量满意度得分对比 （单位：分）

观测指标	城市	农村	城市－农村
本地区水资源环境质量的总体满意度	59.74	60.21	-0.47
本地区空气环境质量的总体满意度	57.67	60.36	-2.69
本地区植被环境质量的总体满意度	60.63	62.08	-1.45
本地区声环境质量的总体满意度	57.95	60.36	-2.41
本地区土壤质量的总体满意度	60.01	61.49	-1.48

(单位：分)

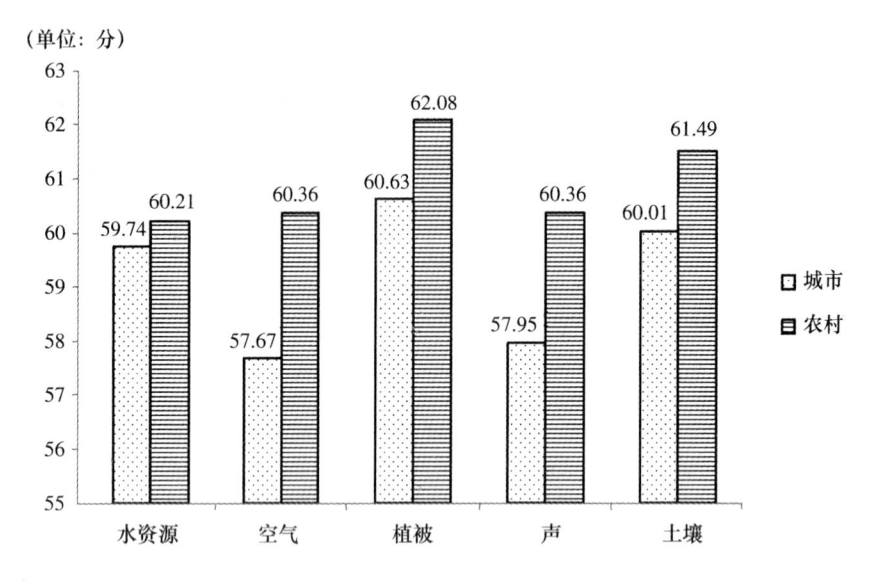

图 10-3　城市、农村消费者的环境质量满意度得分对比

该评价结果清晰地表明我国环境污染问题在城市已较为严重，农村消费者对环境质量的评价均高于城市消费者，二者对空气质量满意度差距最大，对水资源质量满意度差距最小。在空气质量方面，城市的工业和交通运输业更加发达，大量生活炉灶和采暖锅炉需要消耗煤炭，造成更多的空气污染，因而城市消费者对空气质量的满意度最低，和农村消费者相比，该项差距最大。造成声污染的原因主要有交通噪音、工业噪音和生活噪音，城市消费者对声环境的质量满意度也很低，和农村也存在较大的差距。

（四）农村服务质量满意度较城市有大幅提高

表 10-3　　2014 年城市消费者、农村消费者的服务质量
满意度得分对比　　　　　　　　　（单位：分）

观测指标	城市	农村	城市－农村
本地区服务质量的总体满意度	62.78	62.13	0.65
本地区教育服务质量的总体满意度	63.61	64.08	-0.47
本地区医疗服务质量的总体满意度	61.84	63.28	-1.44
本地区公共交通服务质量的总体满意度	63.46	64.01	-0.55
本地区物业服务质量的总体满意度	60.58	60.47	0.11
本地区通信服务质量的总体满意度	63.60	64.57	-0.97
本地区互联网服务质量的总体满意度	64.25	63.67	0.58
本地区金融服务服务质量的总体满意度	63.75	63.29	0.46

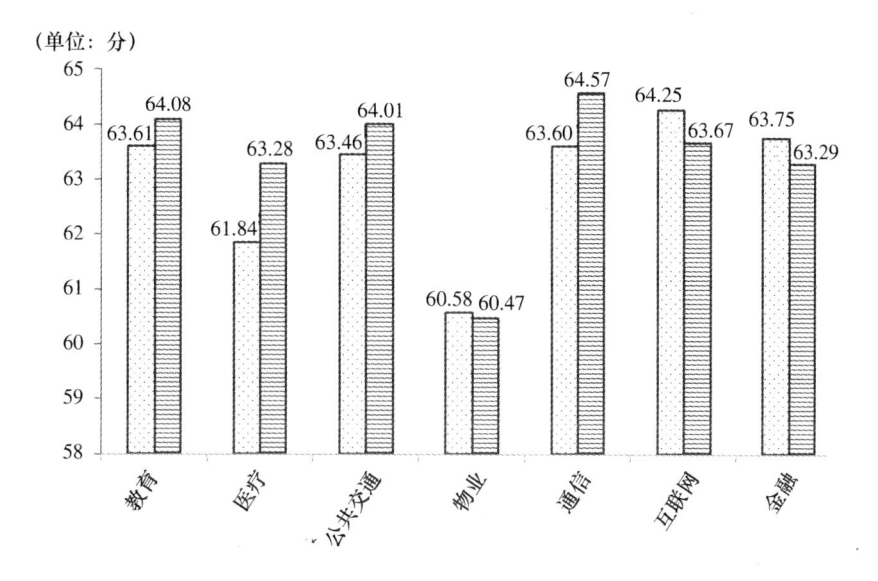

图 10-4　城市消费者、农村消费者 2013 年和 2014 年
服务质量满意度差距对比

2013 年,城市消费者的服务质量满意度均高于农村消费者。2014 年,农村消费者服务质量的满意度得到显著的提高,教育服务、医疗服务、公共交通服务、通讯服务的满意度均超过了城市消费者。两年城乡差距最大的为医疗服务,说明农村医疗服务得到很大的改善,农村消费者对医疗服务的评价甚至高于城市消费者。两年间城乡的公共交通服务和通信服务的差距也较大。城市的物业服务、互联网服务、金融服务还是优于农村的。

(五) 农村自住住宅质量满意度高于城市

表 10-4　　城市消费者、农村消费者的工程质量满意度得分对比　　(单位:分)

观测指标	城市	农村	城市 - 农村
本地区工程质量的总体满意度	61.12	60.99	0.13
自住住宅的质量总体满意度	64.93	66.26	-1.33
本地区道路的质量总体满意度	62.35	61.14	1.21
本地区公共建筑的质量总体满意度	65.43	64.83	0.60

(单位：分)

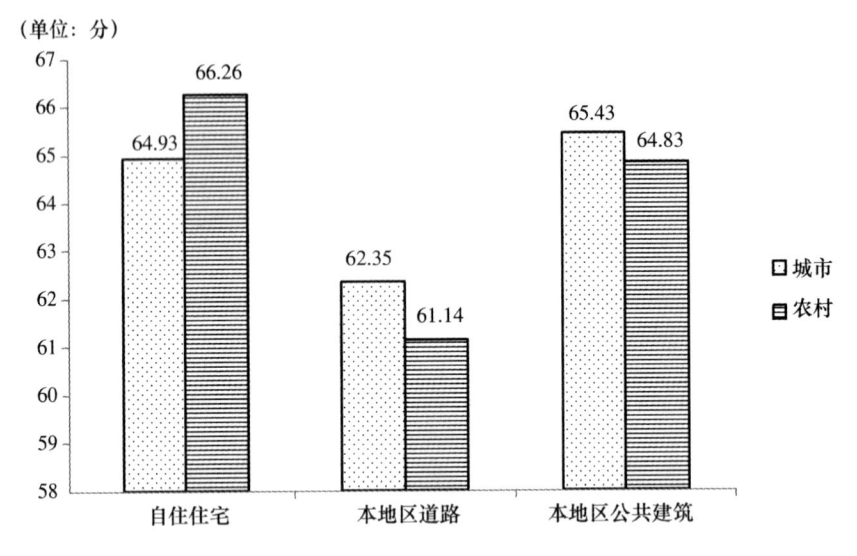

图 10-5　城市消费者、农村消费者的工程质量满意度得分对比

农村消费者对工程质量总体满意度低于城市消费者，说明农村生活中的工程项目质量落后于城市，农村居民对工程项目和基础设施不够满意。二者差距最大的是道路质量满意度，农村的道路建设水平远远低于城市，农村道路的质量水平还有很大的提升空间。农村消费者对公共建筑质量的满意度也低于城市，农村的公共建筑少，不够完善，不能很好地满足消费者的需求。但是农村消费者对自住住宅质量的满意度高于城市消费者。

二　区域结构分析

（一）东部地区质量满意度总体得分高于中、西部地区

图 10-6 显示，总体质量满意度得分东部地区明显高于中、西部地区，依次为东部地区 63.47 分、中部地区 61.90 分、西部地区 62.01 分。总体质量满意度分为产品质量满意度、服务质量满意度、工程质量满意度和环境质量满意度，除环境质量满意度西部地区得分以 0.04 分略高于东部地区，其他三个维度均以东部得分最高，如表 10-5 所示。

图 10-7 所呈现出的 2014 年质量满意度各观测指标得分的区域差异，可以看出东、中、西部地区服务和工程质量满意度依次递减，西部地区在环境质量满意度中得分最高；而产品质量满意度方面，东部地区得分全面

高于中、西部地区。

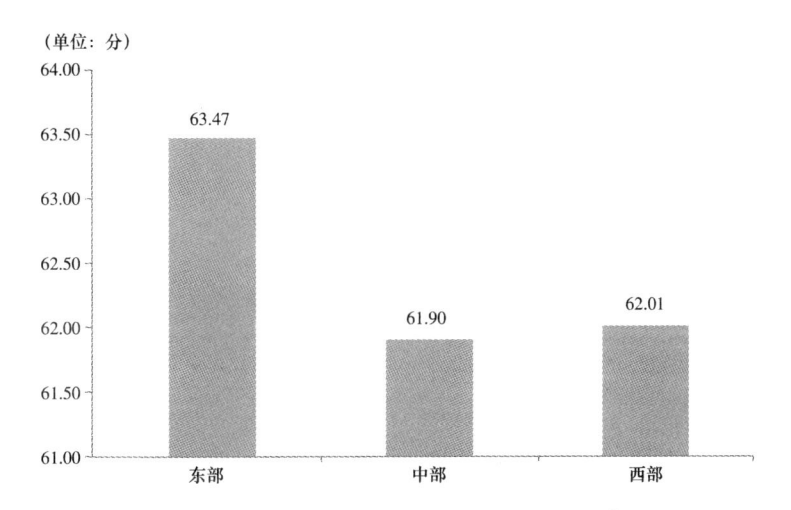

图 10-6　2014 年质量满意度总体得分的区域差异

表 10-5　2014 年质量满意度各观测指标得分的区域差异　（单位：分）

观测指标	东部	中部	西部
产品质量的总体满意度	61.32	59.80	60.22
服务质量的总体满意度	64.38	61.54	61.13
工程质量的总体满意度	62.60	60.50	59.92
环境质量的总体满意度	62.02	61.12	62.06

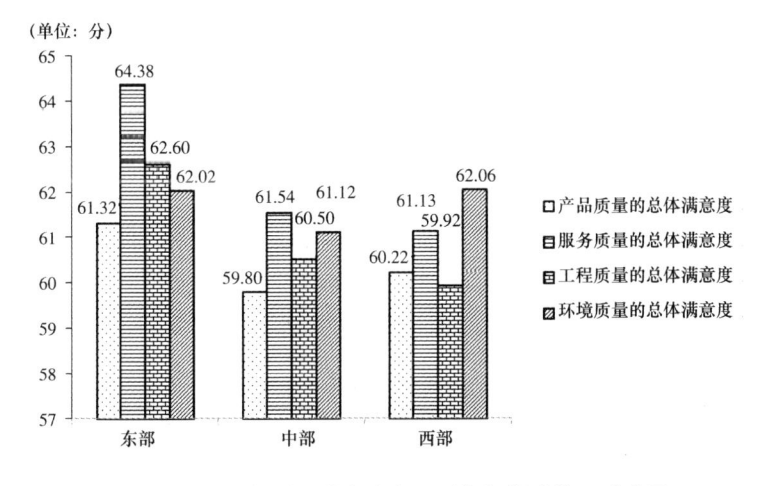

图 10-7　2014 年质量满意度各观测指标得分的区域差异

（二）东部地区产品质量满意度全面高于中、西部地区

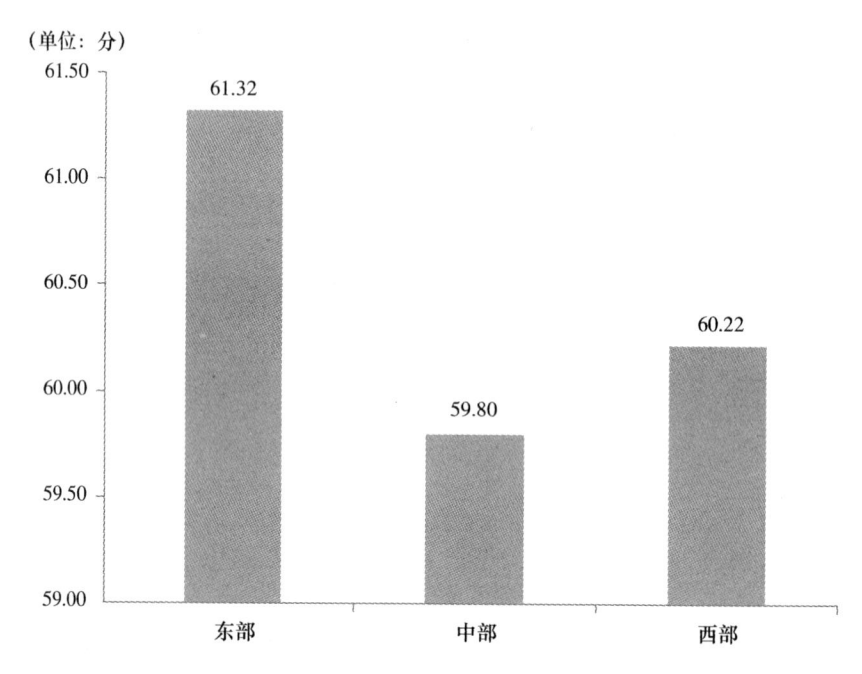

图 10-8　产品质量满意度总体得分的区域差异

东部：61.32　中部：59.80　西部：60.22　（单位：分）

表 10-6　　产品质量满意度指数的区域差异　　（单位：分）

观测指标	东部	中部	西部
本地区食品质量的总体满意度	59.60	58.97	59.65
本地区粮食（米面等）质量的总体满意度	63.81	63.74	64.05
本地区食用油质量的总体满意度	60.80	58.68	60.63
本地区肉类质量的总体满意度	60.24	59.23	60.03
本地区乳制品质量的总体满意度	61.31	60.01	62.44
本地区家用电器质量的总体满意度	68.49	67.05	66.83
本地区药品质量的总体满意度	63.34	61.61	61.38
本地区移动电话质量的总体满意度	65.71	63.27	63.33
本地区电脑质量的总体满意度	68.13	64.95	64.07
本地区日用消费品质量的总体满意度	66.32	64.51	64.16
本地区化妆用品质量的总体满意度	60.82	59.16	59.77

续表

观测指标	东部	中部	西部
本地区儿童用品质量的总体满意度	62.37	60.71	60.78
本地区服装质量的总体满意度	66.60	65.12	64.21
本地区汽车质量的总体满意度	66.89	64.60	63.99
本地区电梯质量的总体满意度	64.14	63.19	61.98
本地区农业生产资料质量的总体满意度	64.77	62.87	63.37

在具体产品质量满意度观测中，根据东部、中部、西部的地区差异，发现服务质量满意度和产品质量满意度得分的差异。尽管东部地区产品质量满意度全面高于中、西部地区，但是从表10-6中可以看到，食品、粮食、食用油、乳制品质量满意度的评价中，西部地区得分高于东部地区。根据马斯洛需要层次理论，生理需要是人类最基本的需要，而食品类产品正是用于满足人类生存需要的，东部地区质量竞争更为激烈，消费者对满足基本需要的食品类产品质量要求更高，而西部地区消费者由于收入较低，对基本需要的满足仅限于温饱，对食品类产品质量期望值较低，比起东部地区消费者，更容易得到满足。而其他的产品，诸如家用电器、电话、电脑、服装、汽车等用于改善人们生活水平的产品，东部地区满意度都明显高于中、西部地区。这说明东部地区经济发展快和对外开放程度高，使得这些产品市场竞争更为充分，从而产品的质量和多样化更能满足消费者需求，提高消费者的满意度。

（二）东、中、西部地区服务和工程质量满意度依次递减

图10-10和图10-11分别呈现了2013年和2014年的服务质量满意度和工程质量满意度总体得分的区域差异，两个年度的区域差异趋势一致，都是从东部到中部到西部地区依次递减。2014年，服务质量满意度总体得分从东部（64.38分）、中部（61.54分）、西部（61.13分）依次递减，而工程质量满意度东、中、西部地区得分分别为62.60分、60.50分和59.92分。但2014年满意度普遍降低，反映了服务和工程质量的发展与消费者对质量的消费需求的发展之间的差距。

(单位：分)

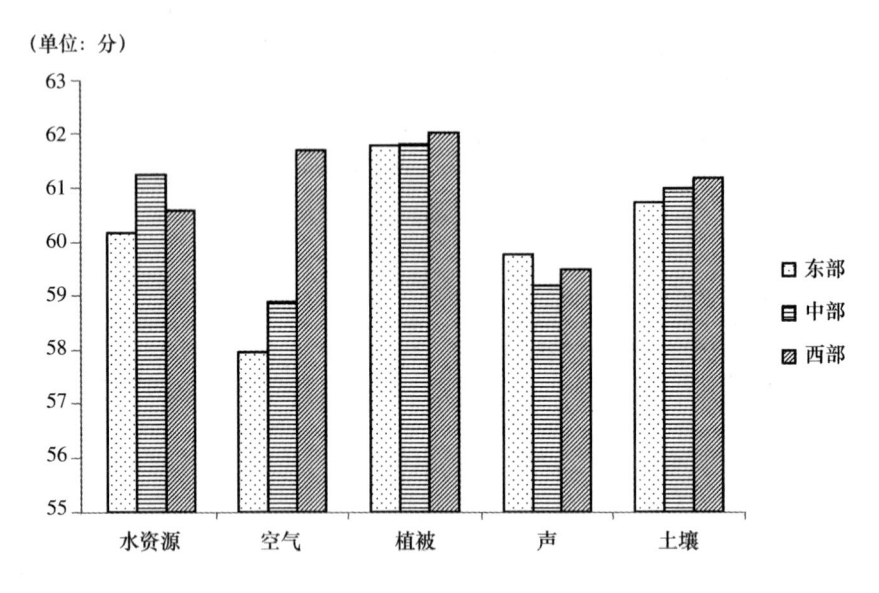

图 10-9　产品质量满意度得分区域差异

(单位：分)

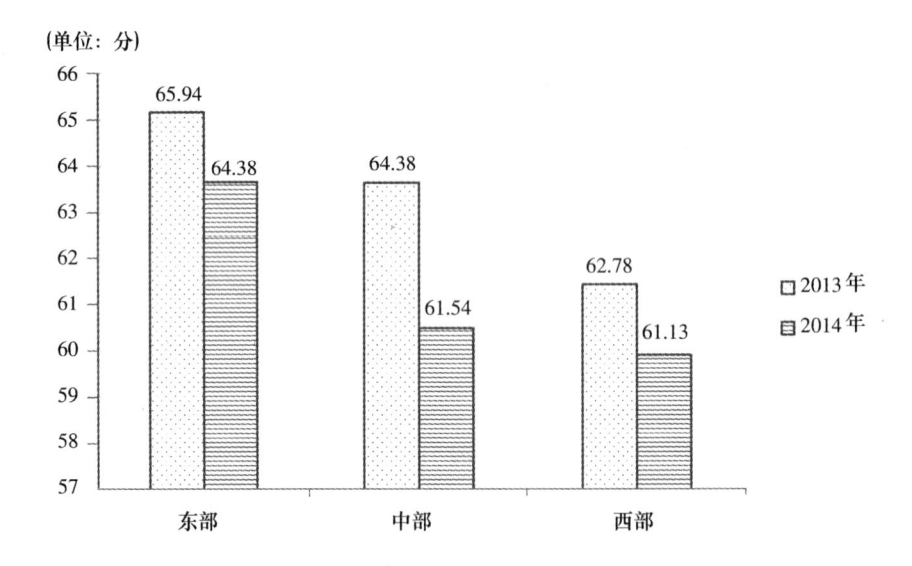

图 10-10　2013 年和 2014 年服务质量满意度总体得分的区域差异

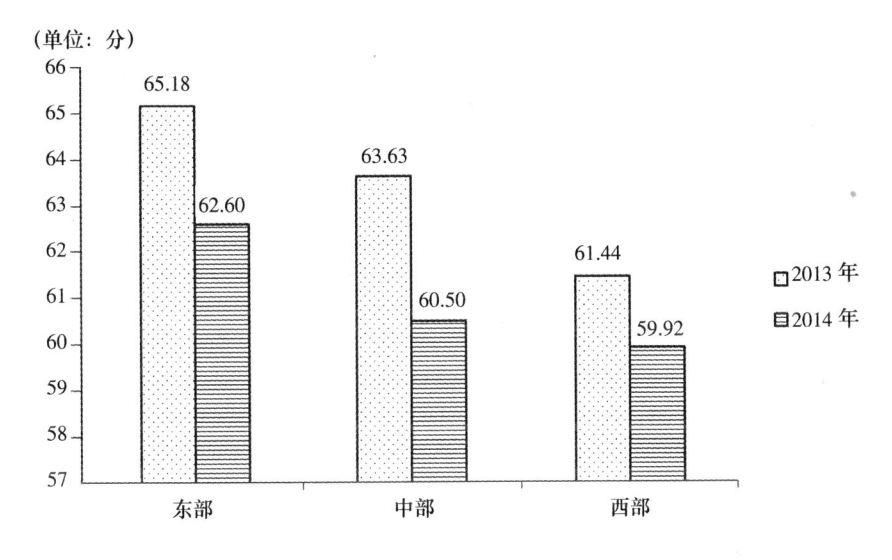

图 10-11　2013 年和 2014 年工程质量满意度总体得分的区域差异

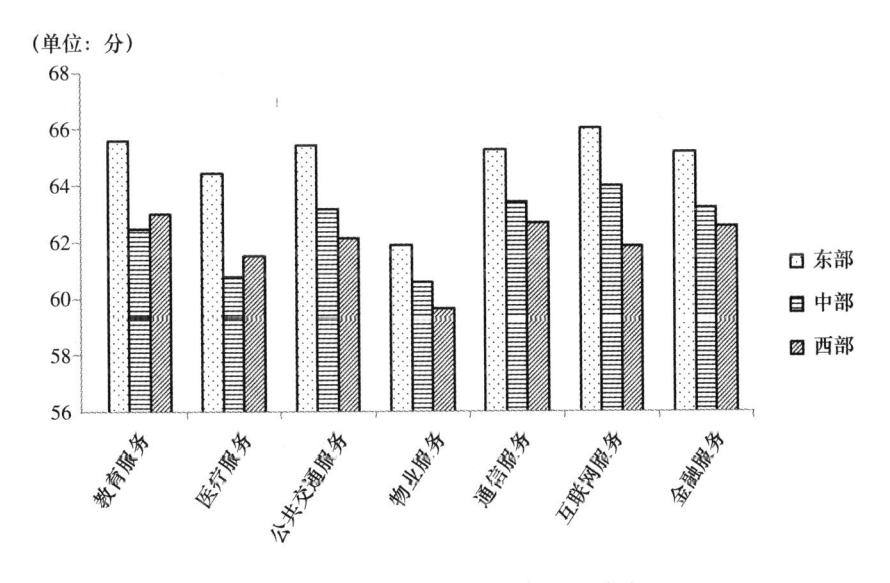

图 10-12　服务质量满意度得分区域差异

如图 10-12 所示，在具体服务质量满意度观测中，根据西部、中部、东部的地区差异，发现了服务质量满意度得分的差异。公共交通、物业、通信、互联网、金融服务质量满意度从东部到西部依次递减，区域差异明显，并体现了市场竞争程度与质量满意度的正相关关系。而教育、医疗服务质量满意度，中部地区略低于西部地区，体现了西部地区教育与医疗服务的改善，而中部地区在大力发展经济的同时，相应的教育与医疗服务却相对滞后。

如图10-13所示，在具体工程质量满意度观测中，根据西部、中部、东部的地区差异，发现了工程质量满意度得分的差异。自住住宅、道路和公共建筑的质量满意度东部地区远高于中、西部地区，而中、西部地区满意度之间的差异不大。东部地区城市化、市场化程度高，政府对于城市道路等基础设施的投入相对更高，房地产市场竞争也更加充分，更能满足消费者需求，因而东部地区住宅、道路、公共建筑的质量满意度呈现出偏高的趋势。

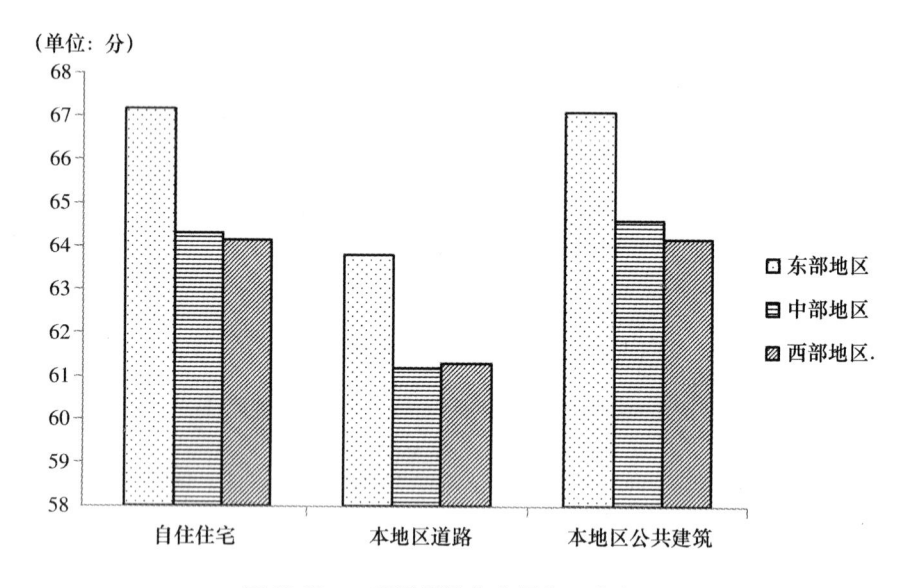

图10-13 工程质量满意度得分区域差异

（四）中部地区环境质量满意度评价较低

东、中、西部地区的环境质量满意度总体上呈现出西部地区最高（62.06分）、东部地区其次（62.02分）、中部地区最后（61.12分）的特征，如图10-14所示。

图10-15呈现了环境质量的五个具体指标的满意度得分。在具体的环境质量满意度方面，指标得分与总体特征存在一定差别，中部地区的水资源质量满意度高于东、西部地区，与中部地区水资源更丰富、水利枢纽的兴建相一致。空气质量满意度的评价中，区域差异最突出。西部地区空气质量满意度最高，分值为61.69分，中部、东部地区分别为58.89分和

57.95 分。空气的霾污染自 2013 年以来，由主要集中于北京、河北、浙江等东部沿海发达地区，扩散到中部地区，东、中部消费者对环境质量的关注度不断提升的同时，满意度也在不断下降。

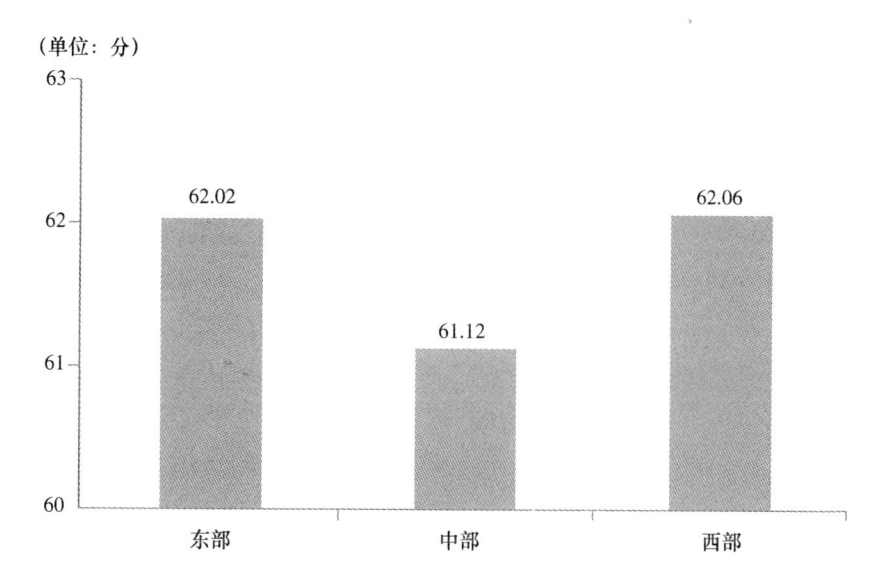

图 10-14 环境质量满意度总体得分的区域差异

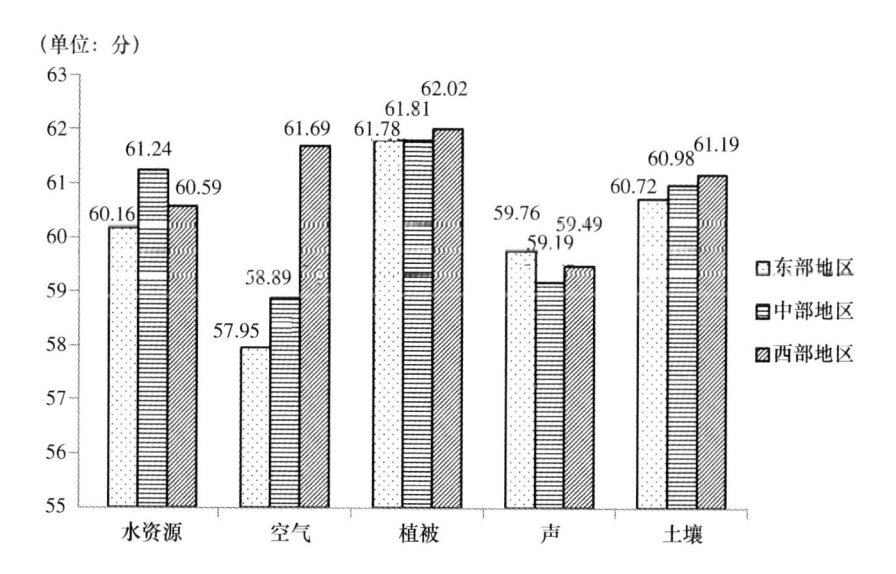

图 10-15 环境质量满意度得分区域差异

三 回归分析

对于质量满意度的回归分析选取了产品、工程、服务以及环境四个领域的总体满意度评价,在模型设定上,考虑到满意度二次曲线型关系,本部分的回归中加入了家庭收入的二次方,以检验倒"U"型曲线关系的存在性。

(一) 性别、居住地和收入因素显著影响质量满意度

表 10-7　　　　　　　　　产品总体满意度回归结果

被解释变量:产品质量的总体满意度				
解释变量	参数估计值	标准误差	z 统计量	P 值
性别(男性=0;女性=1)	-0.0991	0.0272	-3.6400	0
年龄	-0.0111	0.0130	-0.8500	0.3940
居住地(城市=0;农村=1)	0.1330	0.0331	4.0200	0
文化程度	0.0013	0.0096	0.1300	0.8940
家庭收入	0.1169	0.0247	4.7400	0
家庭收入平方	-0.0093	0.0023	-3.9700	0

表 10-7 的回归结果表明,在产品质量满意度方面,性别、居住地和收入的效应是显著的,并且收入与产品质量总体满意度之间的倒"U"型曲线关系是非常显著的,即产品质量的满意度一开始会随着收入的增长而增长,而到了一定阶段以后会随着收入的增长而下降。对于产品质量满意度的这种倒"U"型曲线,可能的解释是:收入较低的群体,其对产品质量的要求相对较低,并且随着收入的增长可以选择更高质量、更多元化的产品以满足自己日益增长的消费需求,如用橄榄油替代一般食用油、设计更时尚的服装等;而收入较高的群体对产品多元化和质量的需求日益增长,因而产生了较高的预期,而产品性能和质量在某一时期内能满足的需求是一定的,不再随着收入的增长而有满意改善的效应,如购置市面上性能最全、质量最好或价格最贵的移动电话,更高的收入已无法买到更高质量的产品,从而满意度呈下降趋势。

表 10-8　　　　　　　　　肉类质量满意度回归结果

被解释变量：肉类质量的总体满意度				
解释变量	参数估计值	标准误	z 统计量	P 值
性别（男性 =0；女性 =1）	-0.0990	0.0271	-3.6500	0
年龄	0.0065	0.0129	0.5000	0.6160
居住地（城市 =0；农村 =1）	0.1071	0.0330	3.2400	0
文化程度	0.0204	0.0096	2.1300	0.0330
家庭收入	0.0891	0.0246	3.6200	0
家庭收入平方	-0.0081	0.0023	-3.5000	0

表 10-9　　　　　　　　移动电话质量满意度回归结果

被解释变量：移动电话质量的总体满意度				
解释变量	参数估计值	标准误	z 统计量	P 值
性别（男性 =0；女性 =1）	0.0180	0.0272	0.6600	0.5060
年龄	-0.0004	0.0130	-0.0300	0.9770
居住地（城市 =0；农村 =1）	0.0720	0.0331	2.1800	0.0300
文化程度	0.0133	0.0096	1.3900	0.1660
家庭收入	0.1185	0.0246	4.8100	0
家庭收入平方	-0.0093	0.0023	-4.0100	0

表 10-10　　　　　　　　化妆用品质量满意度回归结果

被解释变量：化妆用品质量的总体满意度				
解释变量	参数估计值	标准误	z 统计量	P 值
性别（男性 =0；女性 =1）	0.0090	0.0272	0.3300	0.7410
年龄	-0.0334	0.0130	-2.5800	0.0100
居住地（城市 =0；农村 =1）	-0.0681	0.0331	-2.0600	0.0400
文化程度	0.0065	0.0096	0.6800	0.4980
家庭收入	0.0797	0.0246	3.2300	0.0010
家庭收入平方	-0.0063	0.0023	-2.7100	0.0070

表 10-11　　　　　　　　农业生产资料质量满意度回归结果

被解释变量：农业生产资料质量的总体满意度				
解释变量	参数估计值	标准误	z统计量	P值
性别（男性=0；女性=1）	-0.0928	0.0273	-3.4100	0.0010
年龄	-0.0390	0.0130	-3.0000	0.0030
居住地（城市=0；农村=1）	0.0732	0.0332	2.2100	0.0270
文化程度	0.0314	0.0096	3.2600	0.0010
家庭收入	0.0833	0.0247	3.3700	0.0010
家庭收入平方	-0.0063	0.0023	-2.7000	0.0070

城乡对于产品质量满意度的效应显著为正，城市相对而言可能对于产品质量的总体预期较低。在控制其他变量以后，城市与农村的产品质量满意度差异显著，表明城乡之间的产品质量二元结构显著。如表10-8至表10-11的回归结果所示，在控制其他个体特征变量以后，在肉类、移动电话和农业生产资料方面，农村居民的满意度显著地高于城市居民，而在化妆用品方面，城市居民满意度显著高于农村居民。满意度反映的是消费者预期与实际感知的差距，城市居民对肉类、移动电话、农业生产资料预期高于农村居民，导致与实际感知间差距较大，满意度较低。

（二）家庭收入显著影响服务质量的总体满意度

表 10-12　　　　　　　　服务总体满意度回归结果

被解释变量：服务质量的总体满意度				
解释变量	参数估计值	标准误	z统计量	P值
性别（男性=0；女性=1）	-0.0227	0.0272	-0.8300	0.4040
年龄	0.0131	0.0130	1.0100	0.3120
居住地（城市=0；农村=1）	-0.0227	0.0331	-0.6900	0.4920
文化程度	0.0137	0.0096	1.4300	0.1530
家庭收入	0.0750	0.0247	3.0400	0.0020
家庭收入平方	-0.0048	0.0023	-2.0500	0.0410

对服务质量满意度的回归结果表明，性别、年龄、居住地、文化程度与服务质量满意度之间线性关系不显著，而服务质量满意度与收入之间的倒"U"型曲线关系显著。即收入较低的人群，对服务质量要求较低，随着收入的增长，有能力体验更高质量的服务，而服务本身的发展速度滞后与进一步的收入增长，导致收入达到一定程度后，对于服务质量满意度有负效应。

表 10-13　　　　　　医疗服务质量总体满意度回归结果

被解释变量：医疗服务质量的总体满意度				
解释变量	参数估计值	标准误	z 统计量	P 值
性别（男性＝0；女性＝1）	0.0091	0.0272	0.3400	0.7370
年龄	－0.0143	0.0130	－1.1000	0.2710
居住地（城市＝0；农村＝1）	0.0996	0.0331	3.0100	0.0030
文化程度	0.0156	0.0096	1.6300	0.1030
家庭收入	0.0765	0.0246	3.1000	0.0020
家庭收入平方	－0.0049	0.0023	－2.1100	0.0350

表 10-13 的回归结果表明，对医疗服务质量的满意度而言，仅有居住城市和家庭收入变量是显著的，农村居民的医疗服务质量满意度高于城市居民，性别、年龄、文化程度等变量并不显著。这一定程度上说明了农村医疗服务在 2014 年得到显著的提高，居民的主观感知更接近预期。

表 10-14　　　　　　互联网服务质量总体满意度回归结果

被解释变量：互联网服务质量的总体满意度				
解释变量	参数估计值	标准误	z 统计量	P 值
性别（男性＝0；女性＝1）	0.0220	0.0272	0.8100	0.4170
年龄	－0.0257	0.0130	－1.9800	0.0480
居住地（城市＝0；农村＝1）	－0.0061	0.0331	－0.1900	0.8530
文化程度	0.0242	0.0096	2.5200	0.0120
家庭收入	0.1266	0.0247	5.1300	0
家庭收入平方	－0.0095	0.0023	－4.0600	0

表10-14的回归结果表明，对互联网服务质量的满意度而言，仅有文化程度和家庭收入变量是显著的，即互联网服务质量总体满意度随着文化程度的增加而增加，其他变量并不显著。随着被调查对象文化程度的增加，被调查对象更能充分地使用互联网服务，体验互联网服务的多样性和质量，因而满意度更高，符合基本预期。

（三）工程质量满意度存在着显著的性别差异

表10-15　　　　　　　　工程总体满意度回归结果

被解释变量：工程质量的总体满意度				
解释变量	参数估计值	标准误	z统计量	P值
性别（男性=0；女性=1）	-0.0614	0.0272	-2.2600	0.0240
年龄	-0.0005	0.0130	-0.0400	0.9670
居住地（城市=0；农村=1）	0.0482	0.0331	1.4500	0.1460
文化程度	0.0031	0.0096	0.3200	0.7460
家庭收入	0.1135	0.0247	4.6000	0
家庭收入平方	-0.0077	0.0023	-3.2900	0.0010

表10-15的回归结果表明，控制其他变量的影响以后，仅有性别和收入变量对工程质量满意度是显著的，即男性居民对工程质量满意度显著高于女性居民。与2013年质量观测的结果相一致，只是在2014年观测结果中性别差异更为显著。

（四）空气、植被、土壤和声环境质量满意度城乡差异显著

表10-16　　　　　　　　环境质量总体满意度回归结果

被解释变量：环境质量的总体满意度				
解释变量	参数估计值	标准误	z统计量	P值
性别（男性=0；女性=1）	0.0028	0.0271	0.1000	0.9170
年龄	0.0029	0.0129	0.2200	0.8230
居住地（城市=0；农村=1）	-0.0469	0.0330	-1.4200	0.1550
文化程度	0.0110	0.0096	1.1500	0.2510
家庭收入	0.0173	0.0246	0.7000	0.4820
家庭收入平方	-0.0001	0.0023	-0.0400	0.9700

表10-16的回归结果表明,在环境质量满意度方面,性别、年龄、居住地、文化程度、收入对环境质量满意都是不显著的。因而进一步对空气、植被、声和土壤环境质量满意度进行回归分析,以期发现不同变量影响下的差异性。

从表10-17至表10-20的回归结果可以看到,尽管居住地对环境质量总体满意度影响不显著,但是对空气、植被、声和土壤环境质量满意度的影响均是显著的,农村居民满意度高于城市居民对这四种环境质量的满意度,与前文的描述性统计结果是一致的。农村的空气、植被、声和土壤环境,由于城市化程度较低,第二、三产业发展较慢,因而对环境的破坏、污染较少,居民满意度较高。

表10-17　　　　　　　　空气环境质量满意度回归结果

被解释变量:空气环境质量的总体满意度				
解释变量	参数估计值	标准误	z统计量	P值
性别（男性=0；女性=1）	-0.0173	0.0271	-0.6400	0.5230
年龄	0.0347	0.0129	2.6900	0.0070
居住地（城市=0；农村=1）	0.1207	0.0330	3.6600	0.0000
文化程度	0.0064	0.0096	0.6700	0.5010
家庭收入	0.0168	0.0245	0.6800	0.4940
家庭收入平方	-0.0015	0.0023	-0.6300	0.5280

表10-18　　　　　　　　植被环境质量满意度回归结果

被解释变量:植被环境质量的总体满意度				
解释变量	参数估计值	标准误	z统计量	P值
性别（男性=0；女性=1）	-0.0676	0.0271	-2.4900	0.0130
年龄	0.0156	0.0129	1.2100	0.2280
居住地（城市=0；农村=1）	0.0862	0.0330	2.6100	0.0090
文化程度	0.0081	0.0096	0.8400	0.3990
家庭收入	0.0395	0.0246	1.6100	0.1070
家庭收入平方	-0.0021	0.0023	-0.9200	0.3580

表 10-19　　　　　　　　　声环境质量满意度回归结果

被解释变量：声环境质量的总体满意度				
解释变量	参数估计值	标准误	z 统计量	P 值
性别（男性 = 0；女性 = 1）	-0.0478	0.0271	-1.7600	0.0780
年龄	0.0244	0.0129	1.8800	0.0600
居住地（城市 = 0；农村 = 1）	0.1321	0.0330	4.0000	0
文化程度	0.0171	0.0096	1.7800	0.0740
家庭收入	0.0414	0.0246	1.6900	0.0920
家庭收入平方	-0.0019	0.0023	-0.8200	0.4120

表 10-20　　　　　　　　　土壤环境质量满意度回归结果

被解释变量：土壤质量的总体满意度				
解释变量	参数估计值	标准误	z 统计量	P 值
性别（男性 = 0；女性 = 1）	-0.0262	0.0271	-0.9700	0.3340
年龄	0.0050	0.0129	0.3800	0.7010
居住地（城市 = 0；农村 = 1）	0.0790	0.0330	2.3900	0.0170
文化程度	0.0232	0.0096	2.4200	0.0160
家庭收入	0.0765	0.0246	3.1100	0.0020
家庭收入平方	-0.0063	0.0023	-2.6900	0.0070

第十一章 维度三：质量公共服务的统计分析

一 不同人群的结构分析

（一）消费者对质量公共服务的评价随年龄的增长先下降再升高

（单位：分）

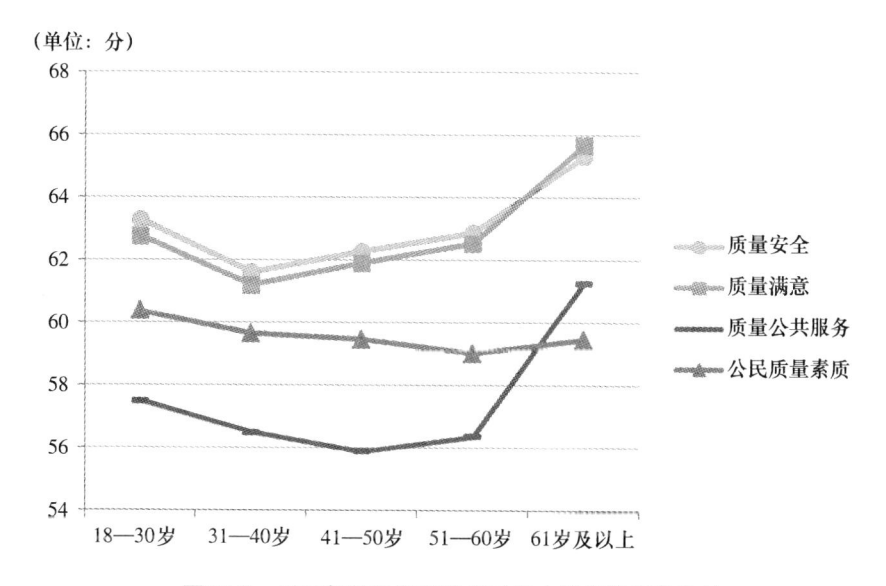

图 11-1 不同年龄阶段消费者对四大维度的评价比较

从图 11-1 中可以看到，不同年龄消费者在对质量安全、质量满意、质量公共服务和公民质量素质四大维度的评价中，质量公共服务评价显著低于其他的维度，且呈现"U"型分布，其中 41—50 岁中间年龄段的消费者评价最低，年龄较小以及年龄较大的消费者对质量公共服务的评价较高。61 岁及以上的消费者对质量公共服务的评价高于其他所有年龄段的消费者，这可能是因为这一年龄段的消费者大部分都是离退休人员，参与社会活动和公共事务较少，对政府质量公共服务的认可度较高。

表 11-1　不同年龄阶段的消费者对质量公共服务各维度的评价比较（单位：分）

	18—30 岁	31—40 岁	41—50 岁	51—60 岁	61 岁及以上
质量公共服务	57.49	56.49	55.88	56.35	61.27
总体形象	57.72	56.68	55.94	56.60	61.83
质量投入	56.53	55.78	54.75	55.31	60.56
消费环境	57.39	56.94	56.26	55.94	59.83
质量预警与预防	58.44	57.16	56.70	57.23	61.67
质量信息提供	57.80	56.75	56.41	57.19	61.54
质量教育与救济	57.82	56.22	55.95	56.12	62.17

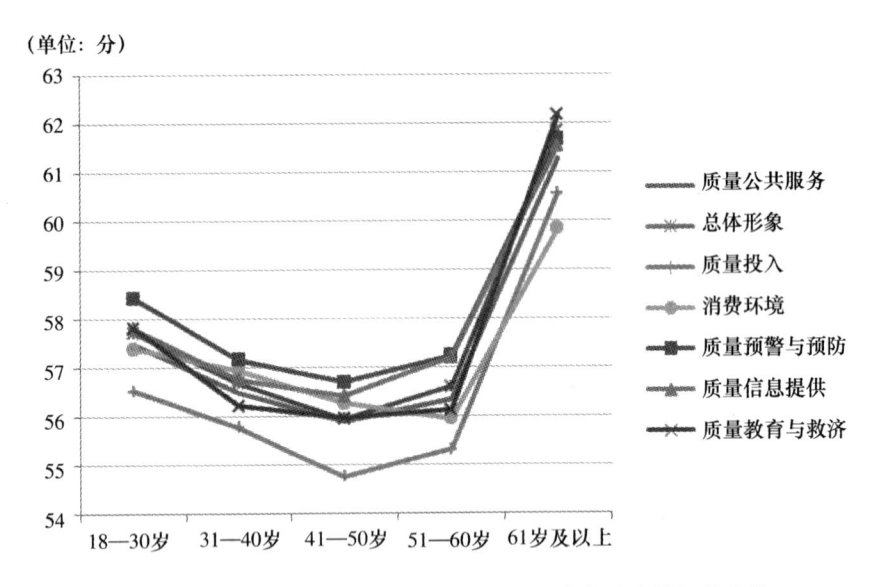

图 11-2　不同年龄阶段消费者对质量公共服务各维度的评价比较

从图 11-2 可以看出，不同年龄的消费者对政府质量公共服务的评价均呈现"U"型曲线的关系，41—50 岁的消费者评价最低，61 岁及以上的消费者评价最高，而 18—30 岁的消费者对质量公共服务的评价处于前两者之间。首先，31—60 岁的消费者对质量公共服务的评价基本处在相似的水平，说明中青年人对政府质量公共服务具有相似的感知和评价。主要原因在于，31—60岁的中青年人是社会主要角色的扮演者，他们的社会阅历比较广泛，生活经验丰富，切实感受到政府公共服务在生活中的重要性，但是对现有的质量公共服务水平不甚满意。其次，61岁及以上的消费者对质量公共服务的评价最高，主要原因在于处于这个年龄区间的消费者大部分都是离退休人员，他们的生活节奏相对较慢，参与社会事务较少，而更多的是享受养老、医疗待遇，所以对质量公共服务评价比较高。最后，18—30岁的消费者对质量公共服务的评价介于前两者之间，主要原因在于处于该年龄阶段的消费者大部分是高校学生或者是刚步入社会工作的青年，他们的生活经历相对较少，所以对政府质量公共服务的评价在前两者之间。此外，从图中看出，消费者对质量投入的评价最低，说明政府投入是质量公共服务的短板，也是需要亟待改进的部分。

（二）消费者对质量公共服务的评价随受教育程度呈倒"U"型曲线

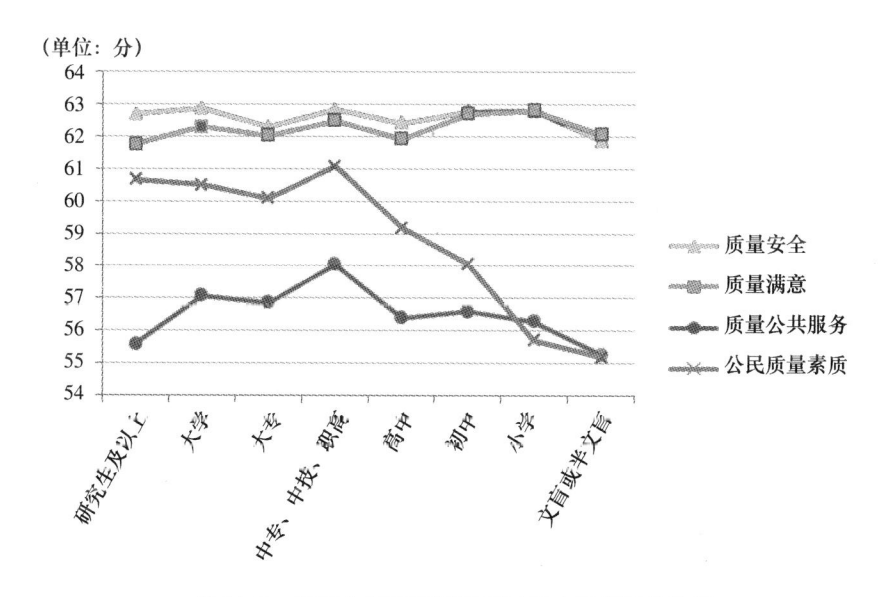

图11-3　不同文化程度消费者对四大维度评价比较

从图11-3中可以看到，不同文化程度的消费者对质量安全、质量满意、质量公共服务和公民质量素质四大维度的评价中，质量公共服务得分明显低于其他三个维度的得分，其中，中专、中技、职高文化程度的消费者对质量公共服务的评价最高，文盲或半文盲对质量公共服务的评价得分略高于其对公民质量素质的评价。

表11-2　不同文化程度的消费者对质量公共服务各维度的评价比较（单位：分）

	研究生及以上	大学	大专	中专、中技、职高	高中	初中	小学	文盲或半文盲
质量公共服务	55.59	57.07	56.85	58.04	56.39	56.58	56.29	55.26
总体形象	55.89	57.81	56.88	57.35	56.48	56.04	55.67	57.67
质量投入	54.36	56.19	55.96	57.39	55.33	55.24	55.65	53.87
消费环境	57.25	57.38	56.56	56.73	56.28	56.67	58.06	53.75
质量预警与预防	56.32	57.84	57.32	58.44	57.91	57.74	57.56	56.00
质量信息提供	55.52	57.31	57.31	58.74	56.90	57.41	56.32	55.33
质量教育与救济	55.72	56.79	57.39	58.97	56.16	57.21	55.50	56.11

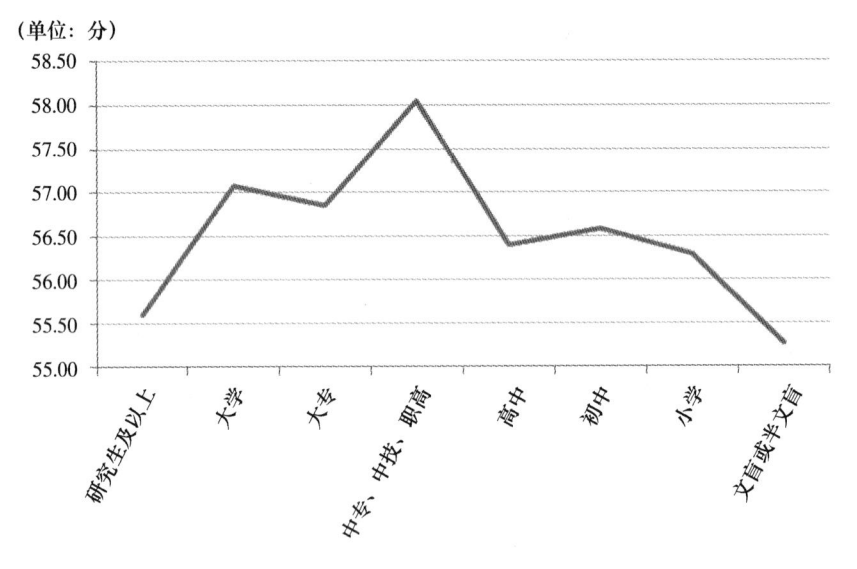

图11-4　不同文化程度消费者对质量公共服务评价比较

从图11-4中可以看到，不同文化程度的消费者对质量公共服务的评价总体呈倒"U"型曲线的关系，中专、中技、职高这一文化程度的消费者对质量公共服务的评价最高，研究生及以上和文盲或半文盲这两种文化程度的消费者对质量公共服务的评价最低。有必要说明的是，2014年全国质量观测的5765份有效问卷中，文盲或半文盲这一文化程度的样本有

60 个，对总体质量公共服务评价的影响不大。

出现上述关系的原因可能有以下几点。首先，中专、中技、职高毕业的人大部分都从事专业技术工作，专业性较强，故对质量公共服务评价较高。其次，拥有研究生学历的消费者都具有较强的分析和评价能力，对政府质量公共服务能够作比较理性的分析，其中有人甚至有过出国留学经历，对我国质量公共服务与国外差距也有比较明显的感知，所以高学历的消费者对质量公共服务评价较低。

（三）城市居民对质量公共服务的评价普遍高于农村

表 11-3　　　　　城市高于农村的质量公共服务指标排序　　　　（单位：分）

问题选项	城市	农村	城市减农村（降序）	排序	所属结构变量
政府进行质量的宣传与教育活动的力度	58.20	56.95	1.25	1	质量教育与救济
本地政府所提供的质量公共服务水平	58.16	56.99	1.17	2	总体形象
本地政府对质量投诉的响应速度	55.61	54.57	1.04	3	质量投入
对本地政府对质量投入的重视程度评价	56.46	55.45	1.01	4	质量投入
退换货的处理效果	56.79	55.84	0.95	5	消费环境
公民质量权益被政府重视的程度	56.50	55.60	0.90	6	质量投入
对本地政府质量监管部门的信任度	56.56	55.66	0.90	7	总体形象
消费者组织对消费者权益的保护效果	56.84	55.94	0.90	8	质量教育与救济
本地政府打击假冒伪劣/专项整治的效果	55.49	54.77	0.72	9	质量投入
政府对重大质量安全事件处理的及时性	59.27	58.59	0.68	10	质量预警与预防
政府所发布质量信息对您消费的指导作用	57.64	57.01	0.63	11	质量信息提供
对本地政府质量诚信建设效果的评价	56.72	56.13	0.59	12	质量投入
获得政府发布的质量参考信息的方便性	56.92	56.36	0.56	13	质量信息提供
政府发布质量信息的及时性	56.72	56.32	0.40	14	质量信息提供
日常生活中买到假货/过期产品的可能性	57.41	57.17	0.24	15	消费环境
政府对质量安全的预警效果	56.38	56.16	0.22	16	质量预警与预防
政府部门对质量受害者的保护力度	56.54	56.34	0.20	17	质量教育与救济
政府对质量信息的公开性	56.74	56.61	0.13	18	质量信息提供
对政府所发布质量信息的信任程度	58.66	58.98	−0.32	19	质量信息提供
政府部门对质量违法者处罚的合理性	57.58	57.94	−0.36	20	质量预警与预防
总体得分	57.05	56.45			

调查数据显示,在质量公共服务的20项指标中,有18个指标的得分都是城市高于农村,我国质量公共服务依然呈现出明显的城乡二元结构特征。在调查的20个质量公共服务问项中,城市得分高于农村1分以上的问项有4个,分别是"政府进行质量的宣传与教育活动的力度"、"本地政府所提供的质量公共服务水平"、"本地政府对质量投诉的响应速度"和"对本地政府对质量投入的重视程度评价",这四个方面反映了质量教育与救济、总体形象、质量投入三个方面,城市的质量公共服务明显高于农村。同时,值得关注的是,有两项的问项指标农村高于城市,分别是"对政府所发布质量信息的信任程度"和"政府部门对质量违法者处罚的合理性",说明农民对政府在质量领域信息度和违法处罚的信任度有较大程度的提升。

(四) 专业技术人员对质量公共服务的评价最低

表11-4　　　　不同职业类型消费者对质量公共服务的评价　　　(单位:分)

问卷选项	农民	公务员、事业单位人员	企业职员	专业技术人员	个体经营者	其他
本地政府所提供的质量公共服务水平	56.01	60.68	57.35	55.96	56.22	59.88
对本地政府质量监管部门的信任度	55.28	58.93	55.40	54.16	55.32	58.81
对本地政府对质量投入的重视程度评价	54.78	58.48	55.86	53.61	55.46	58.50
本地政府打击假冒伪劣/专项整治的效果	54.18	57.31	54.89	52.86	54.56	57.65
对本地政府质量诚信建设效果的评价	55.15	58.60	55.97	54.37	55.91	59.06
本地政府对质量投诉的响应速度	54.06	58.13	54.65	53.28	54.64	57.24
公民质量权益被政府重视的程度	55.19	58.70	55.98	53.37	56.15	58.31
日常生活中买到假货/过期产品的可能性	57.39	58.36	56.39	55.07	57.05	60.17
退换货的处理效果	54.60	57.69	55.79	55.77	56.91	58.26
政府对质量安全的预警效果	54.96	58.78	55.70	54.20	56.39	58.20
政府对重大质量安全事件处理的及时性	57.64	61.87	58.33	56.99	58.66	61.05

续表

问卷选项	农民	公务员、事业单位人员	企业职员	专业技术人员	个体经营者	其他
政府部门对质量违法者处罚的合理性	56.95	59.96	56.60	55.21	57.00	60.56
对政府所发布质量信息的信任程度	58.41	60.88	57.74	56.50	58.65	60.99
政府对质量信息的公开性	55.80	58.89	55.77	54.40	57.02	59.02
政府发布质量信息的及时性	54.76	59.57	55.88	54.19	56.28	59.05
获得政府发布的质量参考信息的方便性	54.59	59.23	56.07	54.78	56.41	59.09
政府所发布质量信息对您消费的指导作用	55.47	60.08	56.65	55.19	56.84	60.16
政府部门对质量受害者的保护力度	55.52	59.20	56.13	53.44	56.26	58.69
政府进行质量的宣传与教育活动的力度	55.56	60.24	57.25	56.02	57.59	59.92
消费者组织对消费者权益的保护效果	54.86	58.90	56.06	53.96	56.32	59.25
总体得分	55.55	59.20	56.20	54.65	56.45	59.15

从图11-5中可以看出,质量公共服务得分在不同的职业类型中呈现出明显的结构特征。总体来看,公务员、事业单位人员的评分最高,其得分59.20分,高出质量公共服务总体得分3.15分,其他类别(学生、离退休人员、家庭妇女等)的评分其次,专业技术人员(教师、医生、律师、金融等)的评分最低。质量公共服务是涉及全社会领域的一项公共产品,与去年相同的是,公务员、事业单位人员对质量公共服务的评分最高,说明公务员和事业单位人员由于其职业原因对政府工作有相对积极的评价,此外,从信息获取的难易程度来看,公务员和事业单位人员获取政府信息的难度相对较低,与其他职业类型相比具有相对的信息优势,所以其评价高于其他职业类型。

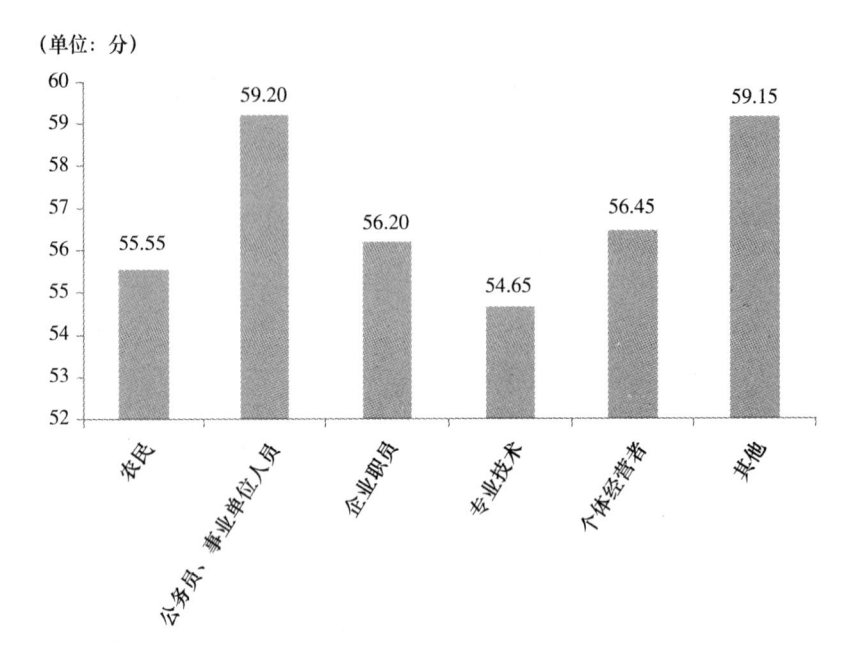

图 11-5　不同职业类型消费者对质量公共服务的评价

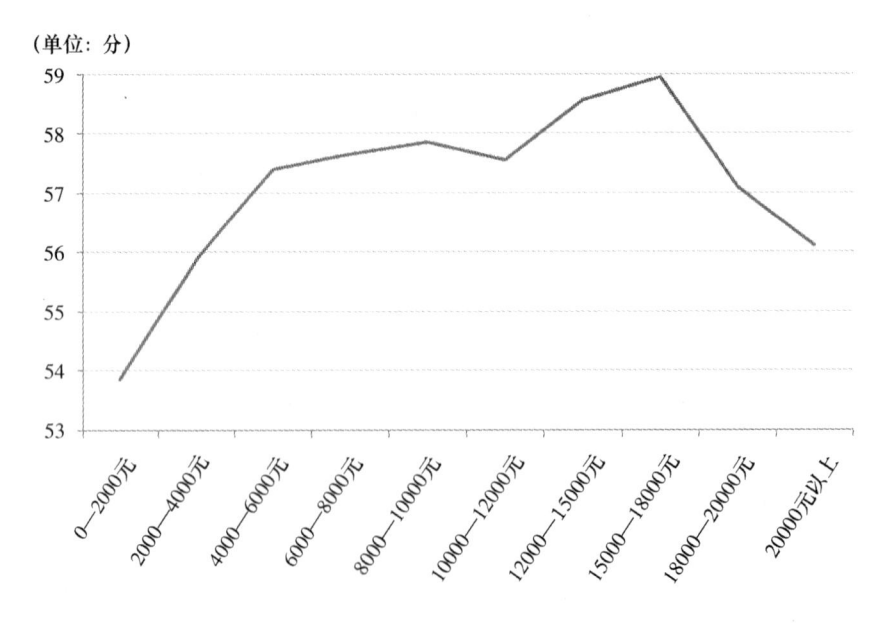

图 11-6　不同收入的消费者对质量公共服务的评价

（五）消费者对质量公共服务的评价随收入水平呈倒"U"型曲线

通过对不同收入水平的消费者对质量公共服务评价分析可以看到，随着收入水平的不断提升，消费者对质量公共服务的评价得分也逐渐上升，在月收入 15000—18000 元达到最大值，但是，随着收入继续增加，质量公共服务的得分会有所下降。总体来看，质量公共服务得分与消费者收入之间呈现倒"U"型曲线的关系。出现这种趋势的原因是，月收入在 4000 元以下的消费者受其收入水平的影响，消费行为较为单一，对质量公共服务了解相对较少，所以评价较低；而月收入在 4000—18000 元的消费者消费行为较为丰富，对质量公共服务了解较多，故对质量公共服务的评价较高。随着收入水平的继续上升，月收入在 18000 元以上的消费者对质量公共服务有更高的预期水平，故其对质量公共服务的评价稍低。

二 区域结构分析

（一）东部地区的质量公共服务评价显著高于中、西部

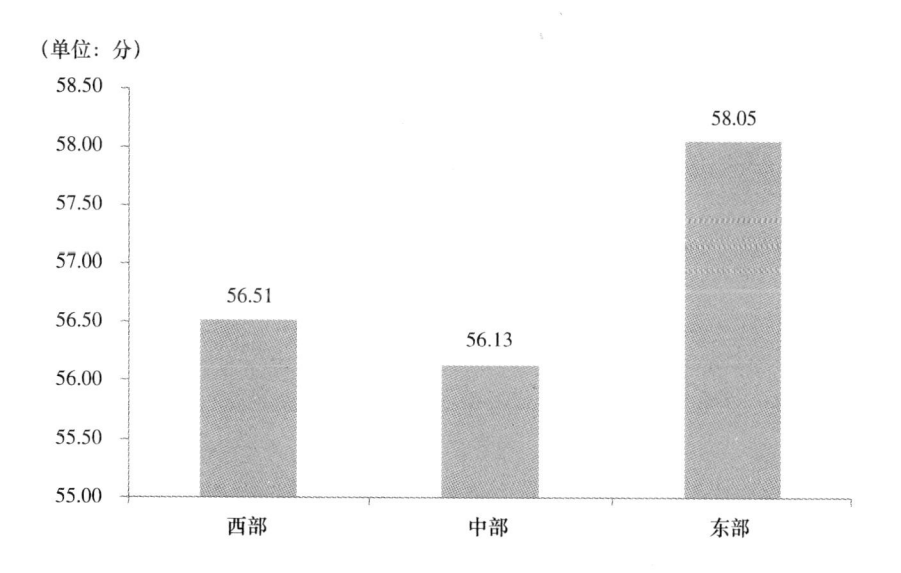

图 11-7 东、中、西部地区质量公共服务得分对比

174 / 2014年中国质量观测发展报告

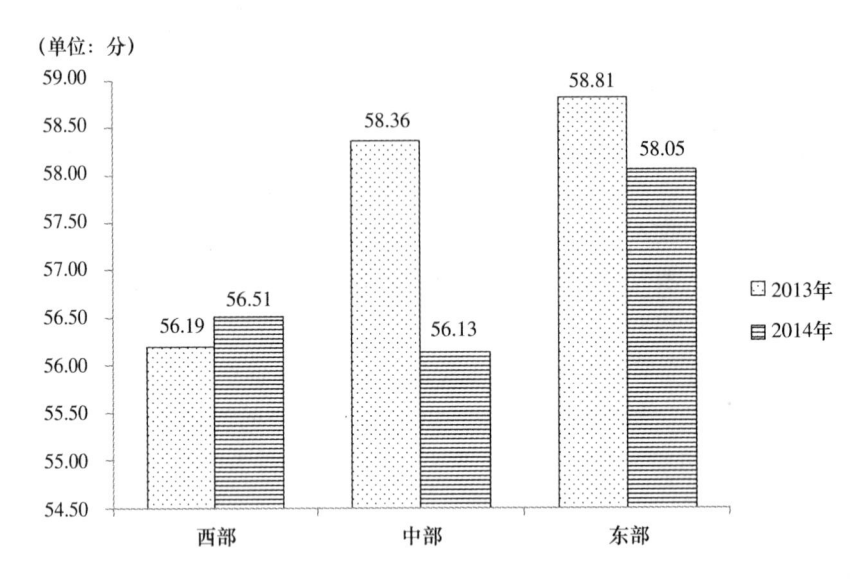

图 11-8 东、中、西部地区质量公共服务年度比较

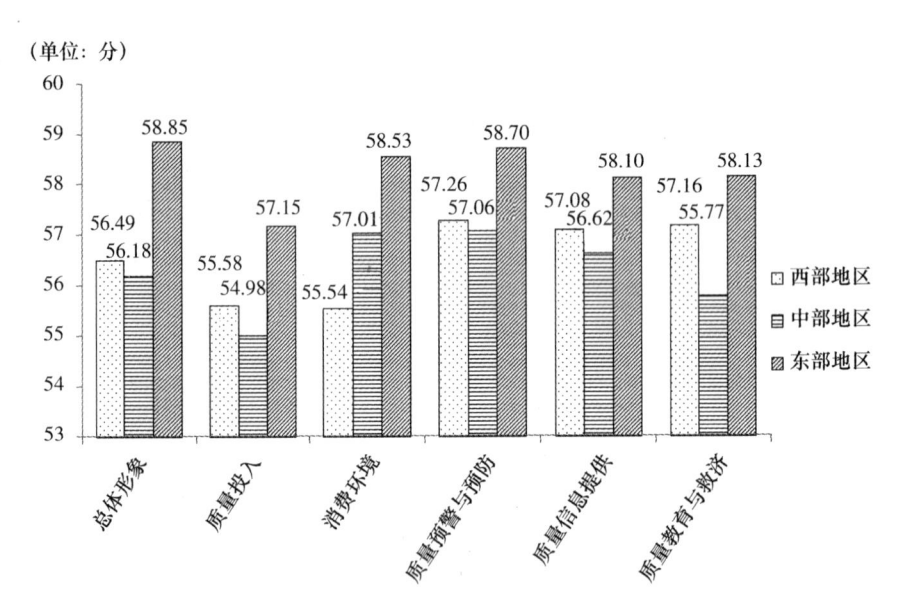

西部：2013年 56.19，2014年 56.51
中部：2013年 58.36，2014年 56.13
东部：2013年 58.81，2014年 58.05

图 11-9 东、中、西部地区质量公共服务结构分析

指标	西部地区	中部地区	东部地区
总体形象	56.49	56.18	58.85
质量投入	55.58	54.98	57.15
消费环境	55.54	57.01	58.53
质量预警与预防	57.26	57.06	58.70
质量信息提供	57.08	56.62	58.10
质量教育与救济	57.16	55.77	58.13

按照东、中、西部区域划分，可以看出我国东部地区质量公共服务得分明显高于中、西部地区得分，西部地区质量公共服务总体得分高于中部地区得分。数据表明，我国政府质量公共服务水平依然呈现出"大国质量"特征，东、中、西部地区质量公共服务差异明显，东部地区明显高

于中、西部地区水平,但是与2013年观测数据相比较,2014年西部地区质量公共服务水平超过了中部地区的水平。另外,从年度对比来看,2014年唯有西部地区质量公共服务得分呈上升趋势,并且其得分超过了2013年的得分,说明西部地区质量公共服务改善明显。

从质量公共服务的结构分析来看,东部地区的各项指标均高于中部地区和西部地区,除消费环境中部地区得分57.01分高于西部地区的55.51分,其余各项的西部地区得分均高于中部地区得分。

(单位:分)

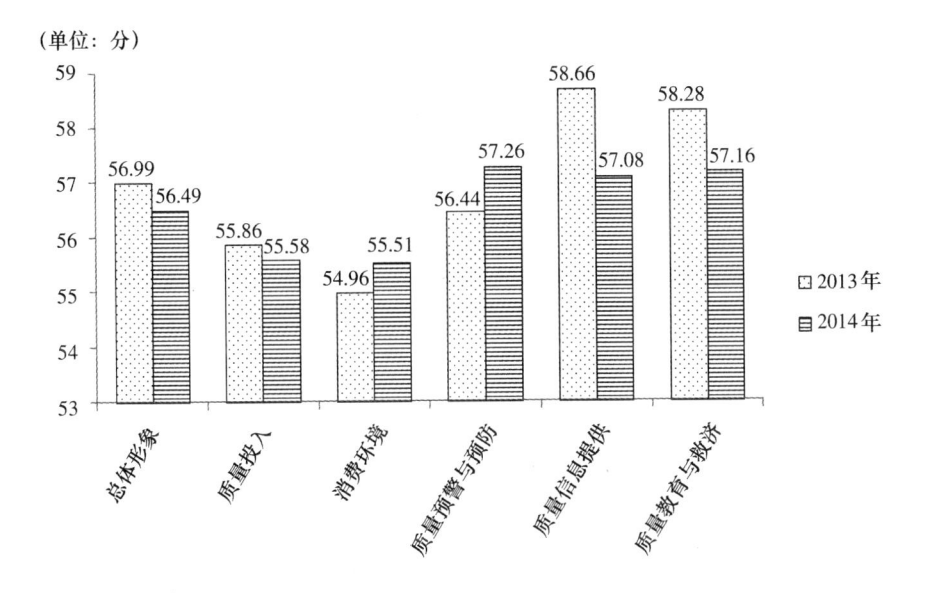

指标	2013年	2014年
总体形象	56.99	56.49
质量投入	55.86	55.58
消费环境	54.96	55.51
质量预警与预防	56.44	57.26
质量信息提供	58.66	57.08
质量教育与救济	58.28	57.16

图 11-10　西部地区质量公共服务结构的年度对比

西部的质量公共服务结构中,质量预警与预防得分最高,消费环境得分最低。从年度对比来看,2014年消费环境和质量预警与预防两项得分超过了2013年得分,表明西部地区消费环境和质量预警与预防状况有很大改善。

中部的质量公共服务结构中,质量预警与预防得分最高,质量投入得分最低。从年度对比来看,2014年各项指标得分均低于2013年得分。

(单位：分)

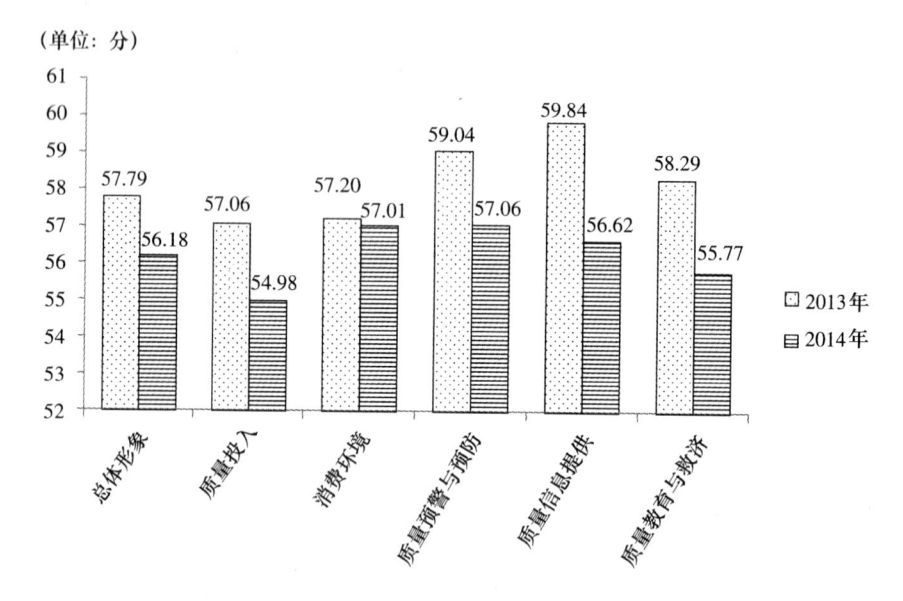

图 11-11　中部地区质量公共服务结构的年度对比

(单位：分)

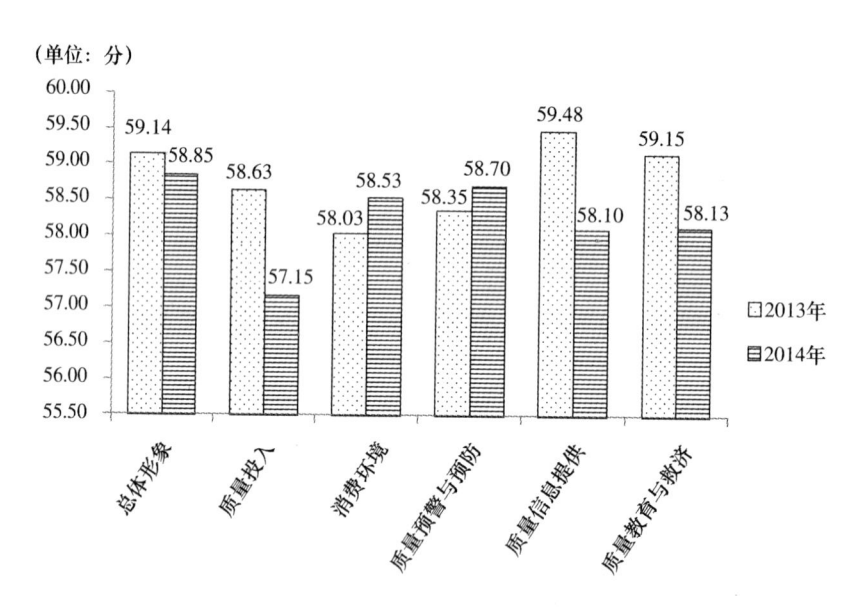

图 11-12　东部地区质量公共服务结构的年度对比

东部质量公共服务结构中，总体形象得分最高，质量投入得分最低。从年度对比来看，同西部地区一样，2014年东部地区的消费环境和质量预警与预防得分超过了2013年得分，表明东部地区消费环境和质量预警与预防状况有很大改善。

表 11-5　　　　　质量公共服务结构的东中西部差值比较　　　（单位：分）

	东部－西部	东部－中部
总体形象	2.36	2.67
质量投入	1.58	2.17
消费环境	3.02	1.52
质量预警与预防	1.45	1.65
质量信息提供	1.03	1.49
质量教育与救济	0.97	2.36

从东部地区与中、西部地区的差值中可以看到，东部与中部、西部地区的差值均为正，说明东部地区质量公共服务全面高于中、西部地区，"消费环境"方面东部地区与西部地区差值 3.02 分明显大于东部地区与中部地区差值 1.52 分，说明东、中部地区消费环境明显好于西部地区。同时，"质量教育与救济"方面东部地区与中部地区差值 2.36 分，明显高于东部地区与西部地区差值 0.97 分，说明东部地区与西部地区的质量投入和质量教育与救济优于中部地区。

（二）质量公共服务评价的变化与 GDP 增速的变化呈正相关

表 11-6　　区域质量公共服务满意度变化与地区 GDP 增速变化的比较

	GDP 增速（%）			质量公共服务满意度（分）		
	2014 年	2013 年	GDP 增速变动	2014 年	2013 年	质量公共服务变动
重庆市	10.90	12.30	-1.40	58.30	55.20	3.10
浙江省	7.60	8.20	-0.60	58.36	61.65	-3.29
云南省	8.10	12.10	-4.00	53.03	59.78	-6.74
新疆维吾尔自治区	10.00	11.10	-1.10	55.63	55.87	-0.24
天津市	10.00	12.50	-2.50	67.59	66.98	0.61
四川省	8.50	10.00	-1.50	57.37	61.16	-3.79
上海市	7.00	7.70	-0.70	59.24	60.41	-1.17
陕西省	9.70	11.00	-1.30	58.64	52.63	6.01
山西省	4.90	8.90	-4.00	53.16	60.57	-7.41
山东省	8.70	9.60	-0.90	60.65	62.55	-1.90

续表

	GDP增速（%）			质量公共服务满意度（分）		
	2014年	2013年	GDP增速变动	2014年	2013年	质量公共服务变动
青海省	9.20	11.00	-1.80	59.17	52.52	6.65
宁夏回族自治区	8.00	10.00	-2.00	58.95	57.79	1.16
内蒙古自治区	7.80	9.00	-1.20	54.82	45.83	8.99
辽宁省	5.80	9.00	-3.20	58.10	62.05	-3.95
江西省	9.70	10.10	-0.40	51.41	52.05	-0.64
江苏省	8.70	9.60	-0.90	60.29	54.63	5.66
吉林省	6.50	8.30	-1.80	53.10	63.33	-10.23
湖南省	9.50	10.10	-0.60	57.62	53.53	4.09
湖北省	9.70	10.00	-0.30	58.35	61.78	-3.43
黑龙江省	5.60	8.00	-2.40	55.96	56.24	-0.28
河南省	8.90	9.00	-0.10	58.73	55.99	2.74
河北省	6.50	8.20	-1.70	51.78	56.67	-4.89
海南省	8.50	9.90	-1.40	53.33	51.54	1.79
贵州省	10.80	12.70	-1.90	55.44	57.40	-1.96
广西壮族自治区	8.50	10.30	-1.80	60.60	58.20	2.40
广东省	7.80	8.50	-0.70	55.27	53.07	2.20
福建省	9.90	11.00	-1.10	61.18	61.10	0.08
北京市	7.30	7.70	-0.40	56.52	52.91	3.61
安徽省	9.20	10.50	-1.30	57.44	58.32	-0.88

注：2013年质量观测缺少甘肃和西藏的数据，故这里不作比较。

表11-6对各省、直辖市、自治区2013年和2014年两年的GDP增速与两年质量公共服务得分的变化情况作了对比，对比发现，2014年各省、直辖市、自治区的GDP增速均呈放缓的趋势，质量公共服务得分也大部分呈现出下降趋势，表明质量公共服务得分与经济增长状况高度相关。

为了继续验证区域质量公共服务变化与区域经济增长变化情况的关系，我们对两年的质量公共服务变化与经济增速变化进行相关性检验，并绘制散点图，如图11-13和表11-7所示。

以上相关性分析检验结果表明区域GDP变动与区域质量公共服务变动呈正相关。2014年中央经济工作会议指出，我国经济正在向形态更高级、分工更复杂、结构更合理的阶段演化,经济发展进入新常态,正从高速增长转向中高速增长,经济发展方式正从规模速度粗放型增长转向质量效率集约型增长,经济结构正从增量扩能为主转向调整存量、做优增量并存的深度调整,经济发展动力正从传统增长点转向新的增长点。随着新常态下经济增速放缓,经济结构继续优化,认识新常态,适应新常态,引领新常态,是当前和今后一个时期我国经济发展的大逻辑。国民生产总值GDP能比较全面地反映区域经济发展状况,消费者对质量公共服务的评价会随着经济增速变化而出现一定的波动。

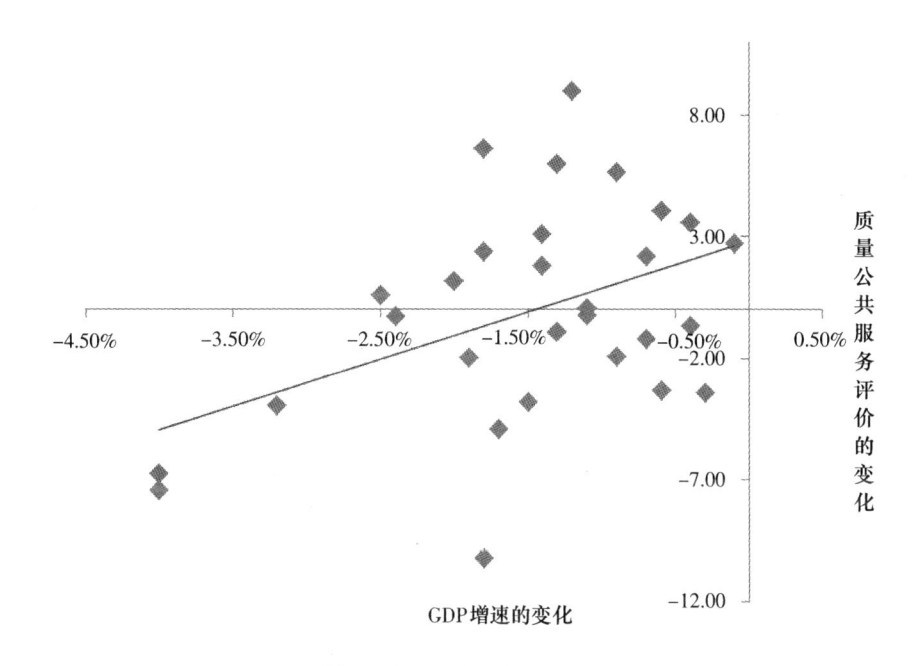

图 11-13　区域质量公共服务变动与区域 GDP 变动的散点图

表 11-7　区域质量公共服务变动与区域 GDP 变动相关性检验结果

	与区域质量公共服务变动相关性程度（Pearson 相关性系数）
区域 GDP 变动	0.44

三　回归分析

为定量地分析消费者个体特征对于质量公共服务的影响，本部分选取了质量公共服务的若干个重要指标进行回归分析，采用的方法为次序统计量（Ordered Probit）回归模型。

（一）家庭月平均支出越高的消费者对政府总体形象的评价越高

政府质量公共服务的总体形象的评价可以通过"本地区政府所提供的质量公共服务水平"、"本地政府质量监管部门的信任度"两个观测指标来测度。通过对这两个观测指标的观测结果分别进行回归分析发现，消费者家庭月平均支出的高低对其对政府质量公共服务总体形象的评价有着显著的影响，而性别、年龄、居住地、文化程度和家庭月平均收入的影响并不显著。消费者家庭月平均支出越高，其对政府质量公共服务总体形象的评价越高。

表 11-8　　　　　政府质量公共服务水平的回归结果

被解释变量：本地政府所提供的质量公共服务水平			
解释变量	参数估计值	标准误	z 统计量	P 值
性别（男 = 0；女 = 1）	-0.0252	0.0271	-0.9300	0.3530
年龄	0.0039	0.0130	0.3000	0.7620
居住地（城市 = 0；农村 = 1）	-0.0084	0.0333	-0.2500	0.8010
文化程度	-0.0097	0.0097	-1.0100	0.3150
家庭月平均收入	-0.0077	0.0109	-0.7000	0.4810
家庭月平均支出	0.0305	0.0067	4.5500	0

从表 11-8 中的回归结果来看，消费者对本地区政府所提供的质量公共服务水平的评价受到消费者家庭月平均支出的显著影响（显著性水平在 1%），消费者月平均支出越高，其对本地区政府所提供的质量公共服务水平的评价越高。

表 11-9　　　　　　对政府质量监管部门信任度的回归结果

被解释变量：本地政府质量监管部门的信任度				
解释变量	参数估计值	标准误	z 统计量	P 值
性别（男 =0；女 =1）	0.0042	0.0271	0.1600	0.8760
年龄	-0.0009	0.0130	-0.0700	0.9430
居住地（城市 =0；农村 =1）	-0.0265	0.0333	-0.8000	0.4260
文化程度	0.0019	0.0097	0.2000	0.8410
家庭月平均收入	-0.0038	0.0109	-0.3500	0.7250
家庭月平均支出	0.0204	0.0067	3.0500	0.0020

从表 11-9 中的回归结果可以看出，消费者对本地区政府质量监管部门的信任度也同样受到消费者家庭月平均支出的显著影响（显著性水平为 1%），消费者月平均支出越高，其对本地区政府质量监管部门的信任度越高。

（二）农村居民对政府质量宣传和教育力度的评价低于城市居民

表 11-10　　　　　　政府进行质量宣传与教育力度的回归分析

被解释变量：政府进行质量的宣传与教育活动的力度				
解释变量	参数估计值	标准误	z 统计量	P 值
性别（男 =0；女 =1）	0.0075	0.0271	0.28	0.781
年龄	0.0024	0.0130	0.19	0.853
居住地（城市 =0，农村 =1）	-0.0791	0.0332	-2.38	0.017
文化程度	0.0066	0.0096	0.69	0.491
家庭月平均收入	0.0100	0.0109	0.92	0.360
家庭月平均支出	0.0048	0.0067	0.72	0.470

就"政府进行质量的宣传与教育活动的力度"这一项而言，表 11-10 中的回归结果显示，消费者居住地对其的影响是显著的，而性别、年龄、文化程度、家庭月平均收入与支出对其的影响并不显著。农村居民对"政府进行的质量宣传和教育活动的力度"的评价要显著低于城市居民，说明

政府的质量宣传与教育力度存在着明显的城乡二元性。随着农村收入水平的提高，农村的消费环境大大改善，农民的消费热情也大为高涨，与此同时，农村居民面临的质量问题也越来越多，而回归结果显示，农村的质量宣传和教育供给明显不足，因此需要加大农村地区的质量宣传和教育力度。

（三）家庭月平均支出越高的消费者认为政府对质量受害者的保护力度越大

就"政府部门对质量受害者的保护力度"而言，表 11-11 中的回归结果显示，家庭月平均支出对其有显著影响（显著性水平在 5%），家庭月平均支出越大的消费者对政府所提供保护力度的评价越高。这在一定程度上可以说明，家庭月平均支出越高的消费者拥有更多的消费机会，遭受质量伤害的可能性也相应越大，受到政府保护的可能性因而也越大。从另一角度来看，家庭月平均支出越低的消费者的评价越低，反映了政府对普通消费者的保护力度不够，政府应该更多地关注普通消费者购买日常消费品所遇到的质量问题，为普通消费者提供有效的保护。

表 11-11　　政府对质量受害者保护力度的回归分析

被解释变量：政府部门对质量受害者的保护力度				
解释变量	参数估计值	标准误	z 统计量	P 值
性别（男 = 0；女 = 1）	0.0011	0.0271	0.0400	0.9670
年龄	-0.0103	0.0130	-0.7900	0.4280
居住地（城市 = 0；农村 = 1）	-0.0117	0.0332	-0.3500	0.7250
文化程度	0.0144	0.0097	1.4900	0.1350
家庭月平均收入	-0.0028	0.0109	-0.2500	0.7990
家庭月平均支出	0.0157	0.0067	2.3400	0.0190

（四）质量投入低是导致政府质量公共服务总体形象不佳的最大短板

表 11-12　政府质量公共服务总体形象与相关因素的回归分析

被解释变量：政府质量公共服务总体形象					
解释变量	回归系数	标准误	T	P 值
质量投入	0.6868	0.0135	50.9200	0
消费环境	0.0159	0.0104	1.5300	0.1270
质量预警与预防	0.0809	0.0157	5.1600	0
质量信息提供	0.0902	0.0165	5.4500	0
质量教育与救济	0.0234	0.0142	1.6500	0.0990
年龄	0.0136	0.0115	1.1800	0.2370
户籍	0.0021	0.0294	0.0700	0.9430
文化程度	-0.0205	0.0085	-2.4300	0.0150
家庭月平均收入	0.0120	0.0059	2.0200	0.0430
常数项	0.6558	0.0593	11.0600	0

表 11-12 对政府质量公共服务总体形象与其相关影响因素进行了回归分析，回归结果表明，质量投入对政府质量公共服务的总体形象影响最大，质量信息提供其次。2014 年质量观测数据表明，政府质量公共服务的五个维度中，质量投入的得分最低，说明质量投入不足是政府质量公共服务的短板，加大政府质量投入是提升政府质量公共服务总体形象的有效途径。

（五）质量教育与救济的水平和公民质量素质的高低呈显著正相关

表 11-13　政府质量教育与救济和公民质量素质的回归分析

被解释变量：公民质量素质					
解释变量	参数估计值	标准误	z 统计量	P 值
质量教育与救济	0.5645	0.0090	62.7	0

表 11-13 对政府质量教育与救济和公民质量素质进行了回归分析,回归结果表明,质量教育与救济和公民质量素质高度相关。从指标结构来看,质量教育与救济包括三个问项:"政府进行质量的宣传与教育活动的力度"、"政府部门对质量受害者的保护力度"、"消费者组织对消费者权益的保护效果",可以看到,这三个问项与消费者息息相关,因此,政府提高质量教育与救济水平也是提升公民质量素质的重要途径之一。

第十二章 维度四：公民质量素质的统计分析

一 不同人群的结构分析

（一）总体公民质量素质 20 项指标仅半数合格

表 12-1　　　　　　　　　公民质量素质的合格率

	指标数量（个）	合格数量（个）	合格率（%）
质量素质	20	10	50
质量意识	7	3	43
质量知识	7	3	43
质量能力	5	3	60

2014 年我国公民质量素质的总体指数为 59.85 分，低于及格线，总体为"不及格"水平。质量素质指标内部差异较为明显，在所有的 20 项调查指标中，有 10 项得分在 60 分以上，其余 10 项均处于 50—60 分的"不及格"区间，合格率为 50%。

在质量意识的 7 个指标中，有 3 项指标达到合格水平，其余 4 项虽低于及格线，但指标得分均在 58 分以上。在质量知识的 7 个指标中，仅 3 项指标达到合格水平，合格率为 43%。在质量能力的 5 个指标中，有 3 项指标达到合格水平，合格率达到 60%。质量知识与质量能力的合格率差别较为明显，质量能力合格率为 60%，位居第一；质量意识和质量知识的合格率偏低，这表明公民对于自身的质量能力相对满意，但质量知识相对匮乏，对质量意识的评价较低，因而拉低了整体质量素质的得分。

数据表明当前我国消费者的质量知识与质量能力均弱于消费者的质量

意识，尤其是消费者的质量知识水平尤为薄弱。随着人们生活水平的提高，人们对质量的意识不断提升，包括对日常生活中的质量习惯、工作中的质量规范，特别是对优质优价的市场化质量理念均表现出较高的认同度，因而近年来我国对质量的重视不仅在政府层面有具体的表现，而且在普通大众中也得到了一定程度的体现。然而，与质量意识相比，公众对自己所具有的质量知识评价并不高，这也使得质量知识成为公民质量素质指标中的最大短板。此外，公民质量素质的短板在于质量知识水平的薄弱，对常用质量知识、日常的质量标识、对消费者协会等质量社会组织的认识等方面的得分均未达到及格线，是整个公民质量素质中的最大短板。这一事实也表明，我国的消费者之所以很难将质量意识转化为具体的行动，除了受相对滞后的制度建设这一外在因素影响之外，还受到消费者自身的质量知识能力不足的负向影响。

（二）城市公民的质量素质高于农村公民

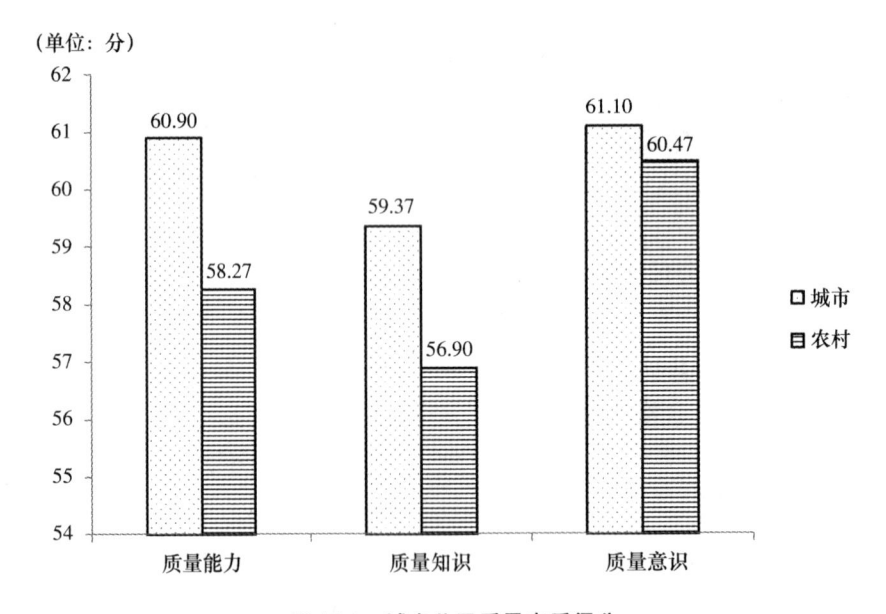

图 12-1 城乡公民质量素质得分

从图 12-1 中能够观察到，城乡之间公民质量素质存在显著差异，城市居民在质量素质三大维度上的得分均高于农村居民。从绝对值的结果来看，无论是城市居民还是农村居民，在质量知识上的得分要小于质量意识和能力,说明居民对质量的意识和行动能力要强于其所拥有的质量知识水平,因此需要更多地加强对居民的质量知识的教育。而通过城乡之间居民质量能力、质量知识和质量意识的对比,两者之间的差值分别为 2.63 分、2.47 分、0.63 分,说明农村居民相较于城市居民的差距主要表现在其质量知识的缺乏和行动能力的缺乏上。知识的缺乏主要是由于农村居民获取质量知识的途径匮乏,受相应教育和宣传不足;而行动能力的缺乏与维权的成本高低、居民自身的维权意愿强弱、维权渠道是否畅通有关,通过数据的比较可以分析得到,农村居民由于维权的能力、成本和途径的制约,影响其行动能力。

城乡公民的质量意识、质量行为和质量知识三个指标的差值能够在一定程度上反映出城乡公民对于质量关注的差异性。从质量意识的差值上可以看出,城市公民更加愿意花更多的钱购买质量更高的产品,并更加支持企业加大对员工质量素质的投入。相反,农村公民则不太愿意花精力和更多的钱追求质量更高的产品,原因可能在于农村公民的可支配收入低于城市公民,因此价格对农村公民的吸引力大于质量。"在工作和生活中大家经常考虑事情后果或影响的可能性"指标的差值最小,并且城乡公民的得分都在及格线以上,说明城乡公民在实际生活中常常考虑事情后果或影响。

表 12-2　　　　　　城乡公民质量意识得分和差值　　　　　　（单位:分）

质量意识	城市	农村	城市-农村
企业对员工质量素质的投入程度	60.93	59.24	1.69
"高质量的产品,应付出更高的价格"这一说法的认同程度	65.95	64.55	1.40
大家对标准和流程的重视程度	59.86	59.10	0.76
工作和生活中会自觉检查的可能性	59.00	58.56	0.44
本地区企业对质量信用的重视程度	59.64	59.28	0.36
在工作和生活中大家经常考虑事情后果或影响的可能性	62.23	62.09	0.14
宁愿多花费精力,也不投机取巧的可能性	60.09	60.45	-0.36

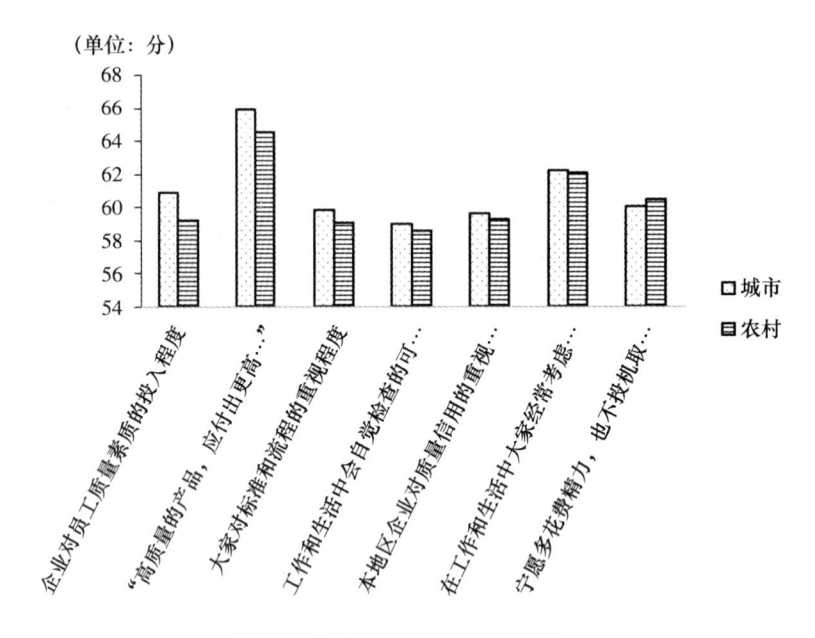

图 12-2　城乡公民质量意识得分

表 12-3　　　　　　　城乡公民质量能力得分和差值　　　　　（单位：分）

质量能力	城市	农村	城市－农村
使用当地质量投诉举报热线的主动性	54.22	51.06	3.16
消费以后留存发票（或者消费依据）的主动性	64.11	61.44	2.67
购买东西前，了解该产品的有关质量信息的主动性	65.98	63.48	2.50
无意购买到假冒伪劣产品后，会举报的可能性	55.78	53.29	2.49
无意购买到假冒伪劣产品后，您会退货的可能性	64.43	62.11	2.32

从质量能力的差值上可以看出，城乡公民在购买假冒伪劣产品后都会选择退货这一指标的差值最小。但是城乡公民在投诉、举报、保留发票以及事前掌握相关质量信息这四个指标上的差值都非常大，说明如果遇到质量问题，城市公民采取行动的概率大于农村公民。这可能与他们的维权能力、生活环境有关，城市消费者更能利用有效途径开展质量维权活动。

(单位：分)

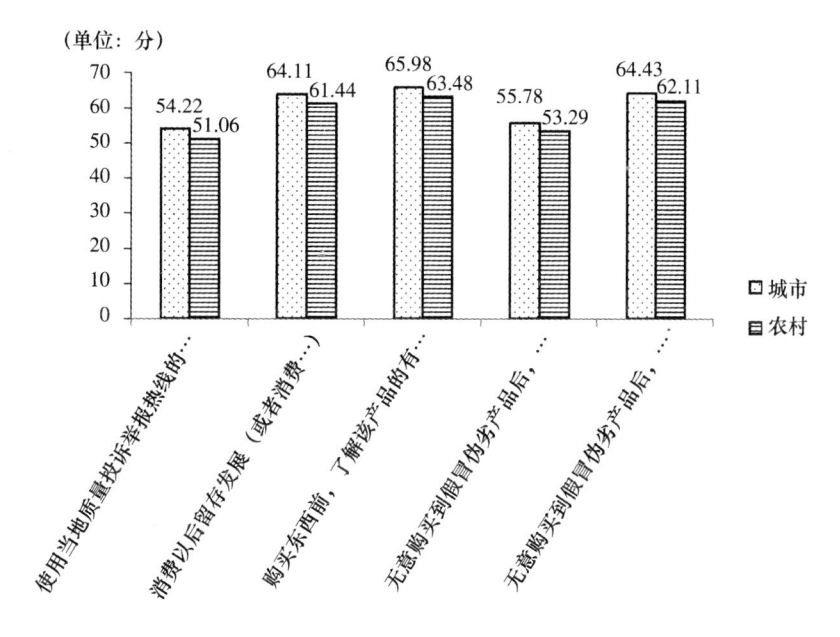

图 12-3　城乡公民质量能力得分

表 12-4　　　　　　城乡公民质量知识得分和差值　　　　　　（单位：分）

质量知识	城市	农村	（城市－农村）差值
对质量标识（如 QS、3C 等）的了解程度	53.61	50.23	3.38
对常用质量知识的掌握程度	59.21	56.22	2.99
对所在单位质量保障能力的评价	61.35	58.77	2.58
对质量维权程序的了解程度	56.60	54.32	2.28
对"企业在质量安全中承担首要责任"的认同度	66.42	64.20	2.22
对质量社会组织的了解程度	52.92	50.87	2.05
消费者个人素质对于质量的重要性	65.48	63.65	1.83

从质量知识的差值上可以看出，城市公民掌握质量基本知识的得分偏低，但是农村公民的该项指标得分更低，并且与城市公民的差值较大，说明城乡公民的质量知识存储量太少，其中城乡公民对于质量标识了解程度的差值最大，说明城乡公民亟须提高质量知识，尤其是农村公民。"对质量社会组织的了解程度"指标的差值最小，但得分非常低，说明城乡公民都不太了解质量社会组织，质量社会组织应当进一步发挥其社会作用。

(单位：分)

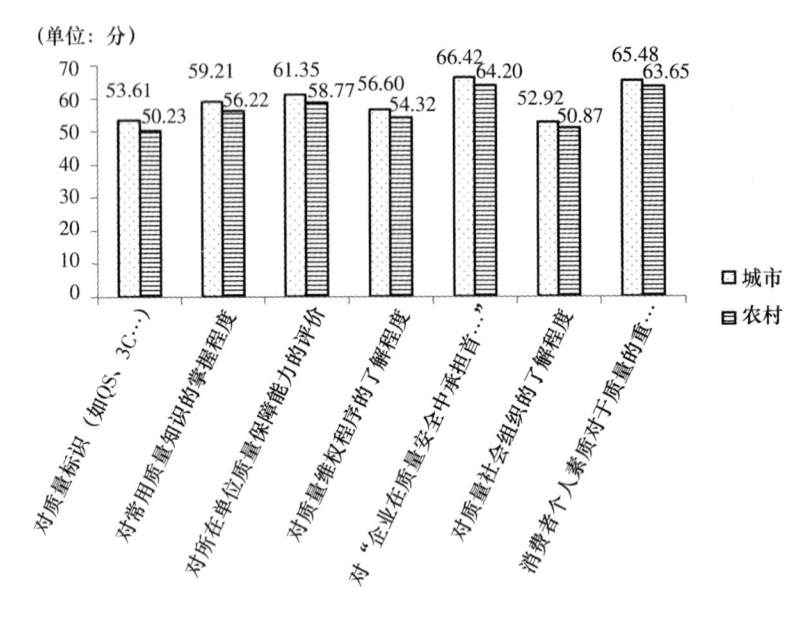

图 12-4　城乡公民质量知识得分

（三）公民的文化程度与质量素质之间存在较为明显的线性关系

表 12-5　　　　　　　不同文化程度公民的质量素质　　　　　（单位：分）

文化程度 项目	研究生及以上	大学	大专	中专、中技、职高	高中	初中	小学	文盲或半文盲
总体	60.70	60.53	60.11	61.11	59.23	58.13	55.72	55.19
意识	60.38	61.05	61.04	62.16	60.19	61.04	58.96	58.81
知识	60.07	59.58	59.11	60.11	57.94	55.94	53.06	53.64
行为	62.07	61.23	60.48	61.43	59.75	57.01	54.48	51.60

由表 12-5 可知，总体而言，文化程度与居民总体质量素质呈现出正相关的关系，即居民的文化程度越高，总体质量素质也越高，尤为突出的是中专、中技、职高类文化程度的消费者，可能与他们较早踏入社会，接触实用性、技能型知识有关，因此总体质量素质较高。

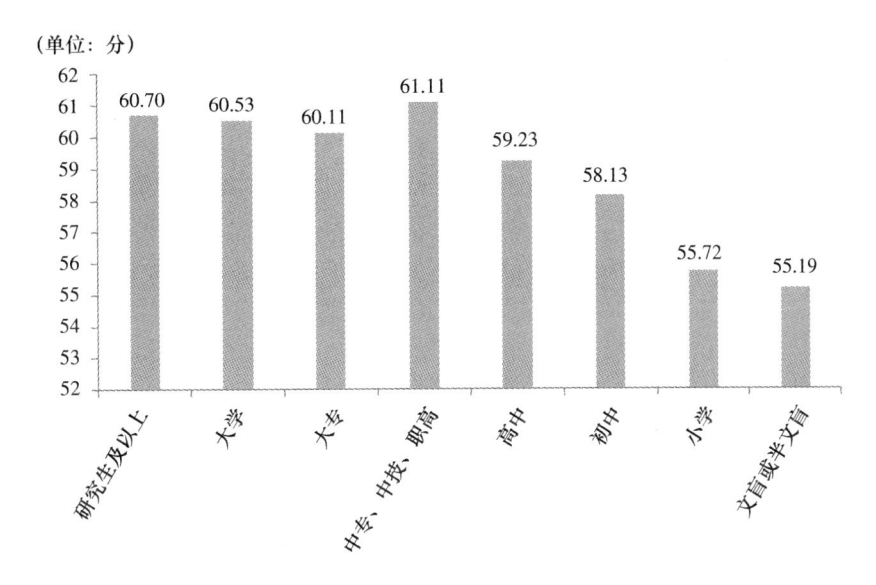

图 12-5　文化程度与居民总体质量素质的关系

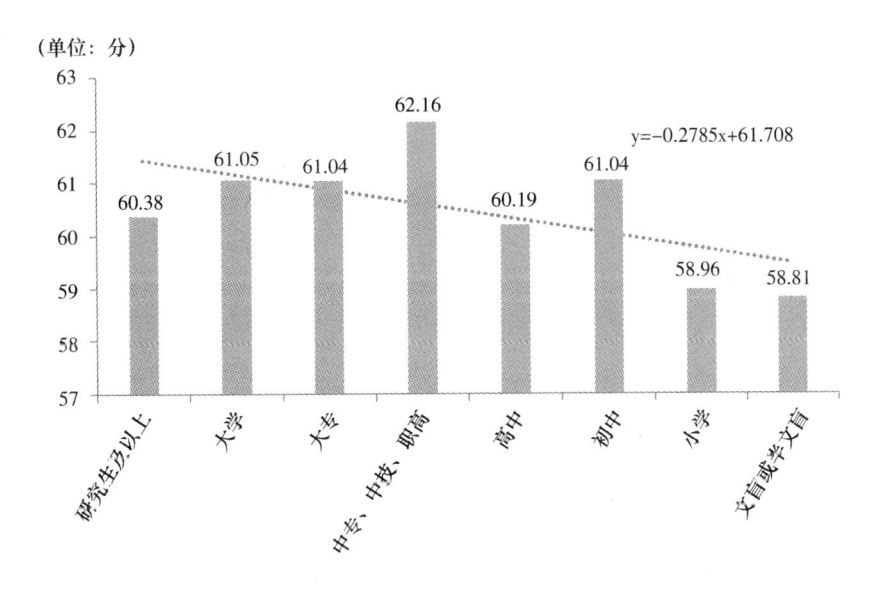

图 12-6　文化程度与质量意识的关系

如图 12-6 所示，可以看到不同文化程度的消费者在质量意识方面呈现出普遍性特点，即无论消费者的文化程度高低，其对于质量意识的分值都在及格线左右浮动，差异不大，反映出消费者一般都拥有较高的质量意识，在市场交易的过程中认同"高质量的产品应付出高价"这一说法，留意和观察产品的质量优劣，并且会基于自身的质量意识采取一定的行动，比如，购买前主动了解产品的有关质量信息，在消费以后主动留存发票，在无意购买到假冒伪劣后更多消费者选择退货。

(单位：分)

y=-1.0624x+62.212

研究生及以上 60.07　大学 59.58　大专 59.11　中专、中技、职高 60.11　高中 57.94　初中 55.94　小学 53.06　文盲或半文盲 53.64

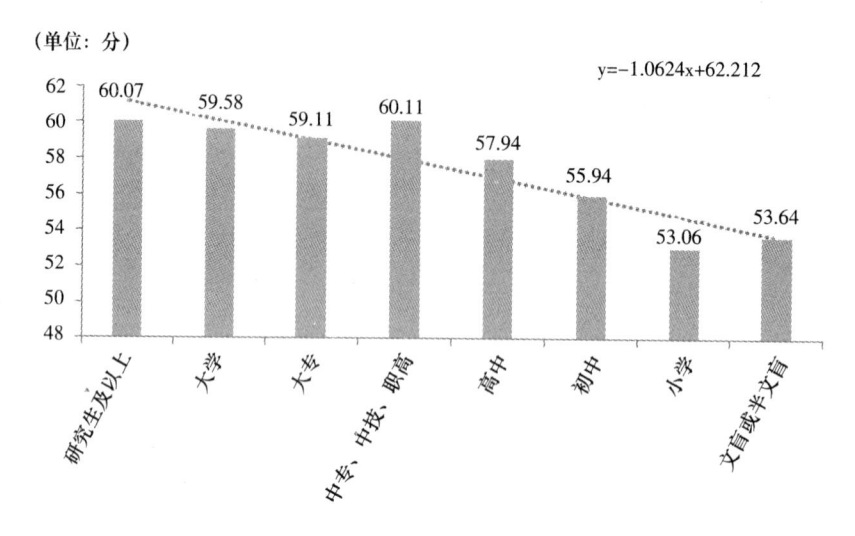

图 12-7　文化程度与质量知识的关系

(单位：分)

y=-1.4181x+64.886

研究生及以上 62.07　大学 61.23　大专 60.48　中专、中技、职高 61.43　高中 59.75　初中 57.01　小学 54.48　文盲或半文盲 51.60

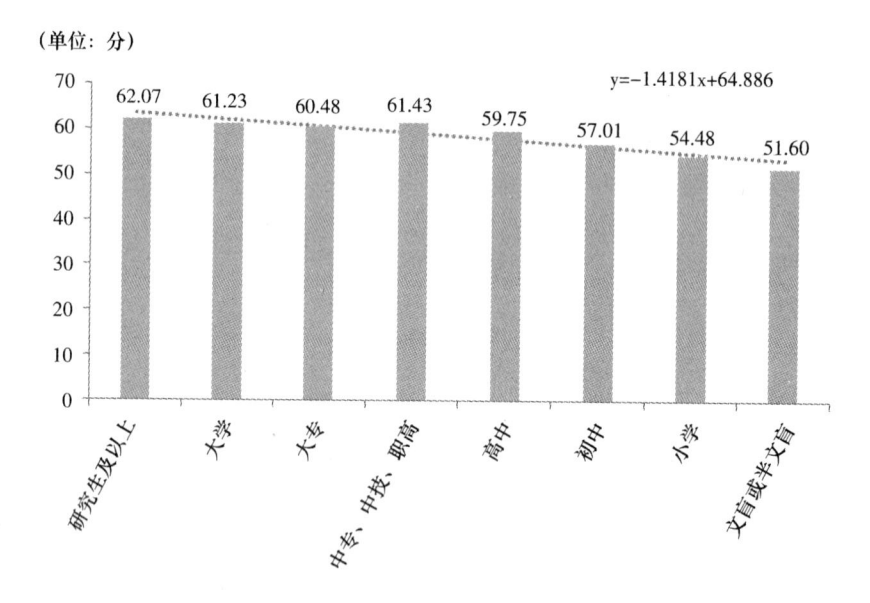

图 12-8　文化程度与质量能力的关系

但是在质量知识和质量能力两个方面，不同文化程度的消费者表现出不一样的特征，文化程度中专水平的消费者在质量知识方面的得分最高，与他们较早接受专业性技能知识培训、学习并进入工作岗位有关。尤其突出的是，文化程度对于质量行为的影响尤为显著，研究生及以上的消费者在质量能力方面表现最好，最具有行动力，能够通过事前搜集相关质量信息、事后质量维权追诉等自身的一些质量行为保证实现期望的质量水平，但是高中及高中以下消费者的质量行为得分较低，并且随文化程度的降低依次递减。总体而言，在意识和能力的背后都存在自身质量知识的短板，各文化程度的消费者普遍对很多质量基础知识还不是很了解，即使拥有很强烈的质量意识和行动能力，缺乏质量知识的支撑也往往对产品的质量特征难以进行辨别，也难以更为有效地维护自身的合法权益。因此，通过本次调查可以发现，目前我国消费者的质量知识是公民质量素质的主要短板。

如图12-5至图12-8所示，通过观察可以看到，公民的文化程度与质量素质之间有较为明显的线性关系，文化程度与公民的质量素质整体上呈文化程度越高质量素质越高的趋势，因此可以认为，公民的文化程度本身会影响其自身的质量素质。文化程度与公民的质量意识、知识、行为之间也呈现相同趋势，说明文化程度的提升会带来公民质量意识、知识和行为的提升。通过图12-6至图12-8所标识出的趋势线及其公式可以看到，文化程度与质量意识的趋势线方程为$y=-0.2785x+61.708$，文化程度与质量知识的趋势线方程为$y=-1.0624x+62.212$，文化程度与质量能力的趋势线方程为$y=-1.4181x+64.886$。根据其斜率可以得出，文化程度的提升所带来的相应质量能力的提升作用更为明显，而对质量知识的影响次之，对质量意识的提升所带来的影响最小。说明公民本身的文化素质对质量能力的提升起着最为显著的作用。同时质量意识受到文化程度的影响作用较小，说明质量意识的提升不一定需要依靠文化程度的提升，通过相关的专门质量知识学习也可以提升自身的质量意识，保护自身的质量权益。

（四）质量知识对质量能力具有显著性影响

表 12-6　　　　　　　　公民质量素质各指标相关系数矩阵

	质量意识	质量知识	质量能力
质量意识	1.0000		
质量知识	0.7567	1.0000	
质量能力	0.5530	0.6685	1.0000

表 12-7　公民质量能力估计方程（被解释变量质量能力得分）

	参数估计值	标准误	t	P 值
质量意识	0.1409	0.0181	7.7800	0
质量知识	0.6789	0.0178	38.1200	0
年龄	-0.0086	0.0157	-0.5500	0.5840
居住地（城市=0；农村=1）	-0.0242	0.0403	-0.6000	0.5470
文化程度	-0.0356	0.0117	-3.0500	0.0020
家庭月平均收入	0.0022	0.0082	0.2700	0.7850
常数项	1.3152	0.0928	14.1700	0

为了进一步地分析公民质量素质的内部结构，表 12-6 给出了公民质量素质三个方面的相关系数矩阵，该表显示，公民的质量意识和质量知识呈现出明显的正相关关系，在社会范围内普及质量知识，对于提高消费者的质量意识，具有显著的意义。

二　区域结构分析

（一）东部地区的公民质量素质整体上高于中部、西部地区

表 12-8　东、中、西部地区的公民质量素质得分和排名

质量素质	得分	排序
东部	61.46	1
中部	59.45	2
西部	58.43	3

东、中、西部地区的公民质量素质总体上呈现出东部最高、中部地区其次、西部地区最后的特征，仅东部地区的公民质量素质得分位于及格线以上，为 61.46 分；中部、西部地区的公民质量素质的分值分别为 59.45 分、58.43 分，处于"不及格"水平。

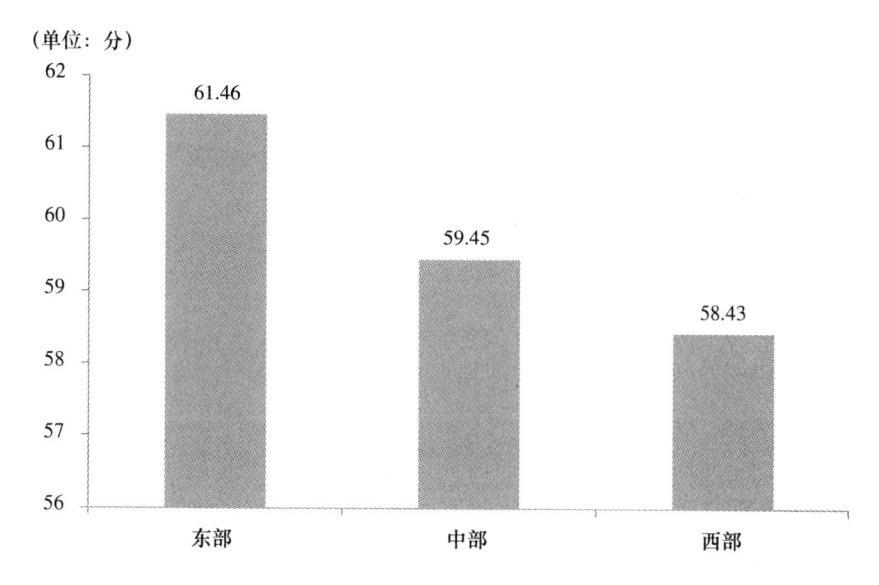

图 12-9 东、中、西部地区的公民质量素质得分

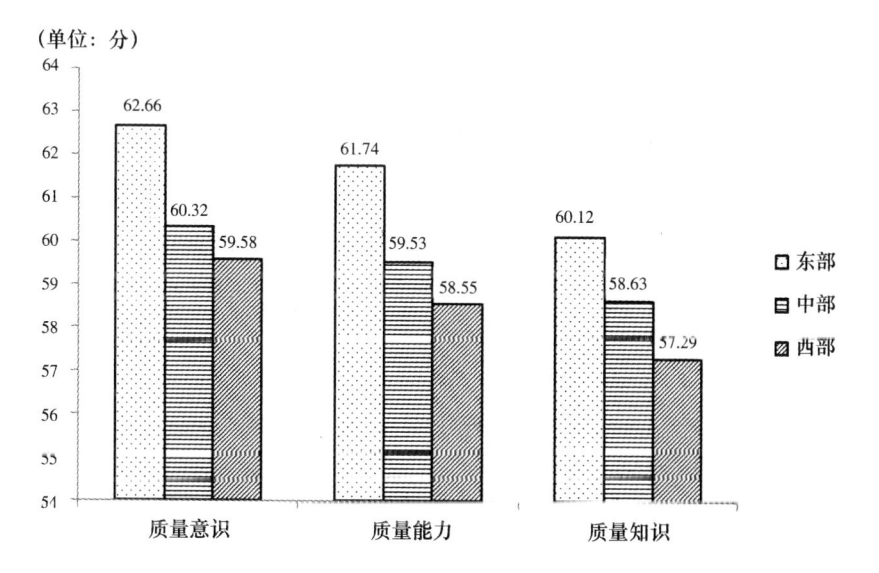

图 12-10 东、中、西部地区的公民质量素质得分柱状图

(单位：分)

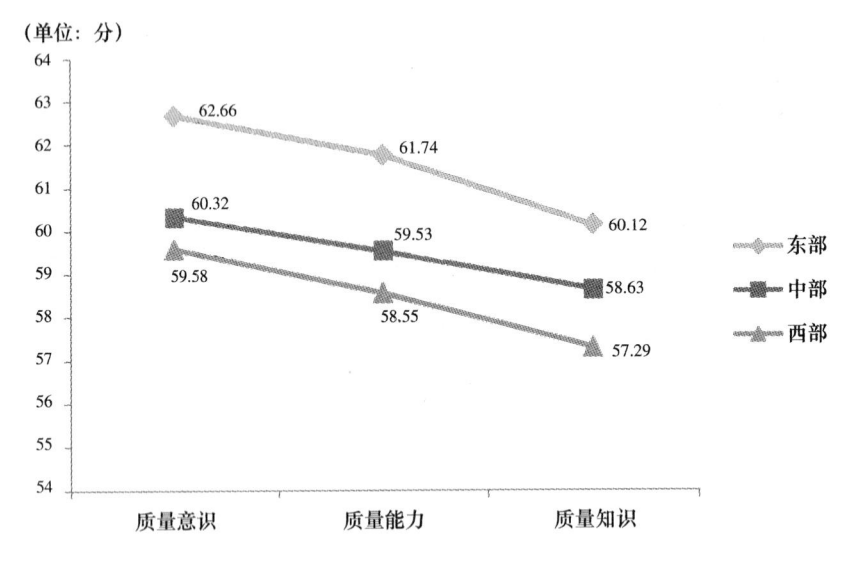

图 12-11　东、中、西部地区的公民质量素质得分折线图

从质量意识、质量能力、质量知识的总体得分看，东部地区三项得分均在 60 分以上，相较中、西部地区显著领先，西部地区三项得分均在 60 分以下，处于"不及格"水平。质量意识得分东部地区高于西部地区 3.08 分，质量能力得分东部地区高于西部地区 3.19 分，质量知识得分东部地区高于西部地区 2.83 分，差距显著。中部地区仅质量意识一项得分为 60.32 分，处于"及格"水平，质量能力与质量知识得分在 58—60 分，为"不及格"水平。

表 12-9　　　　东、中、西部地区的公民质量意识得分　　　（单位：分）

	西部	中部	东部
本地区企业对质量信用的重视程度	58.13	59.06	61.22
宁愿多花费精力，也不投机取巧的可能性	58.54	59.89	62.24
大家对标准和流程的重视程度	58.12	58.91	61.63
企业对员工质量素质的投入情况（培训、管理等方面）	59.03	59.13	62.63
工作和生活中大家自觉进行检查的可能性	57.63	58.48	60.39
在工作和生活中大家经常考虑事情后果或影响的可能性	61.31	61.30	63.47
对"高质量的产品，应付出更高的价格"这一说法的认同程度	64.30	65.48	67.06

(单位：分)

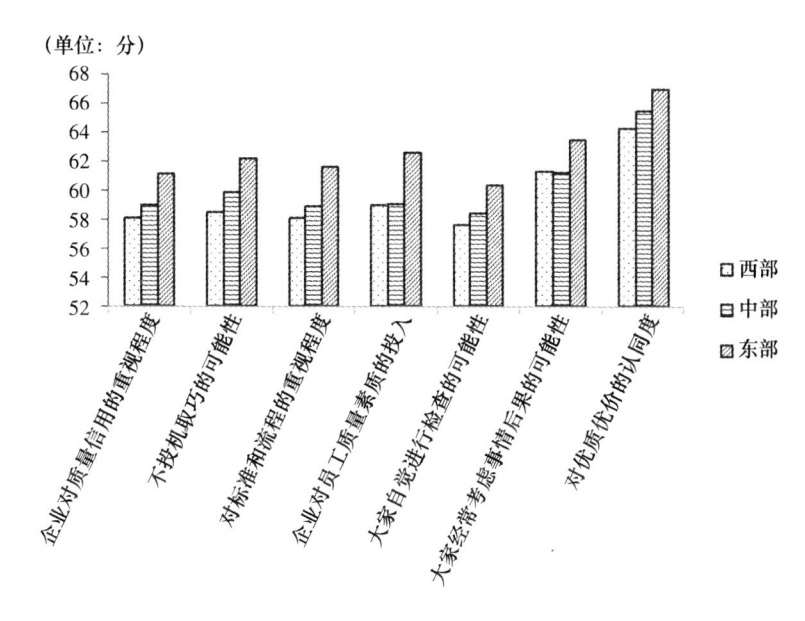

图 12-12　东中西部地区的公民质量意识柱状图

具体分析东、中、西部地区公民质量素质的内部结构，质量意识 7 项指标均东部地区均高于中部、西部地区，且指标得分均在 61—68 分，7 项指标的得分全部及格，及格率为 100%；中部、西部地区 7 项指标中分别只有 2 项得分在 60 分以上，及格率为 28.57%。数据表明东部地区的公民质量意识要强于中部、西部地区，即东部地区的消费者有更为强烈的质量意识来保障自身权益不受侵犯，而且也更为积极主动地防止自身免受质量伤害。

表 12-10　　　　　东、中、西部地区的公民质量能力得分　　　（单位：分）

	西部	中部	东部
购买东西前，了解该产品的有关质量信息的主动性	63.47	65.40	66.66
无意购买到假冒伪劣产品后，会举报的可能性	53.75	53.41	57.45
无意购买到假冒伪劣产品后，您会退货的可能性	61.56	64.42	65.64
消费以后留存发票（或者消费依据）的主动性	61.49	62.53	64.44
使用当地质量投诉举报热线的主动性	52.51	51.92	54.51

(单位：分)

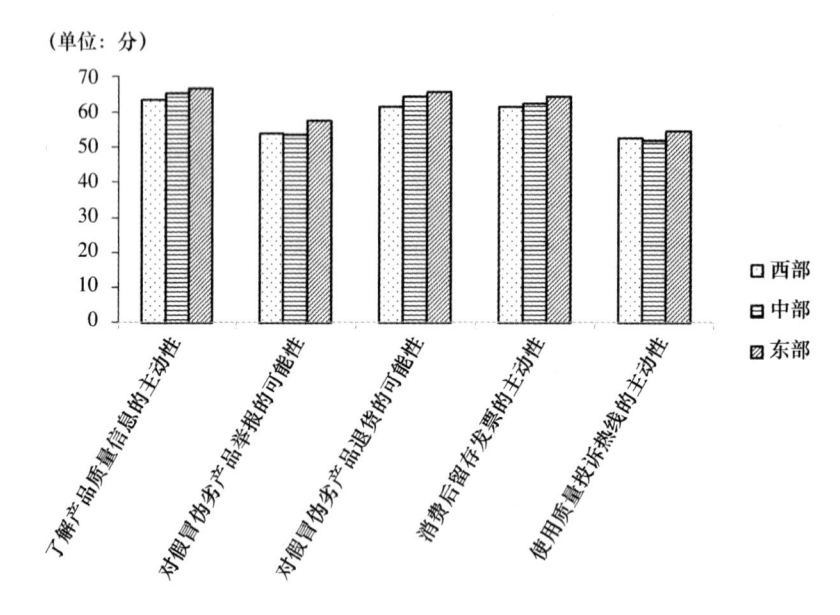

图 12-13　东、中、西部地区的公民质量能力柱状图

质量能力 5 项指标东部地区得分均高于中部、西部地区，说明东部地区的消费者在保障自身的质量权益，以及通过何种途径和方式来保护自己的质量权益等质量能力上要强于中部、西部的消费者。

表 12-11　　　　　东、中、西部地区的公民质量知识得分　　　　（单位：分）

	西部	中部	东部
对常用质量知识的掌握程度（如辨别真假常识、化学成分的危害性等）	57.36	58.20	59.96
对质量社会组织的了解程度	50.13	53.03	54.07
对质量标识（如 QS、3C 等）的了解程度	50.29	53.55	53.95
对所在单位质量保障能力的评价	59.38	60.44	62.09
对"企业在质量安全中承担首要责任"的认同度	65.10	65.25	66.72
对质量维权程序的了解程度	54.85	55.94	57.33
消费者个人素质对于质量的重要性	63.96	63.98	66.75

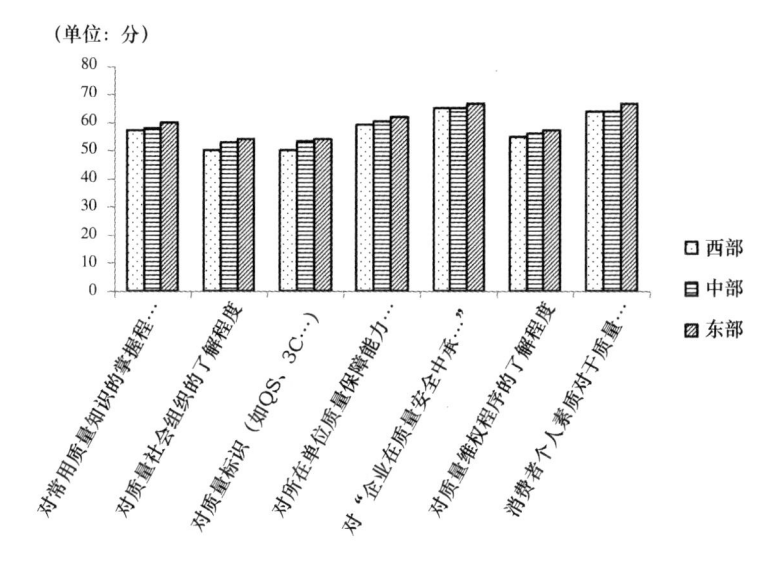

图 12-14 东中西部地区的公民质量知识柱状图

质量知识 7 项指标东部地区与中部地区及格率均为 42.86%，西部地区及格率为 28.57%。这表明西部地区的消费者质量知识尤为匮乏，亟须补缺。具体分析质量知识，东部、中部、西部地区消费者的质量知识能力短板较为一致，主要还是在一些日常的具体的质量知识，而这些质量基础知识需要大量的外部的信息输入才能形成，这也需要政府、社会组织、企业、公民各方的努力才能加以提升。

（二）区域公民质量素质与 GDP 正相关

表 12-12 不同省份的公民质量素质得分（排名前十）和 GDP

省份	得分	排名	2014 年 GDP（亿元人民币）
天津市	69.00	1	15722.47
福建省	64.61	2	24055.76
山东省	64.04	3	59426.60
江苏省	63.30	4	65088.32
辽宁省	62.29	5	28626.58
浙江省	62.26	6	40153.50
河南省	62.02	7	34939.36
陕西省	61.06	8	17689.94
上海市	60.96	9	23560.94
青海省	60.90	10	2301.12

注：排名范围为省和自治区。

(单位：分)

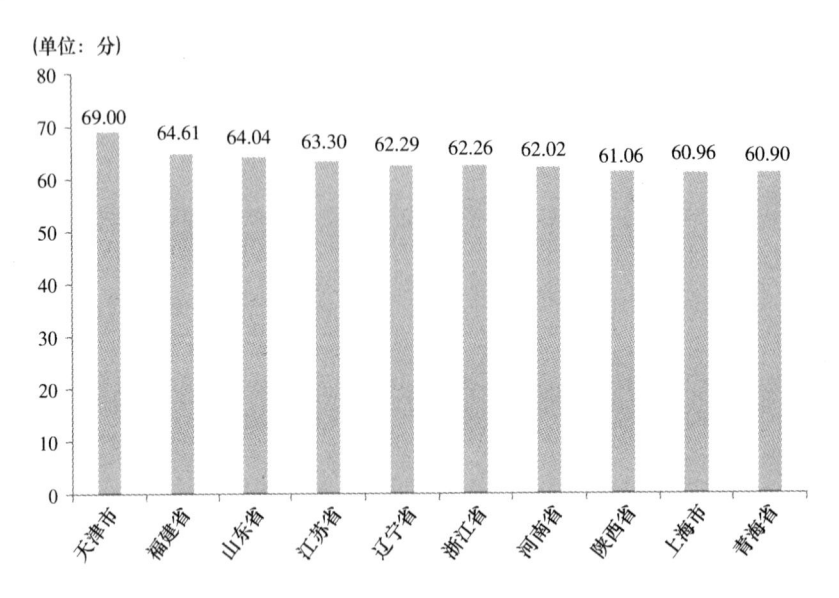

图 12-15　不同省份的公民质量素质得分（排名前十）

天津市 69.00　福建省 64.61　山东省 64.04　江苏省 63.30　辽宁省 62.29　浙江省 62.26　河南省 62.02　陕西省 61.06　上海市 60.96　青海省 60.90

根据公民质量素质指数的高低，对省份（含自治区，不含直辖市）进行排名。公民质量素质排名前十的省份依次是天津、福建、山东、江苏、辽宁、浙江、河南、陕西、上海和青海。从排名和得分来看，公民质量素质呈现明显的区域性特征，质量素质较高的公民主要集中在东部和中部地区，排名前十的省份中，东部和中部地区占了 8 个席位，包括天津、福建、山东、江苏、辽宁、浙江、河南、上海。与西部地区相比，东部和中部地区的经济水平较高，公民的质量需求较高，质量素质也相应较高。

为了进一步验证区域公民质量素质和经济发展水平的关系，将公民质量素质指数与该区域 2014 年国内生产总值（GDP）进行相关性检验，结果显示：不同省份的公民质量素质与该省份的国内生产总值 GDP 的相关性系数为 0.65，两者为正相关关系；不同城市的公民质量素质与该城市的国内生产总值 GDP 的相关性系数为 0.58，两者为正相关关系。即国内生产总值越高，该省份的公民质量素质也就越高。

三　回归分析

（一）收入较高的消费者对本区域居民质量素质评价更高

表 12-13 表明，在对本区域居民质量素质的总体评价方面，收入对

于居民质量素质的评价影响是最为显著的,收入较高的消费者对本区域居民质量素质有着更高的评价。收入水平是消费者消费能力的体现,是经济发展的重要指标,因而对于居民质量素质有着重要的影响。

表 12-13 对本区域居民质量素质的总体评价的回归结果

解释变量	参数估计值	标准误	z 统计量	P 值
性别（男性＝0；女性＝1）	－0.033	0.027	－1.210	0.227
年龄	0.004	0.013	0.330	0.739
居住地（城市＝0；农村＝1）	0.012	0.033	0.360	0.720
文化程度	－0.010	0.010	－1.020	0.309
职业类型	0.008	0.009	0.890	0.372
家庭收入	0.031	0.007	4.700	0

被解释变量：对区域质量意识的评价

（二）文化程度高的消费者对优质优价的认同度较高

表 12-14 对优质优价的认同度的回归结果

解释变量	参数估计值	标准误	z 统计量	P 值
性别（男性＝0；女性－1）	0.033	0.027	－1.230	0.220
年龄	0.027	0.013	2.090	0.037
居住地（城市＝0；农村＝1）	0.020	0.033	0.590	0.556
文化程度	－0.029	0.010	－3.070	0.002
职业类型	0.015	0.009	1.680	0.093
家庭收入	0.042	0.007	6.310	0

被解释变量：对优质优价的认同度的回归结果

优质优价的市场机制是质量治理最为基础的制度基础,一个地区的公民对于优质优价的认同度一定程度上反映了该地区优质优价的市场意识水平。对于优质优价的认同度是消费者质量意识的重要方面,只有认同这一观念才有选择优质产品的内在动机。对优质优价的市场意识的回归结果表明，消费者个体特征中文化程度、家庭收入两个变量的效应最为显著，而性别、年龄、居住地的影响不显著。在控制其他变量后，文化程度高的消费者对于优质优价的认同度显著高于文化程度较低的消费者。收入水平对于优质优价的认同度影响最为显著，相对于低收入的消费者，高收入的消费者面对高价的产品更具备消费能力和选择能力，能够促进高收入的消费者对于优质优价的认同度。

（三）男性对常用质量知识的掌握程度显著高于女性

表 12-15　　　　　对常用质量知识的掌握程度的回归结果

被解释变量：对常用质量知识的掌握程度的回归结果			
解释变量	参数估计值	标准误	z 统计量	P 值
性别（男性 =0；女性 =1）	-0.062	0.027	-2.290	0.022
年龄	-0.023	0.013	-1.780	0.075
居住地（城市 =0；农村 =1）	-0.058	0.033	-1.730	0.083
文化程度	-0.027	0.010	-2.830	0.005
职业类型	0.033	0.009	3.820	0
家庭收入	0.032	0.007	4.730	0

表 12-15 回归结果表明，除年龄和居住地外，性别、文化程度、职业类型、家庭收入均显著影响居民对常用质量知识的掌握程度。具体分析回归结果，男性对于常用质量知识的掌握程度比女性更好。从文化程度的角度分析，居民文化程度越高，对于常用质量知识的掌握程度越高，这也表明居民的质量知识可以在受教育中获取，提高居民常用质量知识的掌握程度可以从宣传教育入手，以相关的质量知识为重点，针对教育对象合理安排质量知识范围和层次，重点进行基本质量知识的宣传教育，促进公民整体质量素质的提高。

（四）收入水平高的消费者在购买到假冒伪劣产品后更有可能采取举报或退货行为

表 12-16　　举报行为的回归结果

解释变量	参数估计值	标准误	z 统计量	P 值
性别（男性=0；女性=1）	-0.072	0.027	-2.660	0.008
年龄	-0.004	0.013	-0.300	0.764
居住地（城市=0；农村=1）	-0.046	0.033	-1.400	0.162
文化程度	-0.018	0.010	-1.900	0.058
职业类型	0.021	0.009	2.380	0.017
家庭收入	0.024	0.007	3.600	0.000

被解释变量：对购买到假冒伪劣产品后会举报的回归结果

表 12-16 表明，年龄、居住地和文化程度对于居民购买到假冒伪劣产品后会否举报的影响不大，性别和收入对居民购买到假冒伪劣产品后会否举报的影响最为显著。从性别角度分析，男性购买到假冒伪劣产品后会举报的可能性更高。从收入角度分析，家庭收入越高，居民购买到假冒伪劣产品后会举报的可能性越高，这也从侧面印证了居民收入越高，质量意识越强。

表 12-17　　退货行为的回归结果

解释变量	参数估计值	标准误	z 统计量	P 值
性别（男性=0；女性=1）	-0.024	0.027	-0.880	0.377
年龄	-0.008	0.013	-0.610	0.544
居住地（城市=0；农村=1）	-0.033	0.033	-1.000	0.319
文化程度	-0.022	0.010	-2.310	0.021
职业类型	0.023	0.009	2.630	0.009
家庭收入	0.021	0.007	3.210	0.001

被解释变量：对购买到假冒伪劣产品后会退货的回归结果

表 12-17 的回归结果表明，性别、年龄、居住地对于居民购买到假

冒伪劣产品后会退货的影响不显著，文化程度、职业类型和家庭收入对购买到假冒伪劣产品后会否退货的影响较为显著。居民文化程度越高，购买到假冒伪劣产品后会退货的可能性越大；居民家庭收入越高，购买到假冒伪劣产品后会退货的可能性越大。这表明居民的受教育程度和收入水平与质量意识呈正相关关系，提高居民受教育程度有利于促进居民质量意识的提升。

（五）文化程度高的消费者更可能在消费前主动了解质量信息且质量行为能力更强

表 12-18　　　　　　消费者主动了解质量信息的回归结果

被解释变量：对购买前主动了解质量信息的回归结果				
解释变量	参数估计值	标准误	z 统计量	P 值
性别（男性 = 0；女性 = 1）	0.030	0.027	1.120	0.264
年龄	-0.017	0.013	-1.300	0.195
居住地（城市 = 0；农村 = 1）	-0.024	0.033	-0.710	0.480
文化程度	-0.036	0.010	-3.790	0.000
职业类型	0.024	0.009	2.730	0.006
家庭收入	0.033	0.007	4.880	0.000

表 12-18 的回归结果表明，性别、年龄、居住地对于居民在购买东西前主动了解产品质量信息的影响不太显著，文化程度、职业类型、家庭收入等因素对于居民在购买东西前主动了解产品质量信息的影响相当显著。消费者文化程度越高，了解产品质量信息的主动性越强烈。家庭收入越高，了解产品质量信息的主动性越强烈。受教育程度越高，质量维权行为能力越强，与此同时高收入消费者更加注重质量行为能力的实施，这表明居民的文化程度、家庭收入状况与质量能力呈正相关关系，提高居民受教育程度有利于促进居民质量能力的提升。

表 12-19　　　　　消费者使用投诉举报热线的回归结果

被解释变量：对主动使用投诉举报热线的回归结果

解释变量	参数估计值	标准误	z 统计量	P 值
性别（男性 = 0；女性 = 1）	-0.070	0.027	-2.560	0.010
年龄	0.007	0.013	0.520	0.605
居住地（城市 = 0；农村 = 1）	-0.070	0.033	-2.090	0.036
文化程度	-0.029	0.010	-2.990	0.003
职业类型	0.012	0.009	1.430	0.154
家庭收入	0.019	0.007	2.880	0.004

回归结果表明，年龄和职业类型对于居民购买到假冒伪劣产品后主动使用投诉举报热线的影响并不显著，性别、文化程度、家庭收入对于居民购买到假冒伪劣产品后主动使用投诉举报热线的影响较为显著。男性比女性更可能主动使用投诉举报热线，而且高收入者对购买到假冒伪劣产品后主动使用投诉举报热线的影响较为显著。居民文化程度越高，购买到假冒伪劣产品后会投诉举报的可能性越大。居民家庭收入越高，购买到假冒伪劣产品后会退货的可能性越大。这表明居民的性别、受教育程度和收入水平与质量行为能力呈正相关关系，提高居民受教育程度有利于增强居民质量能力。

第五篇

我国质量发展的趋势分析及政策建议

第十三章 我国总体质量与经济增长的波动高度一致

一 特征事实

(一) 经济增长质量随着经济增长速度的下滑而下降

表13-1　　2014年与2013年总体质量评价对比　　(单位：分)

	2013年	2014年	2014年与2013年差值
质量安全	65.89	65.34	-0.55
质量素质	65.76	59.70	-6.06
质量满意	64.51	60.52	-3.99
经济发展质量	60.08	58.81	-1.27
质量公共服务	57.82	56.66	-1.16
总得分	63.74	60.69	-3.05

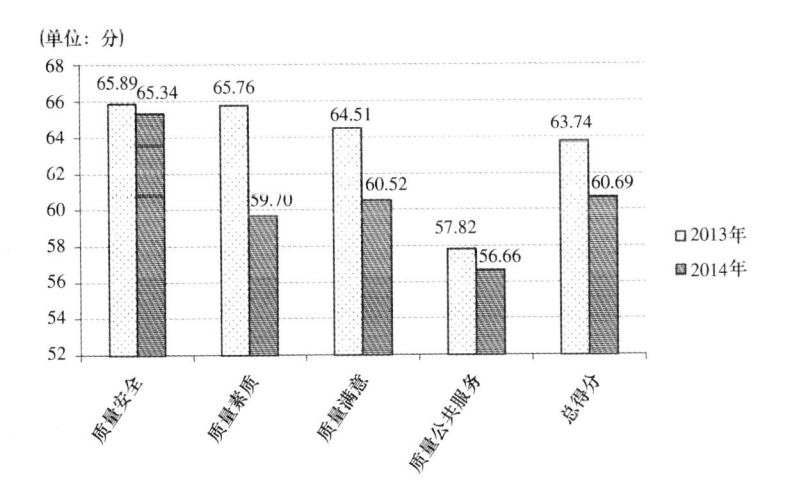

图13-1　2014年与2013年总体质量评价对比

2014年我国GDP的增速为7.4%，较2013年GDP增速7.7%相比下降了0.3%。表13-1和图13-1均表明我国2014年的总体质量评价较2013年有一定程度的下降，下降了4.8%左右。总体质量评价的四个维度质量安全、质量素质、质量满意、质量公共服务评价均有一定程度的下降。其中公民质量素质评价下降的幅度较大，与2013年相比，2014年公民质量素质下降了约9.2%。随着我国宏观经济增速的下降，我国质量总体评价也出现了下降的趋势。这表明，总体质量评价作为一个主观的评价，与中国经济发展的客观指标有着紧密的联系，可以准确地预测和反映客观指标的变化，也可以作为对我国经济发展预测的一项重要指标。

（二）区域经济发展与区域产品质量满意度高度相关

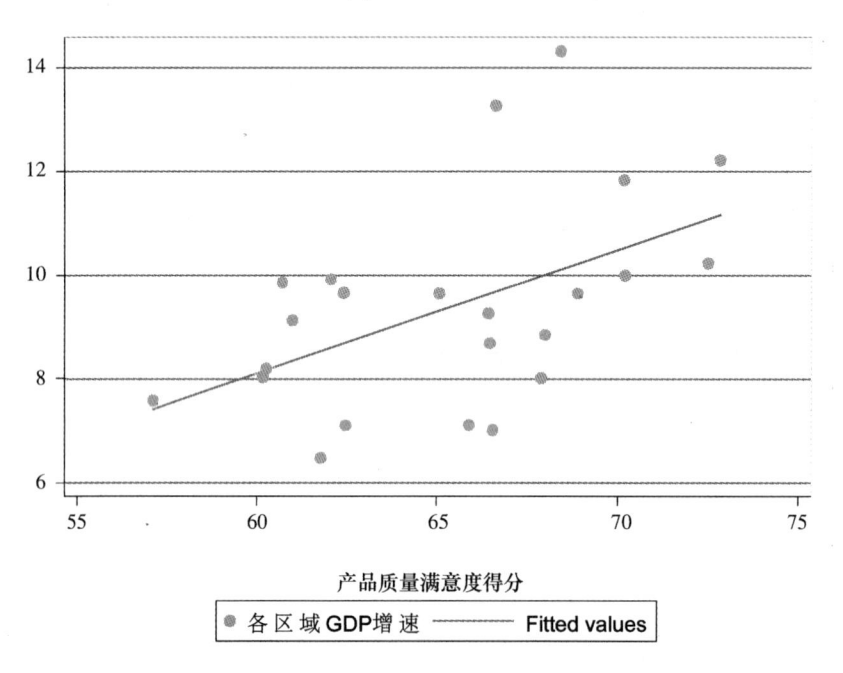

图13-2　各区域2014年GDP增速与区域产品质量满意度关系

图13-2显示一个地区的区域产品质量满意度与该地区的GDP增长率具有明显的相关性，其相关系数为0.22。以上的特征事实表明，质量与经济发展有着紧密的联系，呈现出高度的相关性。质量是实现经济可持续发展的重要推力。而反过来，一个区域的经济发展的好坏对该地区居民对于质量的主观评价也有着重要的影响。因此微观的产品的顾客满意度和区

域质量安全以及质量的公共服务是改善一个地区经济增长的动力结构的一个重要的因素。与此同时，质量总体评价也是反映经济周期的"晴雨表"，与一个区域的经济周期有着紧密的联系。[①]

（三）产品质量满意度在促进区域 GDP 增长上的效应显著

要进一步验证总体质量指数与区域 GDP 增长的关系，则需要控制区域 GDP 受到的诸多复杂因素的影响，如政府固定资产投资、消费者消费和国外资本流入等。[②] 在控制了这些因素以后，如果总体质量指数中三个不同的维度对该地区的 GDP 增长仍然是显著的，那么说明总体质量指数对于经济增长的转化机制是通畅的，也可以说明总体质量指数与经济周期息息相关。否则，说明这种转化机制不通畅。回归分析表明，在控制了投资、消费和进出口因素后，总体质量指数中三个维度对于区域 GDP 的增长仍然存在显著的作用。其中产品质量满意度这一维度的效应比较显著。

构建回归模型：

$$lnGDP_i = \beta_0 + \beta_1 inv_i + \beta_2 cons_i + \beta_a forgn_i + \beta_4 TQI_{ki} + \mu_i$$

其中被解释变量 $lnGDP$ 代表区域 GDP 增长的对数，解释变量 inv 代表政府固定资产投入，$cons$ 代表消费者消费，$forgn$ 代表国外资本流入，TQI 代表不同维度的质量评价指数。采用的是对数—水平模型，解释变量每增长 1 个单位，所能带来的被解释变量的百分比变动量为 $100\beta_k\beta_k$。

表13-2 不同维度质量评价指数对区域 GDP 增速的回归结果

被解释变量：区域 GDP 增速			
解释变量	参数估计值	标准误	T 统计量
产品质量安全	0.00135*	0.115	1.18
产品质量满意度	0.00212***	0.074	2.86
质量公共服务	0.00156**	0.078	1.98

注释：*、**、*** 分别代表在 10%、5%、1% 的显著水平上显著。为了结果呈现的简洁性，没有将模型中的投资、消费等变量的回归结果放在表格中。

[①] 程虹、陈昕洲、罗连发：《质量强国若干重大问题研究》，《宏观质量研究》2013 年第 2 期。

[②] 林毅夫：《经济发展与转型：思潮、战略与自身能力》，北京大学出版社 2008 年版。

回归结果显示，总体质量指数的三个维度对于区域的 GDP 增长均有不同程度的贡献，其中产品质量安全每增长 1 分，区域 GDP 的增长将提高 0.135 个百分点；质量公共服务每增长 1 分，区域 GDP 的增长将提高 0.156 个百分点；而对于一个地区 GDP 增长贡献最大的是消费者关于产品质量的满意度，其变动 1 分，将对区域 GDP 的增长率造成 0.212 个百分点的变动。

以上各弹性系数的结果表明，消费者对于该地区的产品质量评价直接反映了区域的经济发展情况；努力加强对于以产品质量评价满意度为主的质量水平，是实现区域 GDP 持续增长的关键。[1] 这也间接反映了总体质量指数与经济周期高度相关。

二 理论分析

（一）产品质量提升了要素的投入产生效率

随着企业要素结构的变化，有形资产的相对贡献率在逐步减弱，而以技术等要素为形态的无形资产的贡献率在不断提升。顾客对于质量的满意度对企业的经营绩效具有决定性的影响，而顾客的购买则来自于对产品的满意程度。质量满意能降低产品的价格弹性，增加利润率，为企业提供质量改进的保证。如果顾客不满意，就可能导致原有顾客的流失，由于企业吸引竞争对手的顾客的成本较高，使得获得顾客的成本进一步增加。[2] 相反，满意的顾客更愿意为产品和服务支付成本，而且更有可能承受价格上涨的影响，这就意味着他们为企业带来高回报率和顾客忠诚度。同时，顾客满意度高的企业，将投入较少的资源去处理退货、不合格产品的返工等问题，从而减少维修成本。因而，价格弹性的降低和维修成本的降低都能带来利润的增加，而利润的增加又促使企业提供更优质的产品与服务，使得质量满意度进一步上升，造成两者之间相互变动的关系。

---

[1] Lin Ka., "A Methodological Exploration of Social Quality Research: A Comparative Evaluation of the Quality of Life and Social Quality Approaches", *International Journal*, Vol. 18, 2013, pp. 194—207.

[2] 程虹:《宏观质量管理》，湖北人民出版社 2009 年版。

（二）对质量满意度的评价可以反映宏观经济变动

顾客质量满意度指标之所以能够成为判断宏观经济的重要指标，是因为：第一，宏观经济发展的好坏，从根本上来说，评价的最终主体只能是消费者，也就是顾客。每一次宏观经济的变动，都可以从需求的变化得到准确的观测。正是因为消费者需求的下降，才反映出宏观经济的下滑，以及宏观经济走势的衰退。宏观经济的下滑，实质上就是宏观经济在质量问题上的最直观反映，而经济的下滑又主要是由消费者需求的下降而引起的。而顾客质量满意度正好可以观测和预测消费者需求的变动。第二，质量满意度指数是通过科学的统计抽样，能够比较完整地覆盖一个国家各个领域的满意度测量。基于顾客质量满意度指数的总量结果，可以清晰地观测到不同行业和不同区域产出变动的趋势状态。第三，宏观经济发展的好坏，在很大程度上取决于投入产出的变化，以及经济结构的状态。质量满意度的下降，必然导致社会对未来投资预期的变化，投资主体会主动地减少投资，消费者也会减少货币的支出，从而导致宏观经济运行质量的下降。消费者集中消费的某些产业领域，也会提升相关产业的发展，从而改善宏观经济的总体产出。综合以上观点，质量满意度指数能够科学地预测宏观经济变动。[1]

三 政策建议

（一）引导企业注重产品质量满意性的提升

面对激烈的市场竞争，企业自身质量信号的重要性日益凸显。[2] 企业应该不断地进行质量上的创新以满足消费者日益多元化与高端化的质量需求。企业将消费者质量满意度的提升摆在第一位，不光使得企业能够获得顾客忠诚度与高回报率，还能够使得企业投入较少的成本去挽回由于质量问题造成的损失，从而降低企业的成本。通过前面的实证分析，证明了企业对于产品满意性的提升和企业产品质量的提升的总体效用要比企业提升

---

[1] 程虹、李丹丹：《加快建设质量强国》，《人民日报》2013 年 7 月 10 日第 7 版。
[2] 程虹、陈昕洲、罗连发：《质量强国若干重大问题研究》，《宏观质量研究》2013 年第 2 期。

产品安全性的效用要大。不断进行质量创新以满足消费者更高的质量需求，不断加强质量自律和质量控制以释放有效的质量信号，将成为企业保持与增强自身竞争力的内生选择。质量满意度要素作为企业的战略，其重要性将越来越强，最终使质量满意度内化为企业主体的自觉追求，形成质量创新的微观基础，并在此微观基础上来驱动宏观经济的发展。

（二）以产品质量提升进一步释放经济增长动力

我国的经济发展方式需要进行转变，就应该从消费者对质量的评价入手。如上面的特征事实所显示的一样，消费者关于产品质量的满意度每增加1分，该地区的GDP增速将增长0.21个百分点。以湖北省为例，如果质量满意度得到1分的增长，则将使得湖北省的GDP增加57.26亿元，比起依靠其他资源的投入来拉动GDP，依靠改善产品质量环境来改善GDP是相当划算的，这也充分显示出了市场机制的重要性。经过改革开放35年的发展，我国的市场经济已经得到了长足的发展。但是我国在经济的新常态下，应该对市场经济的机制进行完善。从微观经济的角度来说，对于产品质量的提升不再仅仅是指生产产品的质量控制，譬如说采用六西格玛法来降低产品的废品率；与此相比更重要的应该是将消费者的需求作为第一位，充分满足消费者的个性化与多元化的产品要求。例如美国的苹果公司之所以能够在手机市场称霸，就是因为苹果手机能够紧跟消费者对智能手机的要求，把消费者对于智能手机所有的梦想融于一身，极大地刺激了消费者的消费需求。这就是全要素生产率中的质量创新贡献。德国、瑞士等国家的经济发展均说明，正是无数个不断进行质量创新的产品，实现了国家GDP依靠内生动力进行高水平的增长，从而推动了经济持续的发展。[1] 依靠市场的机制，充分发挥市场对于经济发展的刺激作用，利用微观上产品质量的提升来使得消费者的评价提升。宏观经济的周期变动源于微观主体的变动，要实现宏观经济的可持续发展，政府就应该坚持市场机制，正视消费者对产品的评价。在微观上的产品质量获得全球消费者的高度评价，能够使得我国在经济新常态中面临的难题加以改善。

---

[1] Ma, et al., "Contract Design for Two - stage Supply Chain coordination: Integration Manufacturer - quality and Retailer - marketing Efforts", *International Journal of Production Economic*, Vol. 146, 2013, pp. 766—767.

（三）创新并实施团体标准

企业作为微观质量的供给主体，对宏观经济的发展有着举足轻重的作用，企业进行质量创新的动力的大小将直接影响宏观经济的增长。而团体标准则是不同于传统的宏观经济政策，是从需求的角度来进行宏观经济调整的一项重要创新。[1] 团体标准最大的特点在于标准制定与实施者利益的一致性。它的制定将使得质量创新能够更有活力地被激发，从而带动经济的增长。国家的强大有赖于创新活力的激发，所谓一流企业做标准，就是通过标准的引领激发企业创新的活力。与此同时，我国现有的标准体制也应该得到改革。现有的标准体制使得我国的企业缺乏创造力，仅仅是达成国家标准就认为自己的产品有着高质量，放弃了对创新性和多样性与实用性的标准的追求。而在对2014年和2013年观测报告中的质量总体指数进行分析以后，我们可以明显感受到产品的微观质量水平对于经济的发展有着巨大的影响。而实行团体标准就是提高企业产品质量的一项重要的手段。把实施团体标准作为我国企业今后的改革方向，是我们国家质量治理的一项重要的制度创新，也是我国经济发展的大势所趋。[2]

---

[1] 程虹、刘芸：《利益一致性的标准理论框架与体制创新——"联盟标准"的案例研究》，《宏观质量研究》2013年第2期。

[2] 程虹、陈昕洲、罗连发：《质量强国若干重大问题研究》，《宏观质量研究》2013年第2期。

第十四章　消费者的质量要求呈现不断上升趋势

市场经济是"消费者主权"经济，正是由于消费者需求的引导，以及消费者对产品选择的满意度，促使着整个经济的良性发展。[①] 质量终究要满足消费者的需求，实现消费者效用最大化，同时消费者的需求也对经济发展起着引导作用。在市场经济条件下，消费者需求就是经济运行状况的"晴雨表"，通过消费者需求状况可以较为准确地预测经济发展状况，近三年的全国质量观测数据显示，消费者对质量安全与质量满意度的评价与经济发展状况高度吻合。宏观质量观测是面向消费者的调查，而消费者质量评价是基于其质量预期和质量感知的比较，消费者质量评价下降，说明消费者预期与感知之间的差距加大，消费者对质量的要求逐步提高。2014年质量观测数据显示，产品、服务、工程、环境四大维度的安全性和满意度得分均呈下降态势，这与我国经济增速放缓有关，同时也说明消费者质量预期与质量感知之间的差距加大，对质量的要求逐步提高，现有的质量状况并不能很好地满足消费者的质量需求。

一　特征事实

（一）整体质量有一定程度下降

2014年全国质量观测数据显示，消费者对质量安全和质量满意的评价均呈下降趋势。

如图14-1所示，与2013年全国质量观测数据相比，2014年消费者对质量安全和质量满意得分均有所下降。具体来说，2014年质量安全得分

[①] 程虹：《宏观质量管理》，湖北人民出版社2009年版，第118页。

为 62.75 分，相比 2013 年的 65.89 分下降了 4.8%；质量满意得分为 62.32 分，相比 2013 年的 64.51 分下降了 3.4%。从结构来看，质量安全与质量满意均在及格线之上，质量安全得分依然高于质量满意的得分，说明消费者更加注重产品与服务对自己个性化、多样化需求的满足，而不仅仅是安全性的满足。

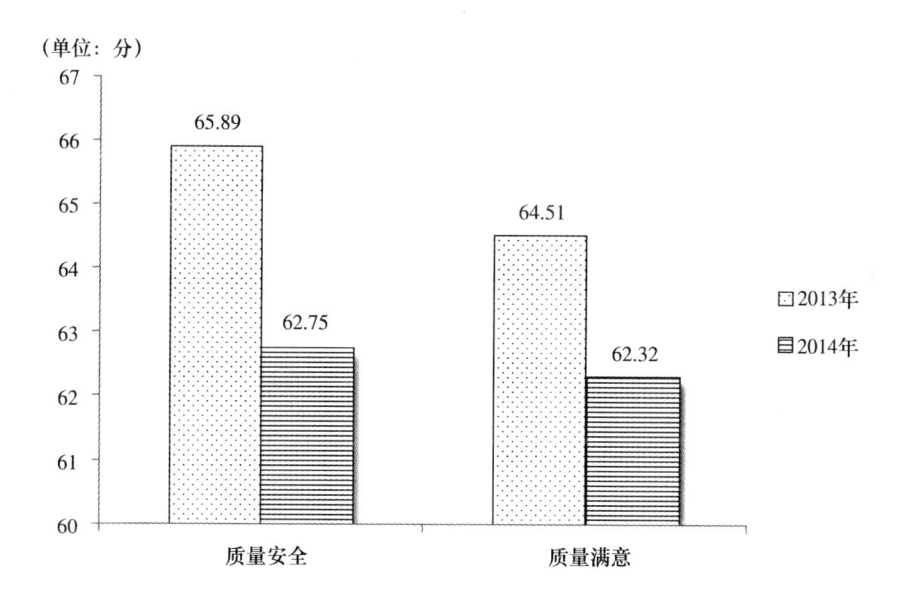

图 14-1 消费者对安全性和满意度评价的年度对比

如图 14-2 所示，将三年的宏观质量观测四大维度的满意度进行对比之后发现，产品质量满意度呈逐年下降趋势，说明消费者对产品质量要求越来越高，对产品质量满意度的要求逐步提升；服务、工程、环境满意度三年数据都呈现出先上升再下降的趋势，其中 2014 年工程质量满意度的绝对值低于 2012 年数值，说明消费者对服务、工程、环境的质量满意度要求逐步提升。

（二）消费者质量评价的下降与消费需求的升级趋势一致

2014 年我国社会消费品零售总额 262394 亿元，比上年名义增长 12%，扣除价格因素实际增长 10.9%，实际增速比 2013 年回落 0.6 个百分点，全年全国网上零售额 27898 亿元，比上年增长 49.7%，全年最终消费对 GDP 增长的贡献率达到 51.2%，比上一年提高 3%，成为拉动经济增长的第一大推动力。① 在经济增长动力中，消费被寄予厚望，保证产品质量、通过创新供给激活需求的重要性显著上升。2014 年质量观测数据显示，消费者质量评价呈现下降趋势，这与我国消费需求升级呈现出明显的趋势性关系，即消费需求升级与消费者评价下降呈现出同样的升级趋势，消费需求升级表明消费对经济发展有很大的潜力，而同时消费者质量评价下降表明消费者对质量的要求逐步提高。

(单位：分)

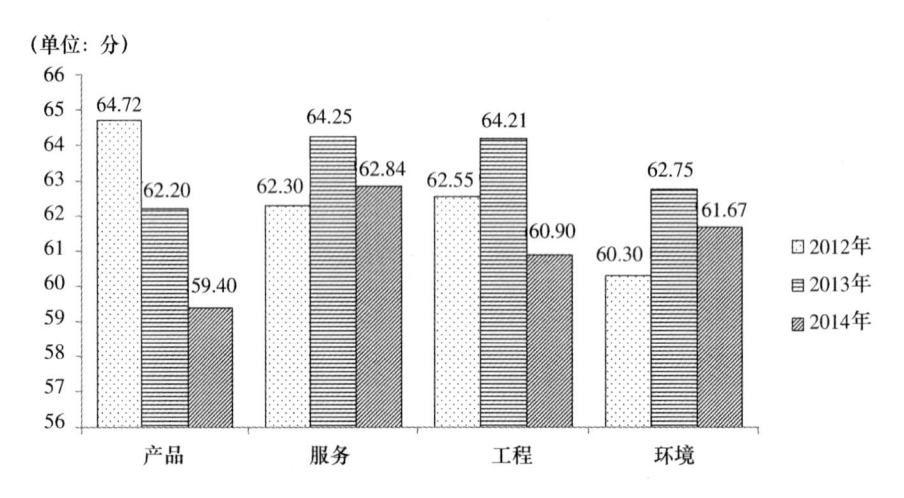

图 14-2　消费者对四大维度评分的年度对比

（三）消费者质量行为与质量意识差距变小

表 14-1　消费者质量意识与质量知识、质量能力差值比较　　（单位：分）

	质量意识	质量知识	质量能力	质量意识 - 质量知识	质量意识 - 质量能力
2013 年	69.49	62.72	64.05	6.77	5.44
2014 年	60.76	58.69	60.10	2.07	0.66

从表 14-1 的比较可以看到，2014 年消费者质量意识、质量知识和质量能力得分虽然整体低于 2013 年的得分，但是消费者质量意识与质量知识、质量意识与质量能力的差距呈现出明显的缩小趋势，质量意识与质量知识的差距由 2013 年的 6.77 分缩小到 2.07 分，质量意识与质量能力

---

① 数据来源：新华网（http://news.xinhuanet.com/finance/2015 - 01/20/c_1114061007.htm）。

的差距由 2013 年的 5.44 分缩小到 0.66 分，差距的缩小说明消费者对质量知识的掌握相比以前有了很大改善，质量能力有了较大提升，其更多的质量意识转化为质量行为。消费者对质量知识包括对质量标识的认识、对质量社会组织的了解、对维权程序的了解等，质量能力的提升主要包括对所购买商品的质量信息的了解程度、买到假货后举报的可能性等，在这些方面的改进表明消费者质量素质在逐渐提高，因此，消费者对所要消费的产品和服务有了较高的预期。

二 理论分析

（一）消费者对质量要求的提高促使我国消费需求向个性化、多样化转变

消费、投资和出口被看作是拉动经济增长的"三驾马车"，投资主要依靠政府支出，出口依赖国际经济环境，消费主要与消费者的消费能力、消费需求和消费意愿有关。2014 年中央经济工作会议明确指出，过去我国消费具有明显的模仿型、排浪式特征，现阶段模仿型、排浪式消费阶段基本结束，个性化、多样化消费逐渐成为主流。①

我国居民消费总体上经历了基本生活消费、发展型消费和享受型消费三个阶段：（1）改革开放前是以基本生活消费为主的初级消费阶段，满足基本生活需求是这一时期的主要目标。（2）20 世纪八九十年代中期是以家用电器为主的发展型消费阶段。这一时期，人民生活水平有了很大程度的改善，在满足基本生活消费的基础上，彩电、洗衣机、电冰箱等家用电器成为消费时尚。由于城乡发展存在差距，农村消费滞后于城市。（3）进入新世纪十几年来，随着经济社会快速发展和人民生活的不断改善，我国逐渐进入以住房、汽车、教育、文化、医疗保健、娱乐、电子、旅游、休闲等为代表的享受型消费阶段。

综合来看，每一次的消费结构升级对我国经济发展都起着巨大的推动作用。轻工业、机械制造、钢铁、化工等工业的发展都得益于前两次消费结构的转型升级，而最近的一次消费结构转变则促使我国以互联网、教育、电子商务、生物医药等为代表的新兴产业的发展。商务部 2015 年 1

---

① 《2014 年中央经济工作会议》，《人民日报》2014 年 12 月 12 日第 1 版。

月21日发布的数据显示,2014年全年最终消费对GDP增长的贡献率达到51.2%,比上年提高了3%,成为拉动经济增长的第一大推动力。① 由此可见,在经济新常态下,与投资和出口相比较,消费对经济增长显示出更大的潜力。

(二) 同质化的产品结构不能满足消费者个性化、多元化的消费需求

在社会化大生产条件下,产品生产过剩已经成为常态,由此,消费结构由卖方市场逐渐向买方市场转变,消费者的地位逐步上升,在市场交易中的角色越来越重要。在此之前消费者消费具有很大的盲目性,产品耐用性是消费者选择产品的标准,耐用性强是产品得以畅销的原因,而在新的消费环境下,消费者不再是以前的"模仿式消费",质量成为消费者选择产品的关键。同样,在买方市场的约束下,企业仅仅依靠技术创新已经不能使其产品满足消费者的需求,只有产品能够满足更多的消费者的需求,才能实现其利润最大化的目标。随着信息技术的发展,产品的同质化越来越明显,企业唯有提升产品质量才能在产品趋于同质化的环境中获利。由于消费环境的改变,消费者对质量的要求越来越高,同质化的产品不能满足消费者个性化、多样化的消费需求。近年来,无论是火热的"双十一",还是激烈的"电商大战",厂商都将满足消费者需求放在首位,企业只有生产出满足消费者需求的产品才能不断激发其内在的活力。

(三) 消费环境的改善促进消费者质量意识的觉醒

2014年宏观质量观测数据显示,在政府质量公共服务的六大结构维度年度比较中,唯有消费环境得分相对去年是上升的,表明消费环境在一定程度上得到改善。消费环境指标包括日常生活中买到假货(或过期产品)的可能性和退换货的处理效果两个问项,消费环境的改善使得消费者在生活中买到假货的概率大大降低,同时退换货的处理效果也有很大改善。2014年3月15日,新修订的《中华人民共和国消费者权益保护法》的实施,标志着我国消费者权益保护进入新的阶段,其中七天免费退货、欺诈三倍赔偿、维权纠纷举证责任倒置等措施使得消费者维权有了更加有

---

① 数据来源:中华人民共和国商务部(http://www.mofcom.gov.cn/)。

力的保障,更多消费者的维权使得消费环境得到改善;反过来,消费环境的改善有利于降低维权成本,维权成功率也会有提高,因此会有更多的消费者选择维权,如此形成一个"消费者维权——消费环境改善——更多消费者维权"的良性循环。消费环境的改善,有利于消费者更加有效地维护自身权益,权益维护过程就是消费者自身能力和素质提升的过程,这也使得消费者对产品和服务的质量要求越来越高,希望其个性化、多元化的需求能够得到很好的满足。

(单位:分)

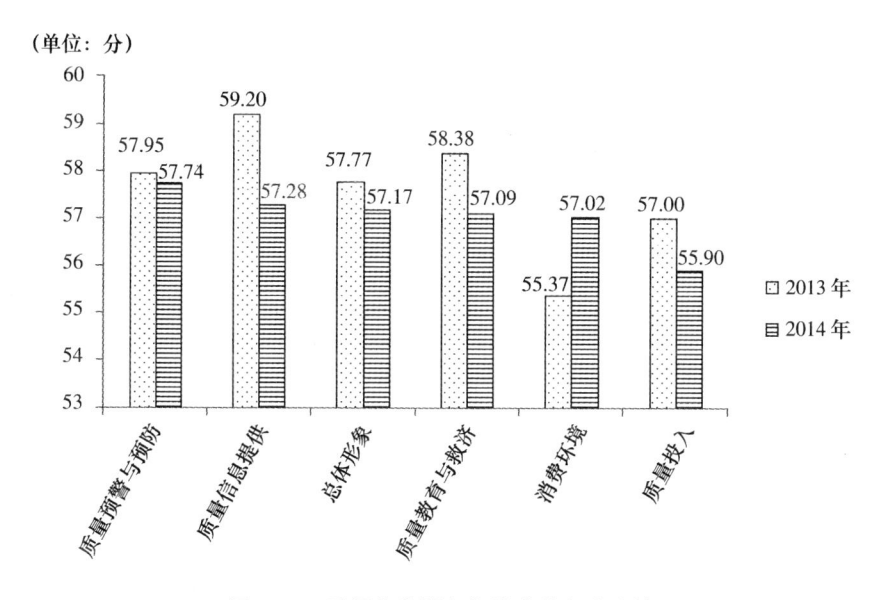

维度	2013年	2014年
质量预警与预防	57.95	57.74
质量信息提供	59.20	57.28
总体形象	57.77	57.17
质量教育与救济	58.38	57.09
消费环境	55.37	57.02
质量投入	57.00	55.90

图 14-3 质量公共服务各维度的年度比较

(四)消费者的感知与预期之间的差距造成消费者评价得分下降

美国顾客满意度 ASCI 模型将顾客满意度置于一个相互影响、相互关联的因果互动系中,以顾客行为理论为基础,顾客满意度是最终所求的目标变量,预期质量、感知质量和感知价值是原因变量,顾客抱怨和顾客忠诚是结果变量。从 2014 年的质量观测数据分析可以看出,消费者评价较前两年有所下降,从顾客满意度理论来看,随着经济的发展和生活水平的提高,我国消费者对产品和服务有了更高的预期,但是消费者对具体产品和服务的感知仍处于较低水平,消费者较高预期与较低的感知之间的差距是 2014 年消费者评价得分下降的原因。综合来看,消费者的消费行为更加注重产品和服务对其个性化、多样化需求的满足，结合2014年的观测数据来看，我国现在的产品质量水平与消费者预期之间存在较大差距，消费者对质量的预期不能得到很好的满足。

三 政策建议

（一）发挥多方信息组织的作用，引导消费者个性化、多样化消费

消费者对质量满意的评价之所以低于质量安全评价，是因为消费者在消费之前对产品和服务的预期与其消费后感受之间存在较大差距，而信息不对称是影响消费者满意度的直接原因。在消费渐趋个性化、多样化的时代，需要多方信息组织提供可靠的质量信息来引导消费者的消费。政府、媒体对质量信息的发布已经有了一定的公信力，能够产生一定的效果。与政府和媒体相比，第三方质量信息中介机构拥有更大的优势和发展空间。第三方质量信息中介机构的本质是为买卖双方提供质量信用的第三方机构，其产生与发展都是基于市场交易的需求，具有鲜明的市场属性。质量信息不对称是我国总体质量信息的基本状态，第三方质量信息中介等社会组织未来要对质量实施有效的监管，必然会对质量信息进行相应的挖掘、统计和分析，通过对质量信息的广泛发布，对消费者的购买行为起着有效的引导作用。

消费者需要有效的信息对其消费提供指导，政府、媒体和第三方信息组织的多元信息能够为消费者提供有益指导，消费者个性化、多样化的需求才能够更好地实现。

（二）顺应消费结构的转变，积极鼓励质量供给主体的质量创新

消费需求结构的转变给政府和企业带来了巨大的机遇与挑战。一方面，政府需要进一步转变职能，激发市场活力，促使企业追求更高的质量；另一方面，企业需要创新经营模式，把传统的经营模式变为以消费者需求为导向、不断进行质量创新的经营模式，通过质量供给创新满足消费者个性化、多元化的消费需求。

就政府而言,通过取消或下放不必要的审批事项,继续转变职能,在"质量时代",转变政府质量管理职能和改革政府质量管制方式,根本目的在于激发企业追求质量的内生动力,使质量成为企业发展最为重要的竞争要素。[①] 消费结构的转变使企业的质量创新成为企业发展的关键,政府通过精简不必要的审批事项,使得质量发展和质量责任最终落实到企业自身,企业成为真正的质量供给主体。消费结构的转变为政府职能的转变提供了机遇,也带来了挑战,在经济新常态下,政府应该顺应消费结构的转变趋势,积极鼓励企业等质量供给主体的质量创新,通过企业的质量创新生产高质量的产品满足消费者的需求。

(三) 抓住消费结构转变的机遇,转变企业经营管理模式

消费需求结构的转变同样给企业带来了巨大的机遇与挑战。消费者对质量的要求提高,终究需要高质量的产品满足其消费需求,这就需要企业等质量供给主体转变经营发展方式,推进质量创新,以消费者个性多元的消费需求为导向,创新产品理念,生产满足消费者需求的产品和服务;同时,消费者质量需求的提升也为企业营造了更好地追求更高质量的环境。

面对激烈的市场竞争,企业自身质量信号的重要性日益突显。不断进行质量创新以满足消费者更高的质量需求,不断加强质量自律和质量控制以释放有效的质量信号,将成为企业保持与增强自身竞争能力的内生选择。[②] 质量供给创新是新常态下经济持续增长的保障。2014 年中央经济工作会议提出,保证产品质量安全、通过创新供给激活需求的重要性显著上升,采取正确的消费政策,释放消费潜力,使消费继续在推动经济发展中发挥基础作用。[③] 在新的经济条件下,质量创新和技术创新等都是创新体系的一部分,相比技术创新,质量创新的成本小、收益大,通过对消费者需求信息的获取,了解其个性化、多样化的消费特征,以产品和服务的个性化创新赢得消费者的青睐。经济新常态下,适应消费者需求结构的变化,质量供给主体的质量创新是消费持续发展的必要条件,是经济持续增长的保障。

---

① 程虹:《我国经济增长从"速度时代"转向"质量时代"》,《宏观质量研究》2014 年第 4 期。

② 同上。

③ 《2014 年中央经济工作会议》,《人民日报》2014 年 12 月 12 日第 1 版。

（四）积极发挥质量社会组织的作用，提升消费者维权能力

消费者对质量要求的逐步提升，需要以其质量知识和质量行为能力的提高为保障。质量社会组织在传播质量知识、提升消费者维权能力等方面发挥着重要作用，正是基于消费者的共同利益而自发形成，质量社会组织在表达消费者共同利益诉求、维护消费者合法权益、维护行业共同行为规范等方面发挥着不可替代的作用。

作为质量发展要素的重要组成部分，我国现有的质量社会组织发育程度满足不了新的消费结构条件下的发展需求，需要大批社会组织积极动员，传播质量知识，提升消费者的维权能力，维护消费者权益。质量社会组织的发展需要较为宽松的社会环境，独立自主，成为真正的第三方，需要组织成员的集体行动，而不是隶属于行政机构。首先，现有的消费者组织要淡化行政色彩，以维护消费者权益为出发点，真正维护消费者权益。其次，新闻媒体作为社会组织的重要组成部分，其发布的质量信息、报道的质量事件，都会对社会产生重大影响，因此，鼓励新闻媒体对质量事件的调查与报道，挖掘并发布有效质量信息，传播质量知识，提升消费者的维权能力，质量社会组织的重要作用必将显现出来。

第十五章 消费者的质量评价对经济增长具有预警作用

消费者出于自身偏好，在市场上通过"货币选票"的投向和数量体现其经济利益和意愿。消费者作为质量观测的绝对评价主体，基于自我感知对宏观经济整体状况以及涉及衣、食、住、用、行等各个方面的产品、服务、工程、环境质量进行评价，来自于使用者的第一手真实数据，对未来发展具有科学的预期和反映作用。2014年宏观质量观测数据表明，消费者评价与我国宏观经济发展趋势大体一致，对区域性、行业性发展具有明显的预警作用。

一 特征事实

（一）质量指数与我国GDP增长年同向变动

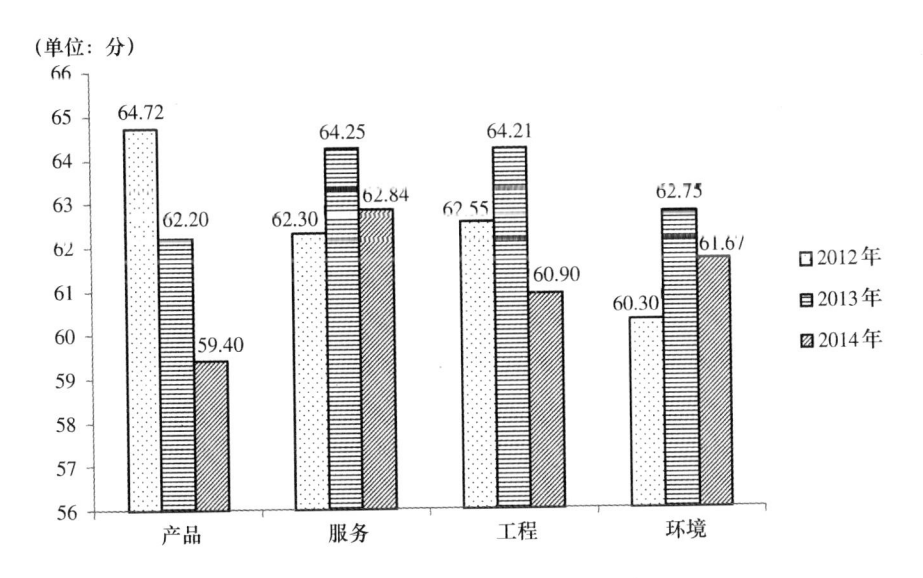

图15-1 四大领域总体评价的年度对比

从近三年质量观测数据的年度对比中可以看出,在产品、服务、工程、环境四大领域,消费者在2014年的总体评价相较于前一年出现显著的结构性下降。具体来说,产品领域的下降趋势最为明显,从及格线以上的64.72分降至及格线水平以下的59.40分,而在服务、工程、环境三大领域,都出现了先小幅上升继而下降的趋势,其中对服务领域评价的年度变化较为平稳。

表15-1　　　　　　　全国TQI指数与GDP增速的年度变化

	2013年(分)	2014年(分)	2014年与2013年差值(分)	百分比(%)
总得分	63.74	60.85	-2.89	-4.5%
GDP增速(%)	7.70	7.40	-0.30	

2014年宏观质量观测的数据显示,全国的TQI指数为60.85分,较之去年的63.74分呈现出下降趋势,降幅明显。与此同时,国家统计局公布的权威数据表明,近三年来我国GDP增速下滑趋势明显,由2012年的7.8%、2013年的7.7%降至2014年的7.4%,由此可以看出,基于消费者评价的TQI指数变化与宏观经济增长速度变化趋势大体一致。结合当前的国内外经济形势,可据此估计2015年我国GDP增速可能依旧会在保持稳定的基础上有小幅下降。

表15-2　　　　　　　区域TQI与GDP增速变化

	2013年TQI(分)	2014年TQI(分)	2013年GDP增速(%)	2014年GDP增速(%)	2014年与2013年差值(分)	变化率(%)
东部	64.09	62.10	8.97	7.98	-0.99	-11.04
中部	63.34	60.32	9.36	8.00	-1.36	-14.53
西部	62.30	60.26	11.18	9.37	-1.81	-16.19

通过东、中、西三区域TQI指数的变化可以看出,两年观测数据在绝对值上都呈现出总体质量指数由东向西递减的态势,且西部地区降幅达到3.27%,表现在现实经济社会中,2014年我国东、中、西部各区域GDP

增速明显放缓,尤以西部地区增速下降近2个百分点最为明显,GDP增速下降幅度超过16%。消费者的主观评价指数与经济发展态势保持了高度的一致性,表明消费者评价具有明显的预警和趋势作用。根据2014年三大区域的总体质量指数及年度变化趋势,预计2015年东部地区经济发展将会在稳定中增长,西部地区GDP增速在继续小幅回落的基础上保持稳定。

(二) 行业的质量评价尤其是满意程度与其增长变动情况大体一致

表15-3　　　　　　　　总体评价与增加值变动率

	2013年评价变化	产业	2012年增长率(%)	2013年增长率(%)	出口	2012年增长率(%)	2013年增长率(%)
产品	-3.90	第二产业	6.69	6.18	产品出口	7.92	7.83
服务	3.13	第三产业	13.02	13.05	服务出口	4.61	10.55

资料来源:国家统计局,《中国统计年鉴2014》,中国统计出版社2015年版。

表15-3数据表明,2013年消费者对产品领域的总体评价下滑,对服务领域的评价上升3.13%。根据国家统计局发布的官方统计数据,2013年我国第二产业增加值的增长率是6.18%,较之2012年增长率下降0.51个百分点;而2013年我国第三产业(即服务业)的增长率是13.05%,高于2012年增长率0.03个百分点。同时,2013年我国产品出口的增长率放慢,而服务出口领域厚积薄发,服务出口增长率上升近6个百分点。消费者评价对产业经济发展表现出科学的未来预期和反映作用。与2013年相比,2014年宏观质量观测数据表明,产品评价得分降至及格线以下,服务领域得分大体保持稳定,据此可以预测,第二产业发展依旧可能小幅放缓,而服务行业可能继续实现增长性发展。

表 15-4　　　　　　　产品、服务领域的满意度年度变化

	行业领域	2013年（分）	2014年（分）	2014年与2013年差值（分）	变化率（%）
产品	家用电器	70.04	67.55	-2.49	-3.55
	电脑	69.61	65.93	-3.68	-5.29
	服装	67.56	65.36	-2.20	-3.26
	汽车	67.28	65.23	-2.05	-3.05
	日用消费品	67.14	65.00	-2.14	-3.19
	移动电话	69.03	64.21	-4.82	-6.98
	农业生产资料	65.71	63.70	-2.01	-3.06
	粮食（米面等）	67.48	63.47	-4.01	-5.94
	电梯	64.31	63.07	-1.24	-1.93
	药品	65.68	62.14	-3.54	-5.39
	儿童用品	63.28	61.25	-2.03	-3.21
	乳制品	62.45	61.18	-1.27	-2.03
	食用油	63.25	59.90	-3.35	-5.30
	化妆用品	61.95	59.81	-2.14	-3.45
	肉类	62.35	59.46	-2.89	-4.64
	食品	61.44	59.23	-2.21	-3.60
服务	互联网服务	65.79	64.21	-1.58	-2.40
	通信服务	65.59	63.87	-1.72	-2.62
	教育服务	64.73	63.74	-0.99	-1.53
	金融服务	66.27	63.70	-2.57	-3.88
	公共交通服务	64.23	63.63	-0.60	-0.93
	医疗服务	61.85	62.39	0.54	0.87
	物业服务	62.03	60.56	-1.74	-2.80

从表 15-4 中数据可见，2014 年主要的产品领域如家用电器、电脑、汽车、粮食、药品、食用油等均出现了满意度得分下降的状况；而主要的

服务领域如公共交通、医疗、教育、互联网、通信等，满意度变动相对稳定，特别是医疗服务业领域，由 2012 年的不及格水平越过了及格线，且在服务业满意度普遍下滑的背景下实现小幅的提高。虽然我国已经在家用电器、汽车等行业领域是世界产销量第一的大国，且其总体的质量满意度得分也接近"较好"的水平，但受国内外经济形式的影响和企业自身运营过程中的困扰，这两个领域满意度水平在 2014 年出现 3.55%、3.05% 的降幅。以家电行业为例，根据奥维咨询数据显示，2013 年中国家电整体市场规模达 12008 亿元，而受经济增长回落的影响，同时随着以旧换新、家电下乡等政策的陆续退出，2014 年国内家电行业进入了"低迷期"，2014 年中国家电市场总规模 11596 亿元，较 2013 年下降 3.4%。

（三）消费者的质量评价呈现明显的区域性特征，东部地区质量满意度总体上高于中西部地区

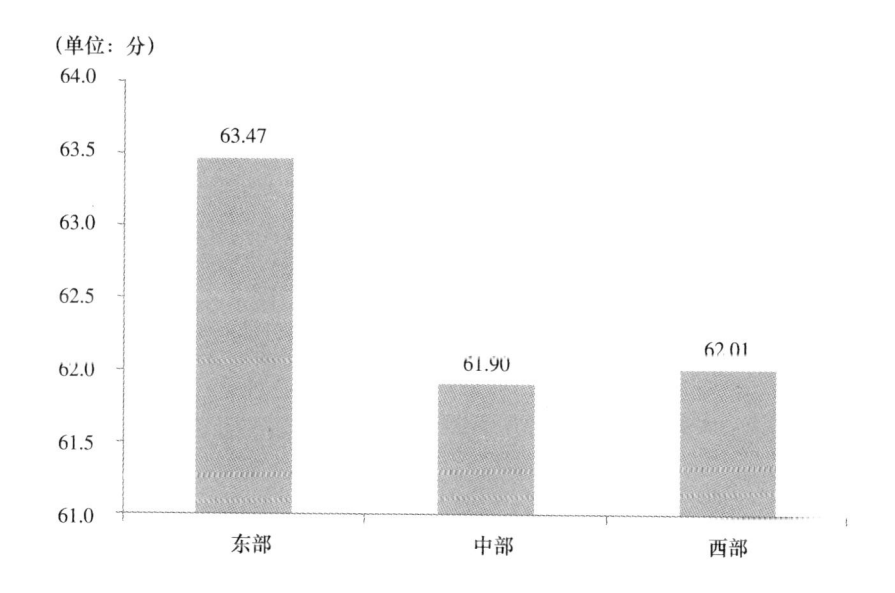

图 15-2 质量满意度总体得分的区域差异

图 15-2 显示，在总体质量满意度方面，东部地区得分明显高于中西部地区，依次为东部地区 63.47 分、中部地区 61.9 分、西部地区 62.01 分。在产品、服务、工程、环境四大领域中，除西部地区的环境质量满意度以 60.04 分略高于东部地区以外，其他三领域均以东部得分最高。

(单位：分)

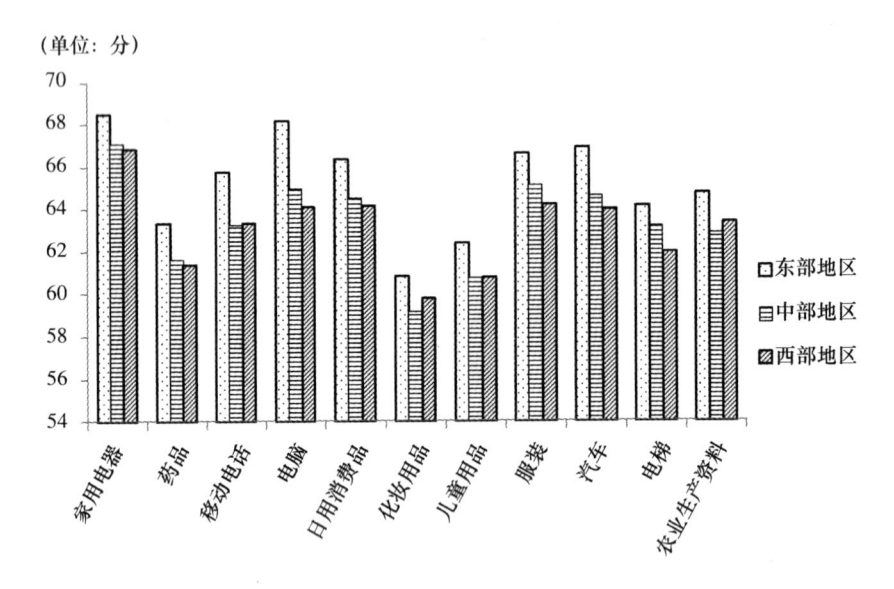

图 15-3 产品质量满意度得分区域差异

(单位：分)

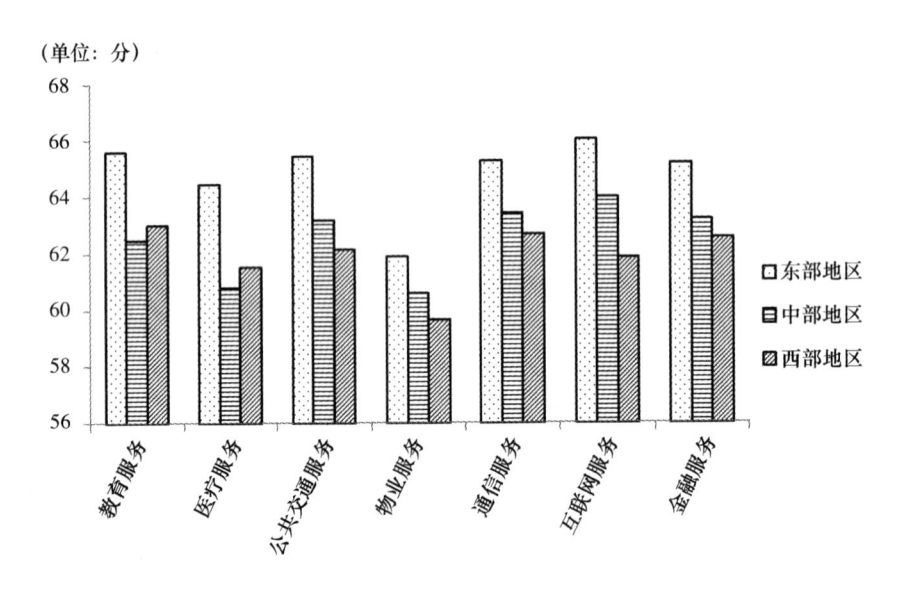

图 15-4 服务质量满意度得分区域差异

在具体产品、服务的质量满意度观测中，主要产品、服务的质量满意度整体上都呈现出东、中、西依次递减的规律，这与我国区域的经济发展水平大致吻合。对于诸如家用电器、移动电话、电脑、服装、汽车等便利消费者生活的产品，东部地区因市场竞争机制较为充分、对外开放程度较高等原因促进了产品质量的提升、功能的完善，使其更能满足消费者的需求，由此带动消费者满意度的提升。尽管东部地区产品质量满意度总体高于中、西部地区，在食品、粮食、食用油、乳制品质量满意度的评价中，西部地区得分却高于东部地区。东部地区消费者由于较高的生活要求和收入水平，对满足基本需要的食品类产品质量要求更高，而西部地区消费者由于收入较低，对基本需要的满足仅限于温饱，对食品类产品质量期望值较低，因而比东部地区消费者更容易得到满足感。在公共交通、物业、通信、互联网、金融等领域，服务质量满意度的东、中、西区域递减变化明显，体现出区域经济发展水平与服务质量满意度之间的正相关关系。而在教育、医疗等公共事业领域，近年来国家对西部地区加大支持与扶植力度投入，其教育与医疗服务水平得到明显改善，因而服务质量满意度得分略高于中部地区。

二 理论分析

（一）消费者评价已成为当前我国社会经济发展最为明显的风向标

当代社会是消费社会，我们处在消费控制着整个生活的境地，整个社会已经由"匮乏的生产社会"转变为"丰盛的消费社会"①。功能性和客观论述（劳动价值的客观性）构成以生产为主导的匮乏社会的消费特征。随着物质财富的增加，人们的消费从物质性、实用性、功能性中解放出来，消费从原来关注商品使用价值的功能性消费转变为脱离其使用价值的非功能性消费，对消费品价值的评判从原来的客观评判转变为主观价值评判。消费社会的到来弱化了产品、服务本身的属性和功能，更加强调消费者的主观意识、效用和满足。消费者作为理性经济人，基于自身需要在市场上作出决策，并进行理性预期，能够总结出一般性经验或发现趋势性的规律，作出给自己带来最大化效用水平的决定。鉴于消费者在消费产品或服务的过程中会经过产生预期、比较感受、事后反馈这一整套流程，并以此作出评价判断，因而能对社会经济发展起到真实反映、科学预期的作用。

在我国从"速度时代"转向"质量时代"的过程中，质量自觉成为社会普遍的行为范式，各类主体尤其是消费者确立了质量自觉的价值观和

---

① ［法］鲍德里亚：《消费社会》，南京大学出版社2000年版。

强烈的质量自我意识,最终凝练成社会普遍认可的质量价值观和质量愿景①。质量自觉使消费者质量选择的自主意识不断增强,日益重视对产品和服务质量差异的主动鉴别,普遍通过"用脚投票"等方式形成硬的质量约束,保障优质优价的市场机制得以正常运行,最终引致"消费者主权社会"的形成。与此同时,消费者通过事后的评价为未来继续消费积攒了大量而真实的信息,对未来消费行为产生预期指导作用。当市场上无数的消费者树立质量自觉意识并进行质量评价时,将对社会整体经济的发展产生重大的预期作用。

(二) 反映产品服务质量的顾客满意度是国际上测度经济发展的重要指标

国际上,美国、欧洲等国家和地区都将顾客满意度指标(CSI)作为经济走势的重要参考指标。顾客满意度作为一种连续的、固定的、客观的标准,有利于测定经济的稳定性,平衡经济产出数量和质量的关系。② 美国质量管理协会会长杰克·韦斯特认为,CSI 指数可以大大提高公众对质量的认识和理解,从而加深消费者对经济形势的判断。测定顾客满意度指标能使指标本身与经济回报率联系起来,有利于改进经济回报率。如,瑞典将单个公司与行业平均水平进行比较的结果用于企业的长期预测,研究表明,若顾客满意度指数平均每年提高 1 个百分点,五年内资产回报率将提高。③ 瑞典顾客满意度晴雨表(SCSB),作为对生产力衡量指标的补充,从消费者角度反映产出的质量,帮助瑞典提高国内行业产出质量,增强行业竞争力,并向企业的管理者、政府法规制定者以及消费者提供有益的信息,使经济发展更加以市场为导向,并且顾客满意度晴雨表是动态连续的,提供企业或行业顾客满意情况变化的信息和趋势,便于进行纵向比较。④ 顾客满意度的提高一般被认为能使需求曲线上移或斜率更陡(如更低的价格弹性、更高的利润),减少营销成本(竞争对手吸引自己的顾客

---

① 程虹:《我国经济增长从"速度时代"转向"质量时代"》,《宏观质量研究》2014 年第 4 期。
② 《用户满意度和中国经济的关系将日益密不可分》,中国消费网(http://www.ccn.com.cn/news/yaowen/2006/0425/79287.html)。
③ 赵平:《用户满意度指数》,《质量管理》1995 年第 3 期。
④ Claes Fornell:《瑞典顾客满意度晴雨表》,刘金兰、康键编译,《管理学报》2005 年第 2 期。

需要更多的努力），提高竞争者的营销成本（竞争者抢走其满意的顾客变得更困难），降低交易成本（合同谈判、订单处理、议价等），减少顾客流失，提高交叉销售能力（更多的产品、更大的收益），降低员工流失（满意的顾客影响前线员工的满意度），提高声誉（好的顾客口碑），减少损失成本（减少停工期、返工、索赔担保）等。① 因此，满意的顾客被看作一种资产，能够给企业带来长期的绩效。顾客满意度晴雨表能够提供关于这种绩效的预测信息，进行长期绩效预测。

（三）质量是未来我国经济增长重要的新动力

促进经济增长的要素，既包括传统的土地、劳动和资本等生产要素，也包括人力资本、科技进步、管理水平等创新性要素。现代经济增长理论的实证分析表明，传统要素对经济增长的贡献率在不断下降，而以全要素生产率为主要表现的创新型要素对经济增长的贡献率日益上升，② 一国经济发展只有转移到依靠全要素生产率的增长上，才能够保持经济增长的可持续性。创新并不能一蹴而就，人才的培养、管理水平的提升都需要有一个很长的过程，只有质量才是经济发展更为普遍而现实的要素③。伴随着质量时代的到来，在经济新常态下，我国的人口红利已经消失，人口老龄化趋势日趋明显，农业富余劳动力减少，土地存量有限，要素的规模驱动力减弱，经济增长将更多地依靠提升质量来实现，而满足消费者对于质量的多元性需求将会是我国未来经济增长重要的新动力之一。

三 政策建议

（一）将消费者的质量评价指数纳入区域发展评价指标体系

"质量时代"经济增长评价的核心是质量，即消费者对经济增长的实际感知。基于消费者感知的经济增长质量评价，能从根本上改变"速度时代"政府对经济增长质量逆向选择的行为，迫使政府将更多的精力

---

① Claes Fornell, "A National Customer Satisfaction Barometer", *The Swedish Experience Journal of Marketing*, 1992, 56 (1): 6—21.
② 程虹：《我国经济增长从"速度时代"转向"质量时代"》，《宏观质量研究》2014年第4期。
③ 程虹等：《质量强国战略若干重大问题研究》，《宏观质量研究》2013年第3期。

用于改善居民实际收入、提高消费水平，使得经济增长将越来越依靠于消费的增长。消费者同时更加关注经济发展对社会福利的改善状况，包括医疗、教育、社会保障等，促使政府更多地致力于这些公共事务的发展。此外，消费者更希望经济的增长不以损害其生活的环境为代价，并且产业的发展能够提供更高的收入和更为稳定的就业，因而可以避免高消耗、高污染和转移性强的产业。

从质量定义的角度来看，质量是"一组固有特性满足需求的程度"，质量的评价是由固有特性的客观评价与满足要求的主观评价共同构成的。就经济增长而言，GDP的数量和增速是固有特性的客观体现，而这一客观存在的合理性与科学性衡量，有赖于老百姓的真实感受和主观评价。因此，要建立以质量为核心、以消费者评价为依据的评价体系。经济新常态下我国的经济发展方式需要从需求管理转变为供给管理，充分相信市场的作用，同时更好地发挥政府的作用。质量创新是我国供给管理的重要内容，要引导地方政府转向质量型增长道路，应建立起合理的经济增长考核机制。具体而言，将区域的宏观质量状况评价纳入经济增长的考核中，在注重经济增长的数量的同时，还要考虑经济增长所带来的质量增长，如标准的创新能力、质量满意的提高程度、资源的消耗程度、投入产出比等质量型指标。特别是要加强基于消费者的质量评价，建立起消费者质量评价的指标体系，在经济增长的评价中更多地体现消费者评价的权重。政府工作的改进以消费者评价为切入点，集中解决消费者评价得分较低的突出领域和问题。

（二）产业发展应着眼于提高消费者满意度

满足有效需求的质量才是"好质量"，才能赢得消费者较高的质量评价，提高顾客满意进而形成顾客忠诚。产业发展应立足于消费者本身，关注消费者需求。在产品制造领域，企业更应在满足消费者需求的基础上进行质量创新，通过创新增加消费者的体验性，以满足消费者预期，提高质量满意度，并进一步创造需求和高附加值，比如消费者对现持有产品的更新换代。相比技术创新而言，产品质量创新已经明显成为驱动我国经济发展的更具普遍性与一般性的要素。经济新常态下必须以顾客满意为导向，避免产品服务同质化以满足消费者个性化需求，留住和拓展消费者群体，才能为生产企业发展创造空间，特别是在家电、电脑、汽车等传统产业，随着国内经济的发展和生活水平的提高，消费者对该类产品的需求大增，在产品的研发、设计、流通环节还存在很大的质量创新空间。在服务领域，由于所提供的服务直接被消费者感知，更应关注服务费用、便捷度、细节和流程对于消费者需求的满足程度。与消费者生活密不可分的物业服务领域，通过公开招标、业主委员会公开投票的方式决定物业公司的归属，并有效监督物业公司的工作，使物业的服务工作落到实处，切实保护消费者的合法权利；而在通信、互联网、金融服务领域，要更充分地引入市场机制，通过市场竞争催生出一批优秀的互联网金融企业，以更加优质贴心的服务赢得消费者的青睐。

（三）加强对中、西部地区的质量投入建设

2014年宏观质量观测数据显示，我国中、西部地区的总体质量满意度，不论在产品领域还是服务领域，得分普遍低于东部地区，这表明产品质量满意度与区域经济发展水平高度相关。在推进区域平衡发展的过程中，需要加强我国中西部地区的质量投入和生产监管，提高中西部地区消费者的质量满意度水平，特别是在移动电话、电脑、药品等产品领域和教育、医疗、公共交通等服务领域。具体来说，在中西部地区满意度评价普遍较低的移动电话、电脑、药品等产品领域，通过体制机制创新，激发各市场主体的活力，用市场化手段提高消费者满意度，引入更多的市场主体参与生产提供，通过消费者基于自我效用满足程度的主动选择和优胜劣汰的市场竞争，刺激生产者在研发和生产过程中更加关注对消费者实际需求的满足，从而带来区域产品质量满意度的提升。而对于教育、医疗、公共交通等服务领域，一方面国家财政要有意识地向中西部经济落后地区给予必要的财政倾斜和扶持，为地区教育、医疗发展提供丰厚的物质资金；另一方面，改革现有的公共事业的格局，鼓励民间资本进入公共事业服务领域，满足日益多样化的需求。加强质量投入建设需要政府、市场同时两手抓，我国的质量治理投入应主要聚集于事关居民生命财产安全的重点行业领域，政府质量监管主要集中于食品等重要领域，并从其他领域退出，交由市场发挥作用，减少对于企业进入的不必要的行政许可、收费等。

第十六章　质量安全形势整体趋于稳定

一　特征事实

（一）质量安全评价的年度波动性处在正常范围

表16-1　　2014年、2013年四大观测维度评价对比　　（单位：分）

	2014年 分值	2014年 排序	2013年 分值	2013年 排序
质量安全	62.75	1	65.89	1
质量满意	62.32	2	64.51	3
质量素质	59.85	3	65.76	2
质量公共服务	56.93	4	57.82	4
总得分	60.85		63.74	

表16-1呈现了2013年与2014年两年质量安全、质量满意度、质量公共服务和公民质量素质四大观测维度的评价得分及其排序，可以发现，尽管2014年质量安全评价较2013年而言，降低了3.14分，但在四个维度中仍以62.75分位列第一，质量安全评价的年度波动性是符合经济发展趋势的，并且波动处在正常范围之内。具体的24个质量安全指标在2014年和2013年质量观测中得分如表16-2所示。

表 16-2　　　　2013—2014 年各指标的质量安全评价对比　　　（单位：分）

年	2014 年	2013 年	2014 年与 2013 年差值
家用电器	67.33	70.97	-3.64
电脑	65.64	70.43	-4.79
自住住宅	65.61	69.18	-3.57
公共建筑	65.52	68.25	-2.73
服装	65.25	68.54	-3.29
汽车	65.04	68.21	-3.17
日用消费品	64.86	68.56	-3.70
公共交通	64.55	65.80	-1.25
药品	64.07	66.77	-2.70
农业生产资料	63.42	66.58	-3.16
粮食（米面等）	63.35	68.29	-4.94
服务质量	63.09	63.84	-0.75
本地区道路	62.91	65.17	-2.26
电梯	62.88	65.37	-2.49
医疗服务	62.54	63.56	-1.02
环境质量	62.02	63.37	-1.35
儿童用品	60.88	63.85	-2.97
工程质量	60.73	64.68	-3.95
乳制品	60.65	62.90	-2.25
食用油	60.22	64.25	-4.03
化妆用品	59.66	63.27	-3.61
产品质量	59.17	62.83	-3.66
肉类	59.13	63.29	-4.16
食品	57.97	61.37	-3.40

从表 16-2 可以看到，除了食品安全评价得分较低，其他指标得分均在及格线以上或略低于及格线，说明从整体上来说，在我国经济快速发展和政府不断的质量治理下，我国质量安全的底线已经筑牢。质量安全评价的年度性下降并不意味着我国产品、服务、工程、环境质量在变差，而是随着人民生活水平提高，按照马斯洛需求层次理论，在生理需求得到满足的基础上，消费者对质量安全需求进一步提高，从而引起质量安全评价在正常范围内的略微波动。从消费者对 24 个具体质量安全指标的评价中可以发现食品质量安全仍是我国质量治理工作中的重中之重。

（二）消费者对总体质量的安全性评价仍高于满意度评价

表16-3　　2013—2014年总体质量满意度与安全性的评价对比　　（单位：分）

观测指标	2014	2013	2014年与2013年差值
质量安全	62.75	65.89	-3.14
质量满意	62.32	64.51	-2.19
（质量安全-质量满意）差值	0.43	1.38	-0.96

2013—2014年全国质量观测的数据显示，质量安全、质量满意得分在及格水平之上，说明经过多年的发展，我国质量安全的总体安全性已经被消费者认可，质量形势整体趋稳，如表16-3所示。质量安全评价虽然有所下滑，但是这个现象与我国GDP增速放缓相一致。2013年质量安全得分高出质量满意度1.38分，2014年质量安全得分高出质量满意度0.43分，质量安全依然比质量满意评价高。消费者对某项产品的满意度评价，不仅是基于产品的基本功能和安全性能，更多包含了对该产品的品牌、体验性、个性化功能、服务态度与能力、性价比、品位等内容的综合考量，以及与消费预期、理想状况的对比等。这就导致了质量安全评价与质量满意度评价之间的差距。这个差距充分表明了我国现在的总体质量状况已不再是底线的安全性问题，而是满足安全要求之上的顾客满意问题。

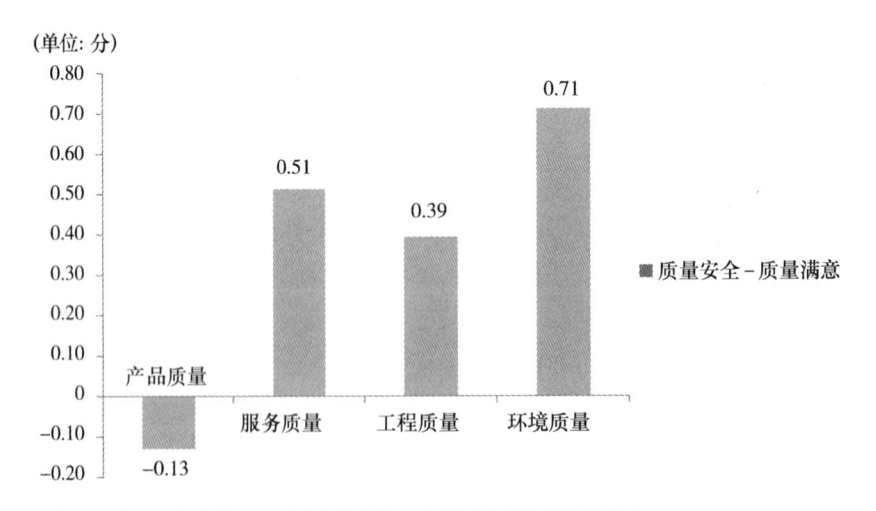

注：产品、工程质量安全与满意的差值由分指标的平均值计算得出。

图16-1　2014年四大领域质量安全与质量满意的差值对比

第五篇 我国质量发展的趋势分析及政策建议 / 239

由图 16-1 可以看到，虽然产品质量安全评价略低于质量满意 0.13 分，但服务质量、工程质量、环境质量领域三大领域质量安全评价分别高出质量满意度评价 0.51 分、0.39 分和 0.71 分，与 2014 年总体质量评价是一致的。

(单位：分)

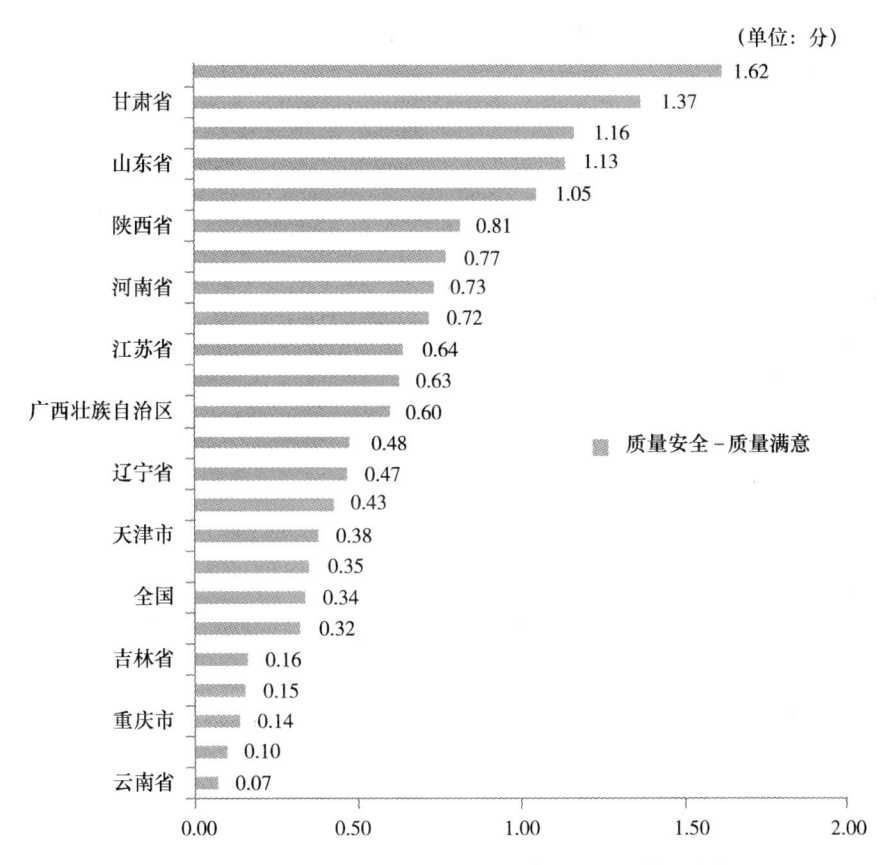

省市	质量安全 − 质量满意
	1.62
甘肃省	1.37
	1.16
山东省	1.13
	1.05
陕西省	0.81
	0.77
河南省	0.73
	0.72
江苏省	0.64
	0.63
广西壮族自治区	0.60
	0.48
辽宁省	0.47
	0.43
天津市	0.38
	0.35
全国	0.34
	0.32
吉林省	0.16
	0.15
重庆市	0.14
	0.10
云南省	0.07

图 16-2 2014 年总体质量安全评价高于质量满意的省市

如图 16-2 所示，全国 31 个省、直辖市和自治区里，有 24 个省市的质量安全评价高于质量满意度，所占比例高达 77%。西藏自治区质量安全与质量满意一致，其他 7 个省区质量安全也仅仅略低于质量满意度。不论是市场化程度较高的东部沿海省市，还是经济相对落后的甘肃省、新疆维吾尔自治区等，质量安全评价大多显著高于质量满意，其中安徽、甘肃、新疆、山东和北京等省市的安全性评价和满意度评价的差值在 1 分以上，这表明消费者对质量的满意度需求高于安全性需求，已成为一个普遍性现象，即使在质量较为落后的地区，也呈现同样的趋势。在我国，质量满意需求超过质量安全需求的历史性变化在我国正悄然发生。

（三）产品质量安全和满意的评价是总体质量评价的短板

表 16-4 　　2013—2014 年四大领域质量安全和质量满意对比 　　（单位：分）

排序	领域	质量安全 2014 年	质量安全 2013 年	质量满意 2014 年	质量满意 2013 年
1	服务	63.09	63.84	62.58	64.66
2	环境	62.02	63.37	61.31	62.13
3	工程	60.73	64.68	61.08	63.74
4	产品	59.17	62.83	60.38	62.08

注：按 2014 年质量安全和质量满意得分排序。

从表 16-4 中可以看到无论是质量安全还是质量满意，服务、环境、工程和产品质量的评价都从高到低依次排列。与 2013 年排序相比较，可以发现产品质量安全和质量满意一直是四大领域中评价最低的。服务质量满意度排名一直在第一位，是由于我国优化产业结构，大力发展第三产业，倡导传统产业的转型升级带来的服务业的发展，而产品更多来自于第一产业和第二产业。这意味着我们大力发展服务业的同时，不能忽视其他产业的发展，要在保证产品能满足消费者基本需求的基础上，完善产业结构。产品质量安全和满意的评价是总体质量评价的短板，只有保障产品质量安全，提高产品质量满意，才能促使整体质量评价的提升。

表 16-5 　　2014 年产品质量各具体指标的安全性和满意度评价对比 　　（单位：分）

	质量安全	质量满意	质量安全 - 质量满意
食品	57.97	59.23	-1.26
粮食	63.35	63.47	-0.12
食用油	60.22	59.90	0.32
肉类	59.13	59.45	-0.32
乳制品	60.65	61.18	-0.53
家用电器	67.33	67.55	-0.22
药品	64.07	62.14	1.93
电脑	65.64	65.93	-0.29

续表

	质量安全	质量满意	质量安全－质量满意
日用消费品	64.86	65.00	-0.14
化妆用品	59.66	59.81	-0.15
儿童用品	60.88	61.25	-0.37
服装	65.25	65.36	-0.11
汽车	65.04	65.23	-0.19
电梯	62.88	63.07	-0.19
农业生产资料	63.42	63.70	-0.28

表 16-5 对产品质量中各具体指标的安全性分值和满意度分值进行了对比，发现除了食用油和药品的质量安全评价高于质量满意，消费者对其他产品的安全性评价都略低于满意度，其中食品质量差值最大（1.26 分），食品中的乳制品差值较大（0.53 分），其他差值均在 0.4 分以内，差值较小。

二 理论分析

（一）安全性是质量的底线

质量安全是不好的产品、服务或工程，给人们生理、心理或财产带来的安全性负面影响。[1] 质量安全是质量状态是否达到了社会所能容忍的底线。为了稳定质量安全形势，从 2013 年 3 月开始的政府简政放权和行政审批改革，企业大幅提高了追求信誉的积极性，从而促进了质量安全整体水平的提升。此外，政府对质量安全的监管投入了大量力量，除了质量监管体制机制的构建、质量安全相关法律法规的颁布实施之外，还进行了定期的质量监督抽查和日常的监督检查工作。一旦发生重大质量安全事件，政府部门调动各方面力量进行事件调查、追责和处罚。由 2013 年和 2014 年宏观质量观测数据可以看出，在政府一系列的制度和措施下，我国质量安全形势趋于稳定，但随着人民生活水平的提高，消费者对质量安全的要

---

[1] 程虹：《宏观质量管理》，湖北人民出版社 2009 年版。

求也越来越高。保证质量安全是提高质量满意的前提，要提升质量的总体评价，政府仍需加强质量安全的监管，尤其是食品质量领域。然而，对质量的监管有时可能会面临市场调节与政府监管的"双失灵"，这时候我们必须寻找第三方力量，即充分发挥社会的力量，其中最主要的是建立有奖举报制度，即借鉴国外的吹哨人制度。美国在19世纪末面临食品安全的问题时，"吹哨法案"起到了保护举报者、鼓励公民参与的积极作用。我国也有相关有奖举报制度，但是由于缺少激励和对举报者的保护，使得该制度有待进一步完善。将"吹哨人制度"引入质量领域，可以有效动员更多的消费者、企业员工等参与到质量安全的监督中，弥补政府、企业、市场在质量安全监管中的缺失，能有效节约政府的监管成本，减少质量安全事件的发生和影响，进一步巩固我国的质量安全底线。

（二）比较试验通过全面发布质量信息提升质量满意

前文的特征事实反映出，我国2014年产品、服务、工程和环境质量四大领域的质量安全评价和质量满意评价出现了结构性下降，一方面与我国经济增长速度放缓相关；另一方面也是受质量信息不对称客观存在的影响。由于在购买使用前，无法完全获得质量的全部信息，质量安全事故的发生、低质产品的有关报道都影响着消费者对质量安全和质量满意的评价。

比较试验是市场经济的产物，是国际消费者组织通行的做法。质量社会组织以普通消费者的身份，用模拟消费的方式，直接在市场上购买产品或服务，然后对不同产品和服务所有的特性进行客观比较，如耐用性、环境效应、安全性、售后等，再客观地把测试情况提供给消费者，一方面为消费者提供最真实的信息，另一方面向生产经营者发出警示。这是一种市场行为，消费者支付一定的成本，就可以获得其所需要的质量信息，当然这个成本相对而言是非常低的，因为这一类组织完全是竞争的。

比较试验通过全面发布质量信息，让消费者选择能效比高的产品。通过增强质量信息的共享性，优化消费环境，引导和促进理性的购买行为，使消费者根据自己的需要购买具有相应属性的产品，增加消费者体验后的满意度。同时，对于监督质量提供方的质量生产行为，提高总体质量生产状况，比较试验也能发挥重要作用。

（三）提升顾客感知的服务质量有利于提高产品质量满意

目前，我国企业生产的产品绝大多数都能达到合格，即满足产品质量安全的需求。只有少数中小型企业由于存在侥幸心理，不严格规范生产流程，缺乏生产监管，出现质量不达标的产品。产品质量安全事故虽偶有发生，但整体质量安全已经趋于稳定。因而要提高产品质量评价，就要提升产品质量满意。

在消费者时代，产品质量对消费者而言不仅仅是产品本身的安全性、实用性和可持续性，随着生产时代向服务时代的转变，产品相关的销售、配送、售后等服务质量也越来越影响消费者对产品质量的总体满意，甚至弥补产品质量本身存在的瑕疵给消费者带来的不满。比如一个企业为其产品主动提供一些检查和维修服务，即使它的产品质量略逊于同等价位的产品，消费者对该产品的满意也不一定低于其他产品。

顾客感知服务质量是顾客感知的质量，具有极强的主观性，也具有极强的差异性。在不同的时间，不同的服务提供者所提供的服务是不同的，即使同一个服务提供者在不同时间提供的服务质量也是有差异的；不同的顾客，乃至同一个顾客在不同的时间对服务质量的感知也是不同的。产品质量在生产出来之后是一定的，而与之相关的服务质量可以从不同的细节进行创新和改进，而产品质量由其本身和与之相应的服务共同构成，提升顾客感知的服务质量有利于提高产品质量满意。

三 政策建议

以上 2014 年宏观质量观测数据，证明了我国质量发展的一个根本性的趋势变化，那就是质量安全已经进入一个相对稳定的状态，底线的安全性问题已经上升到满足安全要求之上的顾客满意问题，政府、企业为提高总体质量评价，应该着眼于质量满意的治理。为了应对质量满意需求超过质量安全需求的重大改变，使多元的产品固有属性更能与多样的质量需求相匹配，这就要求我们采取一些政策措施来改善质量满意水平。

（一）在产品质量领域（尤其是食品领域），引入质量的吹哨人制度

"吹哨人"，也就是神秘的内部人士的爆料，这些知情人发现问题，吹响哨声，大幅度地降低行政监察成本，能够制止问题的发生，对不遵纪守法的企业有很大的威慑力。可以引进美国的吹哨人制度，通过鼓励举报企业质量违法行为，来监督规范企业的质量行为，保障质量底线的安全性问题。产品质量是总体质量中的短板，以食品行业为例，最容易发现问题和了解内情的，是身处行业内的职工。正因如此，欧美很多国家都立法建有"吹哨人制度"，即靠内部员工在第一时间、第一地点察觉问题，吹响哨声，制止问题。"吹哨人制度"在消费者自我保护的自发力和政府奖励的外部激励下，可以填补政府监管不到位的空间，同时又可以节约政府的监管成本，最重要的是对潜在的可能发生的质量安全事件在第一时间作出反应，降低质量安全问题可能造成的伤害，巩固质量安全底线。

（二）大力发展基于消费者体验的比较试验

消费者高于质量安全的满意诉求，由于并不是全社会所有人的基本需求，因此需要加快建立能够基于消费者体验而进行产品质量评价的商品比较试验，从需求的角度来治理质量，大力发展面向消费者的质量社会组织，让消费者能够对产品的安全性基础之上的经济性、体验性等质量满意性的需求进行评价，让企业形成追求更好地满足消费者质量需求的内在动力。比较试验，指的是通过对同一类型的不同品牌产品或服务，用同一标准、同一规则进行测试，并相互比较产品或服务优劣的一种行为。通过将自己的检验结果发布在杂志上，让消费者能够通过这些比较试验，获取充分的质量信息，愿意支付更高的价格来选择高质量的产品；企业也受到这些公开发布信息的约束，仅仅满足政府安全标准的产品在市场上将不被消费者所购买，而不得不生产远高于政府标准、仅仅符合安全性底线的产品。通过比较试验，驱动和发挥社会资源参与到质量的治理中来，也降低了质量信息的不对称性，使得消费者根据充分的质量信息购买到的产品或服务更符合自己的预期，更好地满足消费者的质量满意需求。

（三）提升消费者在质量安全性基础之上的满意性水平

最基础的产品质量安全根源于生产能力，而当今经济社会的发展，技

术能力的进步和引进，使我国绝大部分企业完全具备生产高性能高质量的产品的能力。消费者对这一部分产品质量的满意是一定的。要增加消费者对产品质量的额外满意，需要将重点放在如何提升顾客感知的服务质量上来，具体建议如下：（1）拓宽服务渠道。数据显示与2013年相比，粮食质量满意度下降了4.01分，降幅最大。而粮食（米面）本身的质量与种植技术等有关，技术在一定时期内是有限的。销售粮食的商铺可以通过送货上门、电话订购等渠道，在消费过程中增加消费者对产品质量的感知和满意度。（2）提供增值服务。可以从家用电器和电脑的产品质量满意度排在前两位这一特征事实思考发现，这二者的增值服务相对于其他产品做得更好，比如电器的配送、电脑的保修等。使消费者不仅获得产品本身的质量，还有额外的服务质量，从而能提高满意度。

  细化服务流程，拓宽服务渠道，增加服务内容，能让消费者获得实际质量和服务质量的双重体验，在提升消费者感知的服务质量的同时，提高消费者对产品质量满意的评价。

第十七章 我国环境质量呈现向好的趋势

一 特征事实

(一) 消费者对环境质量安全性和满意度评价的排名逐年提升

三年质量观测数据表明，在产品、服务、工程、环境四个维度中，消费者对于环境质量安全性评价的排名呈现出上升的趋势。2013年，在消费者对质量安全四个维度的评价中，环境质量安全处于第三位，低于工程安全性、服务安全性的评价。2014年，消费者对环境质量安全评价上升一位，仅次于对服务质量安全性的评价。如图17-1所示。

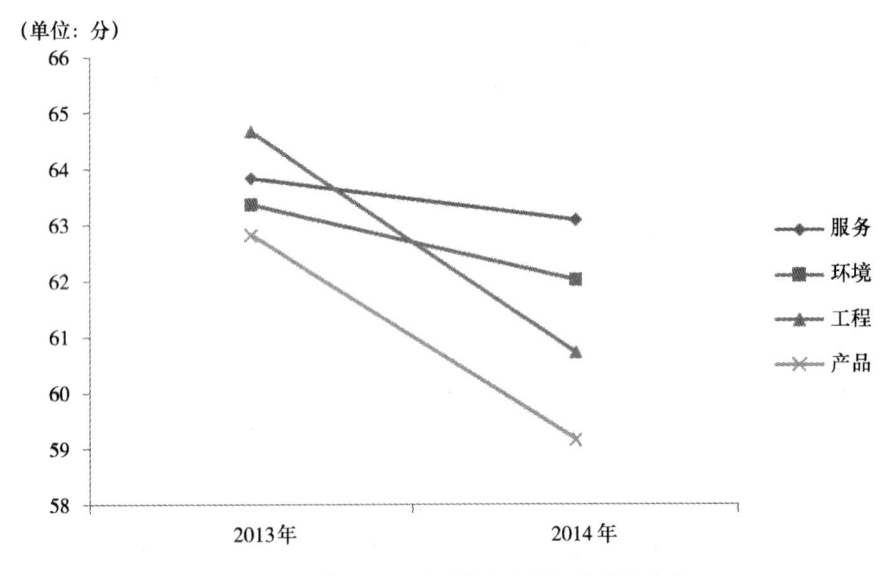

图 17-1 消费者对环境质量安全性评价排名变化

同样，消费者对环境质量满意度评价的排名逐年提升。2012年，消费者对产品质量满意度评价最高，得分达64.72分，对环境质量满意度评价最低，仅有60.3分，二者相差4.42分。2013年，消费者对环境质量满意度评价的排名上升一位，但与排在最后一位的产品质量满意度差距很小。2014年，环境质量满意度评价的排名较上年上升一位，在四个维度中排名第二位。三年来，消费者对环境质量满意度的评价由最后一位上升至第二位。如图17-2所示：

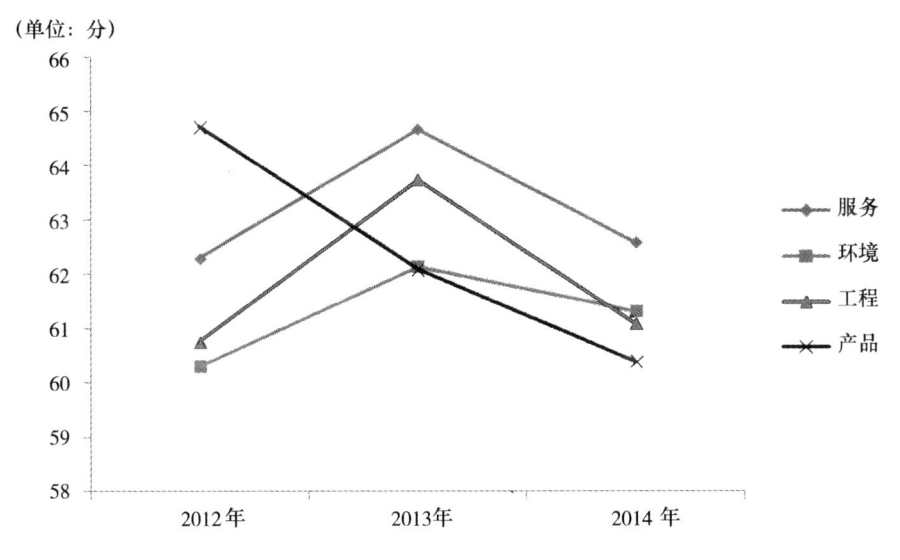

图 17-2 消费者对环境质量安全性评价排名变化

（二）空气质量问题是我国环境面临的最严峻的问题之一

表17-1显示的是2014年消费者对全国36个主要城市的空气优良天数和空气环境质量满意度的评价。通过分析可以发现，二者的相关性达0.80，如图17-3所示，说明消费者对空气环境质量的评价与客观事实存在高度相符。

表 17-1 2014年36个主要城市空气优良天数和空气环境质量满意度的评价

城市	2014年空气优良天数（天）	空气环境质量的总体满意度（分）
重庆市	246	61.67
郑州市	168	50.33
长沙市	226	64.92

续表

城市	2014年空气优良天数（天）	本地区空气环境质量的总体满意度（分）
长春市	240	55.95
银川市	276	61.84
西宁市	255	68.30
西安市	203	49.17
武汉市	166	45.95
乌鲁木齐市	209	52.08
天津市	168	61.01
太原市	201	52.83
石家庄市	104	36.64
沈阳市	194	51.58
深圳市	349	62.90
上海市	276	52.71
厦门市	340	71.86
青岛市	248	61.40
宁波市	302	55.34
南宁市	292	58.60
南京市	193	51.11
南昌市	295	58.74
兰州市	253	47.10
拉萨市	357	75.00
昆明市	354	63.36
济南市	93	44.42
呼和浩特市	256	63.33
合肥市	193	48.67
杭州市	231	51.70
海口市	357	74.83
哈尔滨市	237	62.19
贵阳市	313	69.80
广州市	277	58.08
福州市	338	67.10
大连市	283	64.67
成都市	226	58.17
北京市	167	50.76

注：根据中华人民共和国环境保护部《全国城市空气质量日报》数据整理而得。

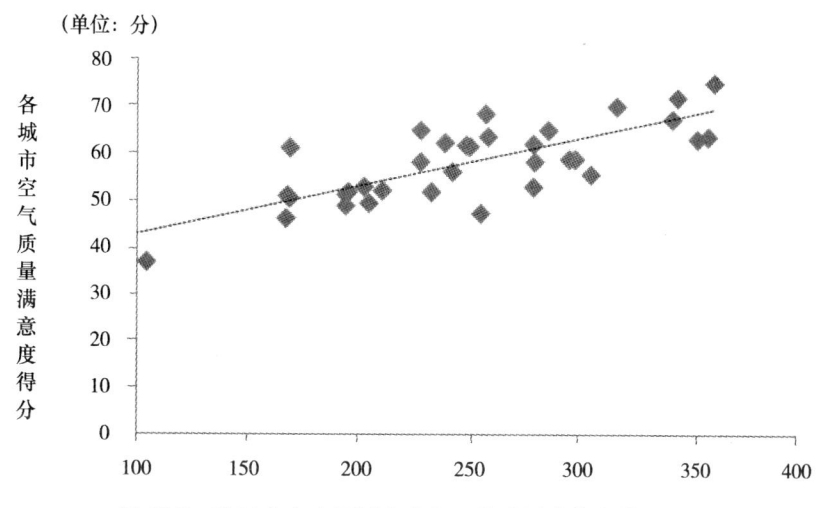

图 17-3　2014 年各主要城市空气环境质量满意度的评价和
空气优良天数相关性

质量观测数据表明，在环境质量满意度的五个维度中，消费者对于空气环境质量满意度较低，2012 年仅仅高于声环境质量满意度，处于倒数第二位，2013 年和 2014 年在五个维度中的评价均处于倒数第一。如图 17-4 所示。

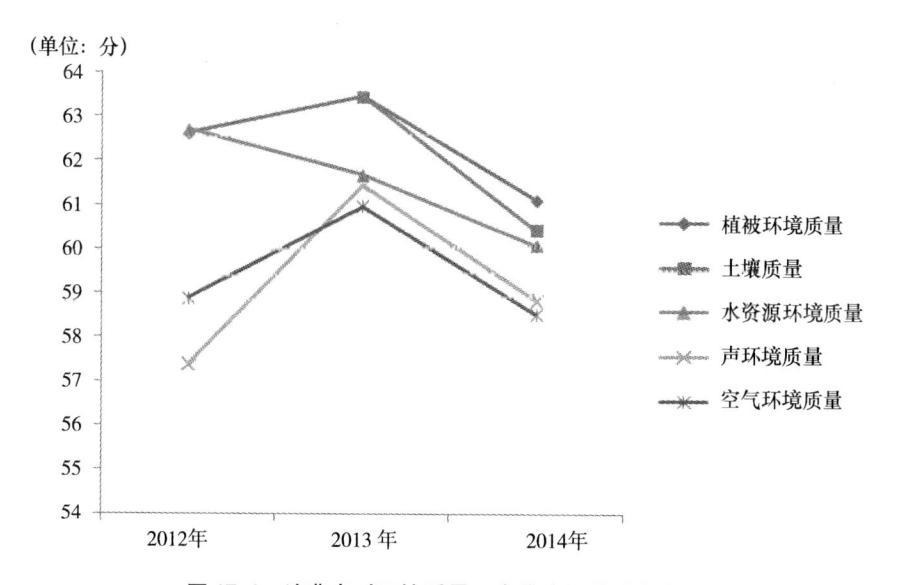

图 17-4　消费者对环境质量五个维度评价排名变化

空气环境质量已经成为我国环境面临的最严峻的问题,这不仅体现在客观的空气质量指标上,也反映在居民的主观评价之中。

(三) 环境质量安全性和满意度评价与人均GDP存在正相关

表 17-2　　　　　　　　2014 年主要城市人均 GDP

城市	人均 GDP (美元)	城市	人均 GDP (美元)
北京市	16132.71	宁波市	16197.83
成都市	11541.97	青岛市	15790.84
大连市	18118.77	厦门市	14521.07
福州市	11818.71	上海市	15888.52
广州市	21032.75	深圳市	24516.51
贵阳市	9409.39	沈阳市	14114.08
哈尔滨市	8172.17	石家庄市	6755.88
杭州市	16930.39	太原市	9816.37
合肥市	11867.55	天津市	16881.55
呼和浩特市	16197.83	乌鲁木齐市	12388.49
济南市	13593.15	武汉市	16018.75
昆明市	9393.11	西安市	10418.70
兰州市	8579.15	长春市	11411.73
南昌市	11834.99	长沙市	17646.68
南京市	17532.72	郑州市	12795.47
南宁市	7700.07	重庆市	7814.03

注:缺乏海口市、拉萨市、西宁市、银川市数据。

表17-2列出了2014年我国32个主要城市人均GDP的情况。据世界银行的标准,人均GDP达到12616美元的国家就属于发达国家。由表中可以看出,我国包括深圳、广州、大连等18个主要城市人均GDP已经达到发达国家的标准。

2014年质量观测数据表明,18个人均GDP达到发达国家水平的城市有6个(厦门市、大连市、宁波市、天津市、青岛市、长沙市)位于环境质量总体安全性城市排名的前十位。而有关本地区环境质量满意度的评价则有厦门市、青岛市、天津市、大连市、成都市位于排行榜的前十位。可见,人均GDP达到发达国家水平的城市环境质量安全性和环境质量满意度评价较高。

通过进一步的分析可以发现，人均 GDP 水平和环境质量安全性评价以及环境质量满意度评价均存在正相关，相关系数分别为 0.37 和 0.28。如图 17-5 和图 17-6 所示。

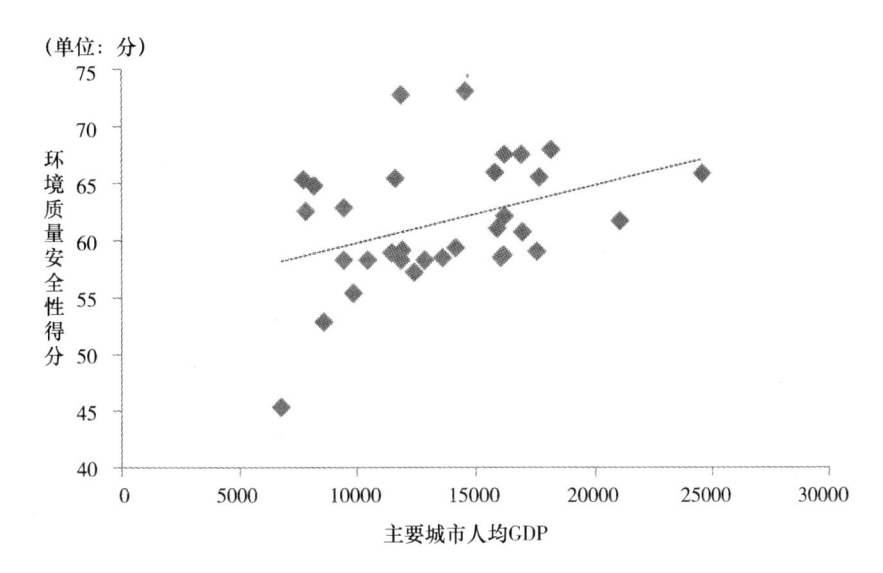

图 17-5　环境质量安全性评价和人均 GDP（美元）关系

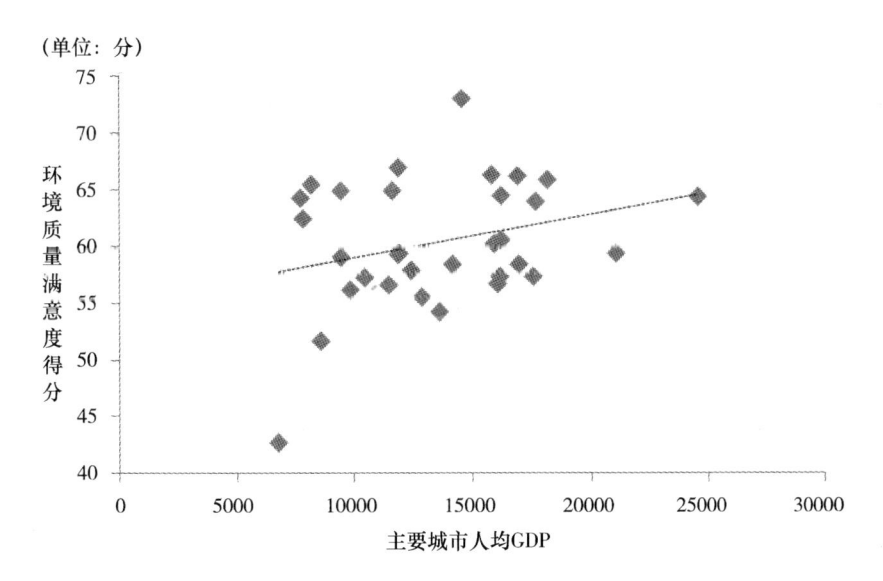

图 17-6　环境质量满意度评价和人均 GDP（美元）关系

由环境质量评价和人均 GDP 的关系可见,我国环境质量水平和 GDP 的发展水平呈正相关的关系,传统的以破坏环境而换取 GDP 发展的现象得以改善,人均 GDP 的发展和环境质量的改善得以共存。

二 理论分析

(一) 环境质量与经济发展水平呈倒"U"型曲线关系

自 20 世纪 90 年代以来,环境质量与经济发展之间的关系一直受到学者们的关注。1991 年,Grossman-Krueger 通过对不同国家的一些地区的大气质量的实证分析,发现二氧化硫和烟尘符合倒"U"型曲线关系。1992 年,Shafik 使用 3 种不同的方程形式(线性对数、对数平方和对数立方)去拟合各项环境指标与人均 GDP 的关系。1993 年,Panayotou 将首次环境质量与人均收入水平间的关系称为环境库兹涅茨曲线(EKC)。EKC 揭示出:在经济发展初期阶段,环境质量随着人均收入水平的提高而恶化;经济发展到一定阶段,环境质量随着人均收入水平的提高而改善。[①] 如图 17-7 所示。

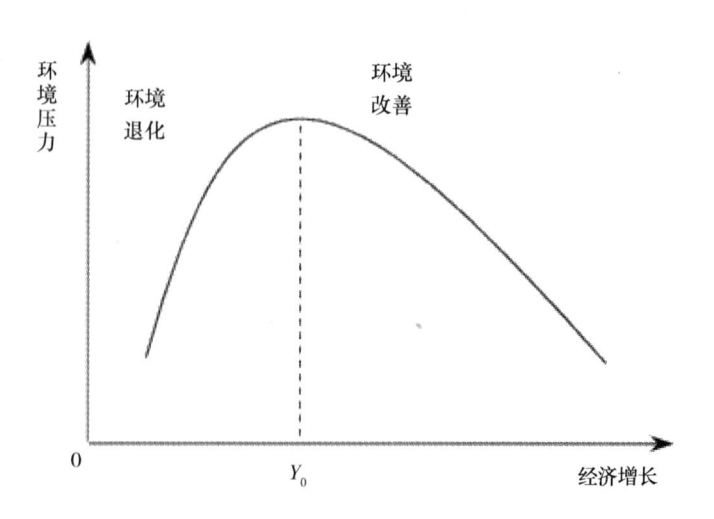

图 17-7 环境库兹涅兹曲线

[①] 钟茂初、张学刚:《环境库兹涅茨曲线理论及研究的批评综论》,《中国人口·资源与环境》2010 年第 2 期。

国内的学者们通过实证的方法验证了环境与经济发展之间确实存在着"库兹涅兹曲线"。包群等（2005）运用1996—2002年期间我国30个省（市、自治区）面板数据的实证结果发现，选取工业废水和二氧化硫排放总量时，存在倒"U"型曲线。[1] 刘荣茂等（2006）基于中国1991—2003年29个省级区域环境质量与人均GDP的数据，利用工业废水、废气、固体排放物等变量与人均GDP拟合方程验证了环境库兹涅茨曲线假说在中国的存在性。[2] 韩玉军等（2009）认为存在着"低工业、低收入"、"高工业、低收入"、"高工业、高收入"和"低工业、高收入"四种不同的经济发展阶段。"高工业、高收入"国家出现了"环境库兹涅茨曲线"的倒"U"型趋势，"低工业、低收入"国家出现微弱倒"U"型趋势，"低工业、高收入"国家表现出了"～"型趋势，而"高工业、低收入"国家环境污染与收入增长同步。中国正在走由"同步增长"转向倒"U"型增长再转向"～"型增长的道路。[3] 朱平辉等（2010）选取1989—2007年省级面板数据，发现人均工业废水中化学需氧量、人均工业二氧化硫排放量、人均工业烟尘排放量、人均工业粉尘排放量以及人均工业固体废弃物排放量与人均GDP之间为倒"U"型关系。[4] 张昭利（2012）[5]、梁云（2014）[6] 等也分别选取SO_2和CO_2为指标验证了环境质量与经济发展水平呈倒"U"型曲线关系。

传统的研究都是选取客观的指标建立科学的模型以验证环境质量和经济发展的倒"U"型关系。而在暑期观测数据中，消费者对环境质量满意度和安全性的评价排名在四个维度中逐年上升，也验证了我国环境质量由以前的随经济发展而恶化转向随经济发展而改善。在现实中，也可以找到环境质量得以改善的证明。以空气质量为例，2013年环境保护部发布的

---

[1] 包群、彭水军、阳小晓：《是否存在环境库兹涅次倒U型曲线？——基于六类污染指标的经验研究》，《上海经济研究》2005年第12期。

[2] 刘荣茂、张莉侠、孟令杰：《经济增长与环境质量：来自中国省际面板数据的证据》，《经济地理》2006年第3期。

[3] 韩玉军、陆旸：《经济增长与环境的关系——基于对CO_2环境库兹涅茨曲线的实证研究》，《经济理论与经济管理》2009年第3期。

[4] 朱平辉、袁加军、曾五一：《中国工业环境库兹涅茨曲线分析——基于空间面板模型的经验研究》，《中国工业经济》2010年第6期。

[5] 张昭利、任荣明、朱晓明：《我国环境库兹涅兹曲线的再检验》，《当代经济科学》2014年第5期。

[6] 梁云、郑亚琴：《产业升级对环境库兹涅茨曲线的影响——基于中国省际面板数据的实证研究》，《经济问题探索》2014年第6期。

"京津冀"、"长三角"、"珠三角"区域及直辖市、省会城市和计划单列市等74个城市的空气质量指数显示，被观测的74个城市中，只有海口、舟山、拉萨3个城市各项污染指标年均浓度达到二级标准，其他71个城市存在不同程度的超标现象。2014年，海口、拉萨、舟山、深圳、珠海、福州、惠州、昆明8个城市各项污染指标年均浓度均达到二级标准，较上一年增加5个。空气质量达标天数由2013年的60.5%提升到66.0%，重度及以上污染天数比例由8.6%下降为5.6%，下降3个百分点，说明空气质量正有所改善。

（二）环境库兹涅兹曲线拐点存在地区性差异

虽然不同的学者对"环境库兹涅兹曲线"拐点到来的时间有不同的见解，但是普遍认为拐点存在地区性差异。

周茜（2011）[1]和罗岚等（2012）[2]运用省级面板数据，通过实证分析，得出结论：东部地区的环境库兹涅兹曲线的拐点要早于中部和西部，各地应实施差异化的经济发展战略，以促进经济和环境协调发展。高宏霞等（2012）[3]的研究发现，我国不同省份的转折点到来时间存在较大差异，而这种差异主要是由各个省份的结构效应和技术效应不同造成的。文章模拟各省环境库兹涅兹曲线拐点的年份。如表17-3所示。

表17-3　　　　　各省环境库兹涅兹曲线拐点预测

省市	废弃排放量	SO$_2$排放量	省市	废弃排放量	SO$_2$排放量
北京市	2007	2006	湖北省	2021	2017
天津市	2008	2008	湖南省	2021	2018
河北省	2020	2016	广东省	2016	2014
山西省	2020	2017	广西壮族自治区	2023	2019
内蒙古自治区	2018	2015	海南省		
辽宁省	2018	2014	重庆市	2021	2018

---

[1] 周茜：《中国区域经济增长对环境质量的影响——基于东、中、西部地区环境库兹涅兹曲线的实证研究》，《统计与信息论坛》2011年第10期。

[2] 罗岚、邓玲：《我国各省环境库兹涅兹曲线地区分布研究》，《统计与决策》2012年第10期。

[3] 高宏霞、杨林、付海东：《中国各省经济增长与环境污染关系的研究与预测——基于环境库兹涅茨曲线的实证分析》，《经济学动态》2012年第1期。

续表

省市	废弃排放量	SO₂ 排放量	省市	废弃排放量	SO₂ 排放量
吉林省	2020	2017	四川省	2022	2019
黑龙江省	2020	2017	贵州省	2024	2020
上海市	2006	2005	云南省	2023	2019
江苏省	2015	2012	西藏自治区	2022	2019
浙江省	2014	2011	陕西省	2021	2018
安徽省	2022	2019	甘肃省	2023	2019
福建省	2018	2015	青海省	2021	2018
江西省	2022	2018	宁夏回族自治区	2021	2018
山东省	2017	2014	新疆维吾尔自治区	2021	2017
河南省	2021	2018			

李慧娟等（2013）[1]的研究结果表明：拐点在污染较重的资源型城市及人均 GDP 较低的资源型城市出现更早；相同的曲线下资源型城市的环境库兹涅兹曲线拐点出现更早。毛晖等（2013）[2]的文章指出，北京、上海、天津等少数发达地区的经济发展水平超过了环境拐点，经济增长与工业污染的关系在不同的经济区域差异显著。

我国各城市之间的 GDP 存在明显差异，GDP 达到发达国家水平的 18 个城市中，有 13 个均是东部城市，中部城市和西部城市分别为 3 个和 2 个。暑期观测数据显示，环境质量安全性评价排名前十位的城市中，有 9 个为东部城市，1 个为西部城市。在环境质量满意度评价排名前十位的城市中，有 8 个为东部城市，2 个为西部城市。根据这些数据可以推测，东部地区将更早地出现环境库兹曲线的拐点。

除了 GDP，影响不同城市环境库兹涅兹曲线的因素还包括许多方面。包群（2005）[3]的研究认为贸易开放以及产业结构调整等污染控制变量对 EKC 均产生重要影响。梁云（2014）[4]的实证研究发现：产业

---

[1] 李惠娟、龙如银：《资源型城市环境库兹涅茨曲线研究——基于面板数据的实证分析》，《自然资源学报》2013 年第 1 期。
[2] 毛晖、汪莉：《工业污染的环境库兹涅茨曲线检验——基于中国 1998—2010 年省际面板数据的实证研究》，《宏观经济研究》2013 年第 3 期。
[3] 包群、彭水军、阳小晓：《是否存在环境库兹涅茨倒 U 型曲线？——基于六类污染指标的经验研究》，《上海经济研究》2005 第 12 期。
[4] 梁云、郑亚琴：《产业升级对环境库兹涅茨曲线的影响——基于中国省际面板数据的实证研究》，《经济问题探索》2014 年第 6 期。

升级会对 EKC 的峰值和位置产生显著影响,第三产业的发展水平会使得 EKC 向左下方移动;而现阶段工业化程度的提高会导致 EKC 向右上方移动。林基(2014)[①]总结了众多学者的研究结果,认为经济结构、国际贸易、环境质量需求的收入弹性、市场机制、环境政策影响了环境库兹涅兹曲线。

多数学者都赞同"产业结构"是影响环境库兹涅兹曲线的重要因素。暑期观测的数据也显示,产业结构和环境质量的评价存在正相关关系,第三产业的比例越大,环境质量满意度及安全性的评价也将越高。通过梳理学者们有关环境库兹涅兹曲线的影响因素还能发现,学者们普遍赞同"外贸政策"是影响环境质量的重要因素。

(三)环境库兹涅兹曲线拐点出现次序预测

表 17-4 各省份 2013 年、2014 年环境质量安全性与环境质量满意度得分与人均 GDP 关系

省份	2013年安全性得分	2014年安全性得分	2014年安全性得分−2013年安全性得分	2013年满意度得分	2014年满意度得分	2014年满意度得分−2013年满意度得分	所属地区	人均GDP排名
天津市	71.17	67.58	−3.59	71.75	66.16	−5.59	东部	1
北京市	54.25	58.74	4.49	49.33	57.39	8.06	东部	2
上海市	63.79	61.10	−2.69	62.84	60.25	−2.59	东部	3
江苏省	59.23	64.66	5.43	56.96	62.62	5.66	东部	4
浙江省	64.84	64.41	−0.43	62.67	63.30	0.63	东部	5
内蒙古自治区	53.38	60.75	7.37	49.81	59.58	9.77	西部	6
辽宁省	68.33	63.75	−4.58	68.28	62.14	−6.14	东部	7
广东省	62.96	61.44	−1.52	61.67	59.87	−1.8	东部	8
福建省	69.19	71.65	2.46	70.69	69.47	−1.22	东部	9
山东省	65.84	64.56	−1.28	65.56	63.00	−2.56	东部	10
吉林省	71.73	57.41	−14.32	68.43	56.04	−12.39	东部	11
重庆市	58.99	62.58	3.59	57.45	62.42	4.97	西部	12
陕西省	60.57	62.87	2.30	60.63	61.81	1.18	西部	13
湖北省	65.02	62.26	−2.76	63.43	61.77	−1.66	中部	14

---

① 林基:《环境库兹涅茨曲线理论研究的评述及在国内的推进》,《商场现代化》2014年第20期。

续表

省份	2013年安全性得分	2014年安全性得分	2014年安全性得分-2013年安全性得分	2013年满意度得分	2014年满意度得分	2014年满意度得分-2013年满意度得分	所属地区	人均GDP排名
宁夏回族自治区	71.45	64.51	-6.94	73.53	64.66	-8.87	西部	15
河北省	53.73	55.85	2.12	53.00	56.75	3.75	东部	16
黑龙江省	63.65	62.49	-1.16	63.21	62.55	-0.66	东部	17
新疆维吾尔自治区	59.42	59.67	0.25	58.13	60.56	2.43	西部	18
湖南省	61.42	65.69	4.27	57.26	65.50	8.24	中部	19
青海省	62.40	64.90	2.50	62.80	64.70	1.90	西部	20
河南省	59.91	62.46	2.55	54.77	61.71	6.94	中部	21
山西省	64.31	63.15	-1.16	62.50	62.15	-0.35	中部	22
海南省	66.76	65.83	-0.93	68.97	67.00	-1.97	东部	23
四川省	66.57	64.58	-1.99	67.04	64.58	-2.46	西部	24
江西省	63.18	61.00	-2.18	61.82	60.75	-1.07	中部	25
安徽省	62.50	64.46	1.96	62.71	63.13	0.42	中部	26
广西壮族自治区	71.04	66.40	-4.64	71.34	65.82	-5.52	西部	27
云南省	71.27	55.41	-15.86	71.89	56.45	-15.44	西部	28
贵州省	65.53	60.11	-5.42	62.42	62.14	-0.28	西部	29

注：缺乏甘肃省、西藏自治区数据。

表17-4显示了29省2013年和2014年对环境质量安全性和环境质量满意度的评价情况。2013年，天津市的人均GDP位列榜首。虽然2014年天津市的环境质量满意度和环境质量安全性的得分较上一年均有所下降，但从全国的排名来看，2014年，天津市的环境质量安全性得分位列全国第二位，环境质量满意度得分位列全国第三位，分数的下降可能是由整体经济环境引起的，天津市的环境质量评价仍属于较好的状态。2013年，北京市、江苏省、浙江省、内蒙古自治区、福建省、重庆市、陕西省的人均GDP均位于前15位，且2014年的环境质量满意度和环境质量安全性的评价较上一年均有较大幅度的提升（福建省的环境质量满意度得分虽有所下降，但位列环境质量满意度评价的第一位）。上海市、广东省、山东省和湖北省的人均GDP均处于较高的水平，虽然2014年环境质量安全性和环境质量满意度的评价有略微下降，但幅度不是很大。可以预测，以

上的省份将最早迎来环境库兹涅兹曲线的拐点。

辽宁省、吉林省、宁夏回族自治区虽然人均 GDP 的排名较高，但通过暑期观测数据可以发现，这三个省份两年间的环境质量安全性和环境质量满意度的评价得分均有大幅度的下降。河北省、新疆维吾尔自治区、湖南省、青海省、河南省、安徽省虽然对环境质量安全性和环境质量满意度的评价均有不同幅度的提升，但是这些省份的人均 GDP 水平均处于较为落后的水平，还有很大的提升空间。以上省份迎来环境库兹涅兹曲线的拐点将稍晚一些。

黑龙江省、山西省、海南省、四川省、江西省、广西壮族自治区、云南省、贵州省的人均 GDP 处于全国较为落后的水平，且环境质量安全性和环境质量满意度的评价也呈现出不同幅度的下降，可以预测这些省份将最晚出现环境库兹涅兹曲线的拐点。

将环境库兹涅兹曲线的拐点出现的时间分为三个次序，根据 2013 年和 2014 年的暑期观测数据，可以将各省分别归为不同次序，如表 17-5 所示。

表 17-5　　各省份环境库兹涅兹曲线拐点出现次序预测

第一次序（12 个）	第二次序（9 个）	第三次序（8 个）
天津市	辽宁省	黑龙江省
北京市	吉林省	山西省
江苏省	宁夏回族自治区	海南省
浙江省	河北省	四川省
内蒙古自治区	新疆维吾尔自治区	江西省
福建省	湖南省	广西壮族自治区
重庆市	青海省	云南省
陕西省	河南省	贵州省
上海市	安徽省	
广东省		
山东省		
湖北省		

位于第一次序的 12 个省份中，8 个为东部省份，1 个为中部省份，3 个为西部省份。位于第二次序的 9 个省份中，3 个为东部省份，3 个为中

部省份，3个为西部省份。位于第三次序的8个省份中，2个为东部省份，2个为中部省份，4个为西部省份。如表17-6所示。

表17-6　　各地区环境库兹涅兹曲线拐点出现次序预测

	第一次序	第二次序	第三次序	合计
东部	8	3	2	13
中部	1	3	2	6
西部	3	3	4	10
合计	12	9	8	29

三　政策建议

（一）借鉴发达国家先进经验，调整对外贸易政策及结构

在一国的经济比较落后时，消费者对于财富的需求将优于对环境质量的需求，造成发达国家与发展中国家的环境约束差异，使得发展中国家具有环境成本方面的比较优势。随着消费者财富的提升，消费者对环境质量的需求将不断上升，并最终超过对财富的需求。[1] 为满足消费者不断上升的质量需求，我国应当大力发展环境友好型的国际贸易，主要采取以下做法：

一是调整贸易政策。改变过去"奖出限入"的贸易指导方针，大幅度降低出口退税，不再以能源和环境为代价换取出口优势。二是改变贸易结构，降低贸易对环境的不利影响。对高能耗、高污染的出口产品，采用较高的税率；对低能耗、低污染的技术密集型产品进行税收补贴，鼓励低碳出口企业的技术更新和发展。同时，提高出口服务业的比重，从资源密集型转为知识密集型。三是发展环境友好型的国际贸易。引进发达国家先进的生产技术来促进本国技术创新能力的提高，积极模仿学习发达国家的先进技术，提高本国的技术创新能力与环境治理能力。积极寻求与其他国家的环保技术交流，加强国际沟通与合作，对发达国家的经验加以借鉴。[2]

---

[1]　赵忠秀、王苒、闫云凤：《贸易隐含碳与污染天堂假说——环境库兹涅茨曲线成因的再解释》，《国际贸易问题》2013年第7期。
[2]　张昭利：《中国二氧化硫污染的经济分析》，上海交通大学出版社2012年版。

(二) 根据环境库兹涅兹曲线拐点出现次序，合理安排本地的产业结构

由理论分析可以了解到，环境库兹涅兹曲线的拐点存在地区性差异，东部地区拐点的出现要早于中部地区和西部地区。由于所处的时期不一致，东部地区和中部地区、西部地区对于环境、经济发展的取舍有所不同。东部地区应当在维持现有产业结构的情况下继续使产业向高级化发展；中部地区应该充分发挥劳动力充裕、农业大省的优势，发展劳动密集型产业与生态农业，提高农产品质量，逐步淘汰落后的初级加工业及污染型产业，促进中部地区产业升级和社会的可持续发展；西部地区生态环境逐渐恶化，植被破坏严重，应坚定不移地实施退耕还林还草，发展生态旅游。通过中、东、西部地区不同的产业布局，逐步缩小地区间经济差距，走可持续发展道路。[1]

---

[1] 周茜：《中国区域经济增长对环境质量的影响——基于东、中、西部地区环境库兹涅茨曲线的实证研究》，《统计与信息论坛》2011年第10期。

第十八章 产品质量不高依然对我国经济增长造成结构性拖累

质量的结构对于质量发展的水平有着至关重要的影响，只有认识到结构的问题才能认识到质量的现状。质量观测数据表明，我国质量状况在总体平稳的前提下，呈现出差异化的、不平衡发展的结构性特征。主要表现为：

在质量满意度和质量安全性方面，四大领域的质量呈现出服务和环境的得分相对较高，工程和产品的得分相对较低的结构特征。产品中的家用电器、汽车质量满意度和质量安全性进入到了较满意水平，而化妆用品质量满意度和安全性均降至及格线以下。在各个领域的内部也具有差异化的结构性特征。然而，在整体的质量满意度上，我国城乡的质量二元性特征正在明显减小。除食品、农业生产资料、汽车、化妆品外，其他几项城市与农村的评价分值几乎持平，可以认为随着我国城镇化率不断提高，我国城乡二元化结构正在缩减。另外，2014年农村消费者服务质量的满意度得到显著的提高，教育服务、医疗服务、公共交通服务、通信服务等的满意度均超过了城市消费者。两年间城乡差距最大的为医疗服务，说明农村医疗服务得到了很大的改善，农村消费者对医疗服务的评价甚至高于城市消费者。两年间城乡的公共交通服务和通信服务的差距也较大。城市的物业服务、互联网服务、金融服务还是优于农村的消费者。通过分析可以认为新型城镇化及新型农村合作医疗产生了积极的政治、经济与社会效应。

一 特征事实

(一) 产品质量较上年度出现结构性下滑

从表 18-1 数据看出,通过对比 2013 年和 2014 年消费者对产品、服务、工程、环境四大维度的质量总体安全性评价,发现产品安全性有明显下降,且连续两年位居末位,2013 年得分为 62.83 分,而 2014 年降到及格线以下,为 59.17 分。

表 18-1　2014 年宏观质量观测四个维度质量安全性变化

结构维度	2014 年(分)	位次	2013 年(分)	位次
产品总体安全性	59.17	4	62.83	4
服务总体安全性	63.09	1	64.40	2
工程总体安全性	60.73	3	64.68	1
环境总体安全性	62.02	2	63.37	3

从表 18-2 数据看出,产品质量满意度逐年下降且变化幅度最大,2014 年与 2012 年相比,降幅达到 6.7%,临近及格线水平。

表 18-2　2014 年宏观质量观测四个维度满意度变化

	2014 年分值	位次	2013 年分值	位次	2014 年较 2013 年变化值	2012 年分值	位次	2014 年较 2012 年变化值
产品	60.38	4	62.08	4	-2.7	64.72	1	-6.7
服务	62.58	1	64.66	1	3.2	62.30	3	0.4
工程	61.08	3	63.74	2	4.2	60.76	2	0.5
环境	61.31	2	62.13	3	1.3	60.30	4	1.7

以上数据表明,构成我国经济发展基础的产品质量仍不稳定,产品质量满意度相对于其他领域而言,还没有进入到一个上升的阶段。另据中国消费者协会《2014 年全国消协组织受理投诉情况分析》,与 2013 年相比,商品大类投诉中,家用电子电器类、服装鞋帽类、日用商品类、交通工具

类和食品类投诉量仍居前列。虽然质量满意的得分仍然在及格线以上,但数据显示其底线还未筑牢。

(二) 产品质量不高与我国第一、二产业增长放缓趋势一致

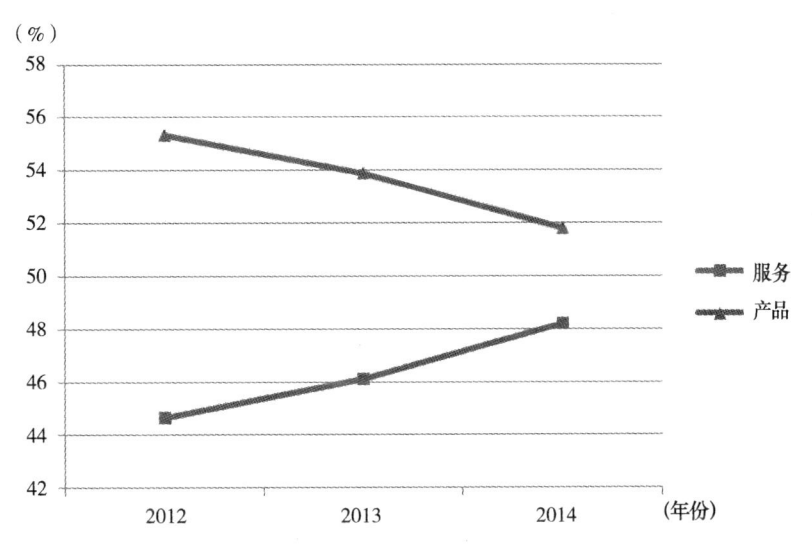

图 18-1　2012—2014 年服务和产品占 GDP 比重数据

图 18-1 数据表明,2012—2014 年我国第一、二产业占 GDP 比重增长趋势持续放缓,第一、二产业占 GDP 的比重从 2012 年的 55.35% 下降到 2013 年的 53.91%,2014 年下降到 51.81%。与第一、二产业增长趋势相反的是,第三产业占 GDP 比重在 2012—2014 年间持续稳定上升,第三产业占 GDP 的比重从 2012 年的 44.65% 增长到 2013 年的 46.09%,2014 年增长至 48.19%。服务业增加值这两年增长速度加快,占 GDP 的比重也持续上升。这是结构调整和转型升级的一个重大变化,也是经济缓中趋稳中的一道亮丽的风景线。2012—2014 年第三产业 GDP 增速一直在 8% 以上,高于第一、二产业的增速并继续保持着这样一种增速快、占 GDP 比重继续提高的趋势。这种趋势意味着中国经济正在由原来的工业主导型经济向服务主导型经济转变,这种趋势将对中国经济增长、就业以及各个方面产生深远而持久的影响。

根据国家统计局发布的统计数据,2013 年我国第一、二产业增速分别是 4.0% 和 7.8%,较之 2012 年增速分别下降 0.5 和 0.1 个百分点,而 2013 年我国第三产业(即服务业)的增速是 8.3%,高于 2012 年 0.2 个

百分点。同时，2013年我国产品出口的增长率放慢，而服务出口领域厚积薄发，服务出口增长率上升了近6个百分点。

图18-2数据表明，纵观三年数据，2012—2014年消费者对产品领域的总体评价下滑，对服务领域的评价相对上升。2012年消费者对产品质量总体评价最高，服务质量位列第三。然而尽管2014年消费者对四大领域的总体评价出现结构性下滑，消费者对于四大维度的总体评价中，服务质量排名位居第一，与2013年持平；产品质量排名末位，与2013年持平。产品质量总体评价低于服务业质量总体评价的趋势已逐渐显现，该趋势与我国第一、二产业增长逐渐放缓的趋势保持一致。

(单位：分)

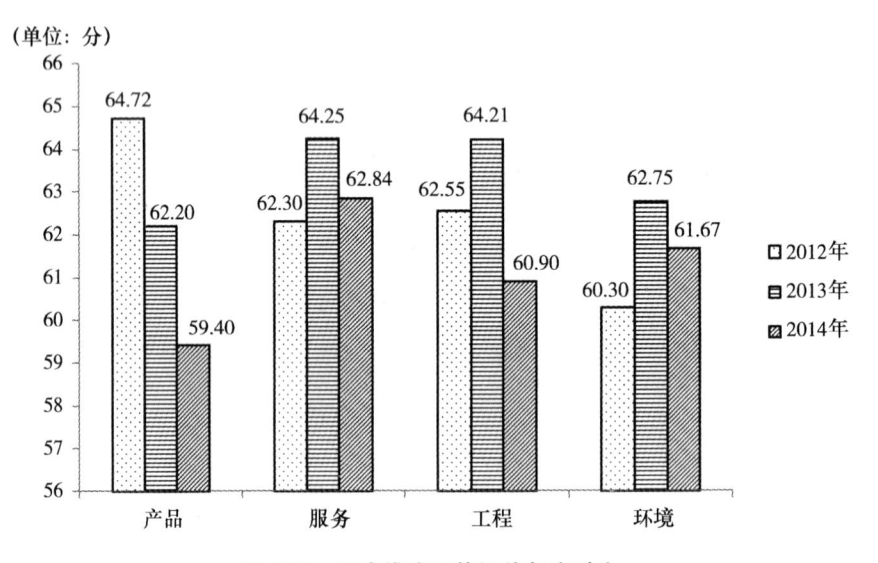

维度	2012年	2013年	2014年
产品	64.72	62.20	59.40
服务	62.30	64.25	62.84
工程	62.55	64.21	60.90
环境	60.30	62.75	61.67

图18-2 四大维度总体评价年度对比

（三）产品质量结构性特征明显且稳定

产品、服务、工程、环境四大维度的质量呈现出服务和环境的得分相对较高、工程和产品的得分相对较低的结构特征。产品中的家用电器、汽车质量满意度和质量安全性达到了较满意水平，而化妆用品质量满意度和安全性均降至及格线以下。在各个领域的内部也具有差异化的结构性特征，如食品行业中粮食（米面等主食）的质量满意度普遍高于肉类、乳制品等社会舆论占劣势的食品。例如家用电器行业由于其行业竞争性以及产业结构完整性，一直在消费者评价中处于领先地位。在整体的质量满意度上，我国城乡的质量二元性特征正在明显减小。除食品、农业生产资料、汽车、化妆用品外，其他几项城市与农村的评价分值几乎持平，可以认为随着我国城镇化率不断提高，我国城乡二元化结构正在缩减。

表 18-3 数据表明，2014 年的产品质量安全性评价所有类别得分呈现结构性下降。2013 年所有得分均在及格线以上，而 2014 年化妆品和食品等下降到了及格线以下。通过对比 2013 年和 2014 年产品质量安全性分值，可以发现所调查产品类别的排名存在相同的规律，家用电器均排在第一位，食品都排在末位。从 2014 年调查的对象及结果排序来看，耐用型产品行业其质量安全性分值较高，例如排在前几位的家用电器、电脑、汽车等。

表 18-3　　2014 年与 2013 年不同类别产品质量安全评价对比　　（单位：分）

产品类别	2014 年	2013 年
家用电器	67.33	70.97
电脑	65.64	70.43
服装	65.25	68.54
汽车	65.04	68.21
日用消费品	64.86	68.56
药品	64.07	66.77
生产资料	63.42	66.58
儿童用品	60.88	63.85
化妆用品	59.66	63.27
食品	57.97	61.37

通过图 18-3 数据对比 2012—2014 年产品质量满意度指数情况得出了以下的结论：虽然 2014 年家用电器质量满意度指数低于 2013 年 2.49 分，但从 2012 年到 2014 年质量满意度评价高居榜首的一直是家电产品，说明我国市场上的家电产品质量越来越能获得消费者的一致认可。居于产品质量满意度末两位的是化妆用品和肉类，具体而言，肉品及其制品 2013 年满意度指数为 62.35 分；2014 年满意度指数为 59.46 分；化妆用品 2013 年满意度指数为 61.95 分；2014 年满意度指数为 59.81 分，略有微弱下降；粮食和药品质量满意度降幅最大。

(单位：分)

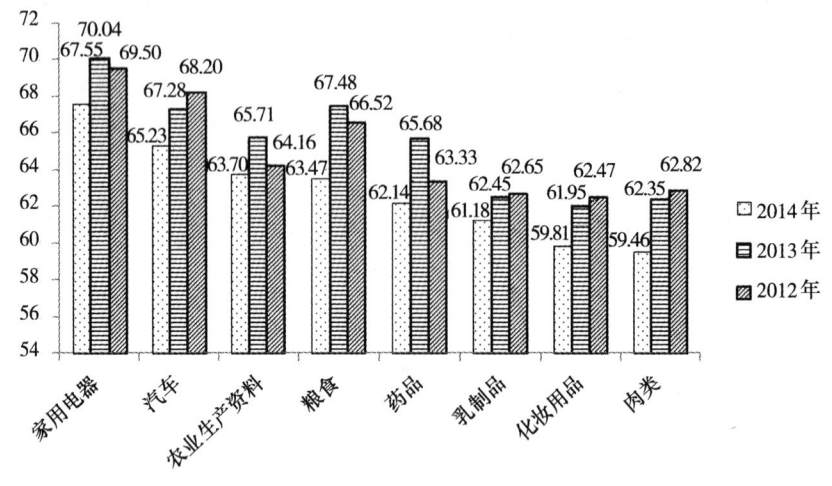

图 18-3　2012 年、2013 年与 2014 年产品质量满意度对比

主要的产品领域如家用电器、汽车等均出现了满意度得分下降的状况，而主要的服务领域如公交、医疗、教育等均出现了较大幅度的上升，在我国的总体质量中产品质量相对滞后。中国已经在家用电器、汽车等行业领域是世界产销量第一的大国，且其总体的质量满意度得分也达到或接近"较好"的水平，但是这两个领域在 2014 年均出现了下降，成为影响我国经济增长的一个重要因素。此外，我国食品一直是消费者普遍感到敏感的领域，其质量满意度也有一定程度的下降。

（四）产品单位产值投诉量始终高于服务

表 18-4　　　　2012—2014 年产品与服务每亿元人民币投诉量　　　（单位：件）

	2012 年	2013 年	2014 年
产品每亿元产值投诉量	1.17	1.39	1.02
服务每亿元产值投诉量	0.89	1.05	0.93

根据中国消费者协会 2012—2014 年投诉数据与国家统计局 2012—2014 年 GDP 核算数据，每亿元产值投诉量产品始终高于服务，该数据符合三年的质量观测数据中消费者对于产品和服务的评价差异，说明产品在质量四大维度里仍然是短板。以上数据均表明，我国经济中最为基础的产品，其质量的发展基础仍然是不够稳固的，还不足以支撑我国经济总量的

增长。经济增长的乏力与我国产品质量总体的波动性大致相同，质量对支撑经济的可持续增长作用仍有很大空间。

二 理论分析

中国质量近年来取得了巨大进步，总体上呈现出稳中有进的发展态势。在庞大的产品总量面前，任何一个小比例的质量问题在绝对值上都会非常刺眼，尤其是我们的总体生活水平提高了，对质量的要求就更苛刻了，即使产品质量在进步，但这个进步的速度，远远赶不上消费者对产品质量要求提高的速度，消费者的要求越来越高，而且越来越和国际接轨，这种落差就是消费者对质量的评价出现结构性下滑的原因。

（一）微观产品质量是经济增长质量的决定因素

由于中低端制造业上中国成本优势地位逐渐丧失以及在华生产的外资高端制造业回流发达国家导致中国的投资优势逐渐消失，我国经济增长要从投资驱动转向需求拉动。中国的人口众多，构成了潜在的巨大购买力，伴随着国民经济的迅猛发展，综合国力的显著增强，城乡居民生活也连续上了几个大的台阶，消费水平、消费结构和消费环境都发生了明显变化，现实的购买力也越来越大，国内需求在刺激和提高国家竞争优势上逐渐凸显。成熟复杂和苛刻的消费者会迫使本国企业努力达到产品高质量标准和产品创新，例如近些年我国的家电和汽车行业在价格没有相对提高的情况下，向消费者提供了品种和性能更符合消费者需求的产品，获得了消费者的高度认可，从而行业不断发展为中国国民经济的重要支柱产业。根据市场研究公司 NPD Group 预测，2015 年中国将在全球 4K 电视机市场上占据 78% 的份额。联系宏观质量观测数据，消费者在产品各大类的总体评价中，对家电汽车的评价持续远超其他各类产品。这些产品的提供者通过质量竞争带来了产品质量和宏观经济的相伴增长，正是中国经济发展迫切急需的微观质量和宏观质量双增长的正确路径，也是中国经济增长提升的必然选择。

国际间产品竞争一个至关重要的问题就是产品质量的竞争。在中国制造产品屡遭壁垒和质量诉讼的情况下，准确定位当前中国制造产品的国际质量，承接质量阶梯新国际分工体系中的全球产业转移，需要研究中国制造质量强国战略的技术路径，提高经济发展的质量和效益，加快培育以技术和质量为核心竞争力的产业新优势。[①] 需要充分发挥出口的支撑作用，促进产业结构的转型升级，才能增强国际质量竞争力，才是实现质量强国之路的关键，寻找到中国制造在世界质量阶梯分工体系中的定位和未来发展的方向。

（二）食品领域的舆论传播对消费者评价和消费信心影响重大

2012—2014 年的观测数据显示，食品质量总体评价一直处于产品质量总体评价里较低的水平。中国的食品质量似乎一直不能让消费者放心。然而，自 2008 年三聚氰胺事件爆发后，我国政府出台了一系列严厉打击食品安全领域违法犯罪行为以及加强食品质量的措施，成效显著。中国食品领域的恶性食品案件得到了有效遏制，食品质量形势稳定。质量观测数据显示，消费者对食品质量状况并不满意，对国产食品质量缺乏信心，食品安全恐慌依旧。食品质量的安全性和满意度一直以来在所有领域中处于较低水准，而且在持续下降中。当前，以微博、微信、QQ、博客等为代表的自媒体已成为网络传播最活跃的主体和新兴舆论场，越来越多的人可以不受限制地发布和传播信息，中国食品安全问题错误的解读往往传播得更快，真实的信息也会在传播的过程中被断章取义。[②] 例如食品添加剂在中国被妖魔化，媒体的误导在其中起到很大的作用。企业一旦出现风险舆情，其发布的时效性、传播速度之快，足以对食品企业造成重创。如何应对风险舆情发展并控制它，是食品等敏感领域面临的重大挑战。

三 政策建议

（一）制造业品质提升仍是经济转型升级的基础

中国作为世界第一货物贸易大国，外贸对我国经济增长的贡献非常突出。根据中国海关书库，2014 年我国外贸增速明显高于全球的平均增速，

---

① 刘伟丽：《国际贸易中的产品质量问题研究》，《国际贸易问题》2011 年第 5 期。
② 丁日佳、张亦冰：《面对自媒体时代的食品行业声誉风险管理》，《经济研究参考》2014 年第 35 期。

其中工业制成品占出口总额的95.2%，较2013年提高了0.1个百分点，占比连续三年提高。随着全球一体化和世界市场的发展，在激烈的国际贸易竞争中，价格竞争已退居次要地位，而商品质量的好坏则逐步成为竞争中的决定性因素。[1] 根据工商总局投诉数据以及质监部门抽检数据，产品质量作为我国经济发展的基础并不足以支撑我国经济总量的增长，近几年来产品质量始终低于服务质量。该数据符合2012—2014年宏观质量观测数据中消费者对于产品和服务的评价差异，说明产品在质量四大维度里仍然是短板。经济增长的乏力与我国产品质量总体的波动性大致相同，微观产品质量对支撑宏观经济的可持续增长的作用仍有很大空间。

中国经济发展进入新常态，经济转型升级正处在重要历史拐点，相较于前几年，2015年中国经济面临的形势可能更为严峻且复杂多变。2013年，我国服务业增加值占国内生产总值的比重首次超过工业。2014年，服务业增加值占比继续超过工业。虽然随着经济发展，制造业在国家经济总量中的比重不断下降，但制造业本身所蕴含的生产能力和知识积累是一国经济长期发展的关键。制造业是工业的主体。工业对于国民经济的意义，不仅在于它直接创造多少经济价值，更体现在它对国民经济长期增长的驱动作用。因此，做强工业仍是未来发展的关键，建设工业强国仍是我国发展的重要目标。工业在我国经济发展中的重要地位没有改变，需要改变的是工业增长方式，也就是推动工业从规模速度型粗放增长转向质量效率型集约增长，推动工业经济发展动力从传统增长点转向基于新型工业化和新型城镇化战略的新增长点。在工业化进程中，处理好工业和服务业的关系十分重要。服务业具有劳动生产率低速增长的特征，再加上我国服务业劳动生产率低于工业，如果过快全面推进经济从工业主导向服务业主导转变，就会面临劳动生产率加剧衰退的局面，经济运行风险将陡然上升，甚至有可能陷入"中等收入陷阱"。但这并非否定服务业加快发展的重要性。我国服务业发展的战略重点应是加快发展生产性服务业。促进生产性服务业发展有利于引领产业向价值链高端提升，有利于我国制造复杂产品能力的提升。[2] 牢牢把握第二产业的品质提升作为经济转型升级的基石是

---

[1] 王康琳：《产品质量管理对我国对外贸易发展的重要意义》，《北方经贸》2011年第8期。

[2] 数据来源：《工业现在已不重要了吗》（http：//theory.gmw.cn/2015—01/29/content_14675547.htm）。

我国微观产品质量与宏观经济增长质量双提高的必然选择。

(二) 大力推进自愿性标准尤其是联盟标准的建立

标准作为构成国家核心竞争力的基本要素，是规范经济和社会发展的重要技术制度。长期以来，标准作为国际交往的技术语言和国际贸易的技术依据，在保障产品质量、提高市场信任度、促进商品流通、维护公平竞争等方面发挥了重要作用。然而，随着我国加入WTO，国际上利用标准作为技术壁垒对我国的对外贸易挑战极为严峻。《中国技术性贸易措施年度报告（2014）》显示，2013年中国有38%的出口企业受到国外技术性贸易措施影响；企业为适应进口国要求进行技术改造、检验、检疫、认证等新增成本为242.5亿美元；因国外技术性贸易措施导致我国出口产品被国外扣留、销毁、退货等直接损失达662亿美元，同比下降23亿美元，占同期出口额的3%。

鉴于以上种种贸易壁垒以及质量观测数据中2014年首次出现产品质量安全性低于产品质量满意度这一特征事实，我国应借鉴美国的技术法规与自愿性标准融合的做法，政府集中精力制定涉及健康和安全等领域的技术法规并有效促进企业作为标准化活动主体地位的强化。

自愿性标准由民间机构制定，属于市场行为，并根据市场需求制定，具有内在利益的一致性。自愿性标准由市场检验，能较好地保证标准的科学性、准确性和可靠性。企业作为标准制定的主体和市场的主体，由企业所组成的联盟制定的标准更加符合市场需要并具有竞争力。大力推进技术法规与自愿性标准相融合，保证政府以及其他有关各方在市场经济中履行各自应承担的责任和义务。

(三) 提高国民质量素质与强化声誉风险管理并重

目前我国消费者对于食品、乳制品等领域暂未恢复信心的原因有两方面：一方面是我国仍然没有建立起专业全面的声誉风险管理机制；另一方面是我国消费者质量素质仍不高，容易被网络、媒体舆论引导。要恢复中国食品声誉，应强化我国食品质量风险评估与交流，加强食品质量常识科普，提高国民科学素质，以避免以讹传讹。

第十九章　消费者质量知识能力拉低消费者质量素质整体水平

质量时代需要全体公民积极参与并发挥有效作用，而公民能否发挥有效作用的关键在于公民的质量素质。近代英国社会思想家斯宾塞认为："良好的社会最终还要靠它的公民的品质。"现代美国思想家加尔布雷思指出："一个国家的前途并不取决于它的国库之殷实，不取决于它的城堡之坚固，也不取决于公共设施之华丽，而在于公民本身。"① 一般来说，在一个公民具有较高文明素养的社会里，公民出于对更高文明的追求，也会对质量有更为严格的质量标准要求。因此，要构建一个更高质量水平的社会，离不开作为公民的广大消费者的自身质量素质的培育和养成。

2014年质量观测数据表明，当前我国消费者的质量知识与质量能力均弱于消费者的质量意识，尤其是消费者的质量知识水平较为薄弱，对常用质量知识、日常的质量标识、消费者协会等质量社会组织的认知、对质量维权程序的了解程度等方面的指标得分均未达到及格线，数据表明目前我国消费者的质量知识能力拉低了消费者质量素质整体水平。

2013年10月25日上午，第十二届全国人大常委会第五次会议表决通过了关于修改《消费者权益保护法》（以下简称《新消法》）的决定。这是该法1993年颁布以来的首次大修。《新消法》于2014年3月15日起施行。《新消法》的施行促使消费者质量意识的觉醒，《新消法》颁布实施之时的一系列法治宣传活动也为消费者质量知识的补缺作出了较大贡献。

---

① ［美］加尔布雷思：《好社会：人道的记事本》，中译本，译林出版社2000年版。

一 特征事实

（一）消费者公民质量素质得分降至及格线以下

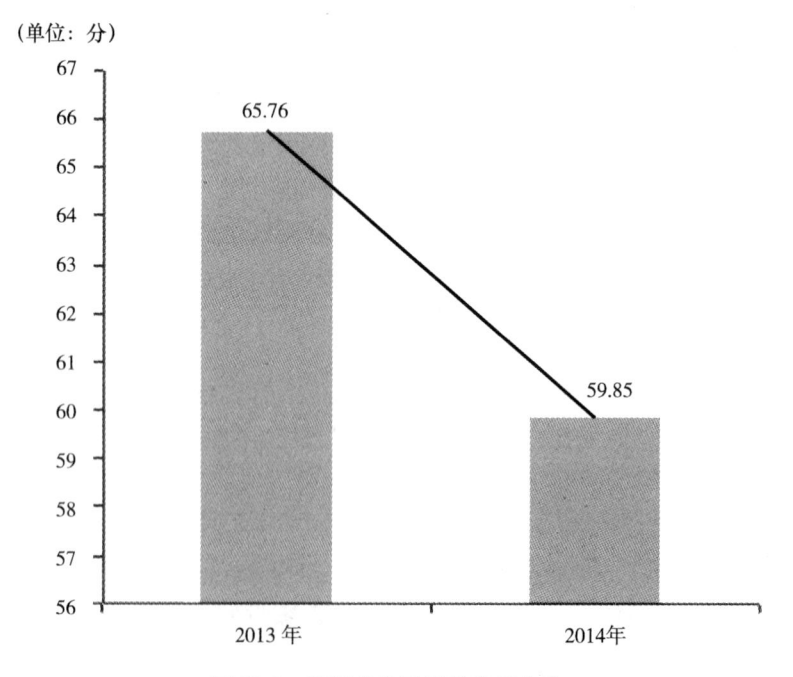

表 19-1　　　　　　　　消费者公民质量素质指数

	2013 年（分）	2014 年（分）	2014 年与 2013 年差值（分）	百分比（%）
质量素质	65.76	59.85	-5.91	-9.0

对比 2013 年与 2014 年质量观测数据中消费者公民质量素质得分可以看出，消费者公民质量素质得分相较 2013 年下降 5.91 分。这说明消费者在经济发展过程中，随着公民质量意识的觉醒，消费者不仅对产品质量的要求不断提高，对公民自身质量素质的要求也在不断提高，因而对于公民质量素质的评分有所下降，使得公民质量素质的得分有 9% 的降幅，得分低于及格线。

图 19-1　消费者公民质量素质变化

（二）消费者质量意识超前于其质量知识与质量行为能力，消费者质量知识能力是公民质量素质的最大短板

表 19-2　　　　　　　　　　公民质量素质内部结构

	排序	内部结构	2013 年（分）	2014 年（分）	2014 年与 2013 年差值（分）	百分比（%）
公民质量素质	1	质量意识	69.49	60.76	-8.73	-12.6
	2	质量能力	64.05	60.10	-3.95	-6.2
	3	质量知识	62.72	58.69	-4.03	-6.4

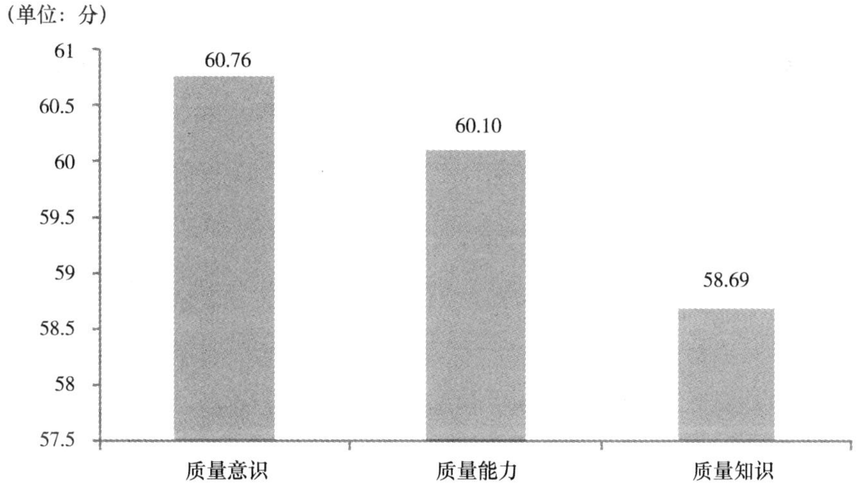

图 19-2　2014 年公民质量素质内部结构

消费者公民质量素质由质量意识、质量能力和质量知识三个部分构成。2014 年质量观测数据表明，公民质量素质指数得分为 59.85 分，接近"及格"水平，我国经济发展质量平均分为 59.01 分，这表明我国消费者在质量素质方面整体上接近及格水平，与我国经济发展质量接近及格水平是相适应的。

在作为消费者的公民质量素质内部结构中，质量意识指数得分最高，为 60.76 分，质量能力指数（即采取实际的质量维权行为的可能性）位居第二，得分为 60.10 分，质量意识与质量能力指数均在 60 分以上，处于及格水平；消费者的质量知识指数（包括对质量标识的认知、对维权

程序的了解、对质量社会组织的了解等方面）得分最低，为 58.69 分。这一调查结果反映出我国的公民质量素质中，存在质量意识超前于质量知识与质量行为能力的结构性问题，消费者质量知识能力是公民质量素质的最大短板。虽然消费者的质量意识在觉醒，产生了较高的质量需求，但支撑其质量需求实现的具体质量知识还较为欠缺，这也是造成我国质量发展基础不稳固的重要因素。

（三）消费者质量基本知识较为缺乏

表 19-3　　　　　消费者质量知识能力内部结构　　　　（单位：分）

质量知识	2013 年	2014 年	2014 年与 2013 年差值
对常用质量知识的掌握程度	59.39	58.55	-0.84
对质量社会组织的了解程度	56.67	52.32	-4.35
对质量标识（如 QS、3C 等）的了解程度	57.06	52.63	-4.43
对所在单位质量保障能力的评价	64.51	60.59	-3.92
对"企业在质量安全中承担首要责任"的认同度	69.39	65.87	-3.52
对质量维权程序的了解程度	60.16	55.93	-4.23
消费者个人素质对于质量的重要性	71.92	64.93	-6.99

消费者的质量知识能力是指消费者自身已经掌握的质量知识，如质量安全的知识、质量信息的了解、质量法规的知识、质量标准的知识等。消费者的质量能力，则是消费者质量意识和质量知识的外化行为表现，如消费者的维权行动。消费者的质量知识能力是消费者质量意识转变为质量行动的关键点。

质量知识按照性质划分，可分为基本知识和专业知识两类。质量的基本知识是质量专业知识的基础，在消费者的质量素质中起着重要作用。这是因为通常具有较高质量意识的消费者，在产品和服务的交易中对质量选择具有较高的理性，并会基于这一质量意识引发质量维权行动。但消费者若在质量基本知识方面缺口较大，即使质量意识再强烈，也会制约其质量能力的有效发挥。因此，消费者的质量基本知识能力较低是消费者质量素质的关键制约因素，消费者质量知识补缺是提高消费者质量素质的关键。

质量知识 7 项指标可以分为两类，一类是较为抽象的质量知识或者说是表明倾向性的知识,如对个人素质在质量中作用的看法、企业首要质量责任的看法等;另一类是较为具体的知识,如公民对3C、QS等质量标识的认知、对质量社会组织的认知等。调查结果表明,消费者对于抽象的质量知识表现出较高的得分,个人素质对质量的重要性得分为64.93分,对企业的主体质量责任也达到了65.87分,而对于较为具体的质量知识,包括常用质量知识的掌握、维权途径的了解、常见的质量标识、对质量社会组织的认知等,得分均在及格线以下。以上数据表明,消费者的质量基本知识较为缺乏,亟须补缺。具体分析质量知识,消费者的质量知识能力短板主要还是在一些日常的具体的质量知识方面,而这些具体的质量知识需要大量的外部信息输入才能形成。

(四)质量知识在不同群体中差异明显

(单位:分)

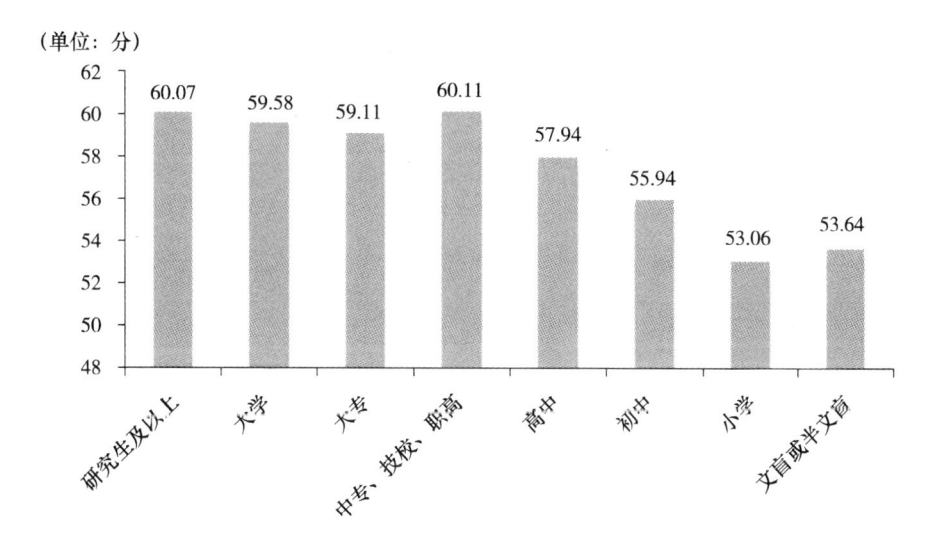

文化程度	得分
研究生及以上	60.07
大学	59.58
大专	59.11
中专、技校、职高	60.11
高中	57.94
初中	55.94
小学	53.06
文盲或半文盲	53.64

图 19-3 不同文化程度公民的质量知识得分

对消费者公民质量知识素质作进一步属性分析,2014年质量观测数据表明,在文化程度方面,中专以上文化程度的消费者质量知识得分均在59分以上,高中文化程度及其以下的消费者质量知识得分不高,均低于及格线,分别为高中文化程度的消费者得分为57.94分、初中文化程度的消费者得分为55.94分、小学文化程度的消费者得分为53.06分、文盲或半文盲的消费者得分为53.64分。这表明亟须对文化程度较低的消费者普及质量知识,提高他们的质量意识。

表 19-4　　　　　　　城乡公民质量知识得分　　　　　　（单位：分）

质量知识	城市	平均分	农村	平均分	城市与农村的差值
对质量标识（如 QS、3C 等）的了解程度	53.61	59.37	50.23	56.89	3.38
对常用质量知识的掌握程度	59.21		56.22		2.99
对所在单位质量保障能力的评价	61.35		58.77		2.58
对质量维权程序的了解程度	56.60		54.32		2.28
对"企业在质量安全中承担首要责任"的认同度	66.42		64.20		2.22
对质量社会组织的了解程度	52.92		50.87		2.05
消费者个人素质对于质量的重要性	65.48		63.65		1.83

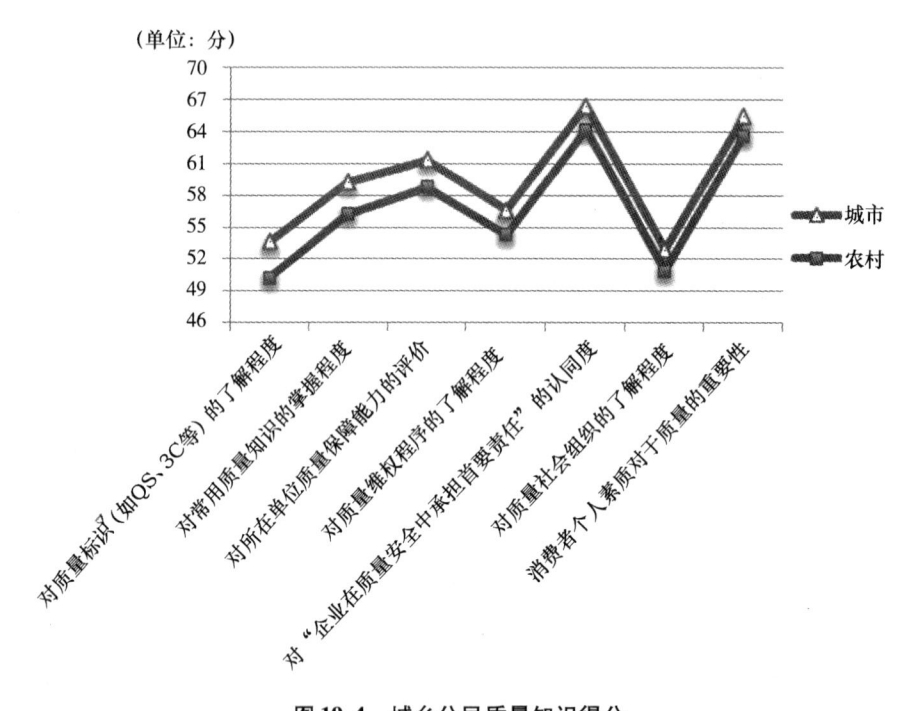

图 19-4　城乡公民质量知识得分

在城乡消费者方面，农村消费者的质量知识素质平均分为 56.89 分，低于城市消费者的 59.37 分，城市消费者所有选项的得分均高于农村消费者，质量知识 7 个选项中有 6 项城乡得分差值在 2 分以上，这表明城乡消费者质量知识掌握程度差异较大。农村消费者质量知识的缺乏主要原因在于农村居民获取质量知识的途径少，受相应质量知识的教育和影响不足。

表 19-5　　　　　东、中、西部地区的公民质量知识评价　　　　（单位：分）

问卷选项	西部	中部	东部
对常用质量知识的掌握程度（如辨别真假常识、化学成分的危害性等）	57.36	58.20	59.96
对质量社会组织的了解程度	50.13	53.03	54.07
对质量标识（如QS、3C等）的了解程度	50.29	53.55	53.95
对所在单位质量保障能力的评价	59.38	60.44	62.09
对"企业在质量安全中承担首要责任"的认同度	65.10	65.25	66.72
对质量维权程序的了解程度	54.85	55.94	57.33
消费者个人素质对于质量的重要性	63.96	63.98	66.75

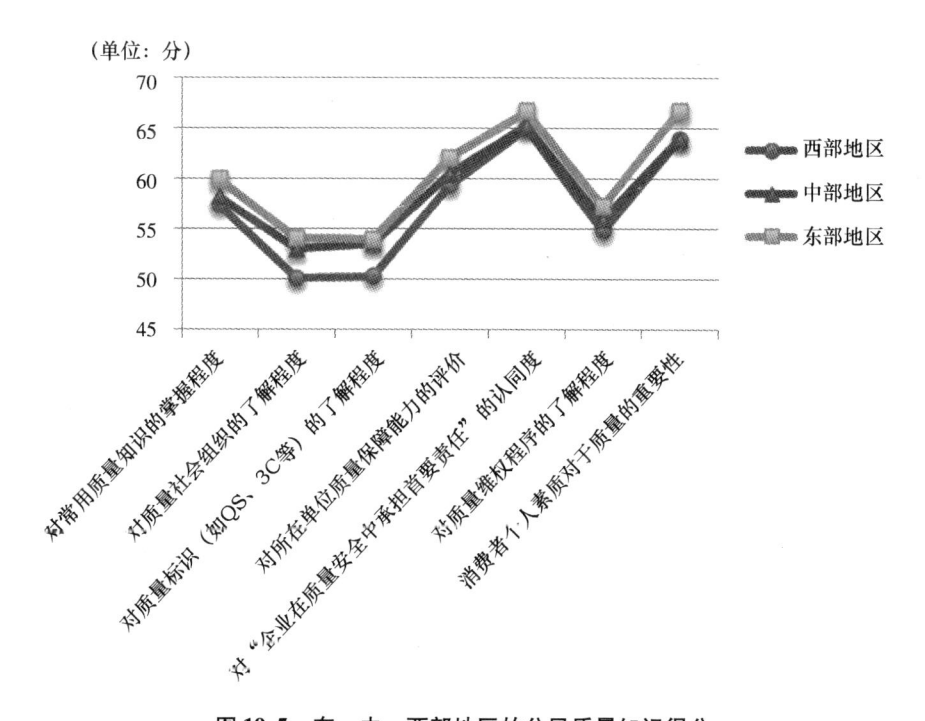

图 19-5　东、中、西部地区的公民质量知识得分

在我国地域差异消费者方面，消费者的公民质量知识多数观测指标的分值显示，东部地区得分要略高于中部和西部地区，这表明我国中、西部地区消费者的质量知识与东部地区消费者相比较为落后，需加大对中、西部地区消费者质量知识的教育投入。质量知识7项指标东部地区与中部地区及格率均为42.86%，西部地区及格率仅为28.57%。这表明西部地区的消费者质量知识尤为匮乏，亟须补缺。具体分析质量知识，东部、中

部、西部地区消费者的质量知识能力短板较为一致，主要还是一些日常的具体的质量知识，而这些质量基础知识需要大量的外部的信息输入才能形成，这也需要政府、社会组织、企业、公民各方的努力才能加以提升。

二 理论分析

（一）《新消法》促使消费者质量意识觉醒

《消费者权益保护法》是一部以保护消费者权益为宗旨的法律，侧重于从质量纠纷解决的角度，对消费者权益进行事后的救济，而对于如何防范质量安全风险、促进生产者提供更为优质的消费品，缺乏全盘的考虑。《新消法》的内容既包括事前的风险防范，也包括事后的质量安全救济；既注重保护消费者权益，又注重促进消费品生产者的质量提升与创新。《新消法》规定：消费者在七天内有"后悔权"；禁止泄露消费者信息；维权纠纷举证责任倒置，由经营者证明产品无瑕疵；精神损害赔偿法；消协可提起公益诉讼；销售假冒产品进入信用档案；违法广告代言人负连带责任；遇消费欺诈获三倍赔偿等。以《新消法》的颁布实施为契机，工商局、质监局、食药监局、消委会等单位大力开展消费维权工作，增强消费维权宣传，有效地提高了消费维权服务水平，增强了消费者维权意识。

截至 2014 年 9 月 15 日，《新消法》实施半年以来，江苏全省各地消协组织共受理消费者投诉 68942 件，同比上升了 52%。其中，网购投诉 6115 件、房屋装修投诉 639 件、虚假宣传投诉 1046 件、金融服务类投诉 100 件。根据全国消协组织受理投诉情况统计（不含港澳台地区），2014 年全年共受理消费者投诉 619415 件，解决 543970 件，为消费者挽回经济损失 92002 万元。①

《新消法》颁布实施后，消费者在消费过程中开始运用《新消法》相关规定成功维权，给消费维权带来新气象。从微观层面而言，《新消法》的施行能够帮助人们建立对质量的信心，促进消费者质量意识的觉醒。从本质上而言，法治就是规则之治。在质量领域强调法治，就是通过一套科学合理的规则实现对质量的有效治理。这种规则之治能够实现每个人对自己行为的合理预期，即每个人都能够在自己与其他人所形成的质量法律关

---

① 数据来源：江苏新闻网（http://www.js.chinanews.com/news/2014/0916/92220.html）。

系中，预见到自己的行为后果，从而理性地选择自己的质量行为。通过这种有效的预期和理性的行为选择，法治能够让人们对质量形成一种稳定的信心，并不断地支撑这种信心。总体而言，《新消法》的施行促进了消费者质量意识的觉醒。

（二）质量知识补缺是提高消费者素质的关键

消费者素质是指人作为消费主体在消费行为上所具备的修养和能力。早在20世纪西方的欧美国家，随着经济的快速发展，产品质量问题频发，消费者的基本权益受到了严重损害。在这一时期，这些国家就开始努力推行消费者质量教育计划，针对产品的质量辨别、购买中质量标识的识别、消费者自身权益维护等方面的质量知识展开教育，以提高消费者质量素质。我国近年来伴随经济的加速增长，重大质量安全事故也日益爆发，社会各界开始加大对质量知识教育的力度。

消费者是决定质量发展的主导力量。消费者如果都能掌握基本的质量知识，那么在消费活动中就能化身"质量卫士"，维护自己和他人的正当利益，这就会形成一个维护产品质量的"天罗地网"，使伪劣产品无处藏身，使企业感受到巨大的压力，促其在提高产品质量上动脑筋、下功夫。如此一来，产品质量才算是真正有了保障。一个国家产品质量的好坏，从一个侧面反映了全民族的素质。[1] 这其中不仅包括劳动者在生产领域中以什么样的素质参与生产，也包括劳动者在流通和消费领域中以什么样的素质引导消费。补缺消费者质量知识，充分运用消费者自身的质量监督能力保证消费者权益的实现，是提高消费者质量素质的关键所在。

（三）消费者维权面临困境和挑战

2014年观测数据表明，消费者对质量维权程序的了解程度得分仅为55.93分，维权程序不为消费者所知、消费者不了解维权途径是消费者维权参与意识难以提升的较大障碍。一些消费者对经营者的侵权行为束手无策，不知道解决问题的途径和方式，如农民对假劣农药、种子、化肥的侵权行为，只能报以埋怨和咒骂，并无协商、投诉或申诉参与行为。一些消费者只知道找经营者退、换、修，如果维权无门也就终止了

---

[1] 张兆民：《为什么说产品质量的好坏从一个侧面反映了全民族的素质》，《学习与研究》1988年第2期。

维权，没有采取下一步维权行动。不知维权途径也便成了消费者维权参与的程序障碍。

当前中国消费者的维权参与面临着困境和挑战，主要有以下几方面问题：一是欠缺制度渠道；二是缺少法律保障；三是政府信息公开程度不高；四是社会组织不发达。[①] 公众维权参与不足，表明我国消费者质量意识总体上还处于较低水平，尚不能与高水平的质量素质相匹配。

消费者维权参与意识薄弱是消费者维权参与程度难以提升的另一障碍。消费者维权行为的产生应该建立在自身具有的维权意识上，无维权意识就无维权行为，维权意识的强弱决定着维权效果的优劣。消费者维权参与意识是消费者质量意识的最大体现，反映了消费者充分的质量自觉。对于消费者而言，质量自觉的行为范式使消费者质量选择的自主意识不断增强，自主性的质量学习日益普及，推动消费者质量素质和质量知识的不断提高。[②]

三 政策建议

（一）提升消费者维权参与意识

提升消费者维权参与意识可从以下四个方面着手：

一是向消费者普及《消费者权益保护法》（以下简称《消法》）等相关法律。采取多种形式在全社会掀起知《消法》、用《消法》的热潮，做到家喻户晓、人人皆知，这是培育消费者维权参与意识的基础。

二是公示维权信息。有关行政部门应在各专业市场、综合市场和大型商场、超市设置假冒劣商品展示台和警示牌，在出入口处适当位置张贴公布国家质检抽检信息，在报刊电台刊播国家质检抽检结论。制作"消费投诉指南"，告知"消费者权利、纠纷解决途径、权利有效期、投诉电话"，并提醒消费者索取凭证。在厂家商品的说明书上附带告知消费者维权方式和电话。在大型商场、超市和集市设立消费维权监督台和投诉电话。在工商局配置"12315"快速执法车。

[①] 何平立：《公民观、公民意识与公众参与》，《探索与争鸣》2013年第8期。
[②] 程虹：《我国经济增长从"速度时代"转向"质量时代"》，《宏观质量研究》2014年第4期。

三是发挥新闻媒体舆论导向作用。消费者的维权行为除按《消法》规定的途径解决外，还可借助新闻媒体舆论监督导向作用，通过新闻媒体披露经营者侵权行为的真相和消费者权利受侵害的事实，扩大社会影响力，一方面让社会各界关爱和帮助弱势消费者，另一方面让受害消费者感受到其维权过程和维权结果有媒体的关注。有关新闻媒体为消费者讨公道、讨说法的作为将有力促进消费者维护自身合法权益的参与。

四是畅通维权投诉渠道，加大对受侵害消费者的救助力度。在调研中，许多消费者均表示知道12315投诉热线电话，但并不太愿意拨打，主要原因在于投诉之后并不能及时得到积极的回应。从政府角度来看，质量公共服务中"本地政府对质量投诉的响应速度"指标得分为55.34分；从消费者角度来看，"使用当地质量投诉举报热线的主动性"指标得分为53.26分，这表明政府响应质量投诉的积极性与消费者使用质量投诉举报热线的主动性均不高。基于保护消费者权益的角度，要提高消费者进行质量投诉的积极性，可以通过提升政府质量投诉的回复率和处理效果入手。建立并推广消费者投诉应急处理机制；建立消费者权益保护法律援助金，并依法支持消费者诉讼。督促企业建立消费者工作部门和消费和解员制度，倡导消费和解，促进消费和谐，自觉化解消费纠纷。

（二）多方发力，增强质量基本知识的传播

质量知识的传播是全社会的事，不能仅仅认为传播质量知识只是政府的职责所在。质量基本知识的广泛传播需要政府、消协、企业、个人等主体共同发力，全社会各阶层、各行业和各部门积极参与、共同关注，营造政府重视质量、企业追求质量、社会崇尚质量、人人关注质量的良好社会氛围，鼓励企业发挥主体作用，自觉提高质量竞争力，动员引导社会各界群众增强质量意识，积极学习质量基本知识，如此才能促进质量基本知识在消费者群体中的广泛传播，有效地提升消费者质量基本知识的掌握程度，最终达到提升消费者整体质量素质的目的。正如威尔·金里卡在《当代政治哲学》中所提出的：似乎没有任何一个制度可以单独地充当"公民品德的苗床"，而公民们必须通过一系列交叉的制度去学习一系列交叉的品德。[①]

---

① ［加拿大］威尔·金里卡：《当代政治哲学》，中译本，上海三联书店2004年版。

当前，我国的质量知识教育投入主体主要是政府，政府在法律法规的制定与传播方面发挥了主导作用，在普及质量基本知识方面也采取了积极措施。政府在行使质量监管职能的同时，需要积极保障企业和消费者的合法权益，从而为企业和消费者积极学习质量知识、提高质量素质提供良好的消费环境保障。消协可以在职能范围内宣传质量维权相关知识，扩大质量维权基本途径的影响范围，促使消费者在日常生活中更为积极主动地维护自身质量权益。企业应该在生产销售的过程中保障产品质量、服务质量，此外，还可面向消费者提供质量培训，在销售、服务过程中传授鉴别产品质量的方法，从生产者的角度传播质量基本知识。个人作为消费者，在生活中应积极主动学习质量基本知识，在消费行为中主动运用质量基本知识，在权益受到侵害后选择合适的维权途径，主动维护自身的质量权益。

总体而言，政府、消协、企业、个人等主体多方发力，能够通过治理主体的多元化、治理手段的多样化、治理机制的高效化、治理责任的均衡化和治理要素的协同化，"让政府、市场和社会发挥各自的治理优势，形成质量治理的合力，从而有力地推进质量强国战略的实施"[①]。

（三）侧重农村和西部地区消费者质量知识的普及

长期以来，中国农村，特别是西部农村，由于交通不便、文化滞后等原因，致使农民对质量问题关注不够，造成假冒伪劣、坑农害农事件不断发生，农副产品由于质量原因在市场上缺乏竞争力，制约了中国农村经济的发展。特别是中国加入世界贸易组织以后，质量问题尤其是农村质量问题显得更加突出，中国农村经济发展面临着巨大的挑战。

2014年观测数据表明，农村地区相对城市地区消费者质量知识较为不足。西部地区相较东部、中部地区消费者质量知识较为缺乏。因此，应侧重农村和西部地区消费者质量知识的普及，促进城乡、区域协调发展。

具体而言，应以提高农村和西部地区消费者质量安全意识、消费维权意识以及质量鉴别能力为目的，从教育对象、内容、渠道、时间安排及组织形式五个方面入手，切实加强对广大农村和和西部地区消费者的宣传教育，变单纯依靠事后查处为"预防、监控、查处"相结合，营造全民学

---

① 程虹、陈昕洲、罗连发：《质量强国战略若干重大问题研究》，《宏观质量研究》2013年第3期。

习质量知识、全民参与质量监管的社会环境。

宣传教育对象方面，以农村和西部地区常住人口为重点，努力扩大教育覆盖面。在继续抓紧抓好对农村商品经营者进行诚信守法等方面的宣传教育的同时，将农村和西部地区中老年妇女，以及青少年学生等消费者群体纳入商品质量安全意识教育的范畴，将其视为新的重点教育对象，着重培养其质量安全意识、消费维权意识，提高他们对产品质量的鉴别能力。

宣传教育内容方面，以相关的法律法规和质量常识为重点，针对教育对象合理安排知识范围和层次。重点进行有关商品生产、消费和流通法律法规的宣传教育，大力宣传普及《消费者权益保护法》、《产品质量法》和《国务院关于加强食品等产品安全监督管理的特别规定》等重要法律法规，提高农村和西部消费者对商品质量安全问题重要性的认识，努力培养其依法保护自身消费权益的自觉意识，鼓励其大胆抵制和举报制售假冒伪劣产品的行为。同时，加强有关质量安全的一般常识和科学知识的宣传教育，特别是广泛深入地宣传食品、农资、建材等关系到农民生产生活等重要商品的质量安全知识，提高农村消费者辨假识劣的能力，促使其主动自觉地参与到公民质量监管中。

宣传教育渠道方面，以面对面的宣讲为重点，多种途径和渠道相结合。利用工商机关日常管理、执法检查等一切可用的时机，进村入户，进行面对面的质量安全教育。中小学是食品消费的一大群体，提高中小学生的食品安全意识是农村商品质量知识普及的一项至关重要的工作。建议以农村和西部地区的教师为纽带，面向中小学受教育群体，通过定期开办专题讲座、不定期散发宣传材料等形式，在农村和西部地区广泛传播质量安全知识。

宣传教育时间方面，以重点商品消费季节以及重大节假日为重点，定期教育与不定期教育相结合，努力建立农村和西部地区商品质量安全教育的长效机制。在化肥、农药、种子等农资商品消费高峰时期，以及春节等商品销售旺季，消费者对商品质量安全高度关注，有关部门在抓好市场商品质量监管的同时，也要对农村和西部地区消费者进行质量安全教育。在中心集镇的商品交易市场等人群密集场所，采用宣传橱窗、黑板报等形式，开展经常性的质量安全宣传教育活动。

宣传教育组织形式方面，发挥国家机关的作用，由工商机构牵头，联合各级党委政府以及教育、文化、卫生等部门协调行动，努力构建农村和西部地区商品质量安全教育的网络体系。密切同乡镇政府以及村民委员会的联系，加强同地方群团组织以及教育、文化、卫生等事业单位的横向沟通，在质量安全教育的领导机制、经费筹措、机制协调以及具体教育活动的安排和组织等方面，努力形成宣传教育合力。促进质量知识在农村和西部地区的传播，缩小城乡、区域居民质量知识能力的差异。

第二十章 环境质量状况影响区域质量评价

商品生产和政府政策的目的都是为了增加国民的幸福,现代经济学的核心命题就是"财富增加将导致福利增加"。但是正如亚里士多德所认为的,幸福这种合乎德性的活动需要一定的外部条件,"但尽管幸福也需要外在的东西,我们不应当认为幸福需要很多或大量的东西……只要有中等的财产就可以做合乎德性的事"[①]。2014年宏观质量观测数据也表明,消费者对质量的主观评价并不随经济水平的增长而表现得更满意。同样我们也发现,地区环境状况的差异对这种评价有着重要影响,经济和环境只有良性交互才能产生较好的质量发展。

一 特征事实

(一)总体质量指数受经济发展水平与空气环境的共同影响

表20-1 区域质量指数(TQI)分值排名前十的省区经济收入状况

序号	省区	TQI指数(分)	2014人均GDP(元)	人均GDP排名
1	天津市	69.22	106795.00	1
2	福建省	65.92	63740.75	8
3	山东省	64.23	61054.37	10
4	江苏省	63.72	81980.48	4
5	广西壮族自治区	63.43	33212.48	27
6	青海省	63.07	39826.23	19
7	河南省	62.94	37116.84	22
8	浙江省	62.86	73032.92	5

---

① [古希腊]亚里士多德:《尼各马可伦理学》,商务印书馆2003年版。

续表

序号	省区	TQI 指数（分）	2014 人均 GDP（元）	人均 GDP 排名
9	辽宁省	62.58	65208.61	7
10	宁夏回族自治区	61.82	42068.82	15

数据来源：2014 年人均 GDP 数据由各省公布地区生产总值除以 2013 年年末总人口。

表 20-1 表明，2014 年宏观质量观测得到的区域质量指数天津的分数最高，同时其人均 GDP 在全国 31 个省区中排名第一，而广西的人均 GDP 为 33212.48 元，在全国属于低收入水平（排名第五），其区域质量指数 63.43 分仅落后于天津、福建、山东、江苏，排在第五。在表 20-1 中，有四个省区的人均 GDP 水平低于 50000 元，但其居民对质量的评价高于全国其他大部分省市，因此可以说经济发展水平高的地区质量指数不一定高。

表 20-2　　　　　　　人均 GDP 与 TQI 的相关系数

分　类	人均 GDP 与 TQI 的相关系数
所有观测城市	-0.142
人均 GDP 88000 元以下城市	-0.084
人均 GDP 88000 元以上城市	-0.430

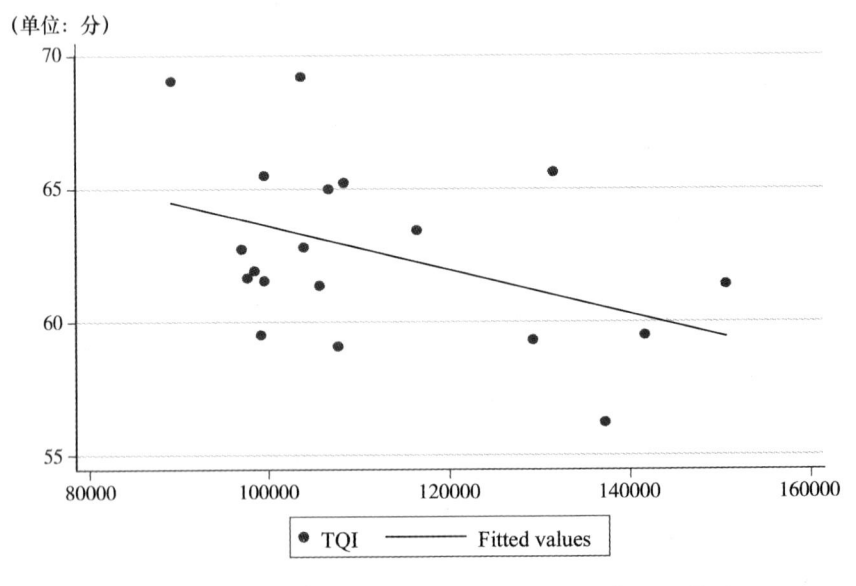

图 20-1　人均 GDP 88000 元以上城市人均 GDP 与 TQI 关系

从表 20-2 的分析结果可以看到，城市区域质量指数（TQI）与经济发展水平（人均 GDP）呈微弱负相关关系，对观测城市进行分组后，人均 GDP 在 88000 元以上[①]城市质量指数与人均 GDP 的关系变得显著，相关系数为 - 0.43。在经济发展达到一定水平后，人均 GDP 的增长不仅不能带来区域质量指数的提高，反而下降了。

（二）空气质量指标与区域质量评价总体负相关

经济发展与环境质量的关系一直是学者们关心的话题，环境库茨涅兹曲线认为经济增长与黄金质量之间是倒"U"型关系。既然质量指数与区域的经济发展水平不是简单的正相关关系，我们可以设想地区间的环境差异与消费者的主观质量感知有关。

鉴于近几年雾霾频发，空气质量受关注较多，我们根据国家环境保护部公布的城市每日空气质量报告数据整理得到观测城市的空气质量状况指标 AQI 指数[②]和空气优良天数，作为区域环境的观测值。实证分析结果表明，总体质量指数及质量满意指数与城市空气状况存在相关关系，空气越差，对消费者的主观质量感知越具有负向作用。

表 20-3　空气质量指数（AQI）与总体质量指数的相关系数

质量指数	与 AQI 的相关系数
对环境质量的满意度	- 0.478
质量满意指数	- 0.337
质量安全指数	- 0.251
区域总体质量指数	- 0.248

图 20-2 至图 20-5 都表明了空气质量指数（AQI）与区域质量指数之间的负相关关系。空气质量直接影响了居民对环境质量满意度的评价，两者的相关系数达到了 - 0.478。空气质量其次影响的是质量满意指数，相

---

① 世界银行 2011 年对地区经济发达水平作的划分，人均 GNI 达到 12476 美元为高收入水平，转化为人均 GDP 约为 88542 元。

② 环境空气质量综合指数（AQI），是描述城市空气质量综合状况的无量纲指数，它综合考虑了细颗粒物（PM2.5）、可吸入颗粒物（PM10）、二氧化硫（SO_2）、二氧化氮（NO_2）、臭氧（O_3）、一氧化碳（CO）等六项污染物的污染程度。环境空气质量综合指数越大，表明综合污染程度越高。

关系数 -0.337，大于对质量安全的相关性，说明空气状况通过影响人的心情和心理而不是人的身体健康，进而影响人在消费和服务中对质量的期望和感知。

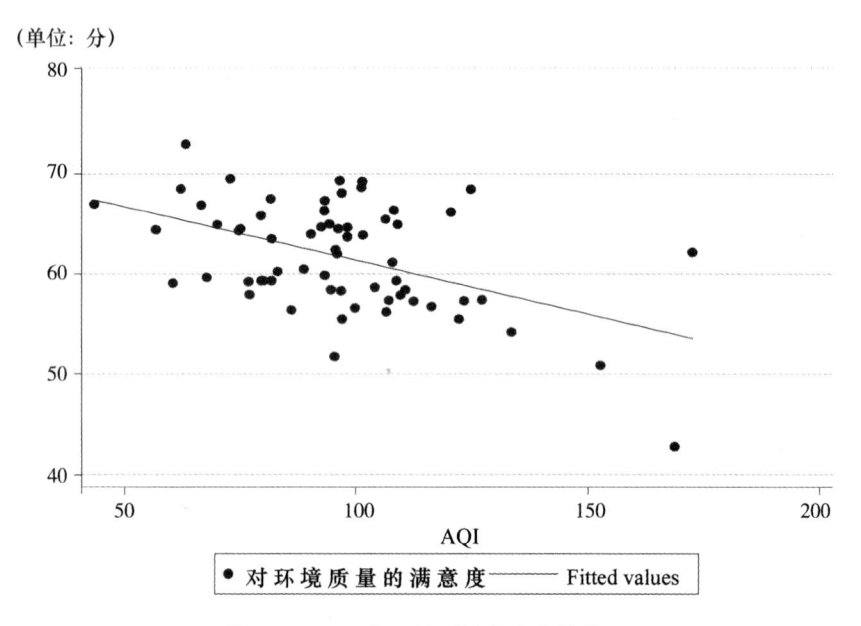

图 20-2 AQI 与环境质量满意度的关系

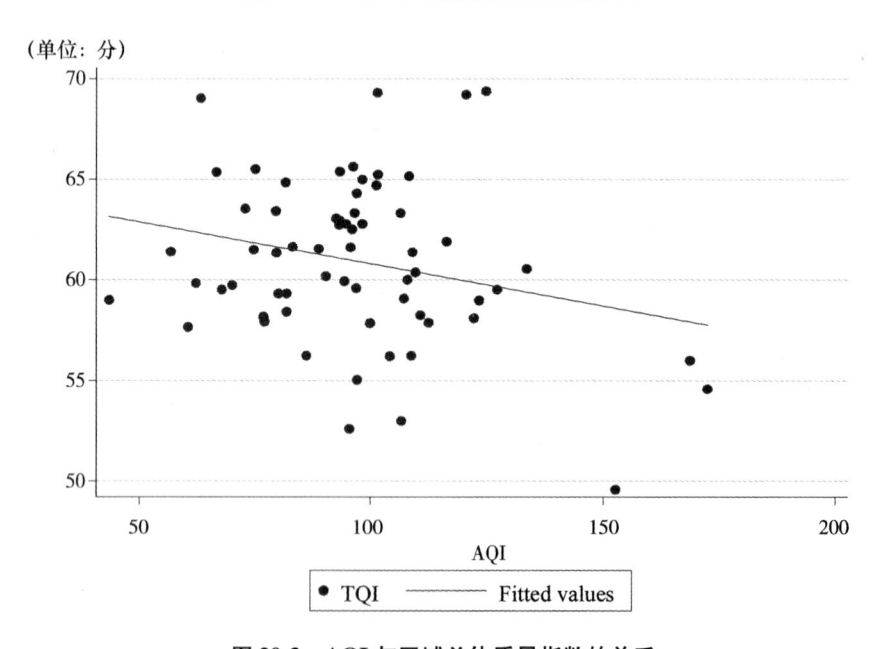

图 20-3 AQI 与区域总体质量指数的关系

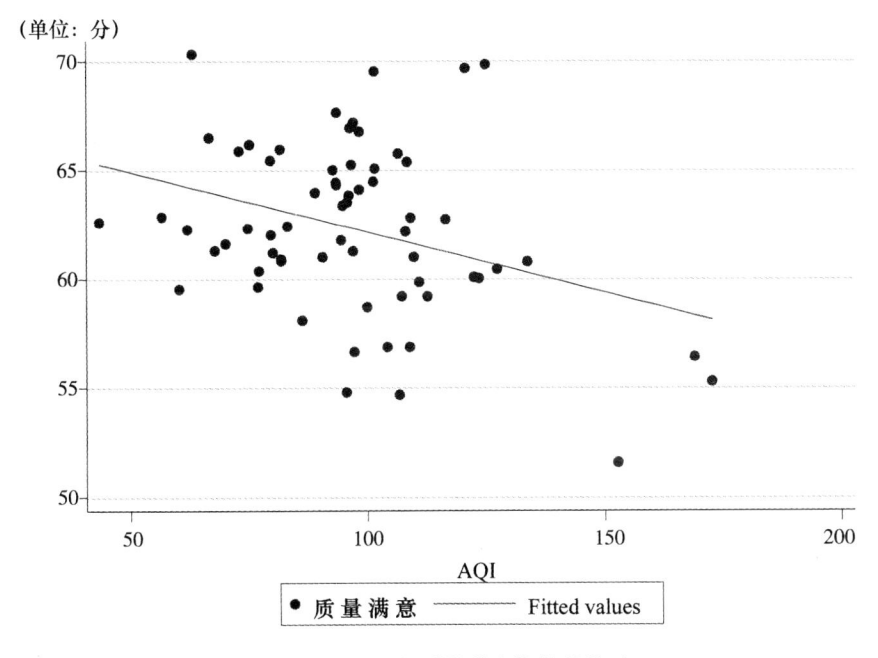

图 20-4　AQI 与质量满意指数的关系

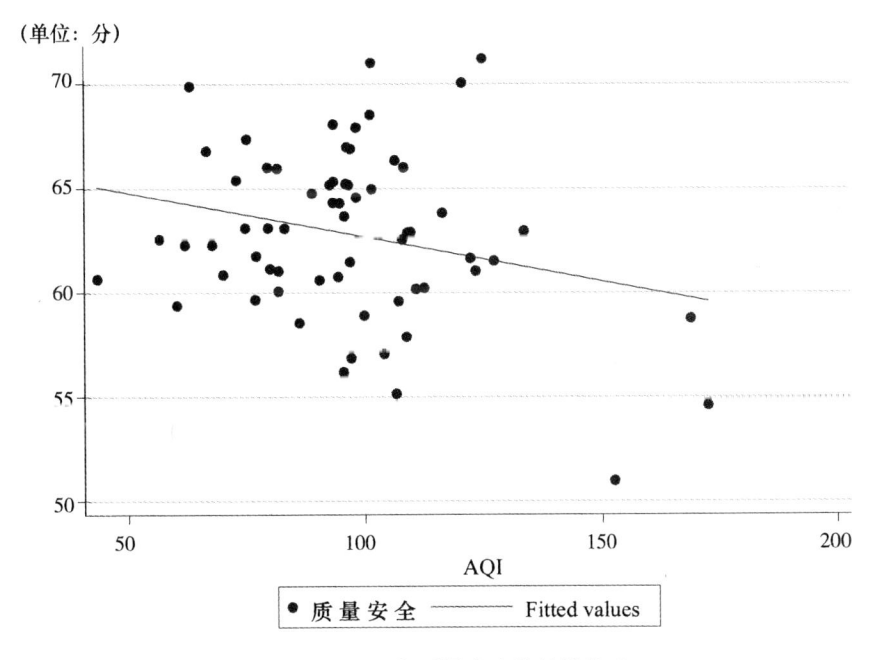

图 20-5　AQI 与质量安全指数的关系

(三) 收入与质量评价的正相关性发生在空气环境较好的地区

对观测城市按照环境特征变量进行分组，我们发现空气优良天数达到及格水平（219 天）的城市，随着经济收入的增加，区域质量指数的得分也在提高。图 20-6 显示，区域质量指数与人均 GDP 的相关系数 0.2484，呈弱正相关。进一步考虑质量观测的四个维度，收入水平主要影响消费者质量素质水平。

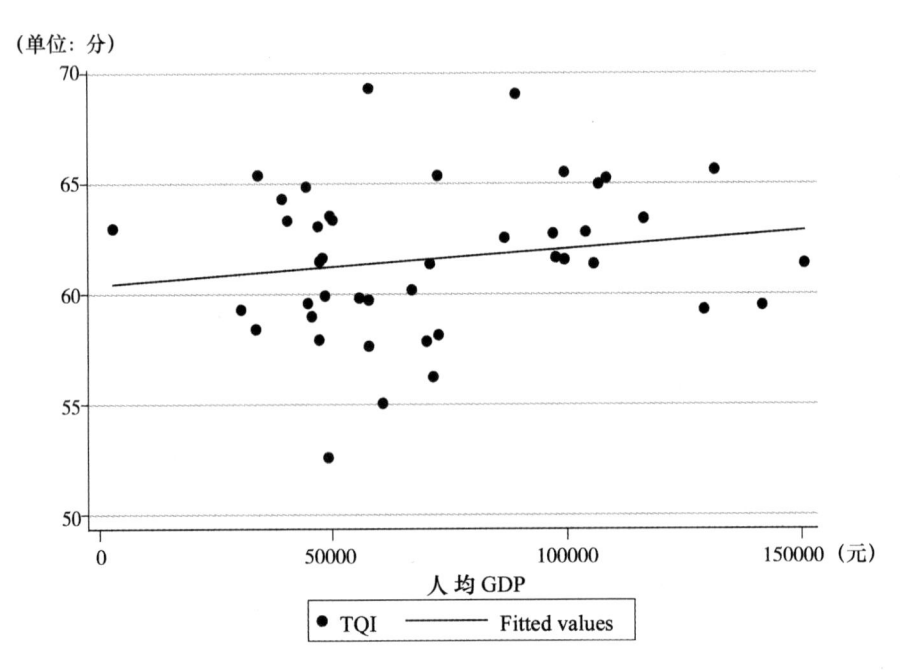

图 20-6 空气优良天数 219 天以上城市人均 GDP 与区域质量指数关系

表 20-4　　　　　　　消费者质量素质的回归结果

被解释变量：消费者质量素质				
解释变量	参数估计值	标准误	t 统计量	P 值
人均 GDP	3.67E−05	1.67E−05	2.19	0.034
AQI	0.046378	0.038036	1.22	0.23

表 20-5　　　　　　　　消费者质量知识的回归结果

被解释变量：消费者质量知识				
解释变量	参数估计值	标准误	t 统计量	P 值
人均 GDP	0.000045	1.78E—05	2.52	0.016
AQI	0.059323	0.040507	1.46	0.151

表 20-4 反映了在空气质量达标后，环境的进一步变好不会影响消费者的质量感知；而收入水平对消费者质量素质的影响是显著的，随着人均 GDP 水平的提高，消费者自身质量素质得到加强。表 20-5 则表明收入的这种影响主要通过提高消费者的质量知识来实现，经济越发达，市场化程度越高，质量知识的传播渠道更充分，公民更积极地去了解质量知识，从而对质量知识的掌握更好。

二 理论分析

(一) 非收入因素减弱收入对于质量感知的正效应

美国经济学家 Easterlin 开创性地提出"幸福—收入之谜"：国民收入的增长并不必然导致国民幸福感水平的提高[1]，又被称作 Easterlin 悖论。这种悖论在中国同样存在，1980 年以来，中国的 GDP 以年均 9.14% 的高速度增长，经济成就举世瞩目，而整体的人文发展情况却呈现出与 GDP 增长不协调的逆态势。[2] 影响人们效用水平的不仅是收入，还有被 GDP 忽视的许多指标，特别是非收入因素。如果非收入因素与收入因素负相关，那么随着 GDP 的增长，许多影响幸福的非收入因素会下降，从而抵消收入因素带来的正面作用[3]，使得效用水平保持不变。宏观质量观测基于消费者收集质量信息实质上也是一种对效用的衡量和福利的测度，是对质量的主观评价，因此符合"Easterlin 悖论"的理论判断。不仅相同

---

[1] Easterlin, R. A., *Does Economic Growth Improve the Human Lot? Some Empirical Evidence*, Academic Press, 1974.

[2] 陈统奎、刘劭：《从 GDP 到 GNH：中国经济增长但人民并不幸福》，《新民周刊》2005 年第 41 期。

[3] Diener E. and M. Seligman, "Beyond Money: toward an Economy of Well being", *Psychological Science in the Public Interest*, 2004.

收入水平的消费者对质量的感知不同,高收入水平的消费者对质量的评价也不必然比低收入者高,这种"质量——收入"悖论也会出现在区域层面。经济更为富裕的地区,我们可以假定消费者能够选择物理性能、化学属性等更好的产品和服务,但是"质量是一组固有性能满足需要的程度",消费者需要的不断提升和多样化、复杂化,抵消了客观固有质量的提升对消费者满意的促进作用。从收入本身出发,即使个人的效用与自己的收入水平正相关,但是与社会的平均收入水平(攀比水平)负相关。当社会变得更富裕时,攀比水平也会随之提高,从而使得总效用水平保持不变。[①] 消费者对质量的感知也会受到"攀比"的影响,尤其是在整体经济增长水平较高的区域。

(二) 环境是影响消费者主观评价的重要因素

人类是自然界长期发展和进化的结果,居民的生存环境(自然环境和社会环境)对他们的福利有重要的影响。可持续发展的理念认为,为了维持生态平衡并给后代留下足够的发展空间,我们应当在生产和消费上有所节制。然而不仅是为了后代的福利,即使是要保障当代人的生活质量,也必须减少污染,保持并提升自然资本。近10年来我国处在高速的城市化进程中,"雾霾天气"等与城市化共生的环境污染问题引发民众和研究者的关注。亚洲开发银行和清华大学发布的研究报告《中华人民共和国国家环境分析》称,全国500个大中型城市中,空气质量达到世界卫生组织推荐标准的不到5个。[②]

客观上,环境污染主要通过几个渠道影响居民的感知:首先,环境污染危害居民的健康。世界范围内的大量研究发现,环境污染对人体健康有不利影响,包括急性危害、慢性危害和远期危害。[③] 身体健康是决定居民生活质量的关键因素,健康状况较差的居民通常感到质量不满意。宏观质量观测中要求居民对空气、水资源、植被环境、噪声和土壤质量进行安全性和满意度的评价,环境污染必然导致居民对环境质量的不满意和不信

---

① Easterlin, R. A., "Will Raising the Incomes of All Increase the Happiness of All", *Journal of Economic Behavior and Organization*, 1995.

② 数据来源:《报告称全球10大空气污染城市7个在中国》(http://finance.ifeng.com/roll/20130115/7557339.shtml)。

③ 李会娟、于文博、刘永泉:《城市二氧化氮、悬浮颗粒物、二氧化硫健康危险度评价》,《国外医学地理分册》2007年第3期。

任。其次，环境污染给居民生活造成不便，严重的雾霾天气甚至迫使高速限行、机场关闭等，居民的日常工作和生活受到影响，进而造成居民对政府公共管理、环境治理的投入和效率的质疑。最后，环境污染提高了居民的生活成本，给他们带来了经济损失，因为要显著减少空气污染的不利影响，必须采取避免污染行为，而那些处在社会较低阶层的群体负担不起避免污染行为的成本，因此表现出强烈的不满意。主观上，自认为受空气污染影响严重的居民表现出更多的不幸福感，如果居民自认为所居住地区空气污染严重，他们也会倾向于认为自己生活得并不幸福。环境污染不仅直接影响居民对环境质量的评价，还会让他们对食品、化妆品、药品、医疗服务、工程[1]等质量的要求提升，以弥补环境污染对其身体和心理造成的损害。

三 政策建议

（一）区域质量的发展不仅要经济增长，还要良好环境

质量而不是数量、质量满意而不是收入增长应当成为政策制定者的主要关注目标。一个区域的质量评价，人均 GDP 是必要条件，但不是充分条件，2014 年宏观质量观测数据充分表明了让老百姓满意的经济增长不仅要收入的提高，也要良好的环境。以武汉和海口为例，武汉市人均 GDP 水平 2014 年达到 98400 元，而全年空气优良天数只有 166 天，海口市是著名的度假胜地，全年空气优良天数有 357 天，人均 GDP 水平只有 45690 元，但是两个城市的质量满意指数几乎相同[2]，可以近似地计算出来人们对空气优良天数每增加一天愿意"支付"人均 GDP 276 元，也就是说为增加一天空气优良的天数，至少要放弃人均 276 元的经济增长。单纯以 GDP 指标作为考核地方政府政绩指标，会产生诸多的弊端，地方政府在产业选择上往往为了短期利益而不惜发展高耗能、高污染的产业，并

---

[1] Menz T., "Do People Habituate to Air Pollution? Evidence from International Life Satisfaction Data", *Ecological Economics*, 2011.

[2] 质量满意指数武汉 62.75 分，全国城市中排名第二十九；海口 62.61 分，全国城市中排名第三十。

使得经济增长以投资为主导的模式长期得不到改变①，这样的经济增长难以获得老百姓的认同。当然即使环境状况十分适宜，而经济增长缓慢或停滞以致老百姓的生活水平一直处于较低状态，也不是质量发展的表现。因此，取得经济增长和环境状况的平衡是区域质量发展的重要方面。

（二）经济较发达地区应更注重环境保护和治理

经济的增长并不必然带来消费者满意的提升，在人均 GDP 达到相对发达水平之后，经济增长的效应甚至显著为负，因此，经济较发达地区应将更多的公共资源用于环境保护和治理。以广州和包头为例，两个城市的人均 GDP 水平均超过 10 万元达到发达水平，但是包头市居民对其质量状况的感知无论是总体质量指数还是各个维度的质量指数都低于广州市②，简单估算可以得出在经济收入水平一定的情况下，质量满意指数如果提高 1 分，城市空气优良天数增加 20.5 天，城市空气质量指数 AQI 下降 22.34 分。为获得最好的消费者满意，需要采取环境治理的地区差别政策。经济发达地区市场化程度较高，排污权交易制度已经有不少成功的例子③，可以在建立排污交易法律制度（尤其是排污总量的控制和对因排污许可形成的垄断的打击）的基础上进行推广。在具体城市环境建设上，经济发达城市的管理者为取得良好的公众形象和市民拥护，公共财政支出的重点应从经济建设领域转向水域、空气、城市垃圾、噪声、绿化等环境的治理和改善，提升居民生活环境质量。

（三）经济欠发达地区在发展经济的同时要致力于质量知识的宣传和普及

政府对消费者的保护应当局限于那些真正存在消费者无知的情形，并避免外部效应带来的负面影响。其他情况下，它应当尊重消费者出于理性的自由选择。真正有益的消费者保护措施在于使消费者拥有与厂商议价并取得赔偿的权利和能力，这在一个消费者连基本的质量知识（质量标识、

---

① 程虹：《我国经济增长从"速度时代"转向"质量时代"》，《宏观质量研究》2014 年第 4 期。

② 广州质量满意指数 60.92 分，2014 空气优良天数 278 天，AQI 指数 81.82 分；包头质量满意指数 56.92 分，2014 空气优良天数 196 天，AQI 指数 104.16 分。

③ 数据来源：《排污权交易从江苏走向全国》（http：//news.sina.com.cn/c/2014—03—26/064029792759.shtml）。

维权程序等）都不具备的社会是无法想象的。经济收入与消费者质量知识的同步提升启示我们，经济欠发达地区的消费者了解的质量知识越多，就越能将质量意识转化为现实的质量维护行为，从而激励和约束生产者和厂商进行高质量的产品供给，形成良性的循环。

附 录

附录 A 关键指标的区域排名

A1 全国各省关键指标排名（省、自治区、直辖市）

在所调查的问题范围内，针对消费者普遍比较关心的问题，我们分别进行了全国不同省区（含自治区、直辖市）和主要城市的区域排名。这些关键性指标的区域排名显示如下：

表 A1-1　　　　　产品质量安全省区排名表

排名	省区	所消费产品的总体安全性（分）
1	天津市	66.06
2	福建省	64.03
3	江苏省	63.81
4	广西壮族自治区	62.88
5	青海省	62.30
6	黑龙江省	62.26
7	山东省	61.96
8	辽宁省	61.83
9	河南省	61.79
10	浙江省	61.70

注：排名范围为各省、自治区和直辖市。

(单位：分)

产品质量安全得分排名：天津市 66.06，福建省 64.03，江苏省 63.81，广西壮族自治区 62.88，青海省 62.30，黑龙江省 62.26，山东省 61.96，辽宁省 61.83，河南省 61.79，浙江省 61.70。

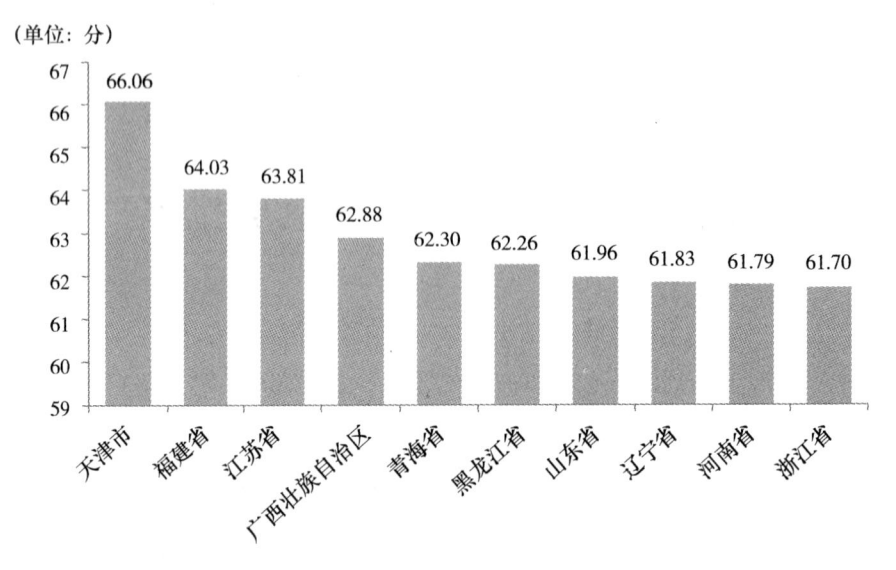

注：排名范围为各省、自治区和直辖市。

图 A1-1　产品质量安全省区排名

表 A1-2　　　　　　　　产品质量满意省区排名表

排名	省区	本地区产品质量的总体满意度（分）
1	天津市	70.40
2	青海省	65.30
3	福建省	64.78
4	江苏省	63.97
5	广西壮族自治区	62.97
6	黑龙江省	62.71
7	河南省	62.58
8	辽宁省	62.56
9	重庆市	62.50
10	山东省	62.30

注：排名范围为各省、自治区和直辖市。

(单位：分)

天津市 70.40
青海省 65.30
福建省 64.78
江苏省 63.97
广西壮族自治区 62.97
黑龙江省 62.71
河南省 62.58
辽宁省 62.56
重庆市 62.50
山东省 62.30

注：排名范围为各省、自治区和直辖市。

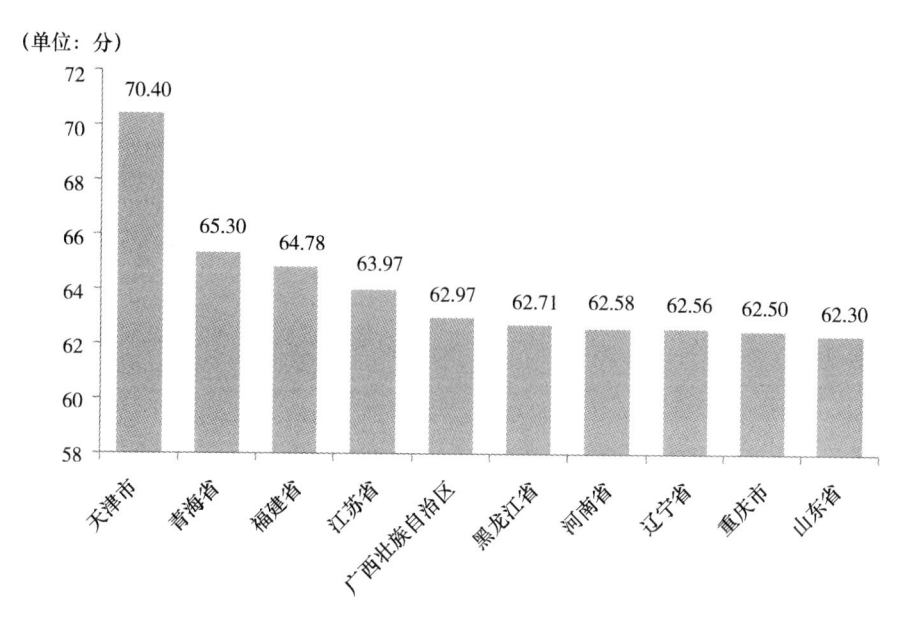

图 A1-2　产品质量满意省区排名

表 A1-3　　　　　　　　食品质量安全性省区排名表

排名	省区	本地区食品的总体安全性（分）
1	天津市	73.84
2	广西壮族自治区	63.63
3	青海省	63.30
4	黑龙江省	63.19
5	福建省	62.47
6	重庆市	60.67
7	江苏省	60.43
8	湖北省	60.34
9	西藏自治区	60.29
10	山东省	60.04

注：排名范围为各省、自治区和直辖市。

(单位：分)

天津市	73.84
广西壮族自治区	63.63
青海省	63.30
黑龙江省	63.19
福建省	62.47
重庆市	60.67
江苏省	60.43
湖北省	60.34
西藏自治区	60.29
山东省	60.04

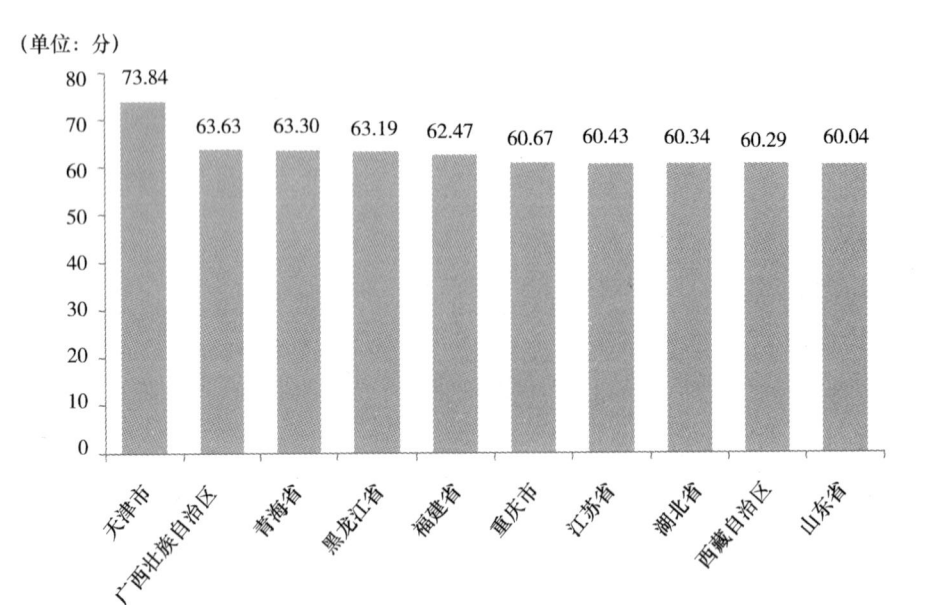

注：排名范围为各省、自治区和直辖市。

图 A1-3　食品质量安全性省区排名

表 A1-4　食品质量总体满意度省区排名

排名	省区	本地区食品质量的总体满意度（分）
1	青海省	68.50
2	天津市	67.88
3	黑龙江省	66.55
4	福建省	63.29
5	广西壮族自治区	62.37
6	新疆维吾尔自治区	61.94
7	重庆市	61.92
8	河南省	61.52
9	江苏省	61.45
10	宁夏回族自治区	61.25

注：排名范围为各省、自治区和直辖市。

(单位：分)

省区	分数
青海省	68.50
天津市	67.88
黑龙江省	66.55
福建省	63.29
广西壮族自治区	62.37
新疆维吾尔自治区	61.94
重庆市	61.92
河南省	61.52
江苏省	61.45
宁夏回族自治区	61.25

注：排名范围为各省、自治区和直辖市。

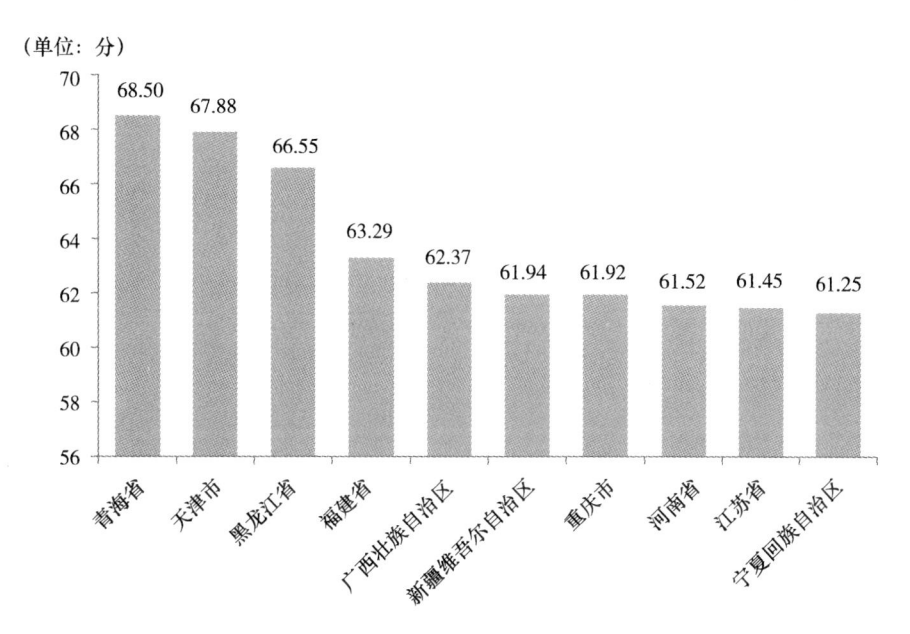

图 A1-4　食品质量总体满意度省区排名

表 A1-5　　　　　　　　　乳制品质量安全性省区排名

排名	省区	本地区乳制品的安全性（分）
1	新疆维吾尔自治区	74.78
2	青海省	67.40
3	天津市	67.07
4	西藏自治区	65.59
5	广西壮族自治区	65.12
6	黑龙江省	63.52
7	安徽省	63.52
8	福建省	63.34
9	江苏省	62.47
10	山东省	62.34

注：排名范围为各省、自治区和直辖市。

304 / 2014年中国质量观测发展报告

(单位：分)

省区	分数
新疆维吾尔自治区	74.78
青海省	67.40
天津市	67.07
西藏自治区	65.59
广西壮族自治区	65.12
黑龙江省	63.52
安徽省	63.52
福建省	63.34
江苏省	62.47
山东省	62.34

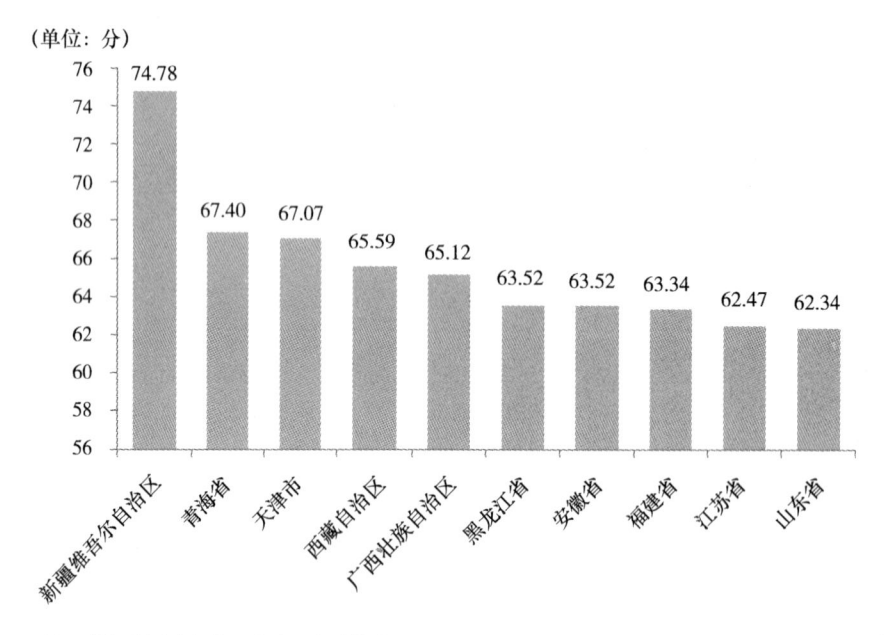

注：排名范围为各省、自治区和直辖市。

图 A1-5　乳制品质量安全性省区排名

表 A1-6　　　　　　　　　乳制品质量满意度省区排名

排名	省区	本地区乳制品质量的满意度（分）
1	天津市	68.89
2	新疆维吾尔自治区	67.65
3	青海省	67.60
4	西藏自治区	67.35
5	广西壮族自治区	65.62
6	安徽省	63.81
7	福建省	63.73
8	内蒙古自治区	63.58
9	辽宁省	63.44
10	山东省	62.90

注：排名范围为各省、自治区和直辖市。

(单位：分)

乳制品质量满意度省区排名柱状图数据：
- 天津市 68.89
- 新疆维吾尔自治区 67.65
- 青海省 67.60
- 西藏自治区 67.35
- 广西壮族自治区 65.62
- 安徽省 63.81
- 福建省 63.73
- 内蒙古自治区 63.58
- 辽宁省 63.44
- 山东省 62.90

注：排名范围为各省、自治区和直辖市。

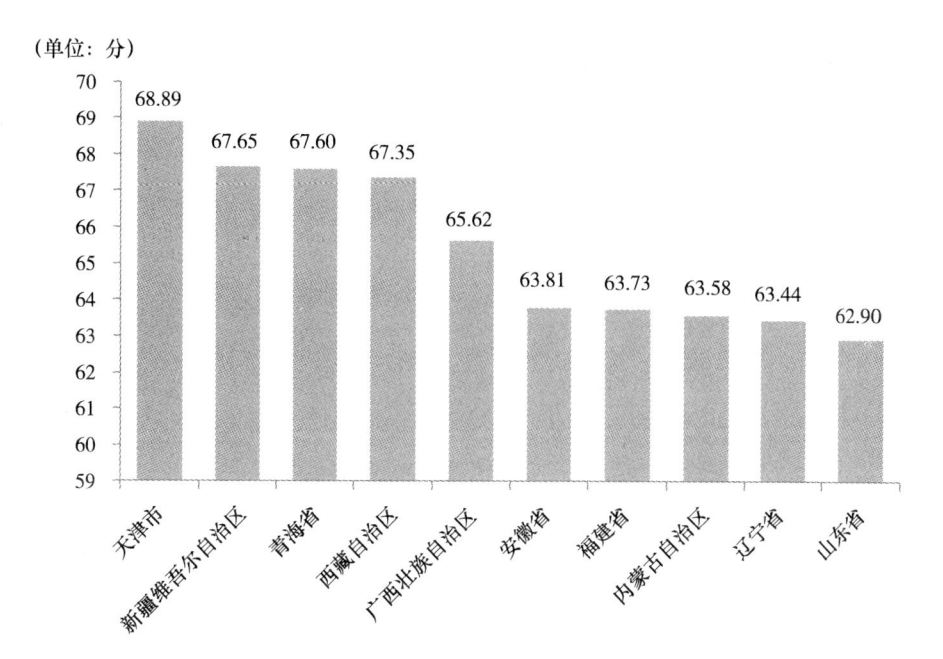

图 A1-6　乳制品质量满意度省区排名

表 A1-7　　　　　　　　　服务质量满意度省区排名

排名	省区	本地区服务质量的总体满意度（分）
1	天津市	71.31
2	福建省	68.48
3	江苏省	66.35
4	山东省	66.02
5	广西壮族自治区	65.47
6	上海市	65.00
7	河南省	64.79
8	辽宁省	64.47
9	浙江省	63.83
10	广东省	63.81

注：排名范围为各省、自治区和直辖市。

(单位：分)

图 A1-7　服务质量满意度省区排名

注：排名范围为各省、自治区和直辖市。

天津市 71.31
福建省 68.48
江苏省 66.35
山东省 66.02
广西壮族自治区 65.47
上海市 65.00
河南省 64.79
辽宁省 64.47
浙江省 63.83
广东省 63.81

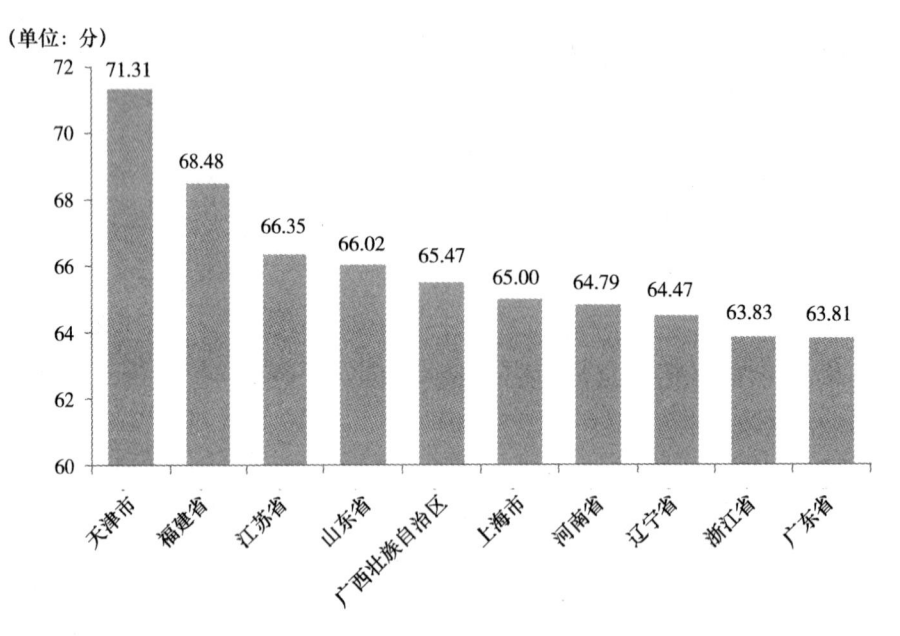

表 A1-8　　医疗服务质量总体安全性省区排名

排名	省区	本地区医疗服务的总体安全性（分）
1	天津市	69.80
2	福建省	67.95
3	山东省	67.31
4	广西壮族自治区	66.42
5	青海省	65.70
6	浙江省	64.93
7	河南省	64.73
8	宁夏回族自治区	64.50
9	黑龙江省	64.30
10	安徽省	64.15

注：排名范围为各省、自治区和直辖市。

(单位：分)

图中数据：
- 天津市 69.80
- 福建省 67.95
- 山东省 67.31
- 广西壮族自治区 66.42
- 青海省 65.70
- 浙江省 64.93
- 河南省 64.73
- 宁夏回族自治区 64.50
- 黑龙江省 64.30
- 安徽省 64.15

注：排名范围为各省、自治区和直辖市。

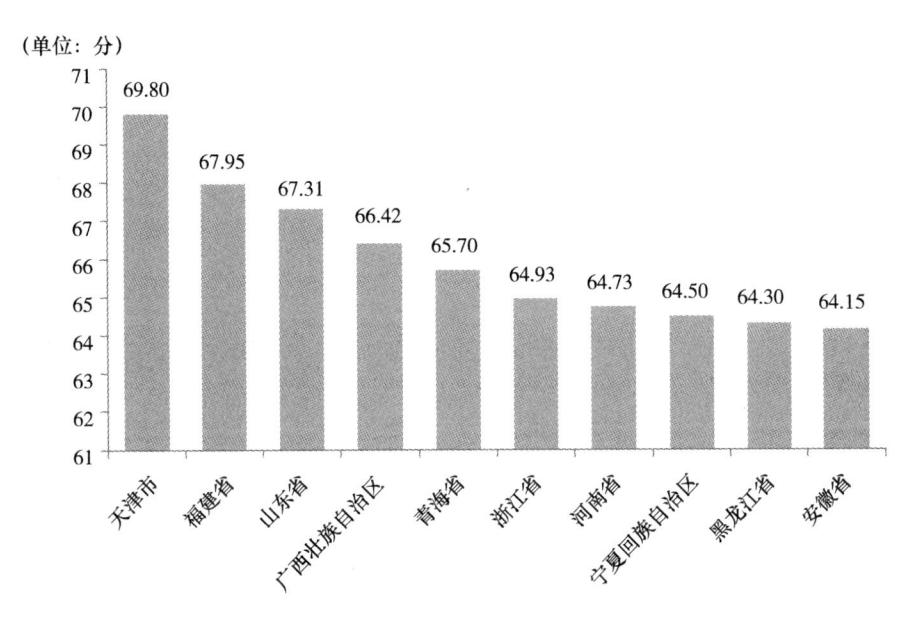

图 A1-8　医疗服务质量总体安全性省区排名

表 A1-9　　　　　　医疗服务质量总体满意度省区排名

排名	省区	本地区医疗服务质量的总体满意度（分）
1	天津市	79.49
2	福建省	67.05
3	山东省	66.45
4	青海省	65.20
5	浙江省	64.89
6	江苏省	64.81
7	上海市	64.58
8	广西壮族自治区	64.40
9	宁夏回族自治区	64.09
10	河南省	64.06

注：排名范围为各省、自治区和直辖市。

308 / 2014年中国质量观测发展报告

(单位：分)

省区	分数
天津市	79.49
福建省	67.05
山东省	66.45
青海省	65.20
浙江省	64.89
江苏省	64.81
上海市	64.58
广西壮族自治区	64.40
宁夏回族自治区	64.09
河南省	64.06

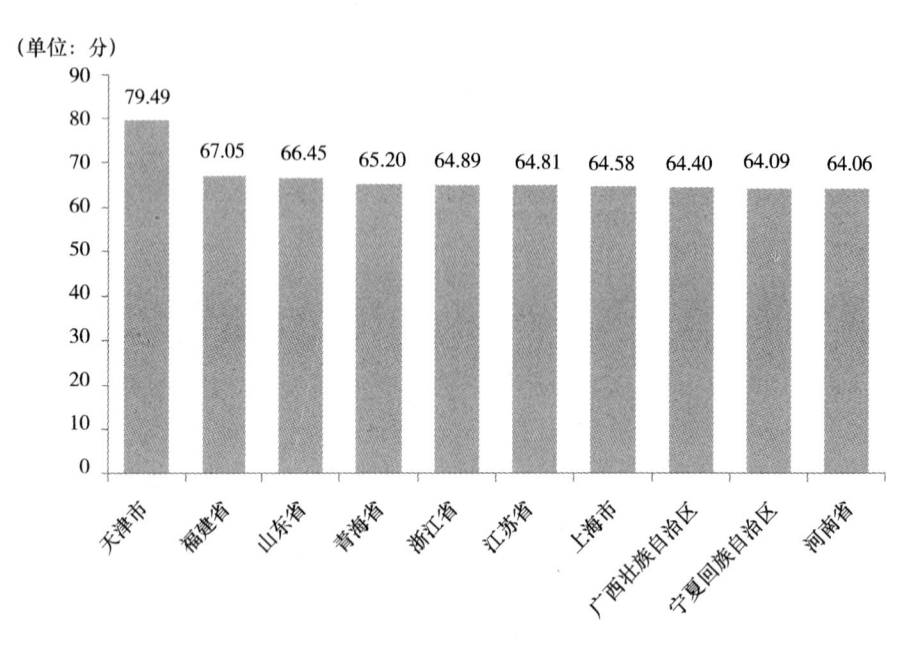

注：排名范围为各省、自治区和直辖市。

图 A1-9 医疗服务质量总体满意度省区排名

表 A1-10　　　　　　　环境质量总体安全性省区排名

排名	省区	本地区环境的总体安全性（分）
1	福建省	71.65
2	天津市	67.58
3	广西壮族自治区	66.40
4	西藏自治区	65.98
5	海南省	65.83
6	湖南省	65.69
7	青海省	64.90
8	江苏省	64.66
9	四川省	64.58
10	山东省	64.56

注：排名范围为各省、自治区和直辖市。

(单位：分)

福建省	天津市	广西壮族自治区	西藏自治区	海南省	湖南省	青海省	江苏省	四川省	山东省
71.65	67.58	66.40	65.98	65.83	65.69	64.90	64.66	64.58	64.56

注：排名范围为各省、自治区和直辖市。

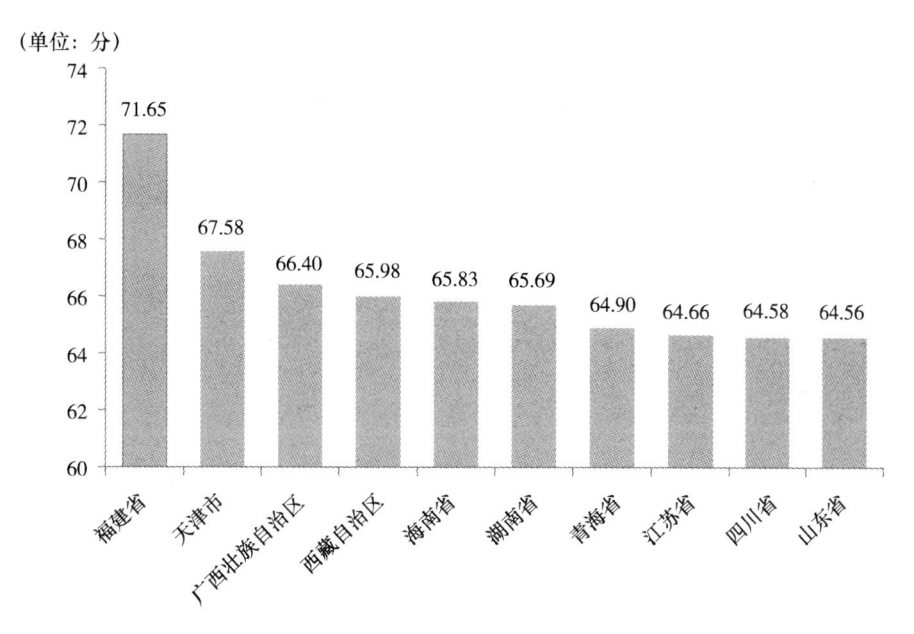

图 A1-10　环境质量总体安全性省区排名

表 A1-11　　　　　　　　环境质量总体满意度省区排名

排名	地区	本地区环境质量的总体满意度（分）
1	福建省	69.47
2	西藏自治区	68.53
3	海南省	67.00
4	天津市	66.16
5	广西壮族自治区	65.82
6	湖南省	65.50
7	青海省	64.70
8	宁夏回族自治区	64.66
9	四川省	64.58
10	浙江省	63.30

注：排名范围为各省、自治区和直辖市。

310 / 2014年中国质量观测发展报告

(单位：分)

省区	得分
福建省	69.47
西藏自治区	68.53
海南省	67.00
天津市	66.16
广西壮族自治区	65.82
湖南省	65.50
青海省	64.70
宁夏回族自治区	64.66
四川省	64.58
浙江省	63.30

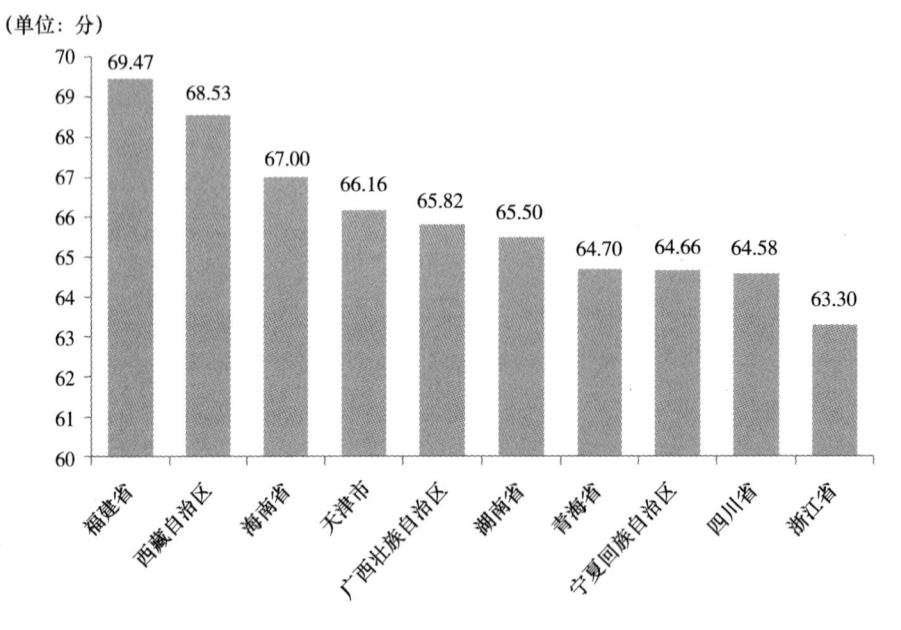

注：排名范围为各省、自治区和直辖市。

图 A1-11　环境质量总体满意度省区排名

表 A1-12　　　　　　空气环境质量总体满意度省区排名

排名	省区	本地区空气环境质量的总体满意度（分）
1	西藏自治区	75.00
2	海南省	74.83
3	青海省	68.30
4	福建省	67.49
5	宁夏回族自治区	67.34
6	贵州省	67.02
7	湖南省	64.92
8	广西壮族自治区	63.05
9	四川省	62.17
10	重庆市	61.67

注：排名范围为各省、自治区和直辖市。

(单位：分)

柱状图数据：
- 西藏自治区 75.00
- 海南省 74.83
- 青海省 68.30
- 福建省 67.49
- 宁夏回族自治区 67.34
- 贵州省 67.02
- 湖南省 64.92
- 广西壮族自治区 63.05
- 四川省 62.17
- 重庆市 61.67

注：排名范围为各省、自治区和直辖市。

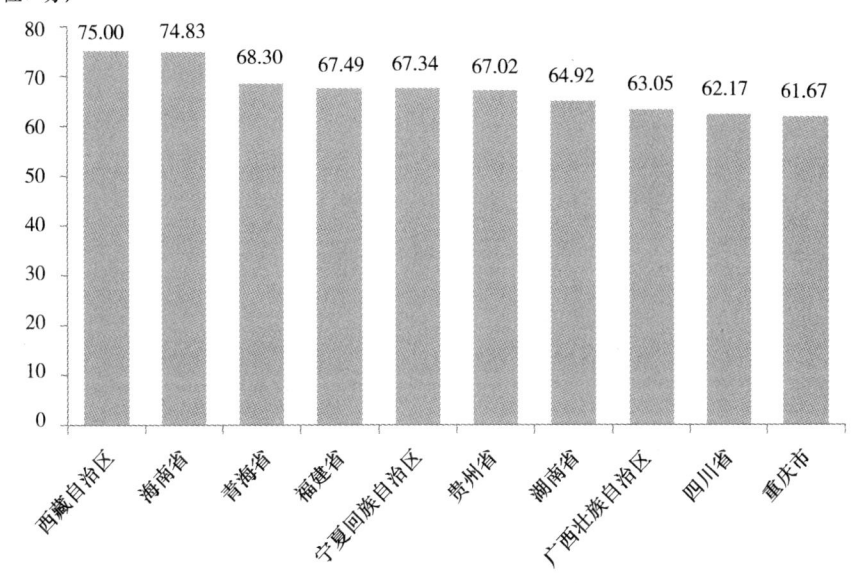

图 A1-12　空气环境质量总体满意度省区排名

表 A1-13　　　　　　　工程质量总体满意度省区排名

排名	省区	本地区工程质量的总体满意度（分）
1	天津市	69.70
2	福建省	66.45
3	山东省	64.85
4	广西壮族自治区	64.58
5	河南省	64.31
6	青海省	64.10
7	江苏省	64.06
8	浙江省	63.71
9	陕西省	63.46
10	重庆市	63.08

注：排名范围为各省、自治区和直辖市。

(单位：分)

图中数据（从左到右）：
- 天津市 69.70
- 福建省 66.45
- 山东省 64.85
- 广西壮族自治区 64.58
- 河南省 64.31
- 青海省 64.10
- 江苏省 64.06
- 浙江省 63.71
- 陕西省 63.46
- 重庆市 63.08

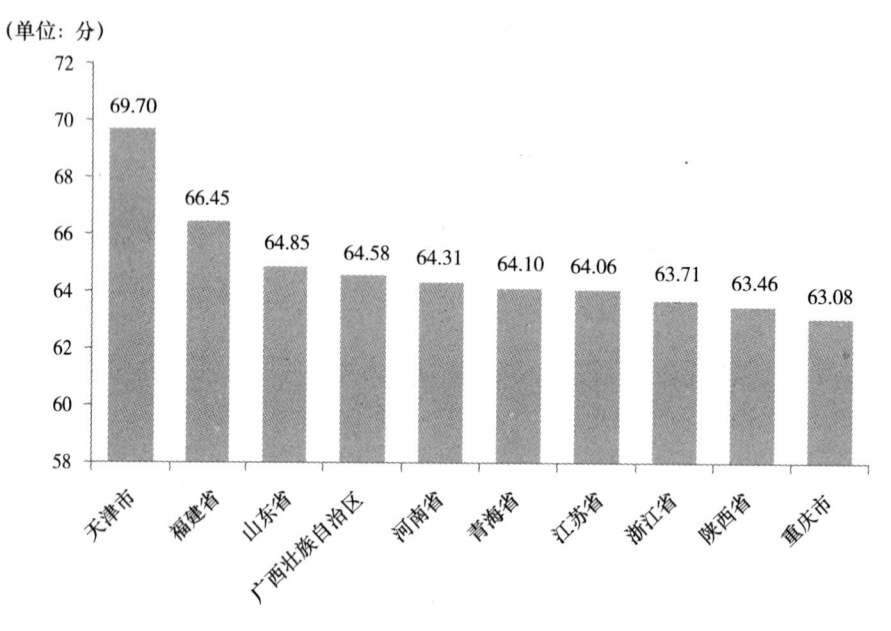

注：排名范围为各省、自治区和直辖市。

图 A1-13　工程质量总体满意度省区排名

表 A1-14　　道路质量总体满意度省区排名

排名	省区	本地区道路质量的总体满意度（分）
1	天津市	71.21
2	山东省	67.58
3	青海省	67.00
4	福建省	66.37
5	江苏省	65.91
6	重庆市	65.42
7	辽宁省	65.31
8	浙江省	64.92
9	湖南省	64.85
10	宁夏回族自治区	64.77

注：排名范围为各省、自治区和直辖市。

(单位：分)

[图表：道路质量总体满意度省区排名柱状图]
- 天津市 71.21
- 山东省 67.58
- 青海省 67.00
- 福建省 66.37
- 江苏省 65.91
- 重庆市 65.42
- 辽宁省 65.31
- 浙江省 64.92
- 湖南省 64.85
- 宁夏回族自治区 64.77

注：排名范围为各省、自治区和直辖市。

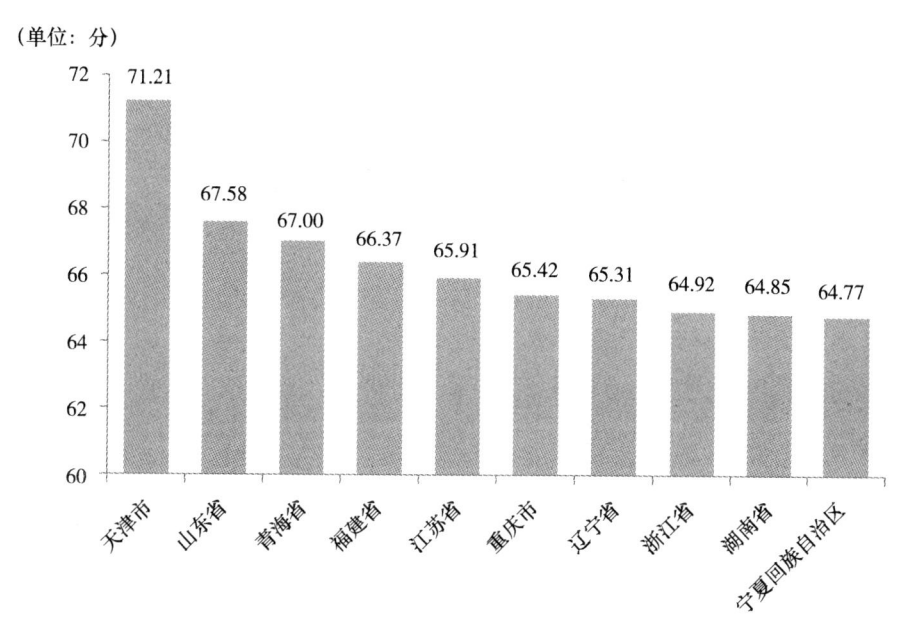

图 A1-14　道路质量总体满意度省区排名

表 A1-15　　　　　　　　政府质量信息公开性省区排名

排名	省区	政府质量信息的公开性（分）
1	天津市	66.67
2	山东省	61.38
3	广西壮族自治区	60.63
4	江苏省	59.92
5	上海市	59.83
6	福建省	59.18
7	陕西省	58.93
8	重庆市	58.50
9	宁夏回族自治区	58.48
10	青海省	58.30

注：排名范围为各省、自治区和直辖市。

(单位: 分)

省区	分数
天津市	66.67
山东省	61.38
广西壮族自治区	60.63
江苏省	59.92
上海市	59.83
福建省	59.18
陕西省	58.93
重庆市	58.50
宁夏回族自治区	58.48
青海省	58.30

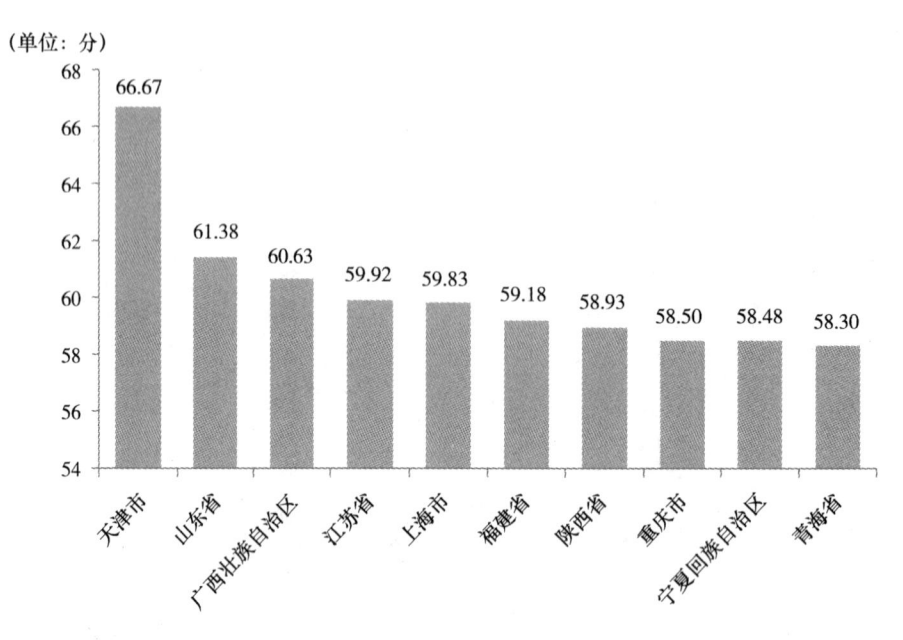

注：排名范围为各省、自治区和直辖市。

图 A1-15　政府质量信息公开性省区排名

表 A1-16　消费者组织对消费者权益保护效果省区排名

排名	省区	消费者组织对消费者权益的保护效果（分）
1	天津市	68.18
2	山东省	62.36
3	福建省	60.76
4	青海省	60.60
5	广西壮族自治区	60.07
6	上海市	59.92
7	江苏省	59.76
8	新疆维吾尔自治区	59.72
9	辽宁省	59.50
10	宁夏回族自治区	58.90

注：排名范围为各省、自治区和直辖市。

(单位：分)

图表显示各省区得分：天津市 68.18、山东省 62.36、福建省 60.76、青海省 60.60、广西壮族自治区 60.07、上海市 59.92、江苏省 59.76、新疆维吾尔自治区 59.72、辽宁省 59.50、宁夏回族自治区 58.90。

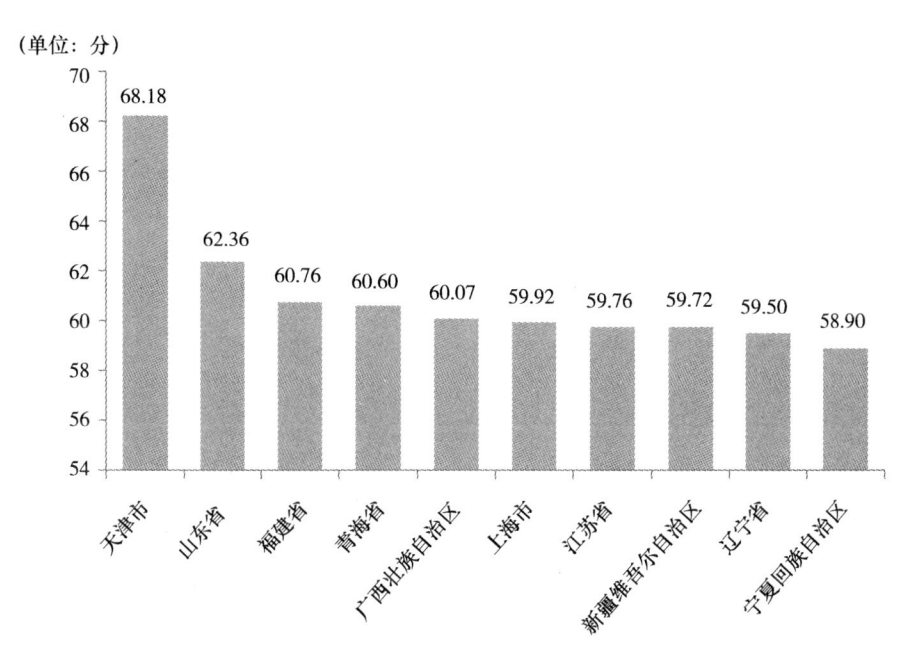

注：排名范围为各省、自治区和直辖市。

图 A1-16　消费者组织对消费者权益保护效果省区排名

表 A1-17　　　　　　消费者对质量维权程序了解程度省区排名

排名	省区	对质量维权程序的了解程度（分）
1	天津市	67.58
2	江苏省	60.73
3	山东省	60.70
4	福建省	60.27
5	陕西省	58.74
6	河南省	58.50
7	上海市	58.14
8	黑龙江省	58.13
9	浙江省	57.98
10	广西壮族自治区	57.47

注：排名范围为各省、自治区和直辖市。

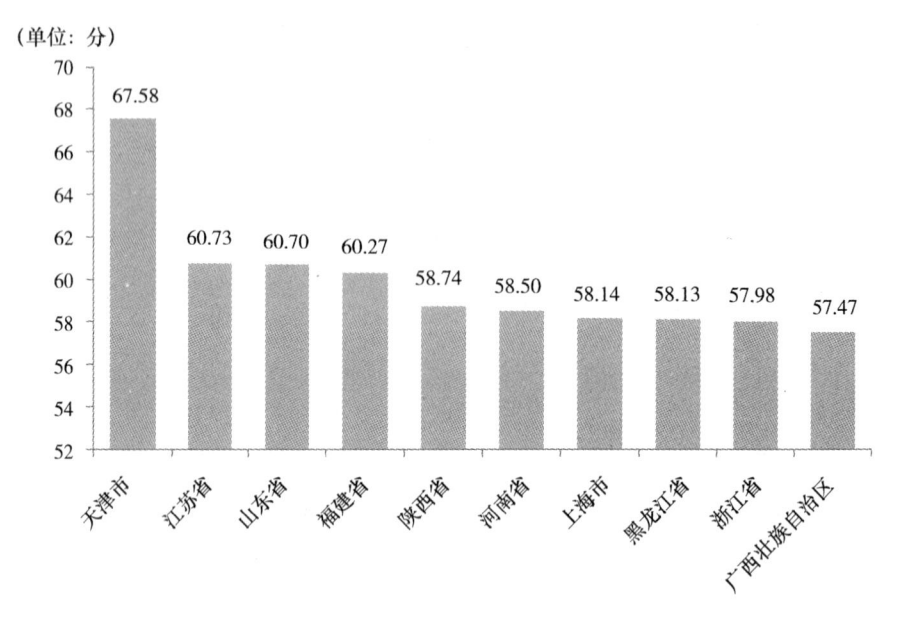

(单位：分)

省区	分数
天津市	67.58
江苏省	60.73
山东省	60.70
福建省	60.27
陕西省	58.74
河南省	58.50
上海市	58.14
黑龙江省	58.13
浙江省	57.98
广西壮族自治区	57.47

注：排名范围为各省、自治区和直辖市。

图 A1-17　消费者对质量维权程序了解程度省区排名

A2　全国主要城市关键指标排名（直辖市、副省级城市、省会城市）

表 A2-1　　　　所消费产品的总体安全性城市排名

排名	城市	所消费产品的总体安全性（分）
1	厦门市	67.29
2	长沙市	66.08
3	天津市	66.06
4	大连市	65.50
5	福州市	65.30
6	哈尔滨市	64.19
7	宁波市	62.59
8	西宁市	62.30
9	深圳市	61.20
10	杭州市	61.00

注：排名范围为直辖市、副省级城市和省会城市。

(单位：分)

厦门市 67.29　长沙市 66.08　天津市 66.06　大连市 65.50　福州市 65.30　哈尔滨市 64.19　宁波市 62.59　西宁市 62.30　深圳市 61.20　杭州市 61.00

注：排名范围为直辖市、副省级城市和省会城市。

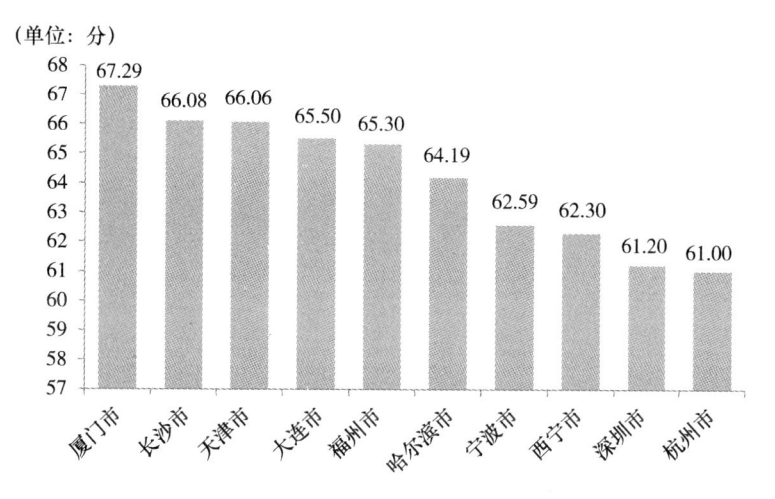

图 A2-1　所消费产品的总体安全性城市排名

表 A2-2　　　　　　　　　　产品质量总体满意度城市排名

排名	城市	本地区产品质量的总体满意度（分）
1	天津市	70.40
2	厦门市	67.57
3	长沙市	66.42
4	福州市	66.10
5	大连市	66.00
6	西宁市	65.30
7	哈尔滨市	64.75
8	宁波市	63.10
9	重庆市	62.50
10	武汉市	61.89

注：排名范围为直辖市、副省级城市和省会城市。

(单位：分)

城市：天津市 70.40，厦门市 67.57，长沙市 66.42，福州市 66.10，大连市 66.00，西宁市 65.30，哈尔滨市 64.75，宁波市 63.10，重庆市 62.50，武汉市 61.89

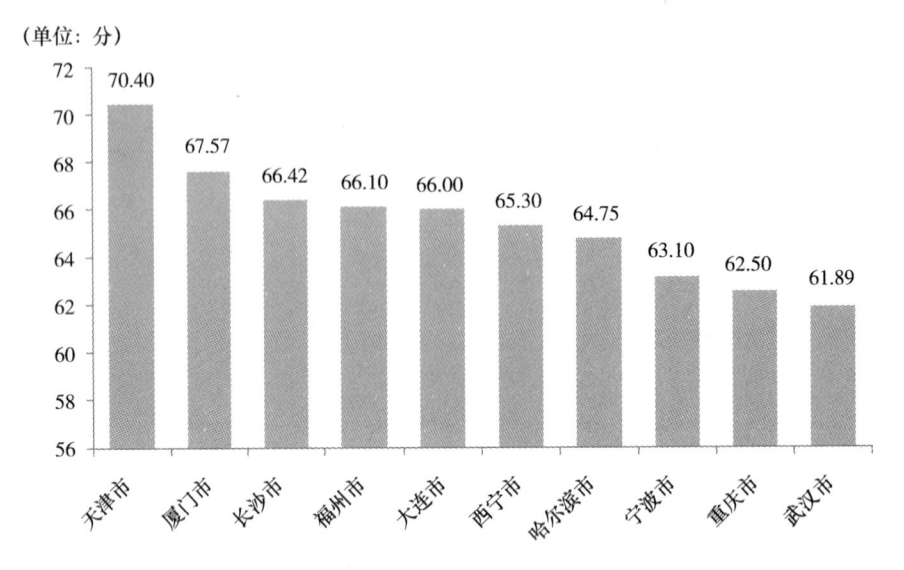

注：排名范围为直辖市、副省级城市和省会城市。

图 A2-2 产品质量总体满意度城市排名

表 A2-3　　　　　　　食品质量总体安全性城市排名

排名	城市	本地区食品的总体安全性（分）
1	天津市	73.84
2	哈尔滨市	65.38
3	厦门市	64.86
4	西宁市	63.30
5	大连市	62.17
6	福州市	61.90
7	长沙市	61.83
8	重庆市	60.67
9	拉萨市	60.29
10	乌鲁木齐市	60.08

注：排名范围为直辖市、副省级城市和省会城市。

(单位：分)

天津市 73.84　哈尔滨市 65.38　厦门市 64.86　西宁市 63.30　大连市 62.17　福州市 61.90　长沙市 61.83　重庆市 60.67　拉萨市 60.29　乌鲁木齐市 60.08

注：排名范围为直辖市、副省级城市和省会城市。

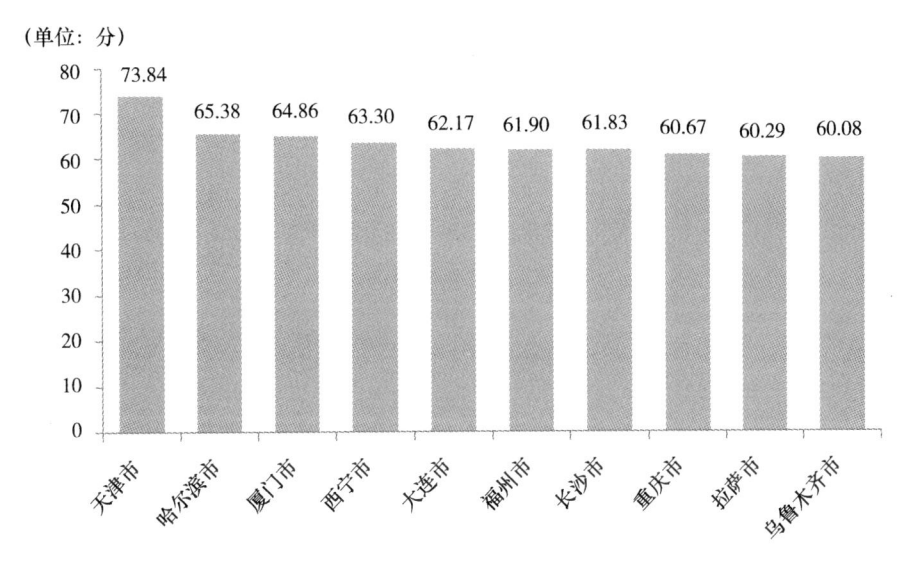

图 A2-3　食品质量总体安全性城市排名

表 A2-4　　　　　　　　食品质量总体满意度城市排名

排名	城市	本地区食品质量的总体满意度（分）
1	西宁市	68.50
2	天津市	67.88
3	哈尔滨市	64.94
4	厦门市	64.43
5	大连市	62.83
6	福州市	62.60
7	重庆市	61.92
8	宁波市	61.90
9	长沙市	61.33
10	呼和浩特市	60.50

注：排名范围为直辖市、副省级城市和省会城市。

(单位：分)

城市	分数
西宁市	68.50
天津市	67.88
哈尔滨市	64.94
厦门市	64.43
大连市	62.83
福州市	62.60
重庆市	61.92
宁波市	61.90
长沙市	61.33
呼和浩特市	60.50

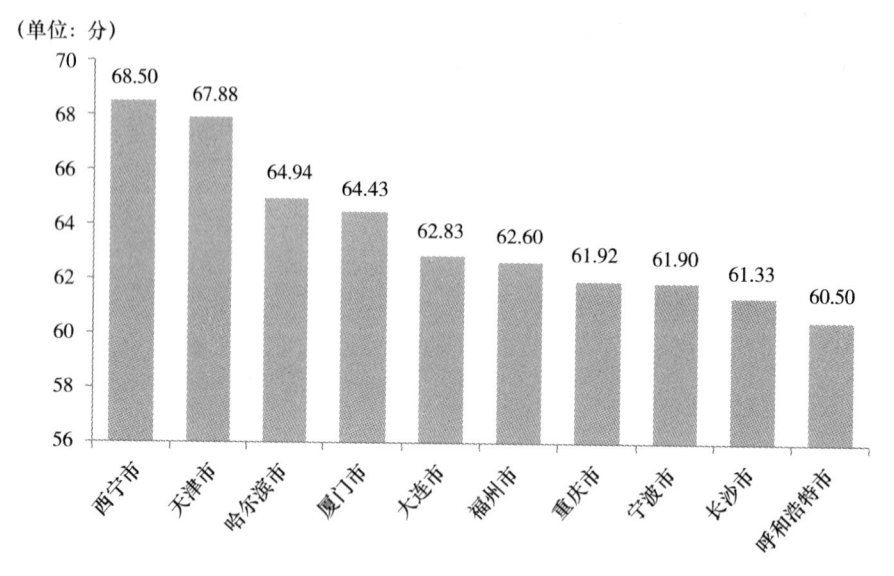

注：排名范围为直辖市、副省级城市和省会城市。

图 A2-4　食品质量总体满意度城市排名

表 A2-5　　　　　　　　乳制品质量安全性城市排名

排名	城市	本地区乳制品的安全性（分）
1	西宁市	67.40
2	天津市	67.07
3	哈尔滨市	66.88
4	厦门市	66.43
5	呼和浩特市	66.33
6	拉萨市	65.59
7	乌鲁木齐市	63.92
8	大连市	62.83
9	武汉市	62.36
10	南宁市	61.90

注：排名范围为直辖市、副省级城市和省会城市。

(单位：分)

西宁市 67.40　天津市 67.07　哈尔滨市 66.88　厦门市 66.43　呼和浩特市 66.33　拉萨市 65.59　乌鲁木齐市 63.92　大连市 62.83　武汉市 62.36　南宁市 61.90

注：排名范围为直辖市、副省级城市和省会城市。

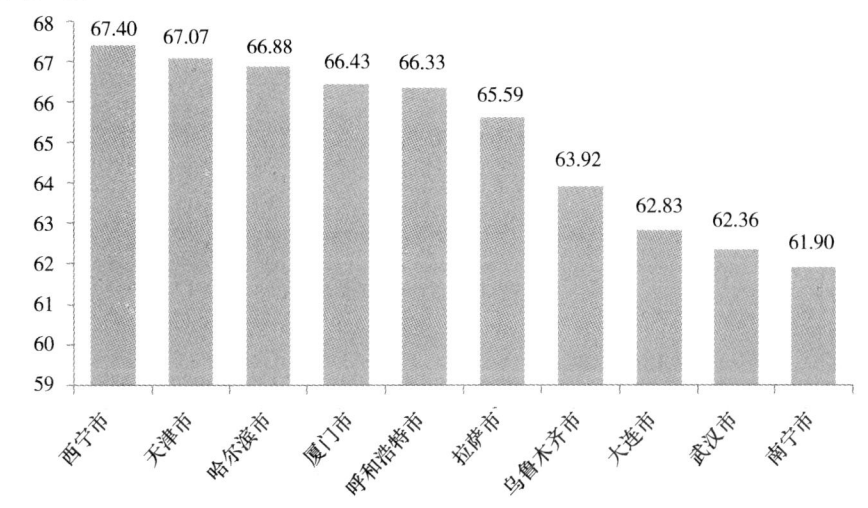

图 A2-5　乳制品质量安全性城市排名

表 A2-6　　　　　　　　乳制品质量满意度城市排名

排名	城市	本地区乳制品质量的满意度（分）
1	天津市	68.89
2	呼和浩特市	68.67
3	哈尔滨市	67.63
4	西宁市	67.60
5	拉萨市	67.35
6	厦门市	66.57
7	大连市	65.33
8	乌鲁木齐市	64.33
9	武汉市	63.58
10	贵阳市	63.23

注：排名范围为直辖市、副省级城市和省会城市。

(单位：分)

城市	分数
天津市	68.89
呼和浩特市	68.67
哈尔滨市	67.63
西宁市	67.60
拉萨市	67.35
厦门市	66.57
大连市	65.33
乌鲁木齐市	64.33
武汉市	63.58
贵阳市	63.23

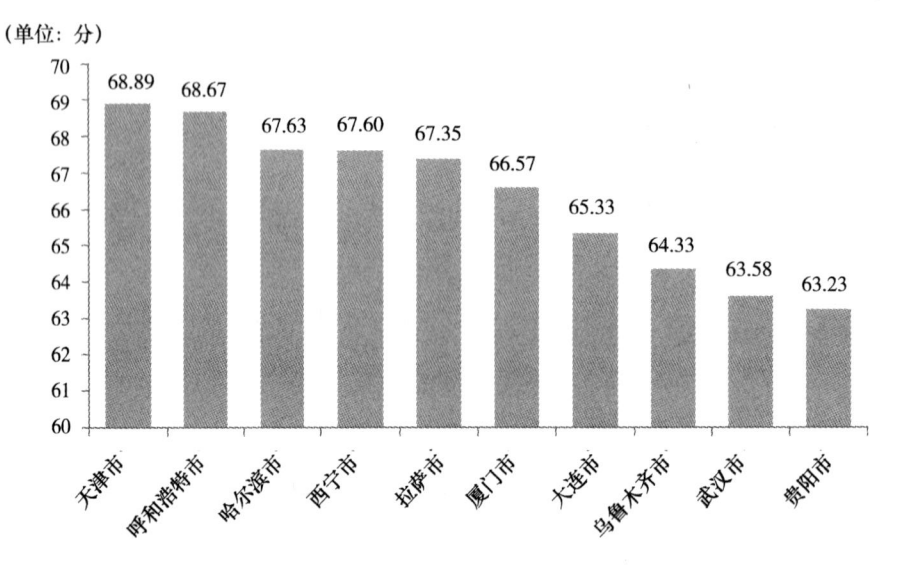

注：排名范围为直辖市、副省级城市和省会城市。

图 A2-6　乳制品质量满意度城市排名

表 A2-7　　　　　服务质量总体满意度城市排名

排名	城市	本地区服务质量的总体满意度（分）
1	厦门市	71.43
2	天津市	71.31
3	深圳市	68.20
4	杭州市	67.30
5	宁波市	66.90
6	福州市	66.50
7	大连市	66.50
8	长沙市	66.25
9	南宁市	66.10
10	哈尔滨市	65.31

注：排名范围为直辖市、副省级城市和省会城市。

(单位：分)

城市	分数
厦门市	71.43
天津市	71.31
深圳市	68.20
杭州市	67.30
宁波市	66.90
福州市	66.50
大连市	66.50
长沙市	66.25
南宁市	66.10
哈尔滨市	65.31

注：排名范围为直辖市、副省级城市和省会城市。

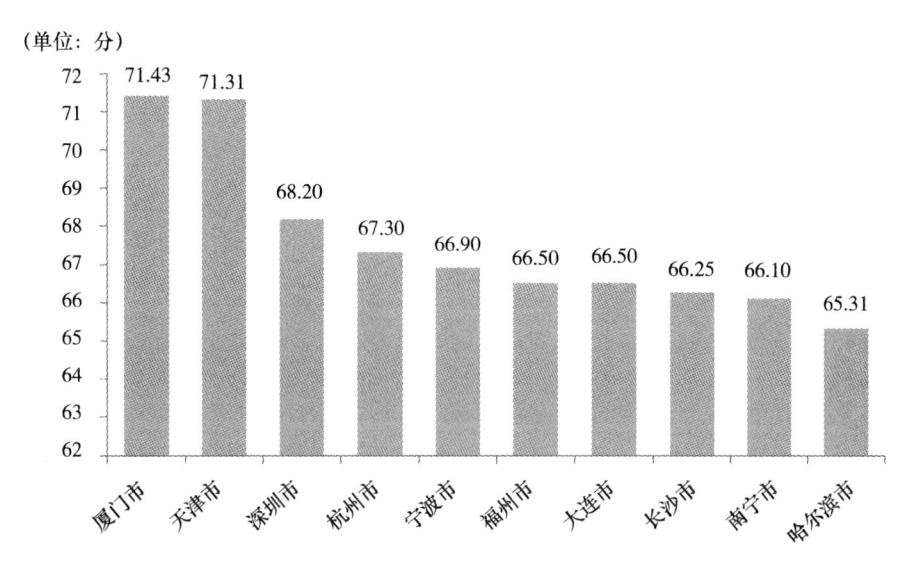

图 A2-7　服务质量总体满意度城市排名

表 A2-8　　　　　　　　医疗服务质量总体安全性城市排名

排名	城市	本地区医疗服务的总体安全性（分）
1	厦门市	71.43
2	天津市	69.80
3	宁波市	68.28
4	福州市	67.60
5	杭州市	67.50
6	青岛市	66.30
7	西宁市	65.70
8	南宁市	65.50
9	武汉市	65.00
10	济南市	64.63

注：排名范围为直辖市、副省级城市和省会城市。

(单位：分)

厦门市 71.43　天津市 69.80　宁波市 68.28　福州市 67.60　杭州市 67.50　青岛市 66.30　西宁市 65.70　南宁市 65.50　武汉市 65.00　济南市 64.63

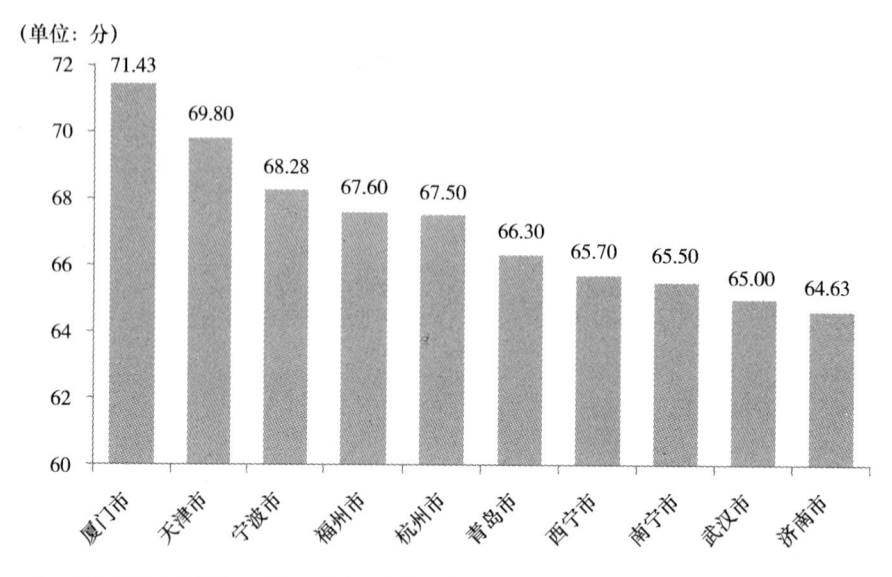

注：排名范围为直辖市、副省级城市和省会城市。

图 A2-8　医疗服务质量总体安全性城市排名

表 A2-9　医疗服务质量总体满意度城市排名

排名	城市	本地区医疗服务质量的总体满意度（分）
1	天津市	79.49
2	厦门市	70.57
3	宁波市	67.24
4	杭州市	67.20
5	福州市	65.90
6	大连市	65.50
7	西宁市	65.20
8	青岛市	65.00
9	长沙市	65.00
10	成都市	64.92

注：排名范围为直辖市、副省级城市和省会城市。

(单位：分)

城市	分数
天津市	79.49
厦门市	70.57
宁波市	67.24
杭州市	67.20
福州市	65.90
大连市	65.50
西宁市	65.20
青岛市	65.00
长沙市	65.00
成都市	64.92

注：排名范围为直辖市、副省级城市和省会城市。

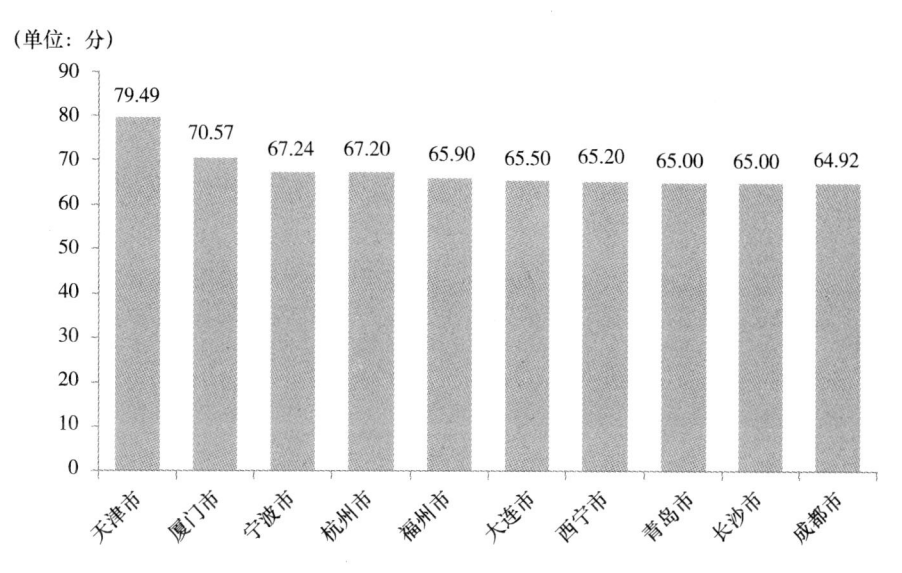

图 A2-9　医疗服务质量总体满意度城市排名

表 A2-10　　　　　　　环境质量总体安全性城市排名

排名	城市	本地区环境质量的总体安全性（分）
1	厦门市	73.14
2	福州市	72.80
3	大连市	68.00
4	宁波市	67.59
5	天津市	67.58
6	青岛市	66.00
7	拉萨市	65.98
8	深圳市	65.90
9	海口市	65.83
10	长沙市	65.50

注：排名范围为直辖市、副省级城市和省会城市。

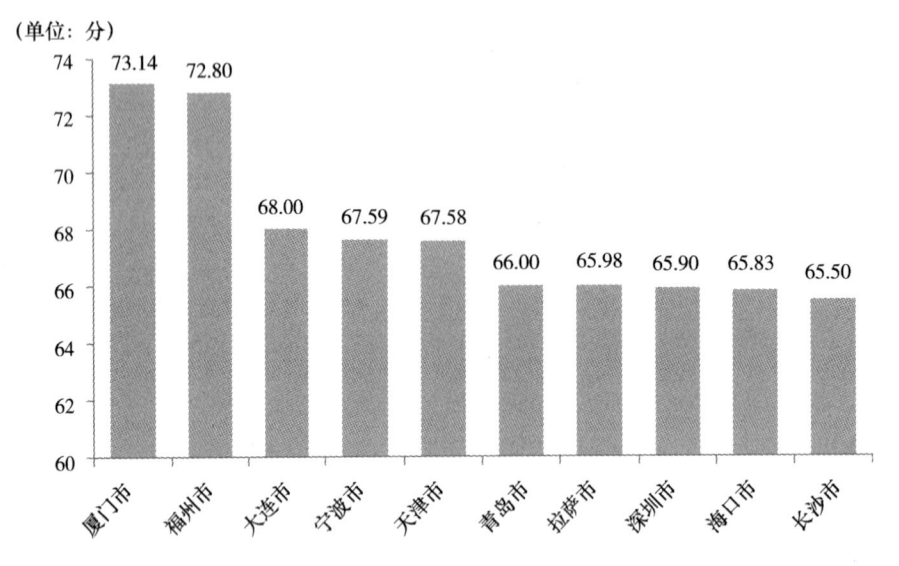

(单位：分)

```
74  73.14
        72.80
72
70
68           68.00
                 67.59
                      67.58
66                         66.00
                                65.98
                                     65.90
                                          65.83
64                                             65.50
62
60
    厦  福  大  宁  天  青  拉  深  海  长
    门  州  连  波  津  岛  萨  圳  口  沙
    市  市  市  市  市  市  市  市  市  市
```

注：排名范围为直辖市、副省级城市和省会城市。

图 A2-10　环境质量总体安全性城市排名

表 A2-11　　　　　　　环境质量总体满意度城市排名

排名	城市	本地区环境质量的总体满意度（分）
1	厦门市	73.00
2	拉萨市	68.53
3	海口市	67.00
4	福州市	66.90
5	青岛市	66.30
6	天津市	66.16
7	大连市	65.83
8	哈尔滨市	65.44
9	贵阳市	64.95
10	成都市	64.92

注：排名范围为直辖市、副省级城市和省会城市。

(单位：分)

城市	分数
厦门市	73.00
拉萨市	68.53
海口市	67.00
福州市	66.90
青岛市	66.30
天津市	66.16
大连市	65.83
哈尔滨市	65.44
贵阳市	64.95
成都市	64.92

注：排名范围为直辖市、副省级城市和省会城市。

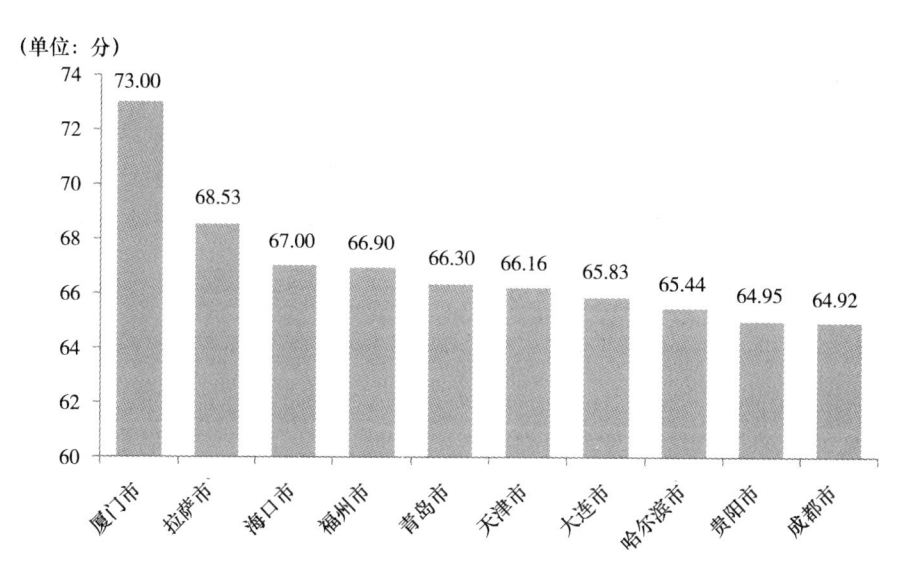

图 A2-11　环境质量总体满意度城市排名

表 A2-12　　　　　　空气环境质量总体满意度城市排名

排名	城市	本地区空气环境质量的总体满意度（分）
1	拉萨市	75.00
2	海口市	74.83
3	厦门市	71.86
4	贵阳市	69.80
5	西宁市	68.30
6	福州市	67.10
7	长沙市	64.92
8	大连市	64.67
9	昆明市	63.36
10	呼和浩特市	63.33

注：排名范围为直辖市、副省级城市和省会城市。

(单位：分)

图中数据（柱状图）：
- 拉萨市 75.00
- 海口市 74.83
- 厦门市 71.86
- 贵阳市 69.80
- 西宁市 68.30
- 福州市 67.10
- 长沙市 64.92
- 大连市 64.67
- 昆明市 63.36
- 呼和浩特市 63.33

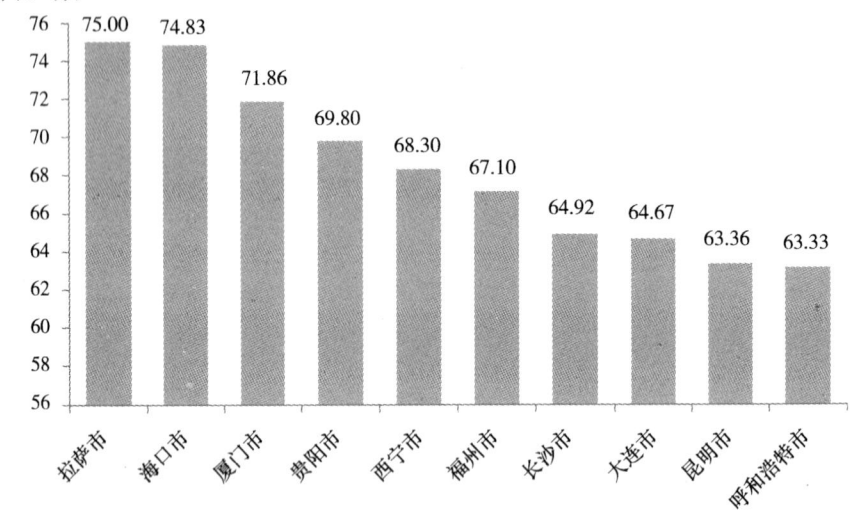

注：排名范围为直辖市、副省级城市和省会城市。

图 A2-12　空气环境质量总体满意度城市排名

表 A2-13　　　　工程质量总体满意度城市排名

排名	城市	本地区工程质量的总体满意度（分）
1	天津市	69.70
2	厦门市	69.43
3	长沙市	68.83
4	宁波市	68.45
5	福州市	65.10
6	成都市	64.33
7	青岛市	64.20
8	西宁市	64.10
9	深圳市	63.20
10	重庆市	63.08

注：排名范围为直辖市、副省级城市和省会城市。

(单位：分)

图中数据：
- 天津市 69.70
- 厦门市 69.43
- 长沙市 68.83
- 宁波市 68.45
- 福州市 65.10
- 成都市 64.33
- 青岛市 64.20
- 西宁市 64.10
- 深圳市 63.20
- 重庆市 63.08

注：排名范围为直辖市、副省级城市和省会城市。

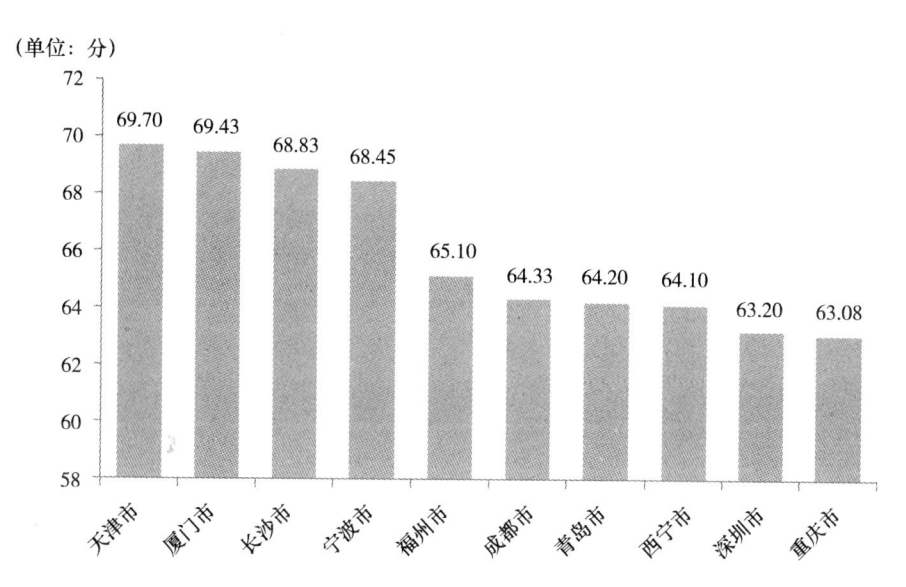

图 A2-13　工程质量总体满意度城市排名

表 A2-14　　　　　道路质量总体满意度城市排名

排名	城市	本地区道路质量的总体满意度（分）
1	厦门市	72.57
2	天津市	71.21
3	成都市	67.25
4	宁波市	67.24
5	西宁市	67.00
6	长沙市	66.50
7	青岛市	66.40
8	重庆市	65.42
9	哈尔滨市	65.38
10	大连市	65.33

注：排名范围为直辖市、副省级城市和省会城市。

(单位：分)

图中数据：厦门市 72.57，天津市 71.21，成都市 67.25，宁波市 67.24，西宁市 67.00，长沙市 66.50，青岛市 66.40，重庆市 65.42，哈尔滨市 65.38，大连市 65.33。

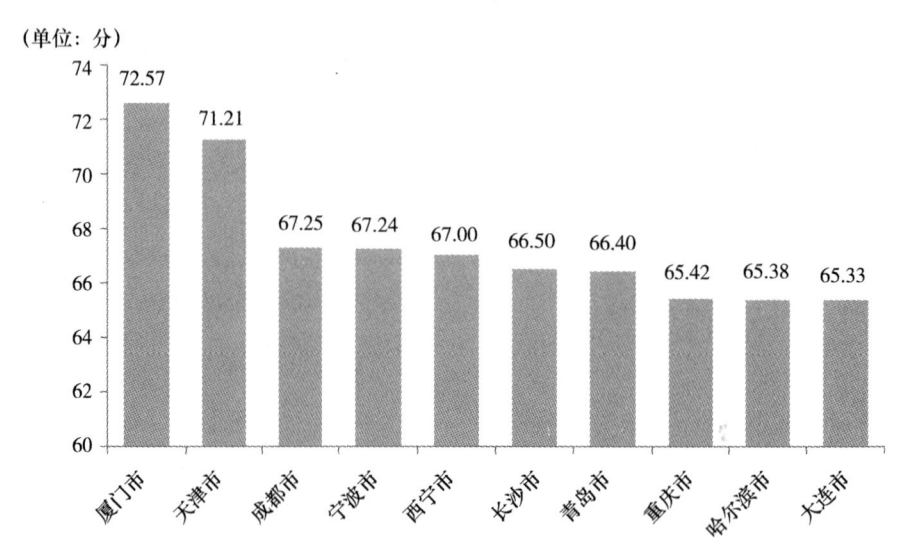

注：排名范围为直辖市、副省级城市和省会城市。

图 A2-14　道路质量总体满意度城市排名

表 A2-15　　　　　　　政府质量信息公开性城市排名

排名	城市	政府质量信息的公开性（分）
1	天津市	66.67
2	厦门市	66.14
3	长沙市	63.83
4	哈尔滨市	62.94
5	宁波市	61.21
6	福州市	60.90
7	南宁市	60.10
8	上海市	59.83
9	武汉市	59.32
10	重庆市	58.50

注：排名范围为直辖市、副省级城市和省会城市。

(单位：分)

天津市 66.67　厦门市 66.14　长沙市 63.83　哈尔滨市 62.94　宁波市 61.21　福州市 60.90　南宁市 60.10　上海市 59.83　武汉市 59.32　重庆市 58.50

注：排名范围为直辖市、副省级城市和省会城市。

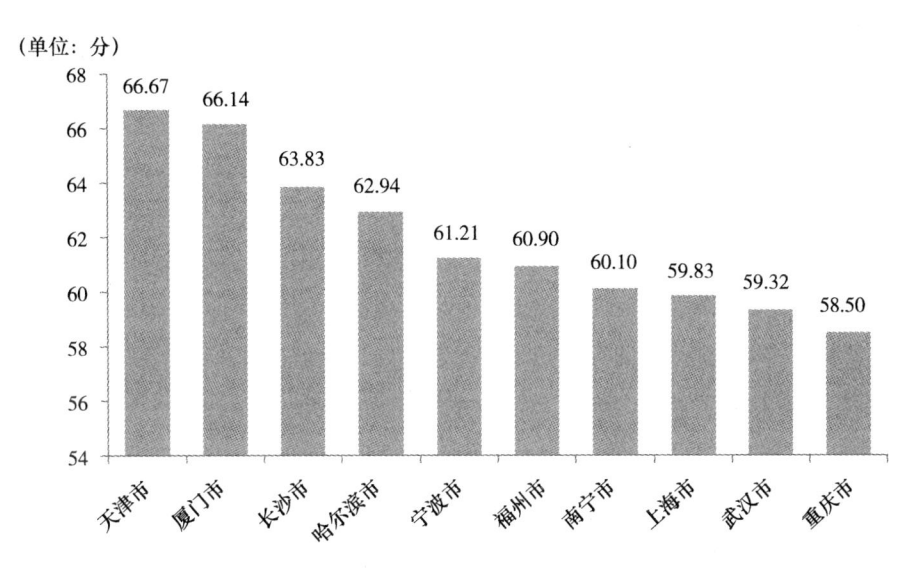

图 A2-15　政府质量信息公开性城市排名

表 A2-16　消费者组织对消费者权益保护效果城市排名

排名	城市	消费者组织对消费者权益的保护效果（分）
1	天津市	68.18
2	厦门市	66.57
3	长沙市	63.08
4	福州市	60.70
5	西宁市	60.60
6	杭州市	60.60
7	宁波市	60.00
8	上海市	59.92
9	青岛市	59.30
10	成都市	59.17

注：排名范围为直辖市、副省级城市和省会城市。

(单位：分)

消费者组织对消费者权益保护效果城市排名柱状图数据：
- 天津市 68.18
- 厦门市 66.57
- 长沙市 63.08
- 福州市 60.70
- 西宁市 60.60
- 杭州市 60.60
- 宁波市 60.00
- 上海市 59.92
- 青岛市 59.30
- 成都市 59.17

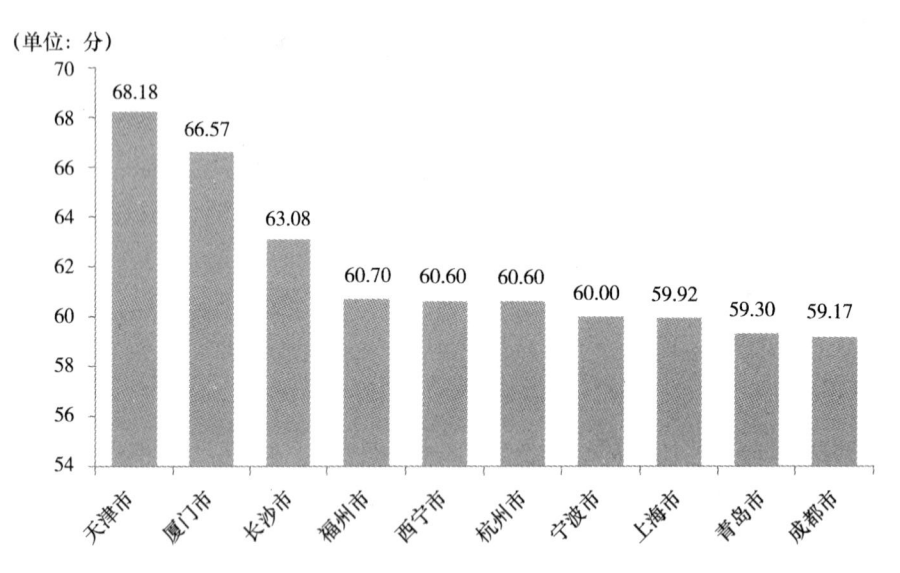

注：排名范围为直辖市、副省级城市和省会城市。

图 A2-16　消费者组织对消费者权益保护效果城市排名

表 A2-17　消费者对质量维权程序了解程度城市排名

排名	城市	对质量维权程序的了解程度（分）
1	天津市	67.58
2	长沙市	65.50
3	厦门市	64.71
4	福州市	62.10
5	宁波市	59.31
6	杭州市	59.10
7	青岛市	58.70
8	南京市	58.69
9	大连市	58.67
10	上海市	58.14

注：排名范围为直辖市、副省级城市和省会城市。

(单位：分)

城市	分数
天津市	67.58
长沙市	65.50
厦门市	64.71
福州市	62.10
宁波市	59.31
杭州市	59.10
青岛市	58.70
南京市	58.69
大连市	58.67
上海市	58.14

注：排名范围为直辖市、副省级城市和省会城市。

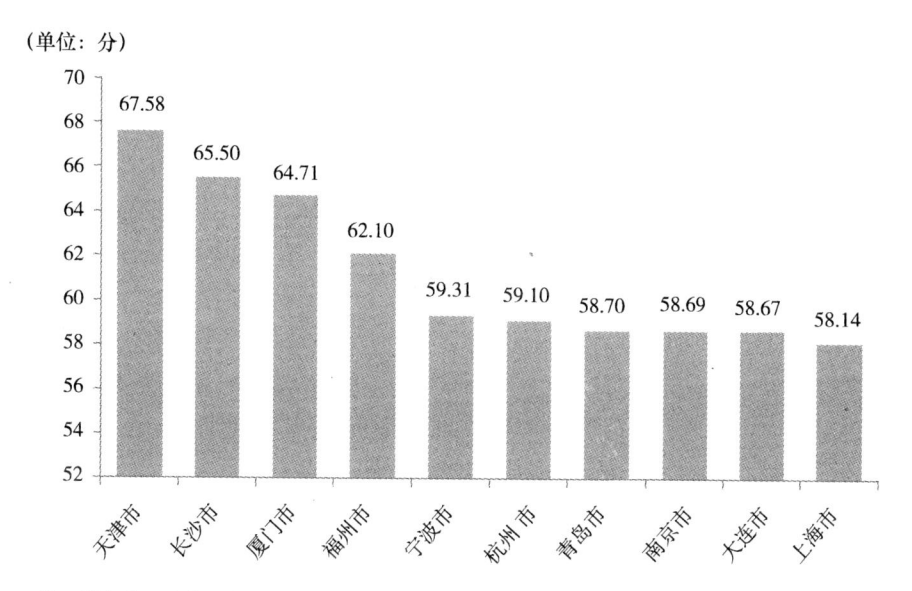

图 A2-17　消费者对质量维权程序了解程度城市排名

附录 B 2014 年质量观测调研实况

2014 年宏观质量观测调研在总结前几年经验的基础上，充分发挥了武汉大学大学生质量创新实践学社的组织协调作用，前后历经了准备阶段、实施阶段和总结阶段，历时近 1 年，收集了覆盖我国 31 个省（自治区、直辖市），共计 91 个城市的大量基于消费者感知的质量数据，为我国宏观质量研究提供了有效的数据支撑。

表 B-1　　　　　　　　2014 年暑期质量观测调研进度表

阶段	时间	进度
准备阶段	4 月 10 日—4 月 17 日	质量观测调研方案的设计
	4 月 18 日—4 月 20 日	质量观测调研方案的确定
	4 月 21 日—4 月 27 日	质量创新实践学社暑期调研筹备会议
	4 月 28 日—5 月 16 日	质量观测调研员的招募
	5 月 21 日	质量观测调研员第一次培训
	5 月 24 日	质量观测调研员第二次培训
	5 月 25 日	质量观测调研员第三次培训
实施阶段	6 月 12 日	暑期质量观测实践的启动仪式
	7 月 7 日	调研员奔赴各质量观测点
	7 月 8 日—7 月 25 日	调研员进行入户调查与入户访谈
	7 月 26 日	第一次暑期调研情况汇总
	7 月 27 日—8 月 10 日	补充调查和补充访谈
	8 月 11 日	第二次暑期调研情况汇总
	8 月 12 日—8 月 20 日	补充调查和补充访谈
	8 月 21 日—8 月 22 日	第三次暑期调研情况汇总
	8 月 23 日—9 月 15 日	调研员对问卷数据进行录入

续表

阶段	时间	进度
总结阶段	10月1日—10月7日	质量观测资料汇总
	10月10—10月15日	质量观测数据审核
	10月25日—10月26日	质量观测问卷回访
	11月1日—11月3日	优秀调研员及优秀成果初选
	11月5日—12月31日	学生优秀论文指导
	4月13日	2014年大学生质量调查论坛暨表彰大会

一 准备阶段

（一）质量观测调研方案的确定

在总结2013年宏观质量观测成功经验的基础上，2014年的质量观测继续以武汉大学质量创新实践学社为依托，发挥大学生在调研实践中的重要作用，调研方案基本与去年类似。

（二）调研人员的招募与培训

调研员的招募：经过紧张的筹备，调研员的招募于2014年4月28日正式启动，具体招募工作同去年一样，由武汉大学大学生质量创新学社实践调研部、人力资源部、活动部以及秘书处几个部门通力合作，共同完成。整个招募活动分为物料准备、摆点宣传、信息整理、面试筛选、人员分配几个环节，其中2014年不仅在武汉大学的文理学部、信息学部、工学部、医学部的各个要塞设点摆摊，而且还充分发挥了武汉大学"中国质量调查网"这一网络平台的作用，并充分利用人人网、微博等广受学生欢迎的社交媒体进行宣传，以便让更多的学生参与进来。

整个招募活动历经一周，共有来自武汉大学各大院系的500多名学生报名，最终筛选出298名合乎条件的调研员参与调研，取得了超出预期的效果。

调研员的培训：为了使质量学社调研组织者和调研员对整个调研背景、调研内容、调研过程、调研方法等有一个全面的认识，使其初步具备一个合格调研组织者及调研员所应有的知识和素养，能够妥善处理调研过程及调研组织过程中遇到的问题，质量院组织老师专门负责，先后于2014年5月21日、5月24日、5月25日对调研员进行了三次培训，取得了较好的效果。培训会之后，全体调研员被分成100个调研队伍，每支队伍设队长一名统筹协调，分别前往全国31个省（自治区、直辖市）开展调研。

二 实施阶段

（一）暑期质量观测实践的启动

2014年6月12日晚七点，武汉大学2014年暑期质量调研活动启动仪式在质量院报告厅举行，武汉大学的180名暑期调研员代表参加了会议。共青团武汉大学委员会副书记聂磊、质量院程虹院长、副院长宋琼及质量创新实践学社（以下简称"质量学社"）的指导老师许伟、李丹丹老师等出席。

会上，聂磊在讲话中充分肯定了质量学社成立一年来的努力与成果。程虹在讲话中指出，质量是一个承诺，对公民、对国家都具有非常重大的意义，在质量调研中，调研员们应着重调查中国质量的安全系数、公民对质量问题的责任意识和中国经济发展对公民的分享程度。许伟老师以"安全、真实、有效"六字方针，重点强调了调研过程中的注意事项。学社常务副主席陈哲代表学社宣读调研章程，并汇报了本次暑假调研的基本情况。

最后，在质量创新学社调研队长洪靖的带领下，全体调研员进行了庄严的宣誓，表示将保质保量完成调研任务，为中国质量贡献自己的一分力量。质量院副院长宋琼向调研队长洪靖授旗，她表示，希望这面旗帜所蕴含的激情与力量能在全国90余个地区，298名调研员身上传递下去，以实际行动做好一个中国质量的建设者。

（二）暑期质量观测实践的实施

此次质量观测调研，由武汉大学质量院项目组进行统筹规划，由武汉大学质量创新实践学社负责具体调研工作的组织和实施。根据抽样方案，此次质量观测调研将走访全国31个省（自治区、直辖市），91所城市，103个区县（含县级市），这些观测点皆为调研员的家乡和现居住地，方便调研员进行走访调查。

在调查实施阶段,调研员携带相关材料返乡实地调查。期间,主要由质量创新实践学社实践部负责,学社的其他部门从旁协助。调研部副部长共12人,每人负责3到4个省份的观测点,实践部部长与分管调研部主席,2名常务副部长共4人分华北、华中、华南、华东4个区域进行整个区域的监督工作,最后,实践部部长负责全局掌控。即每支调研队伍与所在省份负责的副部长进行沟通反馈,副部长整合3到4个省份的反馈信息上交给区域负责人,区域负责人一并汇总交予部长。这样保证每支队伍都有副部长进行责任监督与沟通反馈,每个省份都有负责人进行资料汇总整理,这样保证了反馈信息的有效传递性,出现问题可以及时进行解决。

调研过程:按照最初的调研方案,调研人员奔赴全国各观测点,根据项目组制订的样本选取方案,选取调研对象进行问卷调查和访谈。由于本次调研人数众多,队伍又分散在全国各个省市,在客观上给整个调研的沟通协调工作造成了巨大的困难。为了解决这些问题,武汉大学质量院与质量创新学社实践调研部制定了一些应对措施,包括工作人员与调研员时刻保持联系,及时了解调研员的需求,共同解决调研中所遇到的各种困难,并将调研中遇到的问题记录反馈,最后统一整理等。在调研过程中,项目组成员多次召开暑期质量观测阶段总结会,针对调研过程中遇到的问题进行及时沟通,为调研员们答疑解惑,保证下一阶段调研的顺利进行。在调研过程中,调研人员既要面对高温酷暑等恶劣的自然因素,还随时会面对调研对象的不配合等不利的人为因素,面对各种不利因素,调研人员积极调整心态,克服困难,保证了宏观质量观测暑期调研的顺利进行。在调研过程中,我们采用地区分包制,由专人负责专门地区,使得调研活动得以有序地开展。调研员在各个观测点,用自己的实际行动,记录下中国消费者对中国质量最直观的感受。

(三)暑期质量观测数据的录入

调查活动结束后,所有调研员需要将纸质版的质量观测调查问卷上的信息录入宏观质量观测数据管理与分析系统,使问卷信息变为电子形式,以便进行数据分析。每个地区调研队按照所在地区的编号统一将调研队的基本信息以及所有纸质问卷上的内容包括被访者的基本信息、质量调查的所有问题等录入该系统中。系统由项目组成员负责维护和管理,在数据录入的过程中,项目组成员及时与调研员进行沟通,保证录入的规范性和准确性。数据录入按照《统计法》的规定,对数据严格保密,无信息泄露行为发生,并且对调研员的录入情况进行评估,为以后的数据分析奠定基础。

三 总结阶段

(一) 质量观测调研资料的汇总

完成数据录入工作之后,宏观质量观测进入资料汇总阶段。调研员将调研过程中形成的一系列成果进行汇总,这些资料包括纸质版问卷、入户登记表、成果报告书、调研现场的图片和音像资料等。其中,成果报告书汇集了调研员在质量观测活动中的各种收获,既有纪录调研活动的调研日志,也有与调研对象的访谈记录,还有调研成员在调研过程中的心得体会,更有调研人员在宏观质量观测调研过程中形成的关于质量问题的深入思考,调研人员在调查问卷的数据支撑下,结合自己的科学思考,形成了一系列论文成果。

(二) 质量观测调研数据的审核

问卷审核:2014年10月,质量创新学社成员在许伟老师的指导下对问卷数据的有效性、真实性进行审核查证。此次质量观测调研共计回收7063份问卷,剔除无效问卷后共有7031份,有效问卷回收率为99.55%。剔除的问卷主要原因是存在遗漏问卷、字迹模糊、填写内容不完整、问卷缺乏真实性、填写答案出现严重连号等状况。

问卷回访:2014年10月25日上午,按照计划,武汉大学质量创新实践学社实践部在武汉大学质量发展战略研究院大数据中心以电话的形式完成了对暑期质量调研问卷的回访工作。本次回访工作持续一天,由实践部的十余位工作人员接力完成了对此次暑期质量观测调研问卷的核查。由于问卷数量太多,本次回访以抽样调查的方式进行,抽样比例为1/10。各位工作人员按照分配的地区《入户登记调查表》上的受访者信息按比例随机抽取一定数量的受访者,通过电话询问对方是否在暑期完成过一份关于宏观质量的问卷,得到对方肯定或否定回答,最后综合所有抽样情况对整个地区问卷完成情况作出一个客观合理的评分。

(三）质量观测调研成果的总结

通过对每一个调研队伍的综合考察，包括对调查问卷的完成与录入情况、样本选取的规范程度以及成果报告书的质量等，由武汉大学质量院的老师评选出 2014 年暑期质量观测调研活动中的优秀团体和优秀个人。同时，我们从调研员提交的成果报告中，初步筛选出优秀的成果报告，安排老师进行一对一的针对性辅导，指导调研员采用规范的学术范式，将前期的成果论文化，使调研成果得以进一步充实和完善。

附录 C 2014 年宏观质量观测调查问卷

G1. 问卷编号：_____

调查地点：_____省_____市_____县（市、区）_____乡（镇、街道）

G2. 省（自治区、直辖市）代码：_____ G3. 市代码：_____

G4. 区（县、县级市）代码：_____

G5. 调查员编号（省码加区县码）_____

调查员姓名：_____ 联络电话：_____

调查时间：_____年_____月_____日_____时

完成质量情况（审核人评定）：1 好　　2 中　　3 差

审核人姓名：_____ 联络电话：_____

宏观质量观测与创新基地
（消费者调查）

调查问卷

武汉大学质量发展战略研究院
"宏观质量观测与创新基地"课题组
2014 年

尊敬的先生/女士：

您好！受武汉大学质量发展战略研究院的委托，我们正在进行一项质量调查，目的是了解民众对质量的评价。经严格的科学抽样，我们选中了您作为调查对象。您的合作对我们了解有关信息和制定社会政策，有十分重要的意义。对于您的回答，我们按照《统计法》严格保密。感谢您协助我们完成这次访问，十分感谢！

一　基本信息

A1. 性别：0. 男　1. 女

A2. 年龄：1. 18—30 岁　2. 31—40 岁　3. 41—50 岁　4. 51—60 岁　5. 61 岁以上

A3. 居住地：0. 城市　1. 农村

A4. 婚姻状况：0. 已婚　1. 未婚

A5. 文化程度：1. 研究生及以上　2. 大学　3. 大专　4. 中专、中技、职高　5. 高中　6. 初中　7. 小学　8. 文盲或半文盲

A6. 职业类型：1. 农民（农林牧渔等生产人员）　2. 公务员、事业单位人员　3. 企业职员　4. 教师/医生/律师/金融等专业技术人员　5. 个体经营者　6. 其他（学生、离退休人员、家庭妇女等）

A7. 家庭总人口（常住人口与外出人口）_____人

A8. 家庭月平均收入（含工资性收入、投资收入、财产性收入等）约为：_____

1. （0—2000 元]　2. （2000—4000 元]　3. （4000—6000 元]
4. （6000—8000 元]　5. （8000 元—1 万元]　6. （1 万元—1.2 万元]
7. （1.2 万元—1.5 万元]　8. （1.5 万—1.8 万元]
9. （1.8 万元—2.0 万元]　10. 2 万元以上

A9. 家庭每月平均总支出：_____元

1. （0—2000 元]　2. （2000—4000 元]　3. （4000—6000 元]
4. （6000—8000 元]　5. （8000 元—1 万元]　6. （1 万元—1.2 万元]
7. （1.2 万元—1.5 万元]　8. （1.5 万元—1.8 万元]
9. （1.8 万元—2.0 万元]　10. 2 万元以上

提示：以下各个问项的回答，没有对错之分，您只要根据平时的想法和做

法回答就行。1~10的程度依次增加，6分为及格线（如下图所示）。

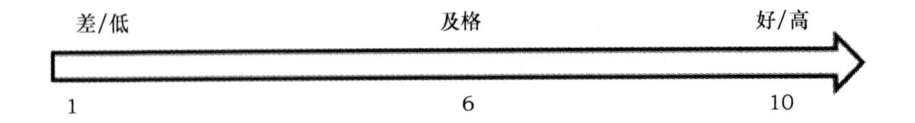

```
差/低              及格              好/高
 ──────────────────────────────────────▶
 1                 6                  10
```

二 "区域总体质量水平"的调查

（A. 质量安全与质量满意度）

问项	选择分值
1. 本地区**产品**的**总体安全性**	1 2 3 4 5 6 7 8 9 10
2. 本地区**产品**质量的**总体满意度**	1 2 3 4 5 6 7 8 9 10
3. 对企业生产安全产品的信任度	1 2 3 4 5 6 7 8 9 10
4. 本地区**食品**的**总体安全性**	1 2 3 4 5 6 7 8 9 10
5. 本地区**食品**质量的**总体满意度**	1 2 3 4 5 6 7 8 9 10
6. 本地区**粮食**（米面等）的**总体安全性**	1 2 3 4 5 6 7 8 9 10
7. 本地区**粮食**（米面等）质量的总体满意度	1 2 3 4 5 6 7 8 9 10
8. 本地区**食用油**的**总体安全性**	1 2 3 4 5 6 7 8 9 10
9. 本地区**食用油**质量的总体满意度	1 2 3 4 5 6 7 8 9 10
10. 本地区**肉类**的**总体安全性**	1 2 3 4 5 6 7 8 9 10
11. 本地区**肉类**质量的总体满意度	1 2 3 4 5 6 7 8 9 10
12. 本地区**乳制品**的**安全性**	1 2 3 4 5 6 7 8 9 10
13. 本地区**乳制品**质量的满意度	1 2 3 4 5 6 7 8 9 10
14. 本地区**家用电器**的**总体安全性**	1 2 3 4 5 6 7 8 9 10
15. 本地区**家用电器**质量的总体满意度	1 2 3 4 5 6 7 8 9 10
16. 本地区**药品**的**总体安全性**	1 2 3 4 5 6 7 8 9 10
17. 本地区**药品**质量的总体满意度	1 2 3 4 5 6 7 8 9 10
18. 本地区**移动电话**质量的总体满意度	1 2 3 4 5 6 7 8 9 10
19. 本地区**电脑**的总体**安全性**	1 2 3 4 5 6 7 8 9 10
20. 本地区**电脑**质量的总体满意度	1 2 3 4 5 6 7 8 9 10
21. 本地区**日用消费品**的**总体安全性**	1 2 3 4 5 6 7 8 9 10
22. 本地区**日用消费品**质量的总体满意度	1 2 3 4 5 6 7 8 9 10
23. 本地区**化妆用品**的**总体安全性**	1 2 3 4 5 6 7 8 9 10

续表

问项	选择分值
24. 本地区化妆用品质量的总体满意度	1 2 3 4 5 6 7 8 9 10
25. 本地区儿童用品的总体安全性	1 2 3 4 5 6 7 8 9 10
26. 本地区儿童用品质量的总体满意度	1 2 3 4 5 6 7 8 9 10
27. 本地区服装的总体安全性	1 2 3 4 5 6 7 8 9 10
28. 本地区服装质量的总体满意度	1 2 3 4 5 6 7 8 9 10
29. 本地区汽车的总体安全性	1 2 3 4 5 6 7 8 9 10
30. 本地区汽车质量的总体满意度	1 2 3 4 5 6 7 8 9 10
31. 本地区电梯的总体安全性	1 2 3 4 5 6 7 8 9 10
32. 本地区电梯质量的总体满意度	1 2 3 4 5 6 7 8 9 10
33. 本地区农业生产资料的总体安全性	1 2 3 4 5 6 7 8 9 10
34. 本地区农业生产资料质量的总体满意度	1 2 3 4 5 6 7 8 9 10
35. 本地区服务质量的总体满意度	1 2 3 4 5 6 7 8 9 10
36. 本地区服务质量的总体安全性	1 2 3 4 5 6 7 8 9 10
37. 本地区教育服务质量的总体满意度	1 2 3 4 5 6 7 8 9 10
38. 本地区医疗服务的总体安全性	1 2 3 4 5 6 7 8 9 10
39. 本地区医疗服务质量的总体满意度	1 2 3 4 5 6 7 8 9 10
40. 本地区公共交通的总体安全性	1 2 3 4 5 6 7 8 9 10
41. 本地区公共交通服务质量的总体满意度	1 2 3 4 5 6 7 8 9 10
42. 本地区物业服务质量的总体满意度	1 2 3 4 5 6 7 8 9 10
43. 本地区通信服务质量的总体满意度	1 2 3 4 5 6 7 8 9 10
44. 本地区互联网服务质量的总体满意度	1 2 3 4 5 6 7 8 9 10
45. 本地区金融服务服务质量的总体满意度	1 2 3 4 5 6 7 8 9 10
46. 本地区工程的总体安全性	1 2 3 4 5 6 7 8 9 10
47. 本地区工程质量的总体满意度	1 2 3 4 5 6 7 8 9 10
48. 自住住宅的总体安全性	1 2 3 4 5 6 7 8 9 10
49. 自住住宅质量的总体满意度	1 2 3 4 5 6 7 8 9 10
50. 本地区道路的总体安全性	1 2 3 4 5 6 7 8 9 10
51. 本地区道路质量的总体满意度	1 2 3 4 5 6 7 8 9 10
52. 本地区公共建筑（如办公楼、学校、医院等）的总体安全性	1 2 3 4 5 6 7 8 9 10
53. 本地区公共建筑（如办公楼、学校、医院等）的质量总体满意度	1 2 3 4 5 6 7 8 9 10
54. 本地区环境的总体安全性	1 2 3 4 5 6 7 8 9 10

续表

问项	选择分值
55. 本地区**环境**质量的总体满意度	1 2 3 4 5 6 7 8 9 10
56. 本地区**水资源**环境质量的总体满意度	1 2 3 4 5 6 7 8 9 10
57. 本地区**空气**环境质量的总体满意度	1 2 3 4 5 6 7 8 9 10
58. 本地区**植被**环境质量的总体满意度	1 2 3 4 5 6 7 8 9 10
59. 本地区**声环境**质量的总体满意度	1 2 3 4 5 6 7 8 9 10
60. 本地区**土壤**质量的总体满意度	1 2 3 4 5 6 7 8 9 10

（B. 质量公共服务）

问项	选择分值
61. 本地政府所提供的质量公共服务水平	1 2 3 4 5 6 7 8 9 10
62. 对本地政府质量监管部门的**信任度**	1 2 3 4 5 6 7 8 9 10
63. 对本地政府的**质量投入**的评价	1 2 3 4 5 6 7 8 9 10
64. 本地政府**打击假冒伪劣**/专项整治的效果	1 2 3 4 5 6 7 8 9 10
65. 对本地政府**质量诚信建设**的评价	1 2 3 4 5 6 7 8 9 10
66. 本地政府对**质量投诉**的响应速度	1 2 3 4 5 6 7 8 9 10
67. 消费者质量权益被政府重视的程度	1 2 3 4 5 6 7 8 9 10
68. 买到**假货**/过期产品可能性的评价（可能性越大，得分越低）	1 2 3 4 5 6 7 8 9 10
69. **退换货**的处理效果	1 2 3 4 5 6 7 8 9 10
70. 政府对质量安全的**预警**效果	1 2 3 4 5 6 7 8 9 10
71. 政府对重大质量安全事件处理的**及时性**	1 2 3 4 5 6 7 8 9 10
72. 政府部门对质量违法者**处罚的合理性**	1 2 3 4 5 6 7 8 9 10
73. 对政府所发布质量信息的**信任程度**	1 2 3 4 5 6 7 8 9 10
74. 政府对质量信息的**公开性**	1 2 3 4 5 6 7 8 9 10
75. 政府发布质量信息的**及时性**	1 2 3 4 5 6 7 8 9 10
76. 获得政府发布的质量参考信息的**方便性**	1 2 3 4 5 6 7 8 9 10
77. 政府所发布质量信息对您消费的**指导作用**	1 2 3 4 5 6 7 8 9 10
78. 政府部门对质量受害者的**保护力度**	1 2 3 4 5 6 7 8 9 10
79. 政府进行质量的**宣传与教育**活动的力度	1 2 3 4 5 6 7 8 9 10
80. **消费者组织**对消费者权益的保护效果	1 2 3 4 5 6 7 8 9 10

（C. 公民质量素质）

问 项	选择分值
81. 对**本区域居民质量素质**（**质量意识**+**质量知识**+**质量能力**）的总体评价	1 2 3 4 5 6 7 8 9 10
82. 本地区企业对**质量信用**的重视程度	1 2 3 4 5 6 7 8 9 10
83. 宁愿多花费精力，也不投机取巧的可能性	1 2 3 4 5 6 7 8 9 10
84. 大家对**标准和流程**的重视程度	1 2 3 4 5 6 7 8 9 10
85. 企业对员工质量素质的投入情况（培训、管理等方面）	1 2 3 4 5 6 7 8 9 10
86. 工作和生活中大家**自觉进行检查**的可能性	1 2 3 4 5 6 7 8 9 10
87. 在工作和生活中大家经常考虑**事情后果或影响**的可能性	1 2 3 4 5 6 7 8 9 10
88. 对"高质量的产品，应付出更高的价格"这一说法的认同程度	1 2 3 4 5 6 7 8 9 10
89. 对常用**质量知识**的掌握程度（如辨别真假常识、化学成分的危害性等）	1 2 3 4 5 6 7 8 9 10
90. 对**质量社会组织**的了解程度	1 2 3 4 5 6 7 8 9 10
91. 对**质量标识**（如 QS、3C 等）的了解程度	1 2 3 4 5 6 7 8 9 10
92. 对所在单位质量保障能力的评价	1 2 3 4 5 6 7 8 9 10
93. 对"企业应承担质量安全的首要责任"的认同度	1 2 3 4 5 6 7 8 9 10
94. 对质量**维权程序**的了解程度	1 2 3 4 5 6 7 8 9 10
95. 消费者个人素质对于质量的重要性	1 2 3 4 5 6 7 8 9 10
96. 购买东西前，了解该产品的有关质量信息的**主动性**	1 2 3 4 5 6 7 8 9 10
97. 一般情况下，无意购买到假冒伪劣产品后，会**举报**的可能性	1 2 3 4 5 6 7 8 9 10
98. 一般情况下，无意购买到假冒伪劣产品后，您会**退货**的可能性	1 2 3 4 5 6 7 8 9 10
99. 消费以后**留存发票**（或者消费依据）的主动性	1 2 3 4 5 6 7 8 9 10
100. 使用当地质量**投诉举报热线**的主动性	1 2 3 4 5 6 7 8 9 10

101. 综合以上 1—100 道的调查问题，您认为您所在区域的总体质量水平的分值为_____： 1 2 3 4 5 6

参考文献

[1]《2014 年中央经济工作会议》,《人民日报》2014 年 12 月 12 日第 1 版。

[2] Claes Fornell, "A National Customer Satisfaction Barometer", *The Swedish Experience Journal of Marketing*, 1992, 56 (1): 6—21.

[3] Claes Fornell:《瑞典顾客满意度晴雨表》, 刘金兰、康键编译,《管理学报》2005 年第 2 期。

[4] Diener E. and M. Seligman, "Beyond Money: Toward an Economy of Well being", *Psychological Science in the Public Interest*, 2004.

[5] Easterlin R. A., "Will Raising the Incomes of All Increase the Happiness of All?" *Journal of Economic Behavior and Organization*, 1995.

[6] Easterlin R. A., *Does Economic Growth Improve the Human Lot? Some Empirical Evidence*, Academic Press, 1974.

[7] Lin Ka., "A Methodological Exploration of Social Quality Research: A Comparative Evaluation of the Quality of Life and Social Quality Approaches", *International Journal*, Vol. 18, 2013, pp. 194—207.

[8] Ma et al., "Contract Design for Two-stage Supply Chain coordination: Integration Manufacturer-quality and Retailer-marketing Efforts", *International Journal of Production Economic*, Vol. 146, 2013, pp. 766—767.

[9] Menz T., "Do People Habituate to Air Pollution? Evidence from International Life Satisfaction Data", *Ecological Economics*, 2011.

[10] 包群、彭水军、阳小晓:《是否存在环境库兹涅茨倒 U 型曲线？——基于六类污染指标的经验研究》,《上海经济研究》2005 年第 12 期。

[11] [法] 鲍德里亚:《消费社会》, 南京大学出版社 2000 年版。

[12] 陈统奎、刘劲:《从 GDP 到 GNH:中国经济增长但人民并不幸福》,《新民周刊》2005 年第 41 期。

[13] 程虹:《宏观质量管理》,湖北人民出版社 2009 年版。

[14] 程虹:《我国经济增长从"速度时代"转向"质量时代"》,《宏观质量研究》2014 年第 4 期。

[15] 程虹、陈昕洲、罗连发:《质量强国若干重大问题研究》,《宏观质量研究》2013 年第 2 期。

[16] 程虹、李丹丹:《加快建设质量强国》,《人民日报》2013 年 7 月 10 日第 7 版。

[17] 程虹、刘芸:《利益一致性的标准理论框架与体制创新——"联盟标准"的案例研究》,《宏观质量研究》2013 年第 2 期。

[18] 丁日佳、张亦冰:《面对自媒体时代的食品行业声誉风险管理》,《经济研究参考》2014 年第 35 期。

[19] 高宏霞、杨林、付海东:《中国各省经济增长与环境污染关系的研究与预测——基于环境库兹涅茨曲线的实证分析》,《经济学动态》2012 年第 1 期。

[20] 韩玉军、陆旸:《经济增长与环境的关系——基于对 CO_2 环境库兹涅茨曲线的实证研究》,《经济理论与经济管理》2009 年第 3 期。

[21] 何平立:《公民观、公民意识与公众参与》,《探索与争鸣》2013 年第 8 期。

[22] [美] 加尔布雷思:《好社会:人道的记事本》,中译本,译林出版社 2000 年版。

[23] 李会娟、于文博、刘永泉:《城市二氧化氮、悬浮颗粒物、二氧化硫健康危险度评价》,《国外医学地理分册》2007 年第 3 期。

[24] 李惠娟、龙如银:《资源型城市环境库兹涅茨曲线研究——基于面板数据的实证分析》,《自然资源学报》2013 年第 1 期。

[25] 梁云、郑亚琴:《产业升级对环境库兹涅茨曲线的影响——基于中国省际面板数据的实证研究》,《经济问题探索》2014 年第 6 期。

[26] 林基:《环境库兹涅茨曲线理论研究的评述及在国内的推进》,《商场现代化》2014 年第 20 期。

[27] 林毅夫:《经济发展与转型:思潮、战略与自身能力》,北京大学出版社 2008 年版。

[28] 刘荣茂、张莉侠、孟令杰：《经济增长与环境质量：来自中国省际面板数据的证据》，《经济地理》2006 年第 3 期。

[29] 刘伟丽：《国际贸易中的产品质量问题研究》，《国际贸易问题》2011 年第 5 期。

[30] 罗岚、邓玲：《我国各省环境库兹涅茨曲线地区分布研究》，《统计与决策》2012 年第 10 期。

[31] 毛晖、汪莉：《工业污染的环境库兹涅茨曲线检验——基于中国 1998—2010 年省际面板数据的实证研究》，《宏观经济研究》2013 年第 3 期。

[32] 王康琳：《产品质量管理对我国对外贸易发展的重要意义》，《北方经贸》2011 年第 8 期。

[33] ［加拿大］威尔·金里卡：《当代政治哲学》，中译本，上海三联书店 2004 年版。

[34] ［古希腊］亚里士多德：《尼各马可伦理学》，商务印书馆 2003 年版。

[35] 张昭利：《中国二氧化硫污染的经济分析》，上海交通大学，博士学位论文，2012 年。

[36] 张昭利、任荣明、朱晓明：《我国环境库兹兹曲线的再检验》，《当代经济科学》2014 年第 5 期。

[37] 张兆民：《为什么说产品质量的好坏从一个侧面反映了全民族的素质》，《学习与研究》1988 年第 2 期。

[38] 赵平：《用户满意度指数》，《质量管理》1995 年第 3 期。

[39] 赵忠秀、王苒、闫云凤：《贸易隐含碳与污染天堂假说——环境库兹涅茨曲线成因的再解释》，《国际贸易问题》2013 年第 7 期。

[40] 钟茂初、张学刚：《环境库兹涅茨曲线理论及研究的批评综论》，《中国人口·资源与环境》2010 年第 2 期。

[41] 周茜：《中国区域经济增长对环境质量的影响——基于东、中、西部地区环境库兹涅茨曲线的实证研究》，《统计与信息论坛》2011 年第 10 期。

[42] 朱平辉、袁加军、曾五一：《中国工业环境库兹涅茨曲线分析——基于空间面板模型的经验研究》，《中国工业经济》2010 年第 6 期。